보험계리사

1차 | 한권으로 끝내기

1권 보험계약법, 보험업법 및 근로자퇴직급여보장법

SD에듀
(주)시대고시기획

Always **with you**

사람의 인연은 길에서 우연하게 만나거나 함께 살아가는 것만을 의미하지는 않습니다.
책을 펴내는 출판사와 그 책을 읽는 독자의 만남도 소중한 인연입니다.
SD에듀는 항상 독자의 마음을 헤아리기 위해 노력하고 있습니다. 늘 독자와 함께하겠습니다.

머리말

보험계리사란 보험 및 연금분야(생명보험이나 손해보험 등의 연금보험이나 농협·신협·새마을금고 등에서 운영하는 각종 공제회, 국민연금·공무원연금·국민건강보험 등 공적연금)에서 확률이론이나 수학적인 방법을 적용해서 위험의 평가 및 분석을 통해 불확실한 사실 또는 위험을 종합적으로 해결하는 직무를 담당하는 사람을 말합니다.

보험계리사 자격을 취득하기 위해서는 금융감독원에서 실시하는 보험계리사 1차 시험과 2차 시험에 합격한 후에 실무실습을 이행하고 보험계리사 등록을 하여야 합니다.

지금까지 출제된 보험계리사 1차 시험을 분석해 보면 보험계약법(상법 보험편), 보험업법 및 근로자퇴직급여보장법에서는 보험계약법(상법 보험편) 20문제, 보험업법 15문제, 근로자퇴직급여보장법 5문제로 출제되고 있으며, 이 중 보험계약법(상법 보험편)과 보험업법은 동일 시행되는 손해사정사 시험문제 중 선별된 문제로 출제됩니다. 경제학원론은 미시경제와 거시경제의 비중이 각 50%로 출제되고 있으며, 계산문제의 출제 비중이 높은 편입니다. 보험수학은 일반수학 20문제, 보험수학 20문제로 구성되어 출제되고 있습니다. 일반수학은 확률, 통계, 미적분 문제가 상당수이며, 그 외 다양한 분야의 수학 문제가 출제됩니다. 일반수학의 경우 난이도가 높아 수험생들이 가장 힘들어 하는 분야입니다. 보험수학은 난이도가 대체로 높지는 않지만 1~2문제의 난이도 높은 문제로 수험생들을 당혹스럽게 합니다. 회계원리는 재무회계와 원가관리회계로 이루어져 있으며, 난이도는 높지 않아 수험생들이 고득점을 노려야 하는 과목입니다.

본서는 1차 시험 과목을 한 권에 모두 담았으며, 각 과목별로 핵심이론, 실전대비문제, 과년도 및 최근 기출문제 및 해설을 수록하였습니다. 수험생들은 이 한 권으로 1차 시험을 대비할 수 있습니다.

아무쪼록 본서가 보험계리사 1차 시험을 준비하는 수험생들에게 합격에 이르는 지침서가 되길 바라며, 본서를 믿고 선택해준 수험생 여러분들에게 합격의 행운이 있기를 기원합니다.

편저자 씀

시험 안내

보험계리사란?

보험은 대수의 법칙과 수지상등의 원칙 등 보험수리적 원리에 기초하여 성립된 제도로서, 이러한 보험수리와 관련된 제반업무를 수행하는 자를 보험계리사라 합니다.

보험계리사가 하는 업무는?

❶ 보험료 및 책임준비금 산출방법서의 작성에 관한 사항

❷ 책임준비금 · 비상위험준비금 등 준비금의 적립과 준비금에 해당하는 자산의 적정성에 관한 사항

❸ 잉여금의 배분 · 처리 및 보험계약자 배당금의 배분에 관한 사항

❹ 지급여력비율 계산 중 보험료 및 책임준비금과 관련된 사항

❺ 상품 공시자료 중 기초서류와 관련된 사항

보험계리사의 구분

고용보험계리사	독립보험계리사	선임계리사
보험사업자에게 고용된 보험계리사	보험사업자에게 고용되지 않고 보험계리업을 독립적으로 영위하는 보험계리사	기초서류의 내용 및 보험계약에 의한 배당금계산 등 확인업무를 담당하는 보험계리사

보험계리사 자격취득 과정

1차 시험 합격 → 2차 시험 합격 → 실무실습 → 보험계리사 등록

※ 금융감독원에서 실시(제23회 보험계리사 시험부터 보험개발원이 위탁받아 수행)하는 1차 및 2차 시험에 합격하고 일정기간의 수습을 필한 후 금융감독원에 등록함으로써 자격을 취득합니다.

시험시간 및 시험과목

1교시	2교시
09:00 ~ 10:20(80분)	10:50 ~ 12:50(120분)
• 보험계약법(상법 보험편), 보험업법 및 근로자퇴직급여보장법 • 경제학원론	• 보험수학 • 회계원리

시험일정

보험계리사 시험은 1차와 2차 각각 연 1회 실시됩니다. 1차 시험은 그 해의 상반기(4월)에 실시하고, 2차 시험은 그 해의 하반기(8월)에 실시합니다. 매해 시험일정이 상이하므로 상세한 시험일정은 보험개발원(www.insis.or.kr)의 홈페이지에서 '시행계획공고'를 통하여 확인하시기 바랍니다.

응시자격 : 학력, 성별, 연령, 경력, 국적 등의 제한이 없습니다.

합격자 결정

1차 시험 합격자를 결정할 때에는 영어 과목을 제외한 나머지 과목에 대하여 매 과목 100점을 만점으로 하여 매 과목 40점 이상, 전 과목 평균 60점 이상 득점한 사람을 합격자로 결정합니다.

※ 한 과목이라도 과락이 발생하면 합격할 수 없습니다.

1차 시험 접수인원 및 합격현황

구분	접수(명)	합격(명)	합격률(%)	구분	접수(명)	합격(명)	합격률(%)
2016년 제39회	899	379	42.16	2020년 제43회	1,224	163	13.32
2017년 제40회	885	269	30.40	2021년 제44회	1,072	325	30.32
2018년 제41회	891	233	26.15	2022년 제45회	740	155	20.95
2019년 제42회	1,081	442	40.89	2023년 제46회	760	169	22.24

구성 및 특징

핵심이론

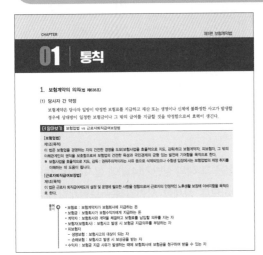

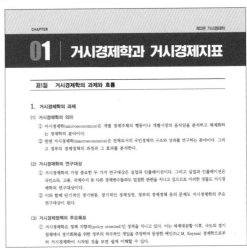

▶ 필수적으로 학습해야 하는 중요한 이론들을 최근 출제경향에 맞게 수록

실전대비문제

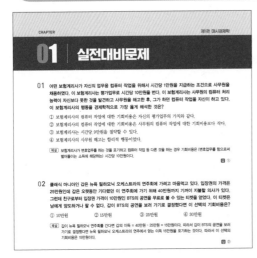

▶ 최근 출제경향을 파악하여 출제빈도가 높은 기출문제와 필수적으로 풀어 보아야 할 문제를 실전대비문제로 수록

과년도 및 최근 기출문제

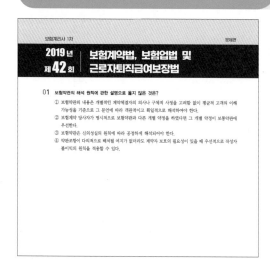

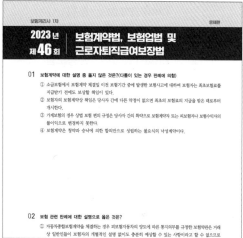

▶ 지금까지 출제된 과년도 및 최근 기출문제를 수록. 각 문제에는 자세한 해설이 추가되어 있어 핵심이론만으로 아쉬운 내용 보충 학습 가능

상세한 해설 & 심화 Tip

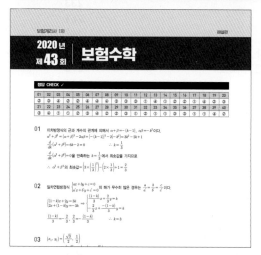

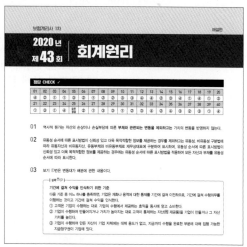

▶ 문제와 해설을 분리하여 수록. 실제 시험을 보는 것처럼 마무리 학습이 가능하며, 정확하고 자세한 해설 & 심화 Tip으로 혼자서도 학습이 가능

목 차

1권_ 보험계약법, 보험업법 및 근로자퇴직급여보장법

제1편   보험계약법

CHAPTER 01	통칙	3
CHAPTER 02	손해보험	46
CHAPTER 03	화재보험	59
CHAPTER 04	운송보험	61
CHAPTER 05	해상보험	63
CHAPTER 06	책임보험	73
CHAPTER 07	자동차보험	79
CHAPTER 08	보증보험	81
CHAPTER 09	인보험	96
CHAPTER 10	생명보험	98
CHAPTER 11	상해보험	108
CHAPTER 12	질병보험	110
실전대비문제		

제2편   보험업법

CHAPTER 01	총칙	123
CHAPTER 02	보험업의 허가 등	132
CHAPTER 03	보험회사	154
CHAPTER 04	모집	178
CHAPTER 05	자산운용	211
CHAPTER 06	계산	233
CHAPTER 07	감독	241
CHAPTER 08	해산·청산	256
CHAPTER 09	관계자에 대한 조사	271
CHAPTER 10	손해보험계약의 제3자 보호	275
CHAPTER 11	보험관계 단체 등	281
CHAPTER 12	보칙	300
실전대비문제		

제3편   근로자퇴직급여보장법

CHAPTER 01	총칙	305
CHAPTER 02	퇴직급여제도의 설정	309
CHAPTER 03	확정급여형퇴직연금제도(DB)	324
CHAPTER 04	확정기여형퇴직연금제도(DC)	333
CHAPTER 05	개인형퇴직연금제도(IRP)	356
CHAPTER 06	퇴직연금사업자 및 업무의 수행	363
CHAPTER 07	책무 및 감독	375
CHAPTER 08	보칙·벌칙	386
실전대비문제		

2권_ 경제학원론

제1편 **미시경제학**

CHAPTER 01 경제학의 기초 3

CHAPTER 02 수요·공급이론 16

CHAPTER 03 소비자선택이론 47

CHAPTER 04 생산과 생산함수, 생산비 79

CHAPTER 05 완전경쟁시장 116

CHAPTER 06 독점시장 128

CHAPTER 07 독점적 경쟁시장과 과점시장 144

CHAPTER 08 소득분배 161

CHAPTER 09 임금, 이자, 지대 171

CHAPTER 10 일반균형과 후생경제학 191

실전대비문제

제2편 **거시경제학**

CHAPTER 01 거시경제학과 거시경제지표 217

CHAPTER 02 균형국민소득의 결정 233

CHAPTER 03 소비, 투자 250

CHAPTER 04 재정과 재정정책 269

CHAPTER 05 화폐와 금융 281

CHAPTER 06 총수요·총공급 이론 305

CHAPTER 07 실업과 인플레이션 341

CHAPTER 08 경기변동과 안정화 정책 370

CHAPTER 09 경제성장 383

실전대비문제

제3편 **국제경제학**

CHAPTER 01 국제무역 401

CHAPTER 02 국제수지와 환율 418

실전대비문제

목 차

3권_ 보험수학

제1편	**일반수학**	
	CHAPTER 01 방정식과 부등식	3
	CHAPTER 02 행렬과 행렬식	10
	CHAPTER 03 함수	13
	CHAPTER 04 함수의 극한과 연속	21
	CHAPTER 05 미분	24
	CHAPTER 06 수열과 급수	29
	CHAPTER 07 적분	33
	실전대비문제	

제2편	**확률통계학**	
	CHAPTER 01 순열과 조합	57
	CHAPTER 02 확률과 확률변수	59
	CHAPTER 03 이산확률분포	66
	CHAPTER 04 연속확률분포	68
	CHAPTER 05 구간 추정	76
	CHAPTER 06 가설 검정	80
	실전대비문제	

제3편	**보험수학**	
	CHAPTER 01 이자론	99
	CHAPTER 02 생존분포와 생명표	108
	CHAPTER 03 생명보험	114
	CHAPTER 04 생명연금	117
	CHAPTER 05 순보험료	119
	CHAPTER 06 책임준비금 I	122
	CHAPTER 07 영업보험료와 책임준비금 II	126
	CHAPTER 08 연합생명확률	128
	CHAPTER 09 보험계약 변경	130
	실전대비문제	

4권_ 회계원리

제1편   **재무회계**

CHAPTER 01	재무회계의 기본이해	**3**
CHAPTER 02	자산	**35**
CHAPTER 03	자본과 부채	**101**
CHAPTER 04	수익 및 기타 회계이론	**136**

실전대비문제

제2편   **원가관리회계**

| CHAPTER 01 | 원가회계의 기본이해 | **181** |
| CHAPTER 02 | 관리회계 | **213** |

실전대비문제

목 차

5권_ 기출문제해설

문제편

2019년 제42회   **3**

2020년 제43회   **59**

2021년 제44회   **112**

2022년 제45회   **166**

2023년 제46회   **223**

해설편

2019년 제42회   **283**

2020년 제43회   **311**

2021년 제44회   **339**

2022년 제45회   **370**

2023년 제46회   **397**

제1편

보험계약법

합격의 공식 SD에듀 www.sdedu.co.kr

CHAPTER 01 통칙

CHAPTER 02 손해보험

CHAPTER 03 화재보험

CHAPTER 04 운송보험

CHAPTER 05 해상보험

CHAPTER 06 책임보험

CHAPTER 07 자동차보험

CHAPTER 08 보증보험

CHAPTER 09 인보험

CHAPTER 10 생명보험

CHAPTER 11 상해보험

CHAPTER 12 질병보험

보험계리사 1차

www.**sdedu**.co.kr

01 | 통칙

1. 보험계약의 의의(법 제638조)

(1) 당사자 간 약정

보험계약은 당사자 일방이 약정한 보험료를 지급하고 재산 또는 생명이나 신체에 불확정한 사고가 발생할 경우에 상대방이 일정한 보험금이나 그 밖의 급여를 지급할 것을 약정함으로써 효력이 생긴다.

더 알아보기 보험업법 vs 근로자퇴직급여보장법

[보험업법]

제1조(목적)

이 법은 보험업을 경영하는 자의 건전한 경영을 도모(보험사업을 효율적으로 지도, 감독)하고 보험계약자, 피보험자, 그 밖의 이해관계인의 권익을 보호함으로써 보험업의 건전한 육성과 국민경제의 균형 있는 발전에 기여함을 목적으로 한다.

※ 보험사업을 효율적으로 지도, 감독 : 권위주의적이라는 사유 등으로 삭제되었으나 수험생 입장에서는 보험업법의 제정 취지를 이해하는 데 도움이 됩니다.

[근로자퇴직급여보장법]

제1조(목적)

이 법은 근로자 퇴직급여제도의 설정 및 운영에 필요한 사항을 정함으로써 근로자의 안정적인 노후생활 보장에 이바지함을 목적으로 한다.

용어 ⊕ 풀이

- 보험료 : 보험계약자가 보험회사에 지급하는 돈
- 보험금 : 보험회사가 보험수익자에게 지급하는 돈
- 계약자 : 보험회사와 계약을 체결하고 보험료를 납입할 의무를 지는 자
- 보험자(보험회사) : 보험사고 발생 시 보험금 지급의무를 부담하는 자
- 피보험자
  - 생명보험 : 보험사고의 대상이 되는 자
  - 손해보험 : 보험사고 발생 시 보상금을 받는 자
- 수익자 : 보험금 지급 사유가 발생하는 때에 보험회사에 보험금을 청구하여 받을 수 있는 자

(2) 상법 개정 시 소급 적용 인정

① **법률불소급의 원칙** : 법은 시행한 날로부터 효력을 발생하며, 그 시행일 이전의 사항에는 소급하여 적용되지 않는다는 원칙이다.

② **상법 개정 적용 예외** : 상법에서는 법률불소급의 원칙에 대한 예외로서 특별한 규정이 없으면 상법 개정 전에 체결된 보험계약이라도 개정된 상법이 적용된다.

💡 **기출 포인트 !**

2014년 개정된 상법 제4편의 규정은 법률불소급의 원칙에 따라 법 개정 전에 체결된 보험계약에는 전혀 그 적용이 없다(전혀 적용이 없다 ×, 적용된다 ○).   ✓ 2016

(3) 보험 원리

① **위험 분담** : 동질의 위험에 있는 사람들이 보험료를 모아 공동으로 위험을 분담한다.

② **대수의 법칙** : 동질의 위험에 있는 많은 사람이 모이면 사고 발생 확률을 계산할 수 있고, 보험료 산정 등 보험제도 운용의 기초가 된다.

③ **급부·반대급부 균등의 원칙** : 보험료는 실제 사고 발생 시 보험금을 지급하는 데 부족함이 없을 정도의 수준으로 충족해야 한다.

④ **수지상등의 원칙** : 보험료는 보험가입자가 납부하는 보험료의 총액과 보험회사가 지급한 보험금과 경비의 총액이 같은 수준에서 결정되어야 한다.

⑤ **신의성실의 원칙** : 보험은 우연한 사고의 발생으로 인하여 보험금이 지급되는 사행계약으로 당사자 간의 권리와 의무를 신의에 따라 성실하게 이행하여야 한다.

⑥ **이득 금지의 원칙** : 우연한 사고로 인한 손해에 대해 얻을 수 있는 이득이 제한되어 있다. 손해보험에만 적용되는 원칙이다.

(4) 보험계약의 특성

① **유상쌍무계약** : 보험계약자는 보험료 지급의무를 지고 보험자는 보험사고 발생 시 보험금 지급의무를 진다. 이 두 채무는 상호 대가관계로 유상계약이면서 쌍무계약이다

② **계속계약성** : 보험계약자의 보험료 지급의무와 보험자의 보험금 지급의무가 일정 기간 계속하여 존재한다.

③ **불요식 낙성계약** : 의사표시 합치만으로 성립하며, 보험료의 선지급이 없어도 보험계약은 유효하게 성립한다.

④ **사행계약** : 사행계약은 우연한 이득을 목적으로 하는 계약으로, 보험금 지급 여부가 우연한 사고에 의존한다.

⑤ **부합계약** : 계약당사자 일방인 보험자가 결정한 바에 따라 다른 일방인 계약자가 사실상 따를 수밖에 없는 계약으로 보험자가 정한 계약조건이 약관이다.

⑥ **(최대)선의계약** : 보험계약은 당사자 간의 최대선의가 요구되는 것으로 보험계약자가 위험에 대하여 진술한 내용을 보험자가 신뢰하고 그 바탕 위에 보험계약이 성립한다.

기출 포인트 !

보험계약은 청약과 승낙에 의한 합의만으로 성립하는 불요식의 낙성계약이다(O). ✓ 2023

2. 보험계약의 성립(법 제638조의2)

(1) 계약성립에 대한 낙부통지

① **30일 내 발송** : 보험자가 보험계약자로부터 보험계약의 청약과 함께 보험료 상당액의 전부 또는 일부의 지급을 받은 때에는(지급 여부와 상관없이 ✕) 다른 약정이 없으면 30일 내에 그 상대방에 대하여 낙부의 통지를 발송하여야 한다.

> 💡 **기출 포인트 !**
>
> 보험자가 보험계약자로부터 보험계약의 청약을 받은 경우 보험료의 지급 여부와 상관없이 30일 내에 보험계약자에 대하여 그 청약에 대한 낙부의 통지를 발송하여야 한다(지급 여부와 상관없이 ✕, 지급을 받은 때에는 ○). ✓ 2022
>
> 보험자가 보험계약자로부터 보험계약의 청약과 함께 보험료 상당액의 전부 또는 일부의 지급을 받은 때에는 다른 약정이 없으면, (30일) 내에 그 상대방에 대하여 낙부의 통지를 발송하여야 한다. ✓ 2015

② **인보험계약의 신체검사 기산일** : 그러나 인보험계약의 피보험자가 신체검사를 받아야 하는 경우에는 그 기간은 신체검사를 받은 날부터 기산한다.

더 알아보기 신체검사 · 진단계약

진단보험(유진사보험)	무진단보험(무진사보험)
피보험자가 건강진단을 하는 계약	피보험자가 건강진단을 하지 않는 계약

(2) 승낙 의제

보험자가 30일 내에 낙부의 통지를 해태한 때에는 승낙한 것으로 본다(추정 ✕).

용어풀이 ➕
- 본다(의제, 간주) : '본다'라고 규정하면 법적으로 확정된 것이므로 사실이 그렇지 않다는 반대증거가 제시되더라도 법의 규정 내용이 바뀌지 않는다.
- 추정 : 당사자가 반대증거를 제시하면 추정의 효력은 그 증거에 의하여 더는 유지되지 못한다.

> 💡 **기출 포인트 !**
>
> 보험자가 청약에 대한 낙부통지의무를 부담하는 경우 정해진 기간 내에 낙부의 통지를 해태한 때에는 승낙한 것으로 추정된다(추정 ✕, 본다 ○). ✓ 2022
>
> 보험자가 낙부통지의무를 해태한 경우 그 보험계약은 정상적으로 체결된 것으로 추정한다(추정 ✕, 본다 ○). ✓ 2021
>
> 무진사보험의 경우 보험자가 보험계약자로부터 보험계약의 청약과 함께 보험료 상당액의 전부 또는 일부를 지급받은 때에는 다른 약정이 없을 경우 30일 내 낙부통지를 발송해야 하고, 이를 게을리하면 승낙한 것으로 추정된다(추정 ✕, 본다 ○). ✓ 2013

(3) 승낙 전 보험사고

① **청약을 거절할 사유가 없는 한 보상책임 개시** : 보험자가 보험계약자로부터 보험계약의 청약과 함께 보험료 상당액의 전부 또는 일부를 받은 경우에 그 청약을 승낙하기 전에 보험계약에서 정한 보험사고가 생긴 때에는 그 청약을 거절할 사유가 없는 한 보험자는 보험계약상의 책임을 진다.

용어풀이 ✪ 보험사고 : 보험계약에서 보험회사의 보험금 지급책임을 구체화하는 불확정한 사고

💡 **기출 포인트 !**

보험자가 보험계약자로부터 보험계약의 청약과 함께 보험료 상당액의 전부 또는 일부를 받은 경우에 그 청약을 승낙하기 전에 보험계약에서 정한 보험사고가 생긴 때에는 보험자는 보험계약상의 책임을 져야 한다(보험계약상의 책임을 져야 한다 ✕, 그 청약을 거절할 사유가 없는 한 ○). ✓ 2008

승낙기간 내에 보험사고가 발생한 경우에, 보험자가 그때까지 이 통지의무를 이행하지 않았으면 보험계약의 청약을 승낙한 것으로 의제된다(의제된다 ✕, 낙부통지 = 30일). ✓ 2006

---

② **인보험계약 신체검사** : 그러나 인보험계약의 피보험자가 신체검사를 받아야 하는 경우에 그 검사를 받지 아니한 때에는 그러하지 아니하다.

3. 보험자의 보험약관 교부 · 설명 의무(법 제638조의3)

(1) 보험약관 정의

보험계약에 관하여 보험계약자와 보험회사 상호 간에 이행하여야 할 권리와 의무를 규정한 것을 말한다.

(2) 보험약관 교부 · 설명 의무

보험자는 보험계약을 체결할 때에 보험계약자에게 보험약관을 교부하고 그 약관의 중요한 내용을 설명하여야 한다.

💡 **기출 포인트 !**

보험자는 보험계약을 체결할 때에 피보험자에게 보험약관을 교부하고 그 약관의 중요한 내용을 설명하여야 한다(피보험자 ✕, 보험계약자 ○). ✓ 2015

---

(3) 교부 · 설명 의무를 위반한 경우 3개월 내 취소

보험자가 보험약관의 교부 · 설명 의무를 위반한 경우 보험계약자는 보험계약이 성립한 날부터 3개월 이내에 그 계약을 취소할 수 있다.

용어풀이 ➕

구분	무효	취소
효력	처음부터 효력이 없음	취소 전에는 일단 유효함
주장할 수 있는 자	누구나	취소권자
주장 기간	제한 없음	일정 기간 지나면 취소권 소멸

💡 기출 포인트 !

> 보험자가 보험계약을 체결할 때에 보험계약자에게 보험약관의 교부 · 설명의무를 이행하지 아니한 때에는 보험계약자는 보험계약이 성립한 날부터 (3개월) 내에 그 계약을 취소할 수 있다. ✓ 2015

(4) 3개월 내 취소하지 아니한 경우 효력

보험계약이 성립한 날부터 3개월이 경과하면 그 계약을 취소할 수 없다. 다만, 계약자가 불리하지 않도록 설명의무 위반의 내용이 보험약관의 내용으로 편입되지 않는다.

▌판례

보험자가 보험약관의 명시 · 설명의무를 위반하여 보험계약을 체결한 경우, 그 약관의 내용을 보험계약의 내용으로 주장할 수 있는지 여부

▌판결요지

보험자 및 보험계약의 체결 또는 모집에 종사하는 자는 보험계약을 체결함에 있어 보험계약자 또는 피보험자에게 보험약관에 기재되어 있는 보험상품의 내용, 보험요율의 체계 및 보험청약서상 기재 사항의 변동사항 등 보험계약의 중요한 내용에 대하여 구체적이고 상세한 명시 · 설명의무를 지고 있으므로, 보험자가 이러한 보험약관의 명시 · 설명의무를 위반하여 보험계약을 체결한 때에는 그 약관의 내용을 보험계약의 내용으로 주장할 수 없다(대법원 2006다87453 판결).

💡 기출 포인트 !

> 설명의무 위반 시 보험자가 일정한 기간 내에 취소를 하지 아니하면 보험약관에 있는 내용이 계약의 내용으로 편입되는 것으로 본다(편입되는 것으로 본다 ✕, 주장할 수 없다 ○). ✓ 2019

(5) 약관해석 원칙

① 신의성실의 원칙 : 약관은 신의성실의 원칙에 따라 공정하게 해석되어야 한다.
② 작성자 불이익 원칙 : 약관이 다의적으로 해석될 여지가 있을 경우 작성한 자가 책임 또는 위험을 부담하여야 한다.
③ 면책약관 축소해석의 원칙 : 보험약관을 해석하면서 면책조항 등 고객에게 불리한 조항은 축소하여 해석하여야 한다.

④ 개별 약정 우선의 원칙 : 약관에서 정하고 있는 사항에 관하여 보험자와 보험계약자가 약관의 내용과 다르게 합의한 사항이 있을 때는 그 합의 사항은 약관보다 우선한다.

▍ 판례

보험약관의 해석 원칙

▍ 판결요지

보험약관은 신의성실의 원칙에 따라 해당 약관의 목적과 취지를 고려하여 공정하고 합리적으로 해석하되, 개개 계약당사자가 기도한 목적이나 의사를 참작하지 않고 평균적 고객의 이해 가능성을 기준으로 보험단체 전체의 이해관계를 고려하여 객관적·획일적으로 해석하여야 한다. 위와 같은 해석을 거친 후에도 약관조항이 객관적으로 다의적으로 해석되고 그 각각의 해석이 합리성이 있는 등 해당 약관의 뜻이 명백하지 아니한 경우에는 고객에게 유리하게 해석하여야 한다(대법원 2016다277200 판결).

> 🏮 **기출 포인트 !**
>
> 약관의 내용은 획일적으로 해석할 것이 아니라 개별적인 계약체결자의 의사나 구체적인 사정을 고려하여 주관적으로 해석해야 한다(주관적 ×, 객관적 ○).　　✓ 2022
>
> 약관조항이 다의적으로 해석될 여지가 없더라도 계약자 보호의 필요성이 있을 때 우선적으로 작성자 불이익의 원칙을 적용할 수 있다(다의적으로 해석될 여지가 없더라도 ×, 약관조항이 객관적으로 다의적으로 해석되고 ○).　　✓ 2019

(6) 약관 설명의무 제외

① 거래상 일반적이고 공통된 것이어서 별도의 설명 없이 충분히 예상할 수 있는 사항
② 이미 법령에 따라 정하여진 것을 되풀이하거나 부연하는 정도

▍ 판례

보험약관의 기재 사항이 별도의 설명 없이도 보험계약자가 충분히 예상할 수 있거나 이미 법령에 따라 정하여진 것인 경우, 보험자에게 명시·설명의무가 있는지 여부

▍ 판결요지

보험약관에 정하여진 사항이라고 하더라도 거래상 일반적이고 공통된 것이어서 보험계약자가 별도의 설명 없이도 충분히 예상할 수 있었던 사항이거나 이미 법령에 따라 정하여진 것을 되풀이하거나 부연하는 정도에 불과한 사항이라면 그러한 사항에 대하여서까지 보험자에게 명시·설명의무가 인정된다고 할 수 없다(대법원 2003다15556 판결).

> 🏮 **기출 포인트 !**
>
> 법정 면책사유가 약관에 규정되어 있는 경우는 그 내용이 법령에 규정되어 있는 것을 반복하거나 부연하는 정도에 불과하더라도 이는 설명의무의 대상이 된다(설명의무의 대상이 된다 ×, 설명의무 제외 ○).　　✓ 2022
>
> 무보험자동차에 의한 상해보험에서 보험금 산정기준과 방법은 보험자 설명의무의 대상이다(설명의무의 대상이다 ×, 설명의무 제외 ○).　　✓ 2019

(7) 약관의 변경과 소급 적용

① **원칙 : 소급 적용 불인정**

보험계약이 체결된 이후에 보험자가 약관을 변경하였더라도, 그 변경된 약관은 구 약관에 의하여 체결된 보험계약에 영향을 미치지 않는다.

② **예외 : 계약자 보호 등 특별히 필요한 경우 소급 적용**

감독기관은 보험계약자, 피보험자 또는 보험금액을 취득할 자의 이익을 보호하기 위하여 특별히 필요하다고 인정한 때에는 이미 체결된 종전의 보험계약에 대하여도 장래에 향하여 변경된 약관의 효력이 미치게 할 수 있다.

▌판례

개정 약관의 효력이 개정 전에 체결된 보험계약에 미치는지 여부

▌판결요지

보험계약이 일단 그 계약 당시의 보통보험약관에 의하여 유효하게 체결된 이상 그 보험계약 관계에는 계약 당시의 약관이 적용되는 것이고, 당사자가 그 개정 약관에 의하여 보험계약의 내용을 변경하기로 하는 취지로 합의하거나 보험자가 구 약관에 의한 권리를 주장할 이익을 포기하는 등의 특별한 사정이 없으면 개정 약관의 효력이 개정 전에 체결된 보험계약에 미친다고 할 수 없다(대법원 2008다89514, 89521 판결).

> **기출 포인트 !**
>
> 보험계약이 체결되고 나서 보험약관의 개정이 이루어진 경우 그 변경된 약관의 규정이 당해 보험계약에 적용되는 것이 당연한 원칙이다(당해 보험계약에 적용되는 것이 당연한 원칙이다 ×, 개정 약관의 효력이 개정 전에 체결된 보험계약에 미친다고 할 수 없다 ○).
> ✓ 2018

더 알아보기 개정 시 소급 적용 여부

상법	보험약관
소급적용	소급적용 제외

(8) 약관 구속력의 근거

① **규범설** : 약관을 규범으로 보아 그 자체를 법규정을 인정하고, 법원으로 보는 견해

② **제도설** : 기업의 제도적 소산으로 보고 법과 계약 간의 중간 위치에 있는 자치법규로 보는 견해

③ **상관습법설** : 반대의 특약이 없는 한 약관에 의한다는 것은 상관습법으로 보는 견해

④ **의사추정설** : 거래 상대방의 의사를 추정하는 견해

⑤ **법률행위설** : 약관 자체는 법규정을 인정할 수 없고, 기업과 고객이 개별 계약의 내용을 구성하는 것으로, 약관이 계약의 내용이 되기 때문에 당사자를 구속한다는 견해(다수설, 판례)

(9) 보험계약대출(약관대출)

보험계약자는 해당 계약의 해약환급금 범위 내에서 회사가 정한 방법에 따라 대출을 받을 수 있는데 이를 보험계약대출이라고 한다. 보험계약대출은 보험회사가 장차 지급하여야 할 보험금이나 해약환급금을 미리 지급하는 선급금과 같은 성격이라고 보아야 한다.

┃ 판례

생명보험계약의 약관에 따른 대출금의 성격

┃ 판결요지

약관에 따른 대출 계약은 약관상의 의무의 이행으로 행하여지는 것으로서 보험계약과 별개의 독립된 계약이 아니라 보험계약과 일체를 이루는 하나의 계약이라고 보아야 하고, 보험약관대출금의 경제적 실질은 보험회사가 장차 지급하여야 할 보험금이나 해약환급금을 미리 지급하는 선급금과 같은 성격이라고 보아야 한다(대법원 2005다15598 판결).

4. 타인을 위한 보험(법 제639조)

(1) 타인을 위한 보험의 의의

보험계약자는 위임을 받거나 위임을 받지 아니하고 특정 또는 불특정의 타인을 위하여 보험계약을 체결할 수 있다.

 기출 포인트 !

> 보험계약자는 타인의 위임이 없더라도 그 타인을 위하여 보험계약을 체결할 수 있다(○).   ✓ 2023

(2) 손해보험계약의 고지 예외

손해보험계약의 경우에 그 타인의 위임이 없는 때에는 보험계약자는 이를 보험자에게 고지하여야 하고, 그 고지가 없는 때에는 타인이 그 보험계약이 체결된 사실을 알지 못하였다는 사유로 보험자에게 대항하지 못한다.

(3) 타인을 위한 보험 vs 자기를 위한 보험

① 타인을 위한 보험 : 계약자 = 자기, 수익자 = 타인
② 자기를 위한 보험 : 계약자 = 자기, 수익자 = 자기

⑩ 타인을 위한 보험계약
- 단체의 대표자가 보험계약자이고 단체의 구성원을 피보험자와 보험수익자로 한 경우
- 건물 임차인이 건물주를 피보험자로 하여 화재보험계약을 체결한 경우
- 운송인이 운송물 소유자를 피보험자로 하여 보험계약을 체결한 경우
- 보관자가 보관물의 소유자를 피보험자로 하여 보험계약을 체결한 경우

(4) 타인의 의사표시 여부

① 타인의 의사표시 여부 : 타인을 위한 보험계약에서 그 타인은 당연히 그 계약의 이익을 받는다. 이 경우 그 타인의 수익의 의사표시가 있어야 하는 것은 아니다.

② **손해보험계약의 지급 청구권** : 손해보험계약의 경우에 보험계약자가 그 타인에게 보험사고의 발생으로 생긴 손해의 배상(보상 ×)을 한 때에는 보험계약자는 그 타인의 권리를 해하지 아니하는 범위 안에서 보험자에게 보험금액의 지급을 청구할 수 있다.

> **용어풀이** ⊕
> • 배상 : 위법 또는 불법행위로부터 발생하는 책임
> • 보상 : 적법행위로부터 발생하는 책임

(5) 보험료 지급의무

① **계약자의 보험료 지급의무** : 보험계약자는 보험자에 대하여 보험료를 지급할 의무가 있다.
② **타인의 보험료 지급의무** : 그러나 보험계약자가 파산선고를 받거나 보험료의 지급을 지체한 때에는 그 타인이 그 권리를 포기하지 아니하는 한 그 타인도 보험료를 지급할 의무가 있다.

5. 보험증권의 교부(법 제640조)

> **용어풀이** ⊕ 보험증권 : 계약의 성립과 그 내용을 증명하기 위하여 회사가 계약자에게 드리는 증서

(1) 보험증권의 계약자 교부

보험자는 보험계약이 성립한 때에는 지체 없이 보험증권을 작성하여 보험계약자에게 교부하여야 한다.

(2) 보험료 미지급 시 예외

보험계약자가 보험료의 전부 또는 최초의 보험료를 지급하지 아니한 때에는 그러하지 아니하다.

(3) 보험증권 연장·변경 사실 기재

기존의 보험계약을 연장하거나 변경한 경우에는 보험자는 그 보험증권에 그 사실을 기재함으로써 보험증권의 교부에 갈음(다른 것으로 바꾸어 대신함)할 수 있다.

(4) 보험증권의 법적 성질표

① **증거증권성** : 보험증권은 보험계약의 성립과 내용을 증명하기 위하여 보험자가 발행한 것이다.

② **요식증권성** : 보험증권은 일정한 사항을 기재하고 보험자가 기명날인 또는 서명하는 요식성을 가진다.

③ **면책증권성** : 보험자가 보험금 또는 기타의 급여를 함에 있어서 증권을 제시하는 자의 자격을 조사할 권리는 있어도 의무는 없다.

④ **유가증권성** : 보험증권은 원칙적으로 증거증권으로 유가증권도 유통증권도 아니라는 것이 보통이다. 그러나 보험증권은 기명식에 한하지 않고 지시식 또는 무기명식으로 발행할 수 있고 또 실제에 있어 지시식 또는 무기명식 보험증권이 유가증권성을 가지는 문제가 된다.

※ 일부 긍정설 : 운송보험증권과 해상보험증권, 특히 적하보험증권처럼 전전유통되어야 할 경제적 필요성이 있거나 증권의 배서 또는 교부에 의해 그 목적을 실현할 필요가 있기 때문에 인정하며, 최근 가장 유력한 통설임

6. 보험증권의 정부에 관한 이의 약정(법 제641조)

(1) 정부에 관한 이의 약정

보험계약의 당사자는 보험증권의 교부가 있은 날로부터 일정한 기간 내에 한하여 그 증권내용의 정부에 관한 이의를 할 수 있음을 약정할 수 있다.

(2) 1월 이상

이 기간은 1월을 내리지 못한다.

7. 보험증권의 재교부 청구 시 계약자 비용 부담(법 제642조)

(1) 증권 재교부 청구 사유

보험증권을 멸실 또는 현저하게 훼손한 때에는 보험계약자는 보험자에 대하여 증권의 재교부를 청구할 수 있다.

(2) 보험계약자 비용 부담

그 증권작성의 비용은 보험계약자의 부담으로 한다.

8. 소급보험(법 제643조)

(1) 소급보험의 의의

소급보험이란 보험계약이 성립하기 이전의 어느 시점부터 보험기간이 시작되는 것으로 소급하여 정한 보험을 말한다.

 용어풀이
- 보험기간 : 보험자의 보상책임을 지는 기간
- 보험계약기간 : 보험계약이 유효하게 지속되는 기간

(2) 소급보험의 요건

① 보험기간의 시기에 대한 소급 약정 : 소급보험이 되려면 보험기간의 시기를 보험계약의 성립 시기 이전으로 소급하여 정한다는 계약당사자 사이의 약정이 있어야 한다.

② 보험자의 책임 개시 : 최초의 보험료 지급을 받은 때로부터 개시하는 것이 원칙이다.

> 💡 **기출 포인트 !**
>
> 소급보험에서 보험계약 체결일 이전 보험기간 중에 발생한 보험사고에 대하여 보험자는 최초보험료를 지급받기 전에도 보상할 책임이 있다(최초보험료를 지급받기 전에도 ×, 최초의 보험료를 받은 때 ○).　　✓ 2023
>
> 소급보험계약에서는 다른 약정이 없는 한 초회보험료가 납입되기 전에도 청약 이전에 발생한 사고에 대해서 보상할 책임이 있다(초회보험료가 납입되기 전에도 ×, 최초의 보험료를 받은 때 ○).　　✓ 2021

③ 보험사고의 주관적 불확실성 : 소급보험이 인정되기 위해서는 보험계약을 체결할 당시에 보험자와 보험계약자 및 피보험자 모두가 이미 보험사고의 발생을 알고 있어서는 안 된다.

> 💡 **기출 포인트 !**
>
> 소급기간 내의 보험사고의 불확실성은 객관적 불확실성을 요한다(객관적 ×, 주관적 ○).　　✓ 2005

④ 보험사고 발생과 소급보험의 무효 : 보험계약의 당사자 중 어느 한쪽 또는 피보험자가 이미 그 보험사고가 발생한 것을 알고 보험계약을 체결한 때에는 그 계약은 무효가 되므로 소급보험도 무효이다. 이는 보험사고는 불확정한 것이어야 한다는 보험의 본질에 따른 강행규정이므로, 설사 당사자 사이의 합의에 의해 소급보험계약을 체결하더라도 그 계약은 무효이다.

9. 보험사고의 객관적 확정의 효과(법 제644조)

(1) 객관적 확정과 효과

보험계약 당시에 보험사고가 이미 발생하였거나 또는 발생할 수 없는 것인 때에는 그 계약은 무효로 한다.

(2) 당사자들의 주관적 인식

그러나 당사자 쌍방과 피보험자가 이를 알지 못한 때에는 그러하지 아니하다.

❙ 판례

보험계약 체결 당시 시간의 경과에 따라 보험사고의 발생이 필연적으로 예견되는 경우 보험계약을 무효로 할 것인지 여부

❙ 판결요지

보험계약 체결 이전에 근이양증 진단을 받았다고 하더라도 보험사고(사망 또는 제1급 장해 발생)가 보험계약 체결 이전에 발생하지 않은 이상 위 보험계약이 무효라고 할 수 없다(대법원 2010다66835 판결).

> 🧠 **기출 포인트 !**
>
> 보험계약 체결 당시 보험사고가 발생하지 않았다고 하더라도 시간의 경과에 따라 보험사고의 발생이 필연적으로 예견되는 질병의 확정 진단을 이미 받은 상태라면 그 보험계약은 무효이다(무효이다 ×, 무효라고 할 수 없다 ○).　　　　　　　　　　　　　　　　　　　　　　　　　　　　　　　　　　　　✓ 2012

10. 보험계약 체결과 대리인이 안 것의 효과(법 제646조)

(1) 대리인과 체결한 계약의 효과

대리인에 의하여 보험계약을 체결한 경우에 대리인이 안 사유는 그 본인이 안 것과 동일한 것으로 한다.

❙ 판례

보험자가 보험계약자의 대리인과 보험계약을 체결하는 경우, 보험약관에 관한 명시·설명의무의 상대방

❙ 판결요지

설명의무의 상대방은 반드시 보험계약자 본인에 국한되는 것이 아니라, 보험자가 보험계약자의 대리인과 보험계약을 체결할 경우에는 그 대리인에게 보험약관을 설명함으로써 족하다(대법원 2001다23973 판결).

> 🧠 **기출 포인트 !**
>
> 보험계약이 대리인에 의하여 체결되는 경우 그 대리인이 고지의무를 부담하는데, 본인이 알고 있는 사실만 고지하면 될 것이지 대리인이 알고 있는 사실을 알릴 필요는 없다(대리인이 알고 있는 사실을 알릴 필요는 없다 ×, 알려야 한다 ○ / 대리인＝본인)　　　　　　　　　　　　　　　　　　　　　　✓ 2009
>
> 설명의무의 상대방은 보험계약자 본인에 국한된다(본인에 국한 ×, 대리인과 체결 시 그 대리인 ○).　　　　　　　　　　　　　　　　　　　　　　　　　　　　　　　　　　　　✓ 2008

(2) 무권대리와 표현대리 차이

① 무권대리 : 대리권 없는 자
② 표현대리 : 대리권 없는 자가 대리권이 존재한 것과 같은 효과를 생기게 하는 제도

💡 기출 포인트 !

보험회사 영업소장이 보험모집사원이 아닌 자에게 동 영업소의 '영업과장' 명함을 만들어 주고 동 회사 전용의 보험청약서 등을 교부한 후 동인이 모집한 보험을 성립하도록 하여 주기도 하였다면, 그 밖의 보험계약 체결에 관하여도 대리권을 주었다고 보아야 하므로 (표현대리)에 따라 보험회사가 보험자로서 책임을 져야 한다.

✓ 2013

11. 보험대리상 등의 권한(법 제646조의2)

용어 ➕ • 체약대리상 : 본인의 거래를 '대리'하는 대리상
풀이   • 중개대리상 : 본인의 거래를 '중개'하는 대리상

(1) 보험대리상 권한

① 보험계약자로부터 보험료를 수령할 수 있는 권한
② 보험자가 작성한 보험증권을 보험계약자에게 교부할 수 있는 권한
③ 보험계약자로부터 청약, 고지, 통지, 해지, 취소 등 보험계약에 관한 의사표시를 수령할 수 있는 권한
④ 보험계약자에게 보험계약의 체결, 변경, 해지 등 보험계약에 관한 의사표시를 할 수 있는 권한

💡 기출 포인트 !

자동차보험의 체약대리상이 계약의 청약을 받으면서 보험료를 대납하기로 약정한 경우 이 약정일에 보험계약이 체결되었다 하더라도 보험자가 보험료를 수령한 것으로는 볼 수 없다(보험자가 보험료를 수령한 것으로는 볼 수 없다 ×, 보험료 수령 권한 ○).

✓ 2019

보험대리점이 중개대리상인 경우에 보험계약의 체결권은 없으나, 고지수령권은 인정된다(고지수령권은 인정된다 ×, 중개대리상 = 계약체결권 × & 고지수령권 ×).

✓ 2013

(2) 보험대리상 권한 일부 제한 및 대항력

보험자는 보험대리상의 권한 중 일부를 제한할 수 있다. 다만, 보험자는 그러한 권한 제한을 이유로 선의의 보험계약자에게 대항하지 못한다.

용어 ➕ • 선의 : 어떤 사실을 알지 못하는 것
풀이   • 악의 : 어떤 사실을 알고 있는 것

(3) 보험자의 보조자

구분	보험대리상	보험중개사	보험설계사	보험의
정의	보험회사를 위하여 보험계약의 체결을 대리하는 자	독립적으로 보험계약의 체결을 중개하는 자	보험회사, 보험대리점 또는 보험중개사에 소속되어 보험계약의 체결을 중개하는 자	피보험자의 신체 및 건강상태 검사를 하여 위험측정 자료를 보험자에게 제공해 주는 자
계약체결권	○	×	×	×
고지수령권	○	×	×	○
통지수령권	○	×	×	×

💡 **기출 포인트 !**

보험설계사는 특정 보험자를 위하여 보험계약의 체결을 중개하는 자일 뿐 보험자를 대리하여 보험계약을 체결할 권한이 없고 보험계약자 또는 피보험자가 보험자에 대하여 하는 고지를 수령할 권한이 없다(○).　　✓ 2019

(4) 보험대리상 이외의 자 권한

보험대리상이 아니면서 특정한 보험자를 위하여 계속적으로 보험계약의 체결을 중개하는 자는 다음의 권한이 있다.

① 보험계약자로부터 보험료를 수령할 수 있는 권한(보험자가 작성한 영수증을 보험계약자에게 교부하는 경우만 해당)
② 보험자가 작성한 보험증권을 보험계약자에게 교부할 수 있는 권한

(5) 보험설계사의 제1회 보험료 수령권의 판례상 인정

▎**판례**
보험설계사의 제1회 보험료 수령권 여부

▎**판결요지**
보험설계사가 소속 보험회사와의 고용계약이나 도급적 요소가 가미된 위임계약에 바탕을 둔 소속 보험회사의 사용인으로서 보험계약의 체결대리권이나 고지수령권이 없는 중개인에 불과하다 하여도 오늘날의 보험업계의 실정에 비추어 제1회 보험료의 수령권이 있음을 부정할 수는 없다(대법원 88다카33367 판결).

(6) 피보험자나 보험수익자도 적용

피보험자나 보험수익자가 보험료를 지급하거나 보험계약에 관한 의사표시를 할 의무가 있는 경우에는 그 피보험자나 보험수익자에게도 적용한다.

12. 특별위험의 소멸로 인한 보험료의 감액 청구(법 제647조)

(1) 감액 청구 사유

보험계약의 당사자가 특별한 위험을 예기하여 보험료의 액을 정한 경우에 보험기간 중 그 예기한 위험이 소멸한 때

용어풀이 ✚ 예기 : 장래 닥쳐올 일에 대하여 미리 생각하고 기다림

(2) 장래 보험료 감액

보험계약자는 장래의 보험료 감액을 청구할 수 있다.

> **💡 기출 포인트 !**
>
> 보험계약의 당사자가 특별한 위험을 예기하여 보험의 액을 정한 경우에 보험기간 중 그 예기한 위험이 소멸한 때에는 보험계약자는 보험계약 성립 당시로 소급하여 보험료의 감액을 청구할 수 있다(소급 ×, 장래 ○).
>
> ✓ 2013
>
> 보험사고가 발생하기 전에는 보험계약자는 언제든지 보험료의 감액을 청구할 수 있다(언제든지 ×, 그 예기한 위험이 소멸한 때 ○).
>
> ✓ 2009

13. 보험계약의 무효로 인한 보험료반환청구(법 제648조)

(1) 보험료반환청구 요건

보험계약의 전부 또는 일부가 무효인 경우에 보험계약자와 피보험자가 선의이며 중대한 과실이 없는 때에는 보험자에 대하여 보험료의 전부 또는 일부의 반환을 청구할 수 있다. 보험계약자와 보험수익자가 선의이며 중대한 과실이 없는 때에도 같다.

(2) 보험료반환청구 소멸시효 기산

보험료반환청구권의 소멸시효는 특별한 사정이 없는 한 각 보험료를 납부한 때(최종보험료를 납부한 때 ×)부터 진행한다.

❘ 판례
무효인 보험계약에 따라 납부한 보험료의 반환청구권 소멸시효 기산점

❘ 판결요지
상법 제731조 제1항을 위반하여 무효인 보험계약에 따라 납부한 보험료에 대한 반환청구권은 특별한 사정이 없는 한 보험료를 납부한 때에 발생하여 행사할 수 있다고 할 것이므로, 위 보험료반환청구권의 소멸시효는 특별한 사정이 없는 한 각 보험료를 납부한 때부터 진행한다(대법원 2010다92612 판결).

타인의 서면동의를 받지 않고 체결된 타인의 사망보험계약에 있어서는 보험자의 위법성이 강하여 보험료를 최종적으로 납부한 시점부터 보험료반환청구권의 소멸시효가 진행된다(최종적으로 납부한 시점 ×, 각 납부한 시점 ○).

✓ 2016

14. 보험사고 발생 전의 임의해지(법 제649조)

(1) 보험사고 발생 전 임의해지

보험사고가 발생하기 전에는 보험계약자는 언제든지 계약의 전부 또는 일부를 해지할 수 있다.

보험계약자는 보험사고의 발생 여부와 상관없이 언제든지 보험계약의 전부 또는 일부를 해지할 수 있다(보험사고의 발생 여부와 상관없이 ×, 발생하기 전에는 ○).

✓ 2018

(2) 타인을 위한 보험의 임의해지

타인을 위한 보험의 보험계약의 경우에는 보험계약자는 그 타인의 동의를 얻지 아니하거나 보험증권을 소지하지 아니하면 그 계약을 해지하지 못한다.

(3) 보험금액 감액과 임의해지

보험사고의 발생으로 보험자가 보험금액을 지급한 때에도 보험금액이 감액되지 아니하는 보험의 경우에는 보험계약자는 그 사고 발생 후에도 보험계약을 해지할 수 있다.

보험사고의 발생으로 보험자가 보험금을 지급한 후에 보험금액이 감액되는 보험의 경우에는 그 보험사고가 발생한 후에도 임의해지권을 행사할 수 있다(보험금액이 감액되는 보험의 경우에 ×, 감액되지 아니하는 보험 ○).

✓ 2022

보험사고의 발생으로 보험자가 보험금액을 지급한 때에도 보험금액이 감액되지 아니하는 보험의 경우에는 보험계약자는 그 사고 발생 후에도 보험계약을 해지할 수 있다(○).

✓ 2020

(4) 미경과보험료 반환청구

① 미경과보험료 의의 : 보험회사의 보험 책임이 남아 있는 기간에 해당하는 보험료를 말한다.
② 미경과보험료 반환청구 : 보험계약자는 당사자 간에 다른 약정이 없으면 미경과보험료의 반환을 청구할 수 있다.

15. 보험료의 지급과 지체의 효과(법 제650조)

(1) 제1회 보험료 미납 시 계약 해제

① **계약체결과 보험료 지급** : 보험계약자는 계약체결 후 지체 없이 보험료의 전부 또는 제1회 보험료를 지급하여야 한다.

② **미지급 시 2월 후 계약 해제** : 보험계약자가 이를 지급하지 아니하는 경우에는 다른 약정이 없는 한 계약성립 후 2월이 경과하면 그 계약은 해제(해지 ×)된 것으로 본다.

> **용어풀이 ♀**
> • 해제 : 일단 유효하게 성립한 계약을 소급하여 소멸시키는 일방적인 의사표시
> • 해지 : 계속적인 계약을 장래에 향하여 실효시키는 것

(2) 계속보험료 미납 시 계약 해지

① **보험계약자에 대한 최고 및 계약 해지** : 계속보험료가 약정한 시기에 지급되지 아니한 때에는 보험자는 상당한 기간을 정하여 보험계약자에게 최고하고 그 기간 내에 지급되지 아니한 때에는 그 계약을 해지할 수 있다.

> **🔦 기출 포인트 !**
>
> 보험계약자는 계약체결 후 ⓐ 상당한 기간(×, 지체 없이) 내에 보험의 전부 또는 제1회 보험료를 지급하여야 하며, 이를 지급하지 아니한 경우에는 다른 약정이 없으면 계약성립 후 ⓑ 2개월이 경과하면 그 계약은 ⓒ 해제된 것으로 본다. 계속보험료가 약정한 시기에 지급되지 아니한 때에는 보험자는 ⓓ 2개월 안에(×, 상당한 기간을 정하여) 보험계약자에게 최고하고 그 기간 내에 지급하지 아니하면 그 계약은 ⓔ 해제(×, 해지)된 것으로 본다.　　✓ 2009

② **해지 절차 없는 실효 처리 무효** : 계속보험료의 지급 지체가 있는 경우에 해지 절차 없이 보험자가 보험계약에 대하여 실효 처리하는 실효예고부최고 약관규정은 무효이다.

> **▍판례**
> 분납 보험료 체납 시 상법 제650조 소정의 최고 및 해지 절차 없이 곧바로 보험계약이 해지 또는 실효되도록 하는 보험약관의 효력

> **▍판결요지**
> 상법 제650조 제2항은 "계속보험료가 약정한 시기에 지급되지 아니한 때에는 보험자는 상당한 기간을 정하여 보험계약자에게 최고하고 그 기간 내에 지급되지 아니한 때에는 그 계약을 해지할 수 있다."라고 규정하고 있으므로 분납 보험료가 소정의 시기에 납부되지 아니하였음을 이유로 그와 같은 절차를 거치지 아니하고 곧바로 보험계약을 해지할 수 있다거나 보험계약이 실효됨을 규정한 약관은 상법의 위 규정에 위배되어 무효라 할 것이다(대법원 1997다18479 판결).

> **🔦 기출 포인트 !**
>
> 계속보험료의 지급 지체가 있는 경우에 상법 제650조상의 해지 절차 없이 보험자가 보험계약에 대하여 실효 처리하는 실효예고부최고 약관규정은 무효이다(○).　　✓ 2021

(3) 타인을 위한 보험의 경우 타인에 대한 최고

특정한 타인을 위한 보험의 경우에 보험계약자가 보험료의 지급을 지체한 때에는 보험자는 그 타인에게도 상당한 기간을 정하여 보험료의 지급을 최고한 후가 아니면 그 계약을 해제 또는 해지하지 못한다.

16. 보험계약의 부활(법 제650조의2)

(1) 부활 요건

① 기존 계약이 보험료 지급 지체에 따라 보험계약이 해지되어야 한다.
② 해지환급금이 지급되지 아니하여야 한다.
③ 보험계약자는 일정한 기간 내의 연체보험료에 약정이자를 붙여 보험자에게 지급하여야 한다.
④ 보험계약이 해지된 날부터 3년 이내에 부활을 청구하여야 한다.

> **기출 포인트 !**
>
> 고지의무 위반으로 보험계약이 해지된 경우에도 부활이 인정된다(고지의무 위반 ×, 보험료 지급 지체 ○).
> ✓ 2019
>
> 해지예고부최고 약관에 의하여 보험계약이 무효 또는 실효되는 경우에는 보험계약의 부활을 청구할 수 없다(보험계약의 부활을 청구할 수 없다 ×, 있다 ○).
> ✓ 2016
>
> 보험계약이 고지의무나 통지의무 위반 등에 의해 해지되었어야 한다(고지의무나 통지의무 위반 ×, 보험료 지급 지체 ○).
> ✓ 2013
>
> 보험계약의 성립 후 보험료의 전부 또는 일부를 지급하지 아니하여 계약이 해제된 경우 보험계약의 부활이 허용된다(보험계약의 부활이 허용된다 ×, 2회 이후 보험료 지체의 경우 부활이 허용된다 ○).
> ✓ 2011

(2) 해지 시점부터 부활까지 보상책임이 없다.

보장개시일이 부활을 청약한 시점이 되므로 그 이전에 발생한 보험사고는 보험회사가 보장하지 않는다.

> **기출 포인트 !**
>
> 보험계약이 부활될 경우 해지 또는 실효되기 전의 보험계약은 효력을 회복하여 보험계약이 유효하게 존속하게 된다. 이 경우 만약 보험계약이 해지되고 부활하기 이전에 보험사고가 발생하였다면 보험자는 보험금을 지급하여야 한다(보험금을 지급하여야 한다 ×, 보장하지 않는다 ○).
> ✓ 2021
>
> 보험계약의 부활은 당사자 간의 합의에 의하여 종전의 보험계약을 다시 회복시키는 특수한 계약이므로, 종전 계약의 해지 시점부터 부활 시점 사이에 발생한 사고에 대하여 보험자에게 보상책임이 인정된다(보상책임 인정된다 ×, 보상책임 없다 ○).
> ✓ 2016

(3) 부활한 보험의 효력

보험이 부활하면 이 보험은 종전의 계약과 동일한 내용의 계약이 된다.

🗲 기출 포인트 !

종래 보험계약에 존재하던 해지나 무효 사유 등은 소멸된다(소멸된다 ✕, 종전의 계약과 동일한 내용의 계약 ○).

✓ 2008

(4) 보험계약 성립 규정 준용(법 제638조의 2 준용)

보험계약자가 보험계약 청약서를 기재하여 제출함과 동시에 보험료 상당액의 전부 또는 일부를 지급한 경우 보험회사는 다른 약정이 없으면 30일 이내에 상대방에게 보험계약의 승낙 여부를 알려야 한다. 그러나 인보험계약의 피보험자가 신체검사를 받아야 할 때는 그 기간은 신체검사를 받은 날부터 기산한다.

17. 고지의무 위반으로 인한 계약 해지(법 제651조)

(1) 고지의무 위반

보험계약 당시에 보험계약자 또는 피보험자(수익자 ✕)가 고의 또는 중대한 과실로 인하여 중요한 사항을 고지하지 아니하거나 부실의 고지를 한 것을 말한다.

(2) 고지사항과 질문표

① **중요한 사항** : 계약 전 알릴 의무와 관련하여 회사가 그 사실을 알았더라면 계약의 청약을 거절하거나 보험료 할증과 같이 조건부로 승낙하는 등 계약 승낙에 영향을 미칠 수 있는 사항을 말한다.
② **질문표(청약서)** : 보험회사는 보험사고가 발생하였을 때 고지의무에 관한 분쟁이 일어나는 일을 피하기 위하여, 미리 보험청약서에 피보험자의 과거 질병이나 현재의 건강 상태 등에 관한 것을 질문하며 이것을 질문표라고 한다.

(3) 고지의무 위반과 1월, 3년 내 해지권 행사

보험자는 그 사실을 안 날로부터 1월 내에, 계약을 체결한 날로부터 3년 이내에만 계약을 해지할 수 있다.

(4) 해지권 행사 예외

보험자가 계약 당시에 그 사실을 알았거나 중대한 과실로 인하여 알지 못한 때에는 그러하지 아니하다.

용어
풀이 ➕ • 고의 : 자신의 행위가 일정한 결과를 발생시킬 것을 알고도 행위를 하는 것
• 과실 : 어떤 사실을 알 수 있었음에도 부주의로 인식하지 못한 것
• 중대한 과실 : 거래의 상대방이 조금만 주의를 기울였더라면 적법하게 행하여진 것이 아니라는 사정을 알 수 있었음에도 만연히 이를 믿음으로써 고의에 가까운 정도의 주의를 결여

(5) 고지의무 법적 성질

① **자발적 의무** : 보험자가 질문하는 중요한 사항에 대하여 보험계약자 또는 피보험자가 적극적이고 성실하게 답변하는 자발적 의무이다.

② **고지의무 수동화 경향** : 고지의무의 이행 방법 및 범위를 보험자로부터의 서면상의 질문에 대한 응답으로 제한하고자 하는 이론이다.

③ **간접의무** : 고지의무는 간접의무로 이를 위반하면 손해배상청구권이 발생하는 것이 아니라 보험자에게 계약의 해지권이 인정된다.

> **기출 포인트 !**
>
> 간접의무를 위반한 경우에 상대방은 손해배상청구권을 행사할 수 있다(있다 ×, 없다 ○).   ✓ 2021
>
> 고지의무를 위반한 경우에 보험자는 손해배상청구권을 행사할 수 있다(있다 ×, 없다 ○).   ✓ 2019

(6) 고지의무와 통지의무의 비교

구분	고지의무	통지의무
의무자	계약자, 피보험자	
의무이행 시기	보험계약 당시	보험계약기간 동안
의무이행 방법	질문표 작성	서면 또는 구두
의무 위반의 효과	보험자는 위반 사실을 안 날로부터 1월 내, 계약체결일로부터 3년 내에 계약을 해지	위험변경·증가 통지의무 위반인 경우에 보험자는 그 사실을 안 후 1월 내에 한하여 계약을 해지

18. 서면에 의한 질문의 효력(법 제651조의2)

보험자가 서면(청약서도 포함)으로 질문한 사항은 중요한 사항으로 추정한다(본다 ×).

> **기출 포인트 !**
>
> 보험자가 서면으로 질문한 사항은 중요한 사항으로 본다(본다 ×, 추정 ○).   ✓ 2011

19. 위험변경증가의 통지와 계약 해지(법 제652조)

(1) 위험변경증가 통지

보험기간 중에 보험계약자 또는 피보험자가(수익자 ×) 사고 발생의 위험이 현저하게 변경 또는 증가된 사실을 안 때에는 지체 없이 보험자에게 통지하여야 한다.

통지의무에 관한 설명으로 옳지 않은 것은?(다툼이 있는 경우 판례에 의함)
보험기간 중에 보험계약자, 피보험자나 보험수익자가 사고 발생의 위험이 현저하게 변경 또는 증가된 사실을 안 때에는 지체 없이 보험자에게 통지하여야 한다(보험수익자 ×, 보험계약자·피보험자 ○). ✓ 2018

▌ 판례

생명보험계약에 다수 가입하였다는 사실이 사고 발생의 위험이 현저하게 변경 또는 증가된 경우인지 여부

▌ 판결요지

생명보험계약 체결 후 다른 생명보험에 다수 가입하였다는 사정만으로 상법 제652조 소정의 사고 발생의 위험이 현저하게 변경 또는 증가된 경우에 해당한다고 할 수 없다(대법원 99다33311 판결).

생명보험계약에 다수 가입하였다는 사실은 상법 제652조 소정의 사고 발생의 위험이 현저하게 변경 또는 증가된 경우에 해당한다(해당한다 ×, 해당하지 않는다 ○). ✓ 2021

(2) 통지 해태 시 1월 내 계약 해지

이를 해태한 때에는 보험자는 그 사실을 안 날로부터 1월 내에 한하여 계약을 해지할 수 있다.

(3) 통지에 따른 1월 내 보험료 증액과 계약 해지

보험자가 위험변경증가의 통지를 받은 때에는 1월 내에 보험료의 증액을 청구하거나 계약을 해지할 수 있다(없다 ×).

더 알아보기 위험변경증가 통지 효과

해태	통지
1월 내 계약 해지	1월 내 보험료 증액, 계약 해지

보험자가 통지받은 때에는 보험료의 증액을 청구할 수 있으나, 계약은 해지할 수 없다(해지할 수 없다 ×, 있다 ○). ✓ 2011

보험의 목적이 양도된 경우에 양도인 또는 양수인이 지체 없이 그 사실을 보험자에게 통지한 때에는, 보험자는 현저한 위험변경증가가 있더라도 계약을 해지할 수 없다(해지할 수 없다 ×, 있다 ○). ✓ 2009

20. 보험계약자 등의 고의나 중과실로 인한 위험 증가와 계약 해지(법 제653조)

(1) 계약 해지 사유

보험기간 중에 보험계약자, 피보험자 또는 보험수익자의 고의 또는 중대한 과실로 인하여 사고 발생의 위험이 현저하게 변경 또는 증가된 때

(2) 보험료 증액과 계약 해지

보험자는 그 사실을 안 날부터 1월 내에 보험료의 증액을 청구하거나 계약을 해지할 수 있다.

21. 보험자의 파산선고와 계약 해지(법 제654조)

(1) 파산선고와 계약 해지

보험자가 파산의 선고를 받은 때에는 보험계약자는 계약을 해지할 수 있다.

> 🏆 기출 포인트 !
>
> 보험계약자가 파산선고를 받은 때에는 보험자는 계약을 취소할 수 있다(×, 보험자 파산 : 보험계약자 계약 해지 ○).　　　　　　　　　　　　　　　　　　　　　　　　　　　　　　　　✓ 2013

(2) 파산선고 후 3월 경과 효력 상실

보험자의 파산선고 후 보험계약자가 해지하지 아니한 보험계약은 파산선고 후 3월을 경과한 때에는 그 효력을 잃는다.

> 🏆 기출 포인트 !
>
> 보험자가 파산의 선고를 받은 때에 보험계약자가 해지하지 않은 보험계약은 파산선고 후 (3월)을 경과한 때에는 그 효력을 잃는다.　　　　　　　　　　　　　　　　　　　　　　　　　　　　　✓ 2015

22. 보험자의 계약 해지와 보험금청구권(법 제655조)

(1) 보험사고 후 계약 해지의 효과

보험사고가 발생한 후라도 보험자가 제650조, 제651조, 제652조 및 제653조에 따라 계약을 해지하였을 때에는 보험금을 지급할 책임이 없고 이미 지급한 보험금의 반환을 청구할 수 있다.
① 보험료의 지급과 지체의 효과(법 제650조)
② 고지의무 위반으로 인한 계약 해지(법 제651조)
③ 위험변경증가의 통지와 계약 해지(법 제652조)
④ 보험계약자 등의 고의나 중과실로 인한 위험 증가와 계약 해지(법 제653조)

(2) 고지의무 위반과 보험사고 인과관계

고지의무를 위반한 사실 또는 위험이 현저하게 변경되거나 증가된 사실이 보험사고 발생에 영향을 미치지 아니하였음이 증명된 경우에는 보험금을 지급할 책임이 있다.

다만, 고지의무 위반과 보험사고 발생 사이에 인과관계가 인정되지 아니하는 경우에도 보험자는 고지의무 위반을 이유로 보험계약을 해지할 수 있다.

> **기출 포인트 !**
>
> 고지의무를 위반한 사실이 보험사고 발생에 영향을 미치지 아니하였음이 증명된 경우 보험자는 계약을 해지할 수 없다(계약을 해지할 수 없다 ✕, 해지 가능 + 보험금 지급책임 ○). ✓ 2022

(3) 고지의무 위반사실과 보험사고의 인과관계 입증책임

▎ **판례**

고지의무 위반과 보험사고 발생 사이의 인과관계 부존재에 관한 입증책임의 소재

▎ **판결요지**

원칙적으로 보험금의 지급을 청구하는 보험계약자 측이 보험금 지급의무의 발생요건인 인과관계가 존재하지 아니한다는 점을 입증할 책임이 있다고 할 것이나, 입증책임의 분배에 관하여 당사자 사이에 약관 등에 의하여 이를 미리 정하여 둔 경우에는 특별한 사정이 없는 한 그 입증책임계약은 유효하므로 이에 따라야 한다(서울중앙지방법원 2004나21069).

> **기출 포인트 !**
>
> 상법상 보험계약상 보험자가 증명책임을 지는 사항이 아닌 것은?(다툼이 있는 경우에는 판례에 의함)
> 고지의무 위반의 사실과 보험사고 발생과의 인과관계의 존재(보험계약자 입증책임 ○) ✓ 2012

더 알아보기

[생명보험 표준약관_계약 전 알릴 의무 위반의 효과]
계약 전 알릴 의무를 위반한 사실이 보험금 지급 사유 발생에 영향을 미쳤음을 회사가 증명하지 못한 경우에는 제1항에도 불구하고 계약의 해지 또는 보장을 제한하기 이전까지 발생한 해당 보험금을 지급한다.

[인과관계 입증책임]

상법	생명보험 표준약관
원칙적으로 보험계약자에게 있다. 다만, 당사자 간에 달리 정할 수 있다.	보험회사

> **기출 포인트 !**
>
> 보험자가 인과관계의 존재를 입증한다고 정하는 경우 그 약정은 유효하다(○). ✓ 2023

23. 보험료의 지급과 보험자의 책임 개시(법 제656조)

(1) 최초의 보험료 지급과 책임 개시

보험자의 책임은 당사자 간에 다른 약정이 없으면 최초의 보험료의 지급을 받은 때로부터 개시한다.

> **기출 포인트 !**
>
> 보험자의 보험계약상 책임은 당사자 간에 다른 약정이 없으면 최초의 보험료의 지급을 받은 때로부터 개시한다(O).
> ✓ 2023

(2) 선일자수표와 책임 개시

① 선일자수표의 효력 발생 : 수표로서 효력은 수표에 기재된 발행일자이다.

② 선일자수표와 책임 개시 : 보험료로 선일자수표를 받은 날부터가 아니라 수표에 기재된 발행일자부터 보험자의 책임이 개시된다.

더 알아보기 교부일자와 발행일자

교부일자	발행일자 (효력 발생)
1. 1	3. 1

> **기출 포인트 !**
>
> 보험자가 제1회 보험료로 선일자수표를 받고 보험료 가수증을 준 경우에 선일자수표를 받은 날로부터 보험자의 책임이 개시된다(교부된 날 ×, 발행일자 O).
> ✓ 2019
>
> 보험계약자가 보험설계사에게 최초보험료로 선일자수표를 발행하고 보험료 가수증을 받은 경우에는, 그 선일자수표가 교부된 날을 보험자의 책임이 시작되는 최초보험료의 수령일로 본다(교부된 날 ×, 발행일자 O). ✓ 2007

24. 보험사고 발생의 통지의무(법 제657조)

(1) 보험계약자 · 피보험자 · 보험수익자의 보험사고 통지

보험계약자 또는 피보험자나 보험수익자는 보험사고의 발생을 안 때에는 지체 없이 보험자에게 그 통지를 발송하여야 한다.

(2) 통지의무 해태로 증가된 손해면책

보험계약자 또는 피보험자나 보험수익자가 보험사고의 통지의무를 해태함으로 인하여 손해가 증가된 때에는 보험자는 그 증가된 손해를 보상할 책임이 없다.

보험계약자 등이 통지의무를 해태한 경우 보험자는 그 사실을 안 날로부터 1월 내에 계약을 해지할 수 있다(계약을 해지할 수 있다 ×, 계약을 해지할 수 없다 ○).   ✓ 2023

(3) 통지의무 해태로 증가된 손해면책의 예외

보험사고 발생 시 통지를 해태함으로써 손해가 증가된 경우에 보험자가 그 발생을 알았다면 증가된 손해를 보상할 책임이 있다.

보험사고 발생 시 통지를 해태함으로써 손해가 증가된 경우에는 보험자가 그 발생을 안 때에라도 증가된 손해를 보상할 책임은 없다(증가된 손해를 보상할 책임은 없다 ×, 보험자가 안 때 보상 ○).   ✓ 2009

25. 보험금액의 지급(법 제658조)

(1) 보험금 지급 기간의 약정이 있는 경우

보험자는 보험금액의 지급에 관하여 약정기간이 있는 경우에는 그 기간 내에 피보험자 또는 보험수익자에게 보험금액을 지급하여야 한다.

(2) 보험금 지급 기간의 약정이 없는 경우

보험자는 보험금액의 지급에 관하여 약정기간이 없는 경우에는 보험사고 발생의 통지를 받은 후 지체 없이 지급할 보험금액을 정하고 그 정하여진 날부터 10일 이내에 피보험자 또는 보험수익자에게 보험금액을 지급하여야 한다.

[보험금 지급 절차]

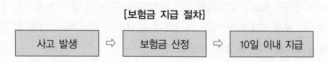

사고 발생 ⇨ 보험금 산정 ⇨ 10일 이내 지급

보험금 지급에 대한 약정기간이 없는 경우 보험자는 보험사고의 통지를 받은 후 지체 없이 지급할 보험금액을 정하고 그 정하여진 날부터 (10일) 내에 피보험자 또는 보험수익자에게 보험금액을 지급하여야 한다(보험금 산정 → 10일 내 지급).   ✓ 2015

보험금액의 지급에 관하여 약정기간이 없는 경우에는 보험사고 통지를 받으면 10일 이내에 조사하여 보험금액을 정하고 이를 지체 없이 지급하여야 한다(10일 이내에 보험금액을 정하고 ×, 보험금 산정 → 10일 내 지급 ○).   ✓ 2013

보험자는 보험금액의 지급에 관하여 약정이 없는 경우에는 피보험자로부터 사고 발생의 통지를 받은 후 10일 이내에 보험금액을 정하여 지급해야 한다(10일 이내에 보험금액을 정하고 ×, 보험금 산정 → 10일 내 지급 ○).   ✓ 2009

26. 보험자의 면책사유(법 제659조)

(1) 면책 대상자

보험계약자 또는 피보험자나 보험수익자

(2) 면책사유

보험사고가 고의 또는 중대한 과실로 인하여 생긴 때에는 보험자는 보험금액을 지급할 책임이 없다.

27. 전쟁위험 등으로 인한 면책(법 제660조)

(1) 거대위험 면책

보험사고가 전쟁 기타의 변란으로 인하여 생긴 때에는 당사자 간에 다른 약정이 없으면 보험자는 보험금액을 지급할 책임이 없다.

> 🎓 **기출 포인트 !**
>
> 보험사고가 전쟁 기타의 변란으로 인하여 생긴 때에는 당사자 간에 다른 약정이 없으면 보험자는 보험금을 지급할 책임이 없다(○). ✓ 2023

(2) 당사자 간 다른 약정

① **보험계약의 성립** : 보험자가 보험계약자로부터 보험계약의 청약과 함께 보험료 상당액의 전부 또는 일부의 지급을 받은 때에는 다른 약정이 없으면 30일 내에 그 상대방에 대하여 낙부의 통지를 발송하여야 한다.

② **사고 발생 전의 임의해지** : 보험계약자는 당사자 간에 다른 약정이 없으면 미경과보험료의 반환을 청구할 수 있다.

③ **보험료의 지급과 지체의 효과** : 보험계약자는 계약체결 후 지체 없이 보험료의 전부 또는 제1회 보험료를 지급하여야 하며, 보험계약자가 이를 지급하지 아니하는 경우에는 다른 약정이 없는 한 계약성립 후 2월이 경과하면 그 계약은 해제된 것으로 본다.

④ **보험료의 지급과 보험자의 책임 개시** : 보험자의 책임은 당사자 간에 다른 약정이 없으면 최초의 보험료의 지급을 받은 때로부터 개시한다.

⑤ **전쟁위험 등으로 인한 면책** : 보험사고가 전쟁 기타의 변란으로 인하여 생긴 때에는 당사자 간에 다른 약정이 없으면 보험자는 보험금액을 지급할 책임이 없다.

28. 재보험(법 제661조)

(1) 위험의 전가

보험회사를 위한 보험으로 보험회사는 계약자들에게 인수한 위험을 독자적으로 감당하기 어려울 때 위험의 일부를 재보험을 통하여 다른 보험회사로 전가할 수 있다.

(2) 다른 보험자와 재보험 체결

보험자는 보험사고로 인하여 부담할 책임에 대하여 다른 보험자와 재보험계약을 체결할 수 있다.

(3) 원보험과 효력

재보험계약은 원보험계약의 효력에 영향을 미치지 아니한다.

> 🔍 **기출 포인트 !**
>
> 원보험계약의 보험자가 보험금 지급의무를 이행하지 않을 경우 피보험자 또는 보험수익자는 재보험자에게 직접 보험금 지급 청구권을 행사할 수 있다(직접 ×).　　　　　　　✓ 2018

(4) 제3자에 대한 권리행사 명의

▎판례

재보험자가 보험자대위에 의하여 취득한 제3자에 대한 권리의 행사를 재보험자 명의로 직접 하는지 여부

▎판결요지

재보험자가 보험자대위에 의하여 취득한 제3자에 대한 권리의 행사는 재보험자가 이를 직접 하지 아니하고, 원보험자가 재보험자 수탁자의 지위에서 자기 명의로 권리를 행사한다(대법원 2012다10386 판결).

> 🔍 **기출 포인트 !**
>
> 보험자대위에 의하여 취득한 제3자에 대한 권리는 재보험자가 이를 직접 자기 명의로 그 권리를 행사하며 이를 통하여 회수한 금액을 원보험자와 비율에 따라 교부하는 방식으로 이루어지는 것이 상관습이다(자기 명의 ×, 원보험자 명의 ○).　　　　　　　✓ 2020

29. 소멸시효(법 제662조)

(1) 소멸시효와 제척기간

① 소멸시효

   ㉠ 일정 기간 권리를 행사하지 않는 상태가 계속되면 그 권리를 소멸하는 제도

   ㉡ 소급효·중단·정지·포기(○)

② 제척기간

    ⊙ 법률관계를 조속히 확정하기 위해 존손기간을 정하는 제도

    ⓛ 소급효·중단·정지·포기(×)

(2) 소멸시효기간

① 3년

    ⊙ 보험계약자의 권리

    ⓛ 보험금청구권, 보험료반환청구권, 적립금반환청구권

② 2년

    ⊙ 보험자의 권리

    ⓛ 보험료 청구권

▎판례

보험회사가 보험금 지급을 거절한 후 소멸시효의 완성을 주장하는 것이 신의성실의 원칙에 반하여 권리남용으로서 허용될 수 있는지 여부

▎판결요지

보험회사가 이 사건 보험계약에 기초한 재해사망보험금 지급의무의 존재를 알면서 미지급 사유를 보험수익자에게 알리지 않아 보험수익자의 권리행사를 현저히 곤란하게 하였다고 하기 어려우며, 달리 보험회사의 소멸시효 완성 주장이 신의성실의 원칙에 반한 권리남용이라고 볼 만한 사정이 없다(대법원 2016다224183, 224190 판결).

🏆 **기출 포인트 !**

생명보험계약을 체결한 보험계약자이자 피보험자가 계약의 책임 개시일로부터 2년이 경과하여 자살한 후 보험수익자가 재해사망특약에 기한 보험금 지급 청구를 한 경우, 보험자가 특약에 기한 재해사망보험금 지급의무가 있음에도 지급을 거절하였다면, 보험수익자의 재해사망보험금청구권이 시효의 완성으로 소멸하였더라도 보험자의 소멸시효 항변은 권리남용에 해당한다(권리남용에 해당한다 ×, 해당하지 않는다 ○).　　✓ 2017

▎판례

보험자가 보험금 청구권자의 청구에 대하여 보험금 지급책임이 없다고 잘못 알려 준 경우 소멸시효

▎판결요지

보험회사가 보험금 청구권자에게 그 사고는 면책 대상이어서 보험금을 지급할 수 없다는 내용의 잘못된 통보를 하였다고 하더라도 그와 같은 사유는 보험금청구권을 행사하는 데 있어서 법률상의 장애 사유가 될 수 없고, 또 이에 따라 보험금 청구권자가 보험사고가 발생하였다는 것을 알 수 없게 되었다고 볼 수도 없으므로 보험회사의 보험계약상의 보험금 지급채무는 사고 발생 시로부터 2년의 기간이 지남으로써 시효 소멸한다(대법원 97다36521 판결).

🏆 **기출 포인트 !**

보험자가 보험금 청구권자의 청구에 대하여 보험금 지급책임이 없다고 잘못 알려 준 경우에는 사실상의 장애가 소멸한 때부터 시효기간이 진행한다(사실상의 장애 소멸 ×, 사고 발생 시 ○).　　✓ 2020

30. 보험계약자 등의 불이익변경금지(법 제663조)

(1) 계약자 불이익변경금지

상법 보험의 규정은 당사자 간의 특약으로 보험계약자 또는 피보험자나 보험수익자의 불이익으로 변경하지 못한다.

> 🔦 **기출 포인트!**
>
> 가계보험의 경우 상법 보험 편의 규정은 당사자 간의 특약으로 보험계약자 또는 피보험자나 보험수익자의 불이익으로 변경하지 못한다(O). ✓ 2023
>
> 상법 제663조에 의하면 상법 보험 편의 규정은 당사자 간의 특약으로 보험계약자나 피보험자에게 불이익한 것으로 변경하지 못하지만, 보험수익자에게 불이익한 것으로 변경하는 것은 가능하다(보험수익자에게 ×, 보험계약자 또는 피보험자나 보험수익자 모두 해당 O). ✓ 2018

(2) 상법 보험 편의 상대적 강행 법규성

보험계약의 내용은 당사자가 임의로 정할 수 있으나, 일반대중의 이익을 보호하기 위하여 상법은 계약자유의 원칙을 적용하지 않고 보험계약자 등의 불이익변경금지 원칙을 두고 있다. 이 원칙으로 인해 상법 보험 편은 상대적 강행법규가 되었다.

(3) 계약자 불이익변경금지 예외

재보험 및 해상보험 기타 이와 유사한 수출보험, 금융기관종합보험, 신원보증보험의 경우에는 그러하지 아니하다.

> 🔦 **기출 포인트!**
>
> 불이익변경금지의 원칙은 재보험에도 적용된다(재보험에도 적용된다 ×, 적용되지 않는다 O). ✓ 2021

│ 판례

수산업협동조합중앙회가 실시하는 어선 공제사업의 성질 및 상법 제663조의 불이익변경금지 원칙의 적용 배제 여부

│ 판결요지

수산업협동조합중앙회에서 실시하는 어선 공제사업은 항해에 수반되는 해상위험으로 인하여 피공제자의 어선에 생긴 손해를 담보하는 것인 점에서 해상보험에 유사한 것이라고 할 수 있으나, 그 어선 공제는 수산업협동조합중앙회가 실시하는 비영리 공제사업의 하나로 소형 어선을 소유하며 연안어업 또는 근해어업에 종사하는 다수의 영세 어민을 주된 가입 대상자로 하고 있어 공제계약 당사자들의 계약교섭력이 대등한 기업 보험적인 성격을 지니고 있다고 보기는 어려워 어선 공제에는 불이익변경금지 원칙의 적용을 배제하지 아니함이 상당하다(대법원 96다23818 판결).

31. 상호보험, 공제 등에의 준용(법 제664조)

(1) 상법 보험 편의 규정 준용

상법 보험 편의 규정은 그 성질에 반하지 아니하는 범위에서 상호보험, 공제, 그 밖의 이에 준하는 계약에 준용한다.

(2) 상호보험과 공제

• 상호보험 : 보험에 가입하려는 많은 사람이 직접 상호회사를 구성하여 사원 상호 간에 행하는 보험
• 공제 : 공통의 이해관계에 있는 다수의 사람이 모여 경제적 위험에 대비해 공동 준비재산을 형성하는 제도

01 | 실전대비문제(보험계리사 · 손해사정사)

01 보험계약 체결에 관한 설명 중 옳은 것은? (2014년)

① 승낙 이후 보험증권 교부가 없으면 보험계약은 성립되지 않는다.

② 구술에 의한 보험계약 체결은 불가능하다.

③ 청약과 승낙의 의사 합치가 없어도 보험계약이 성립한다.

④ 보험료 납부 전에도 보험사고 발생 시 보험금을 지급하기로 하는 당사자의 특약은 유효하다.

[해설] ① 보험증권은 보험계약 체결 후 보험회사가 보험계약의 내용을 증명하기 위하여 발송하는 것으로 발송하지 않아도 다른 불이익은 없다.

② · ③ 청약의 의사표시는 구두, 서면의 차이가 없고 특별한 형식을 요구하지 않는 불요식 낙성계약이다.

④ 원칙적으로는 보험계약의 청약과 함께 보험료 상당액의 전부 또는 일부를 받은 경우 그 청약을 거절할 사유가 없는 한 보험자는 보험계약상의 책임을 지나, 당사자 간의 특약으로 정한 것은 계약자 불이익변경금지에 해당하지 않아 유효하다.

답 ④

02 보험모집종사자에 관한 설명 중 틀린 것은?(다툼이 있는 경우 대법원 판례에 의함) (2014년)

① 보험회사의 영업소장은 상법상의 표현지배인이 될 수 있다.

② 보험설계사는 상법상의 상업사용인에 해당한다고 할 수 없다.

③ 보험중개사는 특별한 사정이 없는 한 보험회사를 위한 어떠한 권한도 없다.

④ 보험회사는 그 임직원이 모집을 하면서 보험계약자에게 손해를 입힌 경우에는, 보험회사가 그 임직원에게 모집을 위탁하면서 상당한 주의를 하였고, 그 임직원이 모집과 관련하여 보험계약자에게 손해를 입히는 것을 막기 위하여 노력한 경우라도, 보험계약자에 대해 보험업법상의 손해배상책임을 져야 한다.

[해설] ▌**판례**

본점, 지점의 제한적 · 보조적 사무만 처리하는 영업소의 소장을 표현지배인으로 볼 수 있는지 여부

▌**판결요지**

단순히 본 · 지점의 지휘감독 아래 기계적으로 제한된 보조적 사무만을 처리하는 영업소는 상법상의 영업소라 볼 수 없으므로 동 영업소의 소장을 상법 제14조 제1항 소정의 표현지배인으로 볼 수 없다(대법원 78다1567 판결).

답 ①

03 보험자의 보조자에 관한 설명 중 틀린 것은?(다툼이 있는 경우 대법원 판례에 의함)   (2014년)

① 보험회사의 대리인이 피보험건물의 증개축 공사현장을 방문하면서 증개축공사로 인한 보험사고 발생의 위험이 현저하게 증가된 사실을 알았거나 중대한 과실로 알지 못하였다면, 보험자는 보험계약자나 피보험자가 위험변경·증가의 통지를 하지 않았음을 이유로 보험계약을 해지할 수 없다.

② 보험회사의 대리인이 보험계약자와 사이에 보험계약을 체결하고 보험계약자로부터 2, 3회분 보험료에 해당하는 약속어음을 교부받은 후 이를 횡령한 경우에는, 그 어음이 결제되더라도 보험료 납입의 효과가 생기지 않는다.

③ 보험대리점이 체약대리상인지 중개대리상인지 여부는 보험자와 보험대리상 간에 체결하는 대리상계약의 내용에 따라 결정된다.

④ 보험설계사가 보험사고 발생의 위험이 현저하게 변경 또는 증가된 사실을 알았다고 하더라도 이로써 보험자도 그 사실을 안 것으로 볼 수 없다.

해설 | 판례
보험자의 대리인이 보험계약을 체결하면서 미리 2, 3회분의 보험료에 해당하는 약속어음을 받고서 횡령한 경우, 그 변제수령의 효과가 보험자에 미치는지 여부

| 판결요지
보험자의 대리인이 보험회사를 대리하여 보험계약자와의 사이에 보험계약을 체결하고 그 보험료 수령권에 기하여 보험계약자로부터 1회분 보험료를 받으면서 2, 3회분 보험료에 해당하는 약속어음을 함께 교부받았다면 위 대리인이 그 약속어음을 횡령하였다고 하더라도 그 변제수령의 효과는 보험자에 미친다고 할 것이다(위 어음이 지급결제됨으로써 보험료납부의 효과가 생긴다(대법원 87다카1793 판결).

답 ②

04 보험계약자 등의 불이익변경금지의 원칙에 관한 설명 중 틀린 것은?   (2014년)

① 대법원 판례에 따르면, 수산업협동조합중앙회에서 실시하는 어선공제사업은 피공제자의 어선에 생긴 손해를 담보하는 점에서 해상보험과 유사하여 이 원칙이 적용되지 아니한다.

② 건설회사와 보증보험회사가 체결하는 이행보증보험계약은 기업보험계약으로서 이 원칙이 적용되지 아니한다.

③ 보험계약에 관한 사항이기는 하지만, 상법 제4편에 규정되어 있지 않고 또한 상법 제4편의 규정을 유추적용도 할 수 없는 사항에 대해서는 이 원칙을 적용할 수 없다.

④ 이 원칙은 계약당사자의 사적 자치를 제한하는 법적 수단에 해당한다.

▎판례

수산업협동조합중앙회가 실시하는 어선 공제사업의 성질 및 상법 제663조의 불이익변경금지 원칙의 적용
배제 여부

▎판결요지

수산업협동조합중앙회에서 실시하는 어선 공제사업은 항해에 수반되는 해상위험으로 인하여 피공제자의
어선에 생긴 손해를 담보하는 것인 점에서 해상보험에 유사한 것이라고 할 수 있으나, 그 어선 공제는
수산업협동조합중앙회가 실시하는 비영리 공제사업의 하나로 소형 어선을 소유하며 연안어업 또는 근해어
업에 종사하는 다수의 영세어민을 주된 가입 대상자로 하고 있어 공제계약 당사자들의 계약교섭력이 대등한
기업 보험적인 성격을 지니고 있다고 보기는 어려워 어선 공제에는 불이익변경금지 원칙의 적용을 배제하지
아니함이 상당하다(대법원 96다23818 판결).

답 ①

05 상법에서 규정하고 있는 보험대리상의 권한을 모두 고른 것은? (2015년)

> 가. 보험계약자로부터 보험료를 수령할 수 있는 권한
> 나. 보험자가 작성한 보험증권을 보험계약자에게 교부할 수 있는 권한
> 다. 보험계약자로부터 청약, 고지, 통지, 해지, 취소 등 보험계약에 관한 의사표시를 수령할 수 있는
> 권한
> 라. 보험계약자에게 보험계약의 체결, 변경, 해지 등 보험계약에 관한 의사표시를 할 수 있는 권한

① 나
② 가, 나
③ 가, 나, 다
④ 가, 나, 다, 라

해설 보험대리상 권한
• 보험계약자로부터 보험료를 수령할 수 있는 권한
• 보험자가 작성한 보험증권을 보험계약자에게 교부할 수 있는 권한
• 보험계약자로부터 청약, 고지, 통지, 해지, 취소 등 보험계약에 관한 의사표시를 수령할 수 있는 권한
• 보험계약자에게 보험계약의 체결, 변경, 해지 등 보험계약에 관한 의사표시를 할 수 있는 권한

답 ④

06 보험계약의 성립에 관한 상법의 태도로 옳지 않은 것은? (2016년)

① 보험계약은 당사자 일방이 약정한 보험료를 지급하고 재산 또는 생명이나 신체에 불확정한 사고가 발생할 경우에 상대방이 일정한 보험금이나 그 밖의 급여를 지급할 것을 약정함으로써 효력이 생긴다.

② 보험계약자가 보험계약의 청약과 함께 중요사항에 대한 고지의무를 이행한 경우, 보험자는 20일 내에 그 상대방에 대하여 낙부의 통지를 발송하여야 한다.

③ 신체검사를 받아야 하는 인보험계약의 피보험자가 신체검사를 받지 않은 경우에는 보험자의 승낙 전에 보험사고가 발생하였더라도 보험자는 그 청약을 거절할 사유의 존재 여부에 관계없이 보상책임을 부담하지 않는다.

④ 보험자의 보상책임은 최초의 보험료 지급을 받은 때로부터 개시되지만, 당사자의 약정으로 달리 정할 수 있다.

[해설] ② 20일(×), 30일(○)

답 ②

07 상법 제4편의 적용에 대한 설명으로 옳지 않은 것은? (2016년)

① 상법 제4편의 규정은 영리보험 일반은 물론 그 성질에 반하지 아니하는 범위에서 상호보험과 공제에도 준용된다.

② 판례에 따르면 해상적하보험약관에 영국법 준거조항이 있는 경우에도 이것이 보험계약의 보험목적물 등 성립 여부에 관한 사항에까지 적용하기로 한 것으로는 볼 수 없다.

③ 2014년 개정된 상법 제4편의 규정은 법률불소급의 원칙에 따라 법 개정 전에 체결된 보험계약에는 전혀 그 적용이 없다.

④ 가계보험과 기업보험의 구분은 상법 제663조(불이익변경금지의 원칙)의 적용 여부와 관련하여 실익이 있다.

[해설] 개정상법 소급적용
상법에서는 법률불소급의 원칙에 대한 예외로서 특별한 규정이 없으면 상법 개정 전에 체결된 보험계약이라도 개정된 상법이 적용된다.

답 ③

08 불이익변경금지 조항에 관한 설명으로 옳지 않은 것은?(다툼이 있는 경우 판례에 의함) (2016년)

① 보험계약 당사자의 지위의 불균형이 존재하는 경우 가계보험계약자를 보호하기 위하여 인정되는 것으로 보험자에게 불이익하게 변경된 약관조항은 유효하다.

② 해상위험을 담보한 어선공제약관에 대하여는 계약당사자가 대등한 경제적 지위에 있다고 볼 수 없어 상법 제663조의 불이익변경금지의 원칙을 적용한다.

③ 재보험 및 해상보험 기타 이와 유사한 이른바 기업보험의 경우에는 보험계약자의 이익보호를 위한 법의 후견적 보호보다는 사적 자치에 따른 이익조정이 가능하도록 상법 제663조의 적용을 배제한다.

④ 고지의무 위반이 있는 때에는 보험자가 보험계약의 해지권을 행사할 수 있는 기간을 계약체결일로부터 5년으로 한다는 약정은 유효하다.

[해설] 고지의무 위반과 해지권 행사
보험자는 그 사실을 안 날로부터 1월 내에, 계약을 체결한 날로부터 3년 이내에만 계약을 해지할 수 있다.

답 ④

09 보험료반환청구권의 소멸시효에 대한 설명으로 옳지 않은 것은?(다툼이 있는 경우 판례에 의함)

(2016년)

① 타인의 서면동의를 받지 않고 체결된 타인의 사망보험계약에 있어서는 보험자의 위법성이 강하여 보험료를 최종적으로 납부한 시점부터 보험료반환청구권의 소멸시효가 진행된다.

② 상법상 보험료반환청구권 소멸시효의 기산점에 대한 규정은 없다.

③ 무효인 보험계약에 기한 보험료반환청구권의 소멸시효는 특별한 사정이 없는 한 각 보험료를 납부한 때에 각 보험료에 대한 반환청구권의 소멸시효가 진행한다.

④ 보험계약자의 보험료반환청구권은 3년간 행사하지 아니하면 시효의 완성으로 소멸한다.

[해설] ① 보험료반환청구권의 소멸시효는 특별한 사정이 없는 한 각 보험료를 납부한 때(최종보험료를 납부한 때 ×)부터 진행한다.

┃ **판례**
무효인 보험계약에 따라 납부한 보험료의 반환청구권 소멸시효 기산점

┃ **판결요지**
상법 제731조 제1항을 위반하여 무효인 보험계약에 따라 납부한 보험료에 대한 반환청구권은 특별한 사정이 없는 한 보험료를 납부한 때에 발생하여 행사할 수 있다고 할 것이므로, 위 보험료반환청구권의 소멸시효는 특별한 사정이 없는 한 각 보험료를 납부한 때부터 진행한다(대법원 2010다92612 판결).

답 ①

10 보험계약의 성립에 관한 설명으로 옳지 않은 것은? (2018년)

① 보험계약은 당사자 일방이 약정한 보험료를 지급하고 재산 또는 생명이나 신체에 불확정한 사고가 발생한 경우에 상대방이 일정한 보험금이나 그 밖의 급여를 지급할 것을 약정함으로써 효력이 생긴다.

② 보험계약은 낙성·쌍무, 유상·불요식계약이라는 특성 외에 사행계약적 성격과 선의계약적 성격도 가지고 있다.

③ 보험자는 일정한 경우 승낙 전 보험사고에 대해 보험계약상의 책임을 진다. 나아가 인보험계약의 피보험자가 신체검사를 받아야 하는 경우에 그 검사를 받지 아니한 경우에도 보험계약상의 책임을 부담한다.

④ 보험계약자의 청약에 대해 보험자는 승낙할지 여부를 자유롭게 결정할 수 있는 것이 원칙이다.

[해설] 상법 638조의2 제3항
보험자가 보험계약자로부터 보험계약의 청약과 함께 보험료 상당액의 전부 또는 일부를 받은 경우에 그 청약을 승낙하기 전에 보험계약에서 정한 보험사고가 생긴 때에는 그 청약을 거절할 사유가 없는 한 보험자는 보험계약상의 책임을 진다. 그러나 인보험계약의 피보험자가 신체검사를 받아야 하는 경우에 그 검사를 받지 아니한 때에는 보험계약상의 책임을 부담하지 않는다.

답 ③

11 보험약관의 교부·설명의무에 관한 설명으로 옳지 않은 것은? (2018년)

① 보험약관은 계약의 상대방이 계약 내용을 선택할 수 있는 자유를 제약하는 측면이 있다.

② 보험약관은 보험자가 일방적으로 작성한다는 측면 등을 고려하여 입법적, 행정적, 사법적 통제가 가해진다.

③ 보험계약이 체결되고 나서 보험약관의 개정이 이루어진 경우 그 변경된 약관의 규정이 당해 보험계약에 적용되는 것이 당연한 원칙이다.

④ 상법에 의하면 보험자가 보험약관의 교부·설명의무를 위반한 경우에는 보험계약자는 보험계약이 성립한 날부터 3개월 이내에 그 계약을 취소할 수 있다.

[해설] ③ 그 변경된 약관의 규정이 당해 보험계약에 적용되는 것이 당연한 원칙이다(×).
보험계약이 유효하게 체결된 이상 그 보험계약 관계에는 계약 당시의 약관이 적용되고, 보험계약 체결 후 약관이 개정되면 개정된 약관 내용의 유불리를 불문하고 기존 계약에 소급 적용되지 않는다.

답 ③

12 타인을 위한 보험에 관한 설명으로 옳지 않은 것은? (2018년)

① 타인을 위한 보험이란 타인이 보험금 청구권자인 피보험자 또는 보험수익자가 되는 보험계약을 말한다.

② 타인을 위한 보험계약의 경우 그 타인의 수익의 의사표시가 있어야 보험계약이 성립한다.

③ 타인을 위한 손해보험에서 타인은 피보험이익을 가져야 한다.

④ 타인을 위한다는 의사표시가 분명하지 않은 경우에는 자기를 위한 보험계약으로 추정한다는 것이 통설이다.

해설 ② 그 타인의 수익의 의사표시가 있어야(×), 위임받거나 위임받지 아니하고(○)
타인을 위한 보험에서 보험계약자는 위임받거나 위임받지 아니하고 특정 또는 불특정의 타인을 위하여 보험계약을 체결할 수 있다. 그 타인은 당연히 그 계약의 이익을 받는다.

답 ②

13 통지의무에 관한 설명으로 옳지 않은 것은?(다툼이 있는 경우 판례에 의함) (2018년)

① 보험기간 중에 보험계약자, 피보험자나 보험수익자가 사고 발생의 위험이 현저하게 변경 또는 증가된 사실을 안 때에는 지체 없이 보험자에게 통지하여야 한다.

② 보험기간 중에 보험계약자, 피보험자 또는 보험수익자의 고의 또는 중대한 과실로 인하여 사고 발생의 위험이 현저하게 변경 또는 증가된 때에는 보험자는 그 사실을 안 날로부터 1월 내에 보험료 증액 등을 청구할 수 있다.

③ 위험변경증가는 일정 상태의 계속적 존재를 전제로 하고, 일시적 위험의 증가에 그친 경우에는 통지의무를 부담하지 아니한다.

④ 화재보험에서 근로자들이 폐업 신고에 항의하면서 공장을 상당 기간 점거하여 외부인의 출입을 차단하고 농성하는 행위는 현저한 위험변경증가로 본다.

해설 ① 보험계약자, 피보험자나 보험수익자가(×), 보험계약자 또는 피보험자가(○)
보험기간 중에 보험계약자 또는 피보험자가 사고 발생의 위험이 현저하게 변경 또는 증가된 사실을 안 때에는 지체 없이 보험자에게 통지하여야 한다.

답 ①

14 상법 제663조의 보험계약자 등의 불이익변경금지에 관한 설명으로 옳지 않은 것은?(다툼이 있는 경우 판례에 의함) (2018년)

① 상법 제663조는 상법 제정 시부터 존재하는 규정이고, 1991년 상법 개정 시에 재보험 및 해상보험 기타 이와 유사한 보험의 경우에 동 조항이 적용되지 않는다고 개정하였다.

② 불이익하게 변경된 약관인지 여부는 당해 특약의 내용으로만 판단할 것이 아니라 당해 특약을 포함하여 계약 내용의 전체를 참작하여 상법의 규정과 비교 형량하여 종합적으로 판단한다.

③ 수출보험, 금융기관종합보험 등은 상법 제663조의 적용 대상이라고 보지 않는다.

④ 상법 제663조에 의하면 상법 보험 편의 규정은 당사자 간의 특약으로 보험계약자나 피보험자에게 불이익한 것으로 변경하지 못하지만, 보험수익자에게 불이익한 것으로 변경하는 것은 가능하다.

[해설] ④ 보험수익자에게 불이익한 것으로 변경하는 것은 가능하다(×). 변경하지 못한다(○).
당사자 간의 특약으로도 보험계약자나 피보험자 또는 보험수익자에게 불이익하게 이를 변경하지 못한다.

답 ④

15 다음 설명으로 옳지 않은 것은?(다툼이 있는 경우 판례에 의함) (2018년)

> 甲은 보험자와 보험대리점 위탁계약을 체결하고 있는 보험대리상이다.
> 乙은 독립적으로 보험계약의 체결을 중개하는 자이다.
> 丙은 보험자를 위하여 계속적으로 보험계약의 체결을 중개하는 자이다.

① 甲은 보험계약자 등으로부터 고지·통지의무를 수령할 수 있는 권한이 있으나 乙과 丙은 그러한 권한이 없고, 특별히 위임을 받은 경우에는 고지 및 통지를 수령할 수 있다.

② 甲은 보험계약의 체결을 대리하는 자라는 점에서 보험계약의 체결을 중개하는 乙 및 丙과는 다른 법적 지위를 갖는다.

③ 甲은 보험계약자에게 보험계약의 체결, 변경, 해지 등 보험계약에 관한 의사표시를 할 수 있는 권한을 가진다.

④ 乙과 丙은 독립된 사업자가 아니고 보험자의 피용자라는 점에서 동일한 법적 지위를 갖는다.

[해설] ④ 보험자의 피용자라는 점에서 동일한 법적 지위를 갖는다(×). 독립된 사업자(○)
乙은 독립된 사업자이고, 丙도 지문상 종속되었다는 표현은 없어 피용자로 보기보다는 독립된 사업자로 보는 것이 타당하다.

답 ④

16 상법상 보험대리상이 아니면서 특정한 보험자를 위하여 계속적으로 보험계약의 체결을 중개하는 자의 권한으로 바르게 짝지어진 것은? (2018년)

> 가. 보험자가 작성한 영수증을 교부함으로써 보험계약자로부터 보험료를 수령할 수 있는 권한
> 나. 보험자가 작성한 보험증권을 보험계약자에게 교부할 수 있는 권한
> 다. 보험계약자로부터 청약의 의사표시를 수령할 수 있는 권한
> 라. 보험계약자에게 보험계약의 해지의 의사표시를 할 수 있는 권한

① 가, 나
② 가, 나, 다
③ 가, 나, 다, 라
④ 다, 라

[해설] 가. 보험계약자로부터 보험료를 수령할 수 있는 권한(보험자가 작성한 영수증을 보험계약자에게 교부하는 경우만 해당한다)
　　　나. 보험자가 작성한 보험증권을 보험계약자에게 교부할 수 있는 권한

답 ①

17 보험자의 보조자에 관한 설명으로 옳지 않은 것은?(다툼이 있는 경우 판례에 의함) (2019년)

① 보험목적인 건물에서 영위하고 있는 업종이 변경된 경우 보험설계사가 업종 변경 사실을 알았다고 하더라도 보험자가 이를 알았다거나 보험계약자가 보험자에게 업종 변경 사실을 통지한 것으로 볼 수 없다.
② 자동차보험의 체약대리상이 계약의 청약을 받으면서 보험료를 대납하기로 약정한 경우 이 약정일에 보험계약이 체결되었다 하더라도 보험자가 보험료를 수령한 것으로는 볼 수 없다.
③ 보험자의 대리상이 보험계약자와 보험계약을 체결하고 그 보험료 수령권에 기하여 보험계약자로부터 1회분 보험료를 받으면서 2, 3회분 보험료에 해당하는 약속어음을 교부받은 경우 그 대리상이 해당 약속어음을 횡령하였다 하더라도 그 변제수령은 보험자에게 미치게 된다.
④ 보험설계사는 특정 보험자를 위하여 보험계약의 체결을 중개하는 자일 뿐 보험자를 대리하여 보험계약을 체결할 권한이 없고 보험계약자 또는 피보험자가 보험자에 대하여 하는 고지를 수령할 권한이 없다.

[해설] ② 보험자가 보험료를 수령한 것으로는 볼 수 없다(×). 영수한 것으로 보아야 할 것이다(○).

｜판례
자동차보험의 체약대리상이 계약의 청약을 받으면서 보험료를 대납하기로 약정한 경우 이 약정일에 보험계약이 체결되었다 하더라도 보험자가 보험료를 수령한 것으로 볼 수 있는지 여부

｜판결요지
보험회사 대리점이 평소 거래가 있는 자로부터 그 구입한 차량에 관한 자동차보험계약의 청약을 받으면서 그를 위하여 그 보험료를 대납하기로 전화상으로 약정하였고, 그 다음날 실제 보험료를 지급받으면서는 그 전날 이미 보험료를 납입받은 것으로 하여 보험약관에 따라 보험기간이 그 전날 24：00시에 이미 시작된 것으로 기재된 보험료 영수증을 교부한 경우 위 약정일에 보험계약이 체결되어 보험회사가 보험료를 영수한 것으로 보아야 할 것이다(대법원 90다10315 판결).

답 ②

18 보험계약과 관련된 설명으로 옳지 않은 것은?(다툼이 있는 경우 판례에 의함)   (2019년)

① 보험모집종사자가 설명의무를 위반하여 고객이 보험계약의 중요사항에 관하여 제대로 이해하지 못한 채 착오에 빠져 보험계약을 체결한 경우, 그러한 착오가 동기의 착오에 불과하더라도 그러한 착오를 일으키지 않았더라면 보험계약을 체결하지 않았을 것이 명백하다면, 이를 이유로 보험계약을 취소할 수 있다.

② 타인을 위한 생명보험이나 상해보험계약은 제3자를 위한 계약의 일종으로 보며, 이 경우 특별한 사정이 없는 한 보험자가 이미 제3자에게 급부한 것이 있더라도 보험자는 계약 무효 등에 기한 부당이득을 원인으로 제3자를 상대로 그 반환을 청구할 수 있다.

③ 생명보험계약에서 보험계약자의 지위를 변경하는 데 보험자의 승낙이 필요하다고 정하고 있는 경우 보험계약자는 보험자의 승낙 없이 일방적인 의사표시인 유증을 통하여 보험계약상의 지위를 이전할 수 있다.

④ 보험금의 부정 취득을 목적으로 다수의 보험계약이 체결된 경우에 민법 제103조 위반으로 인한 보험계약의 무효와 고지의무 위반을 이유로 한 보험계약의 해지나 취소가 각각의 요건을 충족하는 경우, 보험자가 보험계약의 무효, 해지 또는 취소를 선택적으로 주장할 수 있다.

〔해설〕 ③ 보험계약자는 보험자의 승낙 없이 일방적인 의사표시인 유증을 통하여(×), 일방적인 의사표시만으로 이전할 수 없다(○).
생명보험계약에서 보험계약자의 지위를 변경하는 데 보험자의 승낙이 필요하다고 정하고 있는 경우, 보험계약자가 일방적인 의사표시만으로 보험계약상의 지위를 이전할 수는 없다.

답 ③

19 보험약관의 해석 원칙에 관한 설명으로 옳지 않은 것은?   (2019년)

① 보험약관의 내용은 개별적인 계약체결자의 의사나 구체적 사정을 고려함 없이 평균적 고객의 이해 가능성을 기준으로 그 문언에 따라 객관적이고 획일적으로 해석하여야 한다.

② 보험계약당사자가 명시적으로 보험약관과 다른 개별 약정을 하였다면 그 개별 약정이 보통약관에 우선한다.

③ 보험약관은 신의성실의 원칙에 따라 공정하게 해석되어야 한다.

④ 약관조항이 다의적으로 해석될 여지가 없더라도 계약자 보호의 필요성이 있을 때 우선적으로 작성자 불이익의 원칙을 적용할 수 있다.

〔해설〕 ④ 다의적으로 해석될 여지가 없더라도(×), 다의적으로 해석될 여지가 있을 경우(○)
약관이 다의적으로 해석될 여지가 있을 경우 작성한 자가 책임 또는 위험을 부담하여야 한다.

답 ④

20 보험계약자의 보험료 지급의무에 관한 설명 중 옳지 않은 것은?(다툼이 있는 경우 판례에 의함)

(2019년)

① 보험계약자는 보험계약 체결 후 보험료의 전부 또는 제1회 보험료를 지급하지 아니한 경우에는 다른 약정이 없는 한 계약성립 후 2월이 지나면 그 계약은 해제된 것으로 본다.

② 보험자가 제1회 보험료로 선일자수표를 받고 보험료 가수증을 준 경우에 선일자수표를 받은 날로부터 보험자의 책임이 개시된다.

③ 계속보험료의 지급이 없는 경우에 상당한 기간을 정하여 보험계약자에게 최고하지 않더라도 보험계약은 당연히 효력을 잃는다는 보험약관조항은 상법 규정에 위배되어 무효이다.

④ 특정한 타인을 위한 보험의 경우에 보험계약자가 보험료의 지급을 지체한 때 보험자는 그 타인에 대하여 상당한 기간을 정하여 보험료의 지급을 최고한 후가 아니면 그 계약을 해제 또는 해지하지 못한다.

해설 ② 선일자수표를 받은 날로부터 보험자의 책임이 개시된다(×). 수표에 기재된 발행일자(○)
보험료로 선일자수표를 받은 날부터가 아니라 수표에 기재된 발행일자부터 보험자의 책임이 개시된다.

답 ②

21 보험계약법상 고지의무에 대한 설명으로 옳지 않은 것은?

(2019년)

① 고지의무는 간접의무에 해당한다.
② 고지의무를 위반한 경우에 보험자는 그 이행을 강제할 수 없다.
③ 고지의무를 위반한 경우에 보험자는 손해배상청구권을 행사할 수 있다.
④ 고지의무를 위반한 경우에 보험자는 보험계약을 해지할 수 있다.

해설 ③ 손해배상청구권을 행사할 수 있다(×). 손해배상청구 불가, 계약 해지(○)
고지의무를 위반한 경우 보험자가 그 이행을 강제하거나 불이행에 대하여 손해배상을 청구할 수 있는 것이 아니라, 단지 보험계약을 해지할 수 있을 뿐이다.

답 ③

22 보험약관의 교부·설명의무에 관한 설명으로 옳지 않은 것은?(다툼이 있는 경우 판례에 의함)

(2019년)

① 보험자가 약관의 설명의무를 위반한 경우 보험계약자는 일정한 기간 내에 보험계약을 취소할 수 있다.

② 설명의무 위반 시 보험자가 일정한 기간 내에 취소를 하지 아니하면 보험약관에 있는 내용이 계약의 내용으로 편입되는 것으로 본다.

③ 보험자는 보험계약 체결 시 보험계약자에게 해당 보험약관을 교부하는 동시에 설명해야 할 의무를 부담한다.

④ 보험약관을 보험계약자에게 설명해야 할 부분은 약관 전체를 의미하는 것이 아니라 약관의 중요한 내용을 설명하는 것으로 족하다.

[해설] ② 계약의 내용으로 편입되는 것으로 본다(×). 편입되지 않는다(○).
보험계약이 성립한 날부터 3개월이 경과하면 그 계약을 취소할 수 없다. 다만, 계약자가 불리하지 않도록 설명의무 위반의 내용이 보험약관의 내용으로 편입되지 않는다.

답 ②

23 보험계약의 부활에 관한 설명으로 옳지 않은 것은?

(2019년)

① 보험계약의 부활은 계속보험료의 부지급으로 인하여 계약이 해지된 경우에 발생한다.

② 보험계약자가 부활을 청구할 경우 연체보험료에 약정이자를 보험자에게 지급하여야 한다.

③ 보험계약이 부활되면 부활 시점부터 계약의 효력이 발생한다.

④ 고지의무 위반으로 보험계약이 해지된 경우에도 부활이 인정된다.

[해설] ④ 고지의무 위반으로 보험계약이 해지된 경우에도 부활이 인정된다(×). 부활 불가(○)
보험료의 지급과 지체의 효과로 보험계약이 해지되고 해지환급금이 지급되지 아니한 경우에 보험계약자는 일정한 기간 내에 연체보험료에 약정이자를 붙여 보험자에게 지급하고 그 계약의 부활을 청구할 수 있다.

답 ④

24 다음 설명으로 옳지 않은 것은? (2018년)

① 보험기간은 보험계약기간보다 장기일 수 없다.

② 청약서를 작성하는 경우라 하더라도 보험계약은 불요식계약이다.

③ 당사자 간에 특약이 있을 경우에는 초회보험료를 납입하지 않아도 보험기간이 개시될 수 있다.

④ 보험계약이 해지된 이후에 발생한 보험사고에 대하여 보험자는 보험금을 지급할 책임이 없다.

해설 ① 보험회사가 보장을 책임지는 보험기간과 보험계약이 유효하게 존속하는 보험계약기간은 보통 일치하나 당사자 간 특약으로 달리 정할 수 있다.

예정보험 : 보험기간 < 보험계약기간

소급보험 : 보험기간 > 보험계약기간

답 ①

25 보험계약에 대한 설명 중 옳지 않은 것은? (2019년)

① 소급보험계약에서는 보험기간이 보험계약기간보다 장기이다.

② 승낙 전 보호제도가 적용될 경우 보험기간이 보험계약기간보다 장기이다.

③ 장래보험계약에서는 보험기간과 보험계약기간이 반드시 일치하여야 할 필요가 없다.

④ 소급보험계약에서는 초회보험료가 납입되기 전에도 청약 이전 사고에 대해서 보상할 책임이 있다.

해설 소급보험 책임 개시 : 최초의 보험료의 지급을 받은 때로부터 개시하는 것이 원칙이다.

답 ④

02 | 손해보험

1. 손해보험자의 책임(제665조)

(1) 보상하는 손해

손해보험계약의 보험자는 보험사고로 인하여 생길 피보험자의 재산상의 손해를 보상할 책임이 있다.

(2) 손해보험 사고와 상당인과관계 여부

손해보험계약에서 보험자는 보험사고로 인하여 생긴 피보험자의 재산상의 손해를 보상할 책임이 있으며, 보험사고와 피보험자가 직접 입은 재산상의 손해 사이에는 상당인과관계가 있어야 한다.

▎ **판례**

보험사고와 피보험자가 직접 입은 재산상의 손해와의 상당인과관계 여부

▎ **판결요지**

보험자가 벼락 등의 사고로 농장 내에 있는 돼지에 대하여 생긴 보험계약자의 손해를 보상하기로 하는 손해보험계약을 체결한 경우, 농장 주변에서 발생한 벼락으로 인하여 그 농장의 돈사용 차단기가 작동하여 전기공급이 중단되고 그로 인하여 돈사용 흡배기장치가 정지하여 돼지들이 질식사하였다면, 위 벼락사고는 보험계약상의 보험사고에 해당하고 위 벼락과 돼지들의 질식사 사이에는 상당인과관계가 인정된다(대법원 99다37603, 37610 판결).

2. 손해보험증권(법 제666조)

(1) 보험자 날인 등

손해보험증권에는 보험자가 기명날인 또는 서명하여야 한다.

(2) 기재 사항

① 보험의 목적
② 보험사고의 성질
③ 보험금액
④ 보험료와 그 지급 방법
⑤ 보험기간을 정한 때에는 그 시기와 종기
⑥ 무효와 실권의 사유
⑦ 보험계약자의 주소와 성명 또는 상호
⑧ 피보험자의 주소, 성명 또는 상호

⑨ 보험계약의 연월일

⑩ 보험증권의 작성지와 그 작성 연월일

(3) 기재 사항의 성격

① **엄격하지 않은 요식성** : 보험증권은 일정 사항을 기재하여야 한다는 의미에서 요식증권의 성격을 갖지만, 그 요식성은 엄격한 것이 아니다.

② **기재 사항 누락과 보험계약 무효** : 법정 사항의 기재를 누락하거나 그 밖의 사항을 기재하여도 그 효력에는 영향이 없다. 즉, 법정 기재 사항의 일부를 기재하지 않는다고 해서 보험계약이 무효가 되는 것은 아니다.

> 🏆 **기출 포인트 /**
>
> 운송보험증권은 요식증권이기 때문에 상법에 규정된 기재사항의 일부를 기재하지 않으면 보험계약은 무효이다(상법에 규정된 기재 사항의 일부를 기재하지 않으면 보험계약은 무효이다 ×, 무효가 되는 것은 아니다 ○).
>
> ✓ 2017

3. 상실이익 등의 불산입(법 제667조)

보험사고로 인하여 상실된 피보험자가 얻을 이익이나 보수는 당사자 간에 다른 약정이 없으면 보험자가 보상할 손해액에 산입하지 아니한다.

4. 보험계약의 목적(법 제668조)

보험계약은 금전으로 산정할 수 있는 이익에 한하여 보험계약의 목적으로 할 수 있다.

용어
풀이 ➕ • 보험의 목적 : 보험사고 발생의 대상(인보험 = 신체, 생명 / 손해보험 = 재산)
• 보험계약의 목적(피보험이익) : 피보험자가 보험의 목적에 대해 갖는 경제상의 이해관계

> 🏆 **기출 포인트 /**
>
> 특정 물건에 대하여 소유권자와 저당권자는 동일한 피보험이익을 가지므로 독립하여 보험계약을 체결하는 것이 인정되지 아니한다(×, 소유권자와 저당권자는 각각 다른 피보험이익을 가지므로 각자는 독립한 계약을 체결할 수 있다 ○).
>
> ✓ 2013

5. 초과보험(법 제669조)

- 보험금액
  - 보험계약자가 보험계약을 체결할 때 약정한 금액
  - 계약상 보상의 최고한도액
  - 보험료 산정 기준
  - 모든 보험
- 보험가액
  - 사고 발생 당시 보험계약자가 입게 되는 손해액의 한도로서 목적물을 금액으로 평가한 것
  - 법률상 보상의 최고한도액
  - 손해액 산정의 기초
  - 손해보험

(1) 초과보험과 보험료 감액 청구

보험금액이 보험계약의 목적의 가액을 현저하게 초과한 때에는 보험자 또는 보험계약자는 보험료와 보험금액의 감액을 청구할 수 있다(보험금액 > 보험가액 : 금가).

> **기출 포인트!**
>
> 초과보험이 성립하기 위해서는 보험가액이 보험금액을 현저하게 초과하여야 한다(보험가액이 보험금액을 ×, 보험금액 > 보험가액 : 금가)　　　　　　　　　　　　　　　　　　✓ 2011

(2) 장래 보험료 감액 청구

그러나, 보험료의 감액은 장래에 대하여서만 그 효력이 있다(소급효 ×).

> **기출 포인트!**
>
> 보험료 감액 청구 후 보험료의 감액은 소급효가 인정된다(소급효가 인정된다 ×, 장래 ○).　　✓ 2018

(3) 초과보험 여부

보험금액이 보험계약의 목적의 가액을 현저하게 초과한 때의 가액은 계약 당시의 가액에 의하여 정한다.

(4) 현저한 보험가액 감소 시 감액 청구

보험가액이 보험기간 중에 현저하게 감소된 때에도 보험자 또는 보험계약자는 보험료와 보험금액의 감액을 청구할 수 있다.

(5) 장래 보험료 감액

그러나 보험료의 감액은 장래에 대하여서만 그 효력이 있다.

(6) 사기로 인한 초과보험 무효와 보험료 청구

보험금액이 보험계약의 목적의 가액을 현저하게 초과한 경우에 계약이 보험계약자의 사기로 인하여 체결된 때에는 그 계약은 무효로 한다. 그러나 보험자는 그 사실을 안 때까지의 보험료를 청구할 수 있다.

> 🔍 **기출 포인트 !**
>
> 보험계약자가 타인을 위한 초과보험 계약을 체결한 경우에는, 그 타인이 선의라고 하더라도 보험계약자의 사기에 의한 그 초과보험 계약은 무효가 된다(○). ✓ 2009
>
> 초과보험 계약이 보험계약자의 사기로 인하여 체결된 때에는 그 계약은 무효로 하지만, 보험자는 그 사실을 안 때까지의 보험료를 청구할 수 없다(보험료를 청구할 수 없다 ×, 있다 ○). ✓ 2008

6. 기평가보험과 미평가보험(법 제670~제671조)

(1) 기평가보험

① 협정보험가액 : 계약당사자 간에 미리 보험가액을 정할 수 있는데 이 경우 보험가액을 협정보험가액이라 하고 협정보험가액에 의한 보험계약을 기평가보험이라고 한다.

② 사고 발생 시 가액 추정 : 당사자 간에 보험가액을 정한 때에는 그 가액은 사고 발생 시의 가액으로 정한 것으로 추정한다(본다 ×).

> 🔍 **기출 포인트 !**
>
> 당사자 간에 보험가액을 정한 때에는 그 가액은 사고 발생 시의 가액으로 정한 것으로 본다(본다 ×, 추정한다 ○). ✓ 2018
>
> 당사자 간에 보험가액을 정한 때에는 그 가액은 보험계약 체결 시의 가액으로 정한 것으로 추정한다(보험계약 체결 시 ×, 사고 발생 시 ○). ✓ 2013

③ 현저한 초과와 보험가액 : 그러나 그 가액이 사고 발생 시의 가액을 현저하게 초과할 때는 사고 발생 시의 가액을 보험가액으로 한다.

> 🔍 **기출 포인트 !**
>
> 기평가보험의 협정보험가액이 사고 발생 시의 가액을 초과하는 경우에는 사고 발생 시의 가액을 보험가액으로 한다(초과 ×, 현저하게 초과 ○). ✓ 2012

| 판례

기평가보험으로 인정되기 위한 요건으로서 당사자 사이의 보험가액에 대한 합의의 인정기준

| 판결요지

기평가보험으로 인정되기 위한 당사자 사이의 보험가액에 대한 합의는 명시적이어야 하기는 하지만 반드시 협정보험가액 혹은 약정보험가액이라는 용어 등을 사용하여야만 하는 것은 아니고, 당사자 사이에 보험계약을 체결하게 된 제반 사정과 보험증권의 기재 내용 등을 통하여 당사자의 의사가 보험가액을 미리 합의하고 있는 것이라고 인정할 수 있으면 충분하다(대법원 2001다6312 판결).

(2) 미평가보험

당사자 간에 보험가액을 정하지 아니한 때에는 사고 발생 시의 가액을 보험가액으로 한다.

7. 중복보험(법 제672조)

(1) 중복보험 의의

동일한 보험계약의 목적과 동일한 사고에 관하여 수 개의 보험계약이 동시에 또는 순차로 체결된 경우에 그 보험금액의 총액이 보험가액을 초과한 것을 말한다.

(2) 중복보험 연대책임과 비율 보상

보험자는 각자의 보험금액의 한도에서 연대책임을 진다. 이 경우에는 각 보험자의 보상책임은 각자의 보험금액의 비율에 따른다.

▎ 판례

중복보험에 있어서 연대책임주의를 규정한 상법 제672조 제1항이 강행규정인지 여부

▎ 판결요지

수 개의 손해보험계약이 동시 또는 순차로 체결된 경우에 그 보험금액의 총액이 보험가액을 초과한 때에는 보험자는 각자의 보험금액의 한도에서 연대책임을 지고 이 경우 각 보험자의 보상책임은 각자의 보험금액의 비율에 따르는 것이 원칙이라 할 것이나, 이러한 상법의 규정은 강행규정이라고 해석되지 아니하다(대법원 2000다30127 판결).

(3) 계약자의 중복보험 통지의무

동일한 보험계약의 목적과 동일한 사고에 관하여 수 개의 보험계약을 체결하는 경우에는 보험계약자는 각 보험자에 대하여 각 보험계약의 내용을 통지하여야 한다.

(4) 사기로 인한 초과보험 규정 준용

사기로 인한 초과보험(제669조 제4항)의 규정은 중복보험의 보험계약에 준용한다.

더 알아보기 제669조 제4항

보험금액이 보험계약의 목적의 가액을 현저하게 초과한 경우에 계약이 보험계약자의 사기로 인하여 체결된 때에는 그 계약은 무효로 한다. 그러나 보험자는 그 사실을 안 때까지의 보험료를 청구할 수 있다.

▎판례

피보험자가 독립한 여러 보험목적물 중 일부에 관하여 실제 손해보다 과다하게 허위의 청구를 한 경우에 허위의 청구를 하지 않은 다른 보험목적물에 관한 보험금청구권까지 상실하는지 여부

▎판결요지

"보험계약자 또는 피보험자가 손해의 통지 또는 보험금 청구에 관한 서류에 고의로 사실과 다른 것을 기재하였거나 그 서류 또는 증거를 위조하거나 변조한 경우 피보험자는 손해에 대한 보험금청구권을 잃게 된다."고 규정하고 있는 보험계약 약관조항의 취지는 피보험자 등이 서류를 위조하거나 증거를 조작하는 등 신의성실의 원칙에 반하는 사기적인 방법으로 과다한 보험금을 청구하는 경우에는 그에 대한 제재로서 보험금청구권을 상실하도록 하려는 데 있다. 그러나 만일 위 약관조항을 피보험자가 허위의 청구를 하지 않은 다른 보험목적물에 관한 보험금청구권까지 한꺼번에 상실하게 된다는 취지로 해석한다면, 이는 허위 청구에 대한 제재로서의 상당한 정도를 초과하는 것으로 고객에게 부당하게 불리한 결과를 초래하여 신의성실의 원칙에 반하는 해석이 된다(대법원 2006다72093 판결).

> 🔔 **기출 포인트 !**
>
> 보험목적이 수 개이고 보험금 청구권자가 동일인인 경우 그중 하나의 보험목적에 대하여 사기적인 방법으로 보험금을 청구하더라도 다른 보험목적에는 그 면책의 효력이 미치지 않는다(O). ✓ 2023

8. 중복보험과 보험자 1인에 대한 권리포기(법 제673조)

중복보험의 규정에 의한 수 개의 보험계약을 체결한 경우에 보험자 1인에 대한 권리의 포기는 다른 보험자의 권리 의무에 영향을 미치지 아니한다.

9. 일부보험(법 제674조)

(1) 보험금액의 보험가액에 대한 비율 보상

보험가액의 일부를 보험에 붙인 경우에는 보험자는 보험금액의 보험가액에 대한 비율에 따라 보상할 책임을 진다.

tip 일부 금·가

☼ **기출 포인트 !**

일부보험의 경우에 보험자는 보험가액의 보험금액에 대한 비율에 따라 보상할 책임이 있다(보험가액의 보험금액에 대한 ×, 일부 금·가 : 보험금액의 보험가액)　　　　　　　　　　　✓ 2011

(2) 약정에 따른 보험금액 한도 보상

그러나 당사자 간에 다른 약정이 있는 때에는 보험자는 보험금액의 한도 내에서 그 손해를 보상할 책임을 진다.

(3) 일부보험 대위권 행사

① **절대설** : 보험자는 보험금액의 지급 한도에서 먼저 우선으로 배정을 받고 나머지가 있을 때만 피보험자에게 돌려주어야 한다는 견해
② **상대설** : 보험자와 피보험자가 부보비율에 따라 분배하여야 한다는 견해
③ **차액설(통설)** : 보험자는 피보험자의 손해액을 우선 충당하고 남은 손해배상액, 즉 그 차액에 대해서만 청구권대위를 할 수 있다는 견해

(4) 보험금액과 보험가액의 차이에 따른 보험 형태

① **전부보험** : 보험금액 = 보험가액
　보험가입금액 한도 내에서 실제 손해액 전액을 보상
② **초과보험** : 보험금액 > 보험가액
　보험계약으로 인한 이득 금지원칙에 의하여 보험가액을 한도로 실손보상
③ **중복보험** : 보험금액의 합 > 보험가액
　보험회사는 각자의 보험가입금액 비율에 따라 피보험자에게 연대책임을 지며 보험가액 한도 내에서 실손보상
④ **일부보험** : 보험금액 < 보험가액
　보험회사는 보험가액에 대한 보험가입금액의 비율에 따라 비례보상한다.

10. 사고 발생 후의 목적 멸실과 보상책임(법 제675조)

보험의 목적에 관하여 보험자가 부담할 손해가 생긴 경우에는 그 후 그 목적이 보험자가 부담하지 아니하는 보험사고의 발생으로 인하여 멸실(물건으로서의 물리적 존재를 상실하는 것)된 때에도 보험자는 이미 생긴 손해를 보상할 책임을 면하지 못한다.

예 1차 사고(부담할 손해) → 2차 사고(부담하지 아니할 손해 – 멸실) : 1차 사고 보상

11. 손해액의 산정 기준(법 제676조)

(1) 손해액 산정 기준

보험자가 보상할 손해액은 그 손해가 발생한 때와 곳의 가액에 의하여 산정한다.

(2) 당사자 간 약정 시 신품가액 산정

그러나 당사자 간에 다른 약정이 있는 때에는 그 신품가액에 의하여 손해액을 산정할 수 있다.

• 신가보험
 – 신품가액에 의하여 손해를 보상하는 계약
 – 피보험자가 신구교환차익을 얻으므로 이득금지원칙 예외

 기출 포인트 !

> 보험자가 보상할 손해액을 산정할 때 이득금지의 원칙에 따라 신품가액에 의한 손해액은 인정되지 아니한다(인정되지 아니한다 ×, 당사자 간 약정 인정 ○).　　　　　　　　　　　　　　　　✓ 2019

(3) 보험자 비용 부담

손해액의 산정에 관한 비용은 보험자가 부담한다.

기출 포인트 !

> 손해액의 산정에 관한 비용은 보험계약자가 부담한다(보험계약자 ×, 보험자 ○).　　　　✓ 2011

12. 보험료 체납과 보상액의 공제(법 제677조)

(1) 보험료 공제

보험자가 손해를 보상할 경우에 보험료의 지급을 받지 아니한 잔액이 있으면 그 지급기일이 도래하지 아니한 때라도 이를 공제할 수 있다.

(2) 공제 방법

보상할 금액에서 보험료를 공제할 수 있다.

13. 보험자의 면책사유(법 제678조)

(1) 보험의 목적의 성질

(2) 보험의 목적의 하자

(3) 보험의 목적의 자연소모

 보험회사가 보험금 면책하면 **성질**에 **하자** 생기는 게 **자연**스럽지

🔅 기출 포인트 !

손해보험에서 보험의 목적의 성질, 하자 또는 자연소모로 인한 손해는 보험자가 이를 보상할 책임이 없다(○).
✓ 2023

보험의 목적의 자연소모로 인한 손해에 대해 보험자는 보상책임을 진다(보상책임을 진다 ×, 면책사유 ○).
✓ 2011

14. 보험목적의 양도(법 제679조)

(1) 양수인의 승계 추정

피보험자가 보험의 목적을 양도한 때에는 양수인은 보험계약상의 권리와 의무를 승계한 것으로 추정한다.

(2) 보험목적의 물권적 양도

보험의 목적은 특정되거나 개별화되어 있는 물건이어야 한다. 따라서 양도의 채권계약만 있는 것으로는 부족하고, 목적물의 소유권이 양수인에게 이전한 때에 비로소 보험계약상의 권리와 의무가 이전하게 되는 물권적 양도 방법에 따라 양도되어야 한다.

(3) 양도 시 통지의무

피보험자가 보험의 목적을 양도한 경우에 보험의 목적의 양도인 또는 양수인은 보험자에 대하여 지체 없이 그 사실을 통지하여야 한다.

(4) 보험의 목적 양도 사실 통지의무 위반 효과

① 양도로 인해 현저한 위험의 변경 증가가 있는 경우 : 보험자는 통지의무 위반을 이유로 당해 보험계약을 해지할 수 있다.

② 양도로 인해 현저한 위험의 변경 증가가 없는 경우 : 보험자는 통지의무 위반을 이유로 당해 보험계약을 해지할 수 없다.

 기출 포인트 !

> 보험목적의 양도로 인해 현저히 위험이 증가하면 양도 계약은 자동무효이다(자동무효 ✗, 위험변경증가 여부 ○).
>
> ✓ 2008

15. 손해방지의무(법 제680조)

(1) 손해방지의무 부담자

보험계약자와 피보험자는 손해의 방지와 경감을 위하여 노력하여야 한다.

 기출 포인트 !

> 상법상 손해방지의무를 부담하는 자는 보험계약자, 피보험자 및 피해자이다(보험계약자, 피보험자 및 피해자이다 ✗, 보험계약자·피보험자 ○).
>
> ✓ 2016

(2) 보험사고와 손해방지의무

손해방지의무는 보험사고의 발생을 요건으로 하므로 보험계약자 등은 보험사고가 발생한 때부터 손해방지 의무를 부담한다.

 기출 포인트 !

> 손해방지의무는 보험사고가 발생하면 개시된다(○).
>
> ✓ 2018

(3) 필요비 · 유익비 초과 보상

보험계약자와 피보험자가 손해의 방지와 경감을 위하여 필요 또는 유익하였던 비용과 보상액이 보험금액을 초과한 경우라도 보험자가 이를 부담한다.

기출 포인트 !

> 보험계약자 또는 피보험자가 손해경감을 위해 지출한 필요, 유익한 비용은 보험금액의 범위 내에서 보험자가 부담 한다(범위 내에서 보험자가 부담한다 ✗, 초과한 경우라도 ○).
>
> ✓ 2019

보험사고가 발생한 것과 같게 볼 수 있는 경우에 피보험자의 법률상 책임 여부가 판명되지 아니한 상태에서 피보험자가 손해확대방지를 위한 긴급한 행위를 함으로써 발생한 필요·유익한 비용이 상법 제680조 제1항 소정의 '손해방지비용'에 해당하는지 여부

보험사고 발생 시 또는 보험사고가 발생한 것과 같게 볼 수 있는 경우에 피보험자의 법률상 책임 여부가 판명되지 아니한 상태에서 피보험자가 손해확대방지를 위한 긴급한 행위를 하였다면 이로 인하여 발생한 필요·유익한 비용도 상법 제680조 제1항의 규정에 따라 보험자가 부담하여야 한다(대법원 2003다6958 판결).

🔆 기출 포인트 !

보험사고가 발생하였다 하더라도 피보험자의 법률상 책임 여부가 판명되지 아니한 상태에서는 피보험자는 손해확대방지를 위한 긴급한 행위를 하여서는 아니 되며, 비록 손해방지비용이 발생하였다 하더라도 보험자는 손해방지비용을 부담하지 아니한다(부담하지 아니한다 ✕, 부담한다 ○).　　✓ 2017

판례는 책임보험계약에서 피보험자의 법률상 책임 여부가 판명되지 않은 상태에서 손해확대방지비용을 지급한 경우 보험자는 이 비용을 부담할 필요가 없다고 판단하였다(부담할 필요가 없다 ✕, 부담한다 ○).　　✓ 2011

甲은 자신의 자동차에 대하여 乙보험회사와 보험금액을 2,000만원으로 하는 대물배상책임보험 계약을 체결하였다. 甲은 그 자동차를 운전하다가 운전 부주의로 유조차를 부딪쳐 넘어뜨리고, 그 유조차에 적재되었던 폐유가 유출되었다. 이에 甲은 폐유 제거업자에게 폐유 제거를 의뢰하고 그 보수로 8,000만원을 지급하였다. 한편 유조차주는 유조차의 수리비로 5,000만원이 들었다. 이 경우 폐유 제거 비용이 손해방지비용에 해당한다고 보면, 乙보험회사는 이 사고로 인하여 모두 얼마의 금액을 지급해야 하는가?

계산) 1) 대물배상책임보험 : 유조차 수리비 5,000만원 > 보험금액 2,000만원(보상한도)
　　　2) 손해방지비용 : 8,000만원(초과보상)
　　　3) 합계 : 2,000만원+8,000만원=1억원　　✓ 2007

16. 보험목적에 관한 보험대위(법 제681조)

(1) 보험자의 권리 취득

보험의 목적 전부가 멸실한 경우에 보험금액 전부(일부 ✕)를 지급한 보험자는 그 목적에 대한 피보험자의 권리를 취득한다.

(2) 잔존물대위

보험의 목적 전부가 멸실한 경우에 보험금 전액을 지급한 보험자가 피보험자의 보험의 목적에 대한 권리를 법률상 당연히 취득하는 제도이다.

🔆 기출 포인트 !

잔존물대위의 경우 보험자가 보험금액 일부만을 지급한 때에는 그 지급 부분에 대하여 잔존물에 대한 권리를 취득한다(일부지급 ✕, 전부지급 ○).　　✓ 2011

(3) 일부보험의 권리 취득

그러나 보험가액 일부를 보험에 붙인 경우에는 보험자가 취득할 권리는 보험금액의 보험가액에 대한 비율에 따라 이를 정한다.

(4) 대위와 위부

① 대위
  ㉠ 제3자가 다른 사람의 법률적 지위를 대신하여 그 권리를 행사하는 것
  ㉡ 의사 표시 없어도 되는 당연한 권리
  ㉢ 전손, 분손 모두 가능
  ㉣ 보험금액 이상으로 대위 불가
  ㉤ 모든 보험에 적용

② 위부
  ㉠ 보험의 목적이 전부 멸실한 것과 동일시할 수 있는 일정한 경우에 피보험자에게 보험금의 전액을 청구할 수 있게 하고, 피보험자가 가졌던 보험의 목적물에 대한 권리를 보험자가 취득하게 하는 제도
  ㉡ 의사 표현이 있어야만 취득할 수 있는 권리
  ㉢ 추정전손만 가능
  ㉣ 위부 목적물이 보험금액을 초과해도 보험자의 소유로 이전
  ㉤ 해상보험에만 적용

17. 제3자에 대한 보험대위(법 제682조)

(1) 제3자에 대한 권리 취득

손해가 제3자의 행위로 인하여 발생한 경우에 보험금을 지급한 보험자는 그 지급한 금액의 한도에서 그 제3자에 대한 보험계약자 또는 피보험자의 권리를 취득한다.

기출 포인트 !

보험자가 보험금의 전액을 지급한 경우에는 피보험자의 제3자에 대한 권리에 우선하여 제3자에게 대위권을 행사할
수 있다(제3자에 대한 권리에 우선 ×, 그 지급한 금액의 한도 ○).   ✓ 2014

(2) 제3자의 채무불이행과 불법행위 보상

제3자의 행위는 채무불이행뿐 아니라 불법행위로 인한 손해배상의무를 부담하는 경우를 포함한다.

기출 포인트 !

청구권대위를 인정하기 위해서는 보험사고로 인한 피보험자의 손해가 제3자의 행위로 말미암은 것이어야 하는데,
제3자의 행위란 채무불이행 또는 적법행위를 포함하지만, 불법행위는 포함하지 않는다(불법행위는 포함하지 않는
다 ×, 채무불이행과 불법행위 포함 ○).   ✓ 2008

(3) 보험금 일부 지급 시 권리행사 여부

보험자가 보상할 보험금 일부를 지급한 경우에는 피보험자의 권리를 침해하지 아니하는 범위에서 그 권리를
행사할 수 있다.

기출 포인트 !

보험자가 제3자에 대한 청구권을 취득하기 위해서는 민법상 지명채권양도 절차에 의한 대항요건을 갖추어야 한다
(민법상 지명채권양도 절차에 의한 ×, 보험금을 지급한 보험자는 그 지급한 금액의 한도에서 권리를 취득한다
○).   ✓ 2016

(4) 가족에 대한 권리 취득 금지

보험계약자나 피보험자의 권리가 그와 생계를 같이 하는 가족에 대한 것인 경우 보험자는 그 권리를 취득하지
못한다.

(5) 가족의 고의손해 예외

손해가 그 가족의 고의로 인하여 발생한 경우에는 그러하지 아니하다.

(6) 면책사고임에도 보험금을 지급한 보험자의 구상권 대위 불인정

보험약관상 보험자가 면책되는 사고에 대하여 보험회사가 보험금을 지급한 경우, 보험자는 구상권을 대위
행사할 수 없다.

기출 포인트 !

보험약관상 보험자가 면책되는 무면허 운전 시에 생긴 사고에 대하여 보험회사가 보험금을 지급한 경우, 보험자는
구상권을 대위행사할 수 있다(구상권을 대위행사할 수 있다 ×, 없다 ○).   ✓ 2012

03 | 화재보험

1. 화재보험자의 책임(법 제683조)

화재보험계약의 보험자는 화재로 인하여 생긴 손해를 보상할 책임이 있다.

2. 소방 등의 조치로 인한 손해의 보상(법 제684조)

보험자는 화재의 소방 또는 손해의 감소에 필요한 조치로 인하여 생긴 손해를 보상할 책임이 있다.

> 🔆 기출 포인트 !
>
> 보험자는 화재손해 감소에 필요한 조치로 인하여 생긴 손해에 대하여는 다른 약정이 있는 경우에 한하여 보상할 책임이 있다(다른 약정이 있는 경우에 ×).　　　　　✓ 2018
>
> 보험자는 화재의 소방 또는 손해의 감소에 필요한 조치로 인하여 생긴 손해는 보상할 책임이 없다(보상할 책임이 없다 ×, 있다 ○).　　　　　✓ 2016

3. 화재보험증권(법 제685조)

화재보험증권에는 손해보험증권에 게기한 사항 외에 다음의 사항을 기재하여야 한다.

(1) 건물을 보험의 목적으로 한 때에는 그 소재지, 구조와 용도

(2) 동산을 보험의 목적으로 한 때에는 그 존치한 장소의 상태와 용도

(3) 보험가액을 정한 때에는 그 가액

> 🔆 기출 포인트 !
>
> 동산을 보험의 목적으로 한 때에는 존치한 장소의 상태와 용도를 보험증권에 기재하여야 한다(○).　　　　　✓ 2016

4. 집합보험의 목적과 교체(법 제686조~제687조)

(1) 집합보험의 목적

집합된 물건을 일괄하여 보험의 목적으로 한 때에는 피보험자의 가족과 사용인의 물건도 보험의 목적에 포함된 것으로 한다. 이 경우에는 그 보험은 그 가족 또는 사용인을 위하여서도 체결한 것으로 본다.

> **기출 포인트 !**
>
> 집합된 물건을 일괄하여 보험의 목적으로 한 때에도 피보험자 사용인의 물건은 보험의 목적에 포함된 것으로 하지 않는다(사용인의 물건은 보험의 목적에 포함된 것으로 하지 않는다 ×, 포함 ○).　✓ 2016

(2) 집합물건 교체와 사고 당시 물건의 보상책임 발생

집합된 물건을 일괄하여 보험의 목적으로 한 때에는 그 목적에 속한 물건이 보험기간 중에 수시로 교체된 경우에도 보험사고의 발생 시에 현존한 물건은 보험의 목적에 포함된 것으로 한다.

> **기출 포인트 !**
>
> 집합보험에 관한 규정은 손해보험 통칙에 규정되어 있다(손해보험 통칙에 규정 ×, 손해보험-화재보험 ○).　✓ 2020
>
> 집합된 물건을 일괄하여 보험의 목적으로 한 때에는 그 목적에 속한 물건이 보험기간 중에 수시로 교체된 경우에도 보험계약의 체결 시에 현존한 물건은 보험의 목적에 포함된 것으로 한다(보험계약 체결 시 ×, 보험사고 발생 시 ○).　✓ 2017

04 | 운송보험

1. 운송보험자의 책임과 운송가액(법 제688조)

(1) 운송물의 수령부터 인도까지 보상

운송보험계약의 보험자는 다른 약정이 없으면 운송인이 운송물을 수령한 때로부터 수하인에게 인도할 때까지 생길 손해를 보상할 책임이 있다.

(2) 운송물에 대한 손해 보상

육상운송에 있어서 운송물에 대하여 발생할 수 있는 손해를 보상할 것을 목적으로 하는 손해보험이다.

(3) 운송용구 보상 제외

보험의 목적물은 운송물이므로 운송용구는 포함되지 아니한다.

 기출 포인트 !

> 운송보험은 다른 약정이 없으면 육상운송의 운송물과 운송용구를 보험의 목적으로 한다(운송물과 운송용구를 보험의 목적으로 한다 ×, 운송용구 제외 ○). ✓ 2015

2. 운송보험의 보험가액(법 제689조)

(1) 보험가액

운송물의 보험에 있어서는 발송한 때와 곳의 가액과 도착지까지의 운임 기타의 비용을 보험가액으로 한다.

(2) 약정에 의한 보험가액 산입

운송물의 도착으로 인하여 얻을 이익은 약정이 있는 때에 한하여 보험가액 중에 산입한다.

(3) 운송물 보험가액

발송 가액 + 운임 기타 비용 + 이익(약정)

3. 운송보험증권(법 제690조)

운송보험증권에는 손해보험증권에 게기한 사항 외에 다음의 사항을 기재하여야 한다.

(1) 운송의 길의 차례(가야 할 길의 순서)와 방법

(2) 운송인의 주소와 성명 또는 상호

(3) 운송물의 수령과 인도의 장소

(4) 운송 기간을 정한 때에는 그 기간

(5) 보험가액을 정한 때에는 그 가액

4. 필요에 의한 운송의 중지나 변경 시 계약효력 유지(법 제691조)

보험계약은 다른 약정이 없으면 운송의 필요에 의하여 일시 운송을 중지하거나 운송의 노순 또는 방법을 변경한 경우에도 그 효력을 잃지 아니한다.

5. 고의, 중과실과 보험자의 면책(법 제692조)

보험사고가 송하인 또는 수하인의 고의 또는 중대한 과실로 인하여 발생한 때에는 보험자는 이로 인하여 생긴 손해를 보상할 책임이 없다.

용어풀이 ➕
- 송하인 : 운송계약 당사자로 화물운송 의뢰자
- 수하인 : 화물 인수자

05 | 해상보험

1. 해상보험자의 책임(법 제693조)

해상보험계약의 보험자는 해상사업에 관한 사고로 인하여 생길 손해를 보상할 책임이 있다.

2. 공동해손분담액 · 구조료 · 특별비용 보상(법 제694조~제694조의3)

(1) 공동해손분담액

① 공동해손 : 선박과 적하(화물)가 공동의 위험에 처했을 때, 이 위험을 모면하기 위해 선장이 선박 또는 적하에 대해 의도적이고 합리적으로 집행한 처분을 말한다.

② 공동해손 분담액 보상 : 보험자는 피보험자가 지급할 공동해손의 분담액을 보상할 책임이 있다.

③ 보험가액 초과 분담액 면책 : 보험의 목적의 공동해손분담가액이 보험가액을 초과할 때는 그 초과액에 대한 분담액은 보상하지 아니한다.

(2) 구조료의 보상

① 구조료 : 선박 등이 해난을 당하였을 때, 이를 구조한 사람에게 주는 보수와 비용을 말한다.

② 구조료 보상 : 보험자는 피보험자가 보험사고로 인하여 발생하는 손해를 방지하기 위하여 지급할 구조료를 보상할 책임이 있다.

③ 구조료 초과 분담액 면책 : 보험의 목적물의 구조료분담가액이 보험가액을 초과할 때는 그 초과액에 대한 분담액은 보상하지 아니한다.

> 🔔 기출 포인트 !
>
> 보험자는 보험의 목적물의 구조료분담가액이 보험가액을 초과할 때 그 초과액에 대한 분담액을 보상할 책임이 있다(책임이 있다 ×, 없다 ○). ✓ 2015

(3) 특별비용의 보상책임 발생

보험자는 보험의 목적의 안전이나 보존을 위하여 지급할 특별비용을 보험금액의 한도 내에서 보상할 책임이 있다.

3. 해상보험증권(법 제695조)

해상보험증권에는 손해보험증권에 게기한 사항 외에 다음의 사항을 기재하여야 한다.

(1) 선박을 보험에 붙인 경우에는 그 선박의 명칭, 국적과 종류 및 항해의 범위

(2) 적하(화물)를 보험에 붙인 경우에는 선박의 명칭, 국적과 종류, 선적항, 양륙항 및 출하지와 도착지를 정한 때에는 그 지명

(3) 보험가액을 정한 때에는 그 가액

4. 선박보험의 보험가액과 보험목적(법 제696조)

(1) 책임 개시 비교

    ① 기간보험 : 보험기간의 시기
    ② 선박보험 : 하물 또는 저하의 선적에 착수

(2) 선박가액의 보험가액

선박의 보험에 있어서는 보험자의 책임이 개시되는 하물 또는 저하의 선적에 착수할 때의 선박가액을 보험가액으로 한다.

> 📚 **기출 포인트 !**
>
> 선박보험에 있어서는 양륙 시의 선박가액을 보험가액으로 한다(양륙 시 ×, 하물 또는 저하의 선적에 착수 시 ○).　　　　　　　✓ 2008

(3) 항해 필수 물건의 보험목적 포함

선박가액을 보험가액으로 한 경우에는 선박의 속구, 연료, 양식, 기타 항해에 필요한 모든 물건은 보험의 목적에 포함된 것으로 한다.

5. 적하보험의 보험가액(법 제697조)

(1) 보험가액

적하의 보험에 있어서는 선적한 때와 곳의 적하 가액과 선적 및 보험에 관한 비용을 보험가액으로 한다.

(2) 해상보험과 적하보험

① 해상보험 : 항해 중 따르는 손해에 대한 보험으로 적하보험을 포함
② 적하보험 : 원래 명칭은 해상적하보험으로 배로 운송하는 화물이 운송 중에 일어나는 사고로 손해를 입었을 경우 보상

6. 희망이익보험의 보험가액(법 제698조)

(1) 희망이익의 보험가액 추정

적하의 도착으로 인하여 얻을 이익 또는 보수의 보험에 있어서는 계약으로 보험가액을 정하지 아니한 때에는 보험금액을 보험가액으로 한 것으로 추정한다.

(2) 보험가액 비교

① 운송보험 : 발송한 때와 곳의 가액 + 도착지 운임 기타 비용
② 선박보험 : 보험자 책임이 개시될 때의 선박가액
③ 적하보험 : 선적한 때와 곳의 적하 가액 + 선적 및 보험 비용
④ 희망이익보험 : 계약으로 보험가액을 정하거나 정하지 아니한 때에는 보험금액을 보험가액으로 추정

7. 해상보험의 보험기간의 개시(법 제699조)

용어
풀이 ➕ • 하물 : 다른 곳으로 옮기기 위하여 챙기거나 꾸려 놓은 물건
• 저하 : (배의 안정을 위한) 바닥짐

(1) 항해 단위 보험기간

항해 단위로 선박을 보험에 붙인 경우에는 보험기간은 하물 또는 저하의 선적에 착수한 때에 개시한다.

(2) 적하(화물)보험 보험기간

적하를 보험에 붙인 경우에는 보험기간은 하물의 선적에 착수한 때에 개시한다. 그러나 출하지를 정한 경우에는 그곳에서 운송에 착수한 때에 개시한다.

(3) 선적 착수 후 보험기간

하물 또는 저하의 선적에 착수한 후에 보험계약이 체결된 경우에는 보험기간은 계약이 성립한 때에 개시한다.

항해 단위 선박보험	적하보험	선적 착수 후
하물·저하의 선적 착수	하물의 선적에 착수	계약성립

8. 해상보험의 보험기간의 종료(법 제700조)

용어
풀이
- 양륙 : 선박에 실려 있는 물품을 육지로 내리는 것
- 양륙항 : 선박으로 운송되는 물품이 도착하는 항구

(1) 보험기간 종료

① 항해 단위로 선박을 보험에 붙인 경우 : 도착항에서 하물 또는 저하를 양륙한 때
② 적하를 보험에 붙인 경우 : 양륙항 또는 도착지에서 하물을 인도한 때

(2) 양륙 지연과 종료

불가항력으로 인하지 아니하고 양륙이 지연된 때에는 그 양륙이 보통 종료될 때 종료된 것으로 한다.

9. 항해 변경의 효과와 이로에 따른 면책(법 제701조~제702조)

(1) 항해 변경 면책

① 다른 항에서 출항 시 면책 : 선박이 보험계약에서 정하여진 발항항(출발항)이 아닌 다른 항에서 출항한 때에는 보험자는 책임을 지지 아니한다.
② 다른 항을 향하여 출항 시 면책 : 선박이 보험계약에서 정하여진 도착항이 아닌 다른 항을 향하여 출항한 때에도 보험자는 책임을 지지 아니한다.
③ 도착항 변경 결정 시 면책 : 보험자의 책임이 개시된 후에 보험계약에서 정하여진 도착항이 변경된 경우에는 보험자는 그 항해의 변경이 결정된 때부터 책임을 지지 아니한다.

(2) 이로 면책

① 정당한 사유 없이 항로 이탈 시 면책 : 선박이 정당한 사유 없이 보험계약에서 정하여진 항로를 이탈한 경우에는 보험자는 그때부터 책임을 지지 아니한다.
② 원항로 복귀 시 면책 : 선박이 손해 발생 전에 원항로로 돌아온 경우에도 보험자는 책임을 지지 아니한다.

(3) 발항 또는 항해 지연 시 면책

피보험자가 정당한 사유 없이 발항 또는 항해를 지연한 때에는 보험자는 발항 또는 항해를 지체한 이후의 사고에 대하여 책임을 지지 아니한다.

10. 선박 변경과 양도 효과(법 제703조~제703조의2)

(1) 선박 변경 후 사고 면책

적하를 보험에 붙인 경우에 보험계약자 또는 피보험자의 책임 있는 사유로 인하여 선박을 변경한 때에는 그 변경 후의 사고에 대하여 책임을 지지 아니한다.

(2) 선박의 양도 등의 효과

① 보험계약 종료 : 선박을 보험에 붙인 경우에 다음의 사유가 있을 때는 보험계약은 종료한다.
  ㉠ 선박을 양도할 때
  ㉡ 선박의 선급(선박의 등급을 매겨 분류하는 것)을 변경한 때
  ㉢ 선박을 새로운 관리로 옮긴 때
② 보험계약 종료 예외 : 보험자의 동의가 있는 때에는 그러하지 아니하다.

11. 선박 미확정의 적하예정보험(법 제704조)

(1) 하물 선적에 따른 통지

보험계약의 체결 당시에 하물을 적재할 선박을 지정하지 아니한 경우에 보험계약자 또는 피보험자가 그 하물이 선적되었음을 안 때에는 지체 없이 보험자에 대하여 그 선박의 명칭, 국적과 하물의 종류, 수량과 가액의 통지를 발송하여야 한다.

더 알아보기 포괄예정보험 vs 개별예정보험

• 포괄예정보험 : 다량의 화물을 장기간에 걸쳐 해외로 수출하는 경우 개별적인 각 화물이 보험에 부보되지 않는 경우를 대비하여 부보가 가능한 총액 등을 포괄적으로 미리 정하는 보험으로, 개개의 화물이 부보되었음을 입증하는 통지서 등이 발급된다.
• 개별예정보험 : 보험의 목적에 대한 일부의 내용이 확정되지 않은 경우로서, 적재선박이 결정되지 않은 상태로 계약이 체결된다.

포괄적 예정보험은 일정한 기간 동안 일정한 조건에 따라 정해지는 다수의 선적화물에 대해 포괄적·계속적으로 보험의 목적으로 하므로 화주는 개개 화물의 운송의 경우라 하더라도 그 명세를 보험자에게 통지할 필요가 없다(보험자에게 통지할 필요가 없다 ×, 포괄예정보험에서 화주는 개개 화물의 운송에 대하여 그 명세를 보험자에게 통지하여야 한다 ○).

✓ 2023

(2) 통지 해태 시 계약 해지

통지를 해태한 때에는 보험자는 그 사실을 안 날부터 1월 내에 계약을 해지할 수 있다.

더 알아보기 보험당사자의 보험계약 해지

- 보험계약자
  - 보험사고 발생 전의 임의해지
  - 보험사고 발생 후의 임의해지
  - 보험자의 파산
- 보험자
  - 보험료의 부지급으로 인한 해지
  - 고지의무 위반으로 인한 해지
  - 보험계약자 등의 위험변경·증가의 통지의무 위반으로 인한 해지
  - 보험계약자 등의 고의나 중과실로 인한 위험 증가와 계약 해지
  - 선박 미확정 적하예정보험에서 통지의무의 해태로 인한 해지

12. 해상보험자의 면책사유(법 제706조)

(1) 감항능력(안전 항해 능력) 결여 면책

선박 또는 운임을 보험에 붙인 경우에는 발항 당시 안전하게 항해를 하기에 필요한 준비를 하지 아니하거나 필요한 서류를 비치하지 아니 함으로 인하여 생긴 손해는 보상할 책임이 없다.

상법상 적하를 보험에 붙인 경우에는 발항 당시 안전하게 항해하기에 필요한 준비를 하지 아니하거나 필요한 서류를 비치하지 아니함으로 인하여 생긴 손해에 대해 보험자는 보상책임이 없다(적하 ×, 선박 또는 운임 ○).

✓ 2008

(2) 감항능력 주의의무 위반

① 정의 : 선박 등이 안전하게 항해를 할 수 있는 능력
② 면책 : 선박보험, 운임보험
③ 보상 : 적하보험

(3) 고의 · 중과실 면책

용어풀이 ➕
- 용선자 : 선박의 적재 공간을 대가를 지불하고 일부 빌려서 화물을 싣는 선박회사
- 송하인 : 운송계약의 당사자로 화물운송을 의뢰하는 자
- 수하인 : 화물 인수자

적하를 보험에 붙인 경우에는 용선자, 송하인 또는 수하인의 고의 또는 중대한 과실로 인하여 생긴 손해는 보상할 책임이 없다.

(4) 통상비용 면책

도선(항구에서 선박의 출입항을 인도)료, 입항료, 등대료, 검역료, 기타 선박 또는 적하에 관한 항해 중의 통상비용

13. 선박과 적하의 일부손해의 보상(법 제707조의2~제708조)

(1) 선박의 일부손해 보상

① 일부 훼손 + 전부 수선 : 선박 일부가 훼손되어 그 훼손된 부분의 전부를 수선한 경우에는 보험자는 수선에 따른 비용을 1회의 사고에 대하여 보험금액을 한도로 보상할 책임이 있다.

② 일부 훼손 + 일부 수선 : 선박 일부가 훼손되어 그 훼손된 부분의 일부를 수선한 경우에는 보험자는 수선에 따른 비용과 수선을 하지 아니함으로써 생긴 감가액을 보상할 책임이 있다.

③ 일부 훼손 + 미수선 : 선박 일부가 훼손되었으나 이를 수선하지 아니한 경우에는 보험자는 그로 인한 감가액을 보상할 책임이 있다.

(2) 적하의 일부손해의 비율 보상

보험의 목적인 적하가 훼손되어 양륙항에 도착한 때에는 보험자는 그 훼손된 상태의 가액과 훼손되지 아니한 상태의 가액과의 비율에 따라 보험가액 일부에 대한 손해를 보상할 책임이 있다.

14. 적하 매각으로 인한 손해의 보상(법 제709조)

(1) 적하 매각 시 차액 보상

항해 도중에 불가항력으로 보험의 목적인 적하를 매각한 때에는 보험자는 그 대금에서 운임, 기타 필요한 비용을 공제한 금액과 보험가액(보험금액 ×)과의 차액을 보상하여야 한다.

> 💡 **기출 포인트 !**
>
> 항해 도중에 적하의 가격폭락 우려가 있어 적하를 매각한 경우 보험자는 그 대금에서 운임, 기타 필요비용을 공제한 금액과 보험가액과의 차액을 보상하여야 한다(가격폭락 우려 ×, 불가항력만 보상 ○). ✓ 2019
>
> 항해 도중에 불가항력으로 보험의 목적인 적하를 매각한 때에는 보험자는 매각대금에서 운임, 기타 필요한 비용을 공제한 금액과 보험금액과의 차액을 보상하여야 한다(보험금액 ×, 보험가액 ○). ✓ 2011

(2) 보험자의 권리 취득

항해 도중에 불가항력으로 보험의 목적인 적하를 매각한 때에 매수인이 대금을 지급하지 아니한 때에는 보험자는 그 금액을 지급하여야 한다. 보험자가 그 금액을 지급한 때에는 피보험자의 매수인에 대한 권리를 취득한다.

15. 보험위부(법 제710조)

(1) 위부

해상보험의 피보험자가 보험목적물의 전손 여부가 분명하지 않은 경우에, 보험금 전액을 지급받기 위하여 그 목적물을 보험자에게 이전하는 일을 말한다.

(2) 보험위부의 원인

피보험자는 다음의 경우에는 보험의 목적을 보험자에게 위부하고 보험금액 전부를 청구할 수 있다.
① 점유 상실비용의 가액 초과 예상 : 피보험자가 보험사고로 인하여 자기의 선박 또는 적하의 점유를 상실하여 이를 회복할 가능성이 없거나 회복하기 위한 비용이 회복하였을 때의 가액을 초과하리라고 예상될 경우
② 선박 수선비용의 가액 초과 예상 : 선박이 보험사고로 인하여 심하게 훼손되어 이를 수선하기 위한 비용이 수선하였을 때의 가액을 초과하리라고 예상될 경우
③ 적하 수선비용과 도착비용의 가액 초과 예상 : 적하가 보험사고로 인하여 심하게 훼손되어서 이를 수선하기 위한 비용과 그 적하를 목적지까지 운송하기 위한 비용과의 합계액이 도착하는 때의 적하 가액을 초과하리라고 예상될 경우

(3) 위부의 통지

피보험자가 위부하고자 할 때는 상당한 기간 내에 보험자에 대하여 그 통지를 발송하여야 한다.

(4) 위부권 행사의 요건

① **위부 성격** : 위부는 무조건이어야 한다.

② **위부 범위** : 위부는 보험의 목적 전부에 대하여 이를 하여야 한다. 그러나 위부의 원인이 그 일부에 대하여 생긴 때에는 그 부분에 대하여서만 이를 할 수 있다.

③ **일부보험** : 보험가액 일부를 보험에 붙인 경우에는 위부는 보험금액의 보험가액에 대한 비율에 따라서만 이를 할 수 있다.

 기출 포인트 !

> 보험위부가 이루어지면 보험자는 그 보험의 목적에 관한 피보험자의 모든 권리를 취득하며, 일부보험의 경우에도 같다(일부보험의 경우에도 같다 ×, 일부보험은 비율 ○).   ✓ 2017

(5) 위부의 승인

보험자가 위부를 승인한 후에는 그 위부에 대하여 이의를 하지 못한다.

(6) 위부의 불승인

보험자가 위부를 승인하지 아니한 때에는 피보험자는 위부의 원인을 증명하지 아니하면 보험금액의 지급을 청구하지 못한다.

 기출 포인트 !

> 보험자가 위부를 승인하지 않으면 보험계약자가 위부 원인을 증명하여야 한다(보험계약자 ×, 피보험자 ○).
> ✓ 2015

(7) 위부의 효과

① **피보험자의 권리 취득** : 보험자는 위부로 인하여 그 보험의 목적에 관한 피보험자의 모든 권리를 취득한다.

② **보험의 목적 서류 교부** : 피보험자가 위부를 한 때에는 보험의 목적에 관한 모든 서류를 보험자에게 교부하여야 한다.

16. 선박의 행방불명(법 제711조)

(1) 선박의 행방불명 인정

선박 존부(존재하거나 존재하지 않음)가 2월간 분명하지 아니한 때에는 그 선박의 행방이 불명한 것(분명하지 않은 것)으로 한다.

(2) 선박의 전손 추정

선박의 존부(존재하거나 존재하지 않음)가 2월간 분명하지 아니한 때에는 전손으로 추정한다.

17. 대선에 의한 운송의 계속과 위부권의 소멸(법 제712조)

선박이 보험사고로 인하여 심하게 훼손되어 이를 수선하기 위한 비용이 수선하였을 때의 가액을 초과하리라고 예상될 경우 선장이 지체 없이 다른 선박으로 적하의 운송을 계속한 때에는 피보험자는 그 적하를 위부할 수 없다.

18. 위부와 다른 보험계약 통지(법 제715조)

(1) 위부와 다른 보험계약 통지

피보험자가 위부함에 있어서는 보험자에 대하여 보험의 목적에 관한 다른 보험계약과 그 부담에 속한 채무의 유무와 그 종류 및 내용을 통지하여야 한다.

(2) 위부 통지 전 보험금 지급 거부

보험자는 위부의 통지를 받을 때까지 보험금액의 지급을 거부할 수 있다.

(3) 보험금 지급의 위부 통지 기산점

보험금액의 지급에 관한 기간의 약정이 있는 때에는 그 기간은 위부의 통지를 받은 날로부터 기산한다.

06 | 책임보험

1. 책임보험자 책임(법 제719조)

(1) 책임보험

피보험자가 보험기간 중의 사고로 제3자에게 배상할 책임을 진 경우 보험회사가 피보험자의 책임이행으로 발생할 손해를 보상할 것을 목적으로 하는 손해보험계약

(2) 제3자 보상책임

책임보험 계약의 보험자는 피보험자가 보험기간 중의 사고로 인하여 제3자에게 배상할 책임을 진 경우에 이를 보상(배상×)할 책임이 있다.

2. 피보험자가 지출한 방어비용의 부담(법 제720조)

(1) 제3자 방어비용 부담

피보험자가 제3자의 청구를 방어하기 위하여 지출한 재판상 또는 재판 외의 필요비용은 보험의 목적에 포함된 것으로 한다.

> 🧠 기출 포인트 !
>
> 책임보험에서 피보험자가 제3자의 청구를 방어하기 위해 지출한 재판상 또는 재판 외의 필요비용은 보험의 목적에 포함된 것으로 한다(○). ✓ 2023
>
> 책임보험의 목적은 피보험자의 제3자에 대한 손해배상책임에 한하므로 제3자의 청구를 막기 위한 방어비용은 보험의 목적에 포함되지 않는다(포함되지 않는다 ×, 포함한다 ○). ✓ 2021

(2) 비용 선급 청구

피보험자는 보험자에 대하여 그 비용의 선급을 청구할 수 있다.

(3) 피보험자의 담보 제공 또는 공탁 청구

피보험자가 담보의 제공 또는 공탁으로써 재판의 집행을 면할 수 있는 경우에는 보험자에 대하여 보험금액의 한도 내에서 그 담보의 제공 또는 공탁을 청구할 수 있다.

(4) 보험자의 지시와 초과 비용 부담

피보험자의 제3자 청구 방어와 담보 제공 또는 공탁이 보험자의 지시에 의한 것인 경우에는 그 금액에 손해액을 가산한 금액이 보험금액을 초과하는 때에도 보험자가 이를 부담하여야 한다.

> **기출 포인트 !**
>
> 피보험자가 보험자의 지시에 의하여 제3자의 청구를 방어하기 위하여 지출한 재판상 또는 재판 외의 필요비용에 손해액을 가산한 금액이 보험가액을 초과하는 때에도 보험자는 이를 부담한다(보험가액 ×, 보험금액 ○).
> ✓ 2017
>
> 방어비용에 손해액을 가산한 금액이 보험금액을 초과하는 때에도 언제나 보험자가 이를 부담한다(언제나 ×, 보험자의 지시 ○).
> ✓ 2012

3. 영업책임보험의 목적(법 제721조)

피보험자가 경영하는 사업에 관한 책임을 보험의 목적으로 한 때에는 피보험자의 대리인 또는 그 사업감독자의 제3자에 대한 책임도 보험의 목적에 포함된 것으로 한다.

> **기출 포인트 !**
>
> 영업책임보험에서 피보험자의 대리인의 제3자에 대한 책임은 보험의 목적에 해당하지 않는다(보험의 목적에 해당하지 않는다 ×, 대리인의 책임도 보험의 목적에 포함된 것으로 한다 ○).
> ✓ 2023

4. 피보험자의 배상 청구 사실 통지의무(법 제722조)

(1) 제3자 배상 청구에 대한 통지의무

피보험자가 제3자로부터 배상 청구를 받았을 때는 지체 없이 보험자에게 그 통지를 발송하여야 한다.

(2) 통지 해태로 증가된 손해의 보험자 면책

피보험자가 제3자로부터 배상 청구를 받았을 때 통지를 게을리하여 손해가 증가된 경우 보험자는 그 증가된 손해를 보상할 책임이 없다.

(3) 통지 발송의 예외

다만, 피보험자가 보험사고 발생의 통지를 발송한 경우에는 그러하지 아니하다.

5. 피보험자의 변제 등의 통지와 보험금액의 지급(법 제723조)

(1) 제3자에 대한 채무 확정 통지

피보험자가 제3자에 대하여 변제, 승인, 화해 또는 재판으로 인하여 채무가 확정된 때에는 지체 없이 보험자에게 그 통지를 발송하여야 한다.

 기출 포인트 !

> 피보험자가 제3자에 대해 재판으로 채무가 확정된 경우 법원이 보험자에게 통지한다(법원 ×, 피보험자 ○).
>
> ✓ 2015

(2) 통지 수령과 보험자의 지급 기한

보험자는 특별한 기간의 약정이 없으면 피보험자가 제3자에 대하여 변제, 승인, 화해 또는 재판으로 인하여 채무가 확정된 통지를 받은 날로부터 10일 이내에 보험금액을 지급하여야 한다.

기출 포인트 !

> 보험자는 특별한 기간의 약정이 없으면 피보험자로부터 제3자의 배상 청구가 있었다는 통지를 받은 날로부터 10일 이내에 보험금액을 지급하여야 한다(배상 청구 ×, 채무 확정 ○).
>
> ✓ 2005

(3) 피보험자 단독행위와 보험자 보상책임

피보험자가 보험자의 동의 없이 제3자에 대하여 변제, 승인 또는 화해를 한 경우에는 보험자가 그 책임을 면하게 되는 합의가 있는 때에도 그 행위가 현저하게 부당한 것이 아니면 보험자는 보상할 책임을 면하지 못한다.

6. 보험자와 제3자와의 관계(법 제724조)

(1) 제3자에 대한 보험금의 지급

보험자는 피보험자가 책임을 질 사고로 인하여 생긴 손해에 대하여 제3자가 그 배상을 받기 전에는 보험금액의 전부 또는 일부를 피보험자에게 지급하지 못한다(지급할 수 있다 ×).

기출 포인트 !

> 보험자는 피보험자가 책임을 질 사고로 인하여 생긴 손해에 대하여 제3자가 그 배상을 받기 전이라도 제3자의 피해구제를 위해 보험금액의 전부 또는 일부를 피보험자에게 지급할 수 있다(지급할 수 있다 ×, 지급하지 못한다 ○).
>
> ✓ 2017

(2) 제3자의 보험금 직접청구권

제3자는 피보험자가 책임을 질 사고로 입은 손해에 대하여 보험금액(보험가액 ×)의 한도 내에서 보험자에게 직접 보상을 청구할 수 있다.

(3) 제3자의 직접청구권의 법적 성질

▌ 판례
피해자에게 인정되는 직접청구권의 법적 성질

▌ 판결요지
피해자에게 인정되는 직접청구권의 법적 성질은 보험자가 피보험자의 피해자에 대한 손해배상채무를 병존적으로 인수한 것으로서 피해자가 보험자에 대하여 가지는 손해배상청구권이고 피보험자의 보험자에 대한 보험금 청구권의 변형 내지는 이에 준하는 권리는 아니다(대법원 2018다300708 판결).

(4) 제3자의 직접청구권의 소멸시효

① 단기 소멸시효 3년 적용 : 피해자가 보험자에게 갖는 직접청구권은 피해자가 보험자에게 가지는 손해배상 청구권이므로 민법 제766조에 따라 피해자 또는 그 법정대리인이 그 손해 및 가해자를 안 날로부터 3년간 이를 행사하지 아니하면 시효로 소멸한다.
② 객관적으로 보험사고가 불명한 경우 소멸시효 기산 : 보험사고가 발생한 것인지의 여부가 객관적으로 분명하지 아니하여 보험금 청구권자가 과실 없이 보험사고의 발생을 알 수 없었던 경우에는 보험금 청구권자가 보험사고의 발생을 알았거나 알 수 있었던 때로부터 소멸시효가 진행한다.

▌ 판례
손해 및 가해자를 안 날의 의미 및 그 판단 기준

▌ 판결요지
불법행위로 인한 손해배상청구권의 단기 소멸시효의 기산점이 되는 민법 제766조 제1항의 '손해 및 가해자를 안 날'이라고 함은 손해의 발생, 위법한 가해행위의 존재, 가해행위와 손해의 발생과의 사이에 상당인과관계가 있다는 사실 등 불법행위의 요건사실에 대하여 현실적이고도 구체적으로 인식하였을 때를 의미한다(대법원 2010다7577 판결).

(5) 보험자의 항변권

보험자는 피보험자가 그 사고에 관하여 가지는 항변으로써 제3자에게 대항할 수 있다(없다 ×).

> **기출 포인트!**
>
> 제3자는 피보험자가 책임을 질 사고로 입은 손해에 대하여 보험금액의 한도 내에서 보험자에게 직접 보상을 청구할 수 있으며, 이 경우 보험자는 피보험자가 그 사고에 관하여 가지는 항변으로써 제3자에게 대항할 수 없다(없다 ×, 있다 ○). ✓ 2018
>
> 제3자의 직접청구권을 손해배상청구권으로 보게 되면, 보험자는 피보험자가 당해 사고에 관하여 가지는 항변으로써 제3자에게 대항할 수 없다(없다 ×, 있다 ○). ✓ 2009

(6) 제3자 직접청구와 피보험자 통지

보험자가 제3자로부터 피보험자가 책임을 질 사고로 입은 손해에 대하여 보험금액의 한도 내에서 직접 보상 청구를 받은 때에는 지체 없이 피보험자에게 이를 통지하여야 한다.

(7) 피보험자의 협조

보험자가 제3자로부터 피보험자가 책임을 질 사고로 입은 손해에 대하여 보험금액의 한도 내에서 직접 보상 청구를 받은 때에는 피보험자는 보험자의 요구가 있을 때는 필요한 서류·증거의 제출, 증언 또는 증인의 출석에 협조하여야 한다.

7. 보관자의 책임보험(법 제725조)

(1) 보관자 책임보험 정의

임차인, 기타 타인의 물건을 보관하는 자가 보험기간 중에 고의 또는 과실로 보관 또는 사용 중인 물건에 손해를 입힘으로써 입은 손해를 보험자가 보상할 것을 목적으로 하는 보험이다.

(2) 보관자 책임보험 요건

① 보관자가 자신을 위하여 보험계약을 체결해야 한다.
② 보험계약자가 타인의 물건을 보관해야 한다.

(3) 소유자 직접청구권

소유자는 보험자에 대하여 직접 그 손해의 보상을 청구할 수 있다.

8. 수 개의 책임보험(법 제725조의2)

(1) 수 개의 책임보험 정의

피보험자가 동일한 사고로 제3자에게 배상책임을 짐으로써 입은 손해를 보상하는 수 개의 책임보험 계약이 동시 또는 순차로 체결된 것을 말한다.

(2) 중복보험 준용규정

수 개의 책임보험이 체결된 경우로서 그 보험금액의 총액이 피보험자의 제3자에 대한 손해배상액을 초과한 때 다음 규정을 준용한다.
① 중복보험 비율 보상
② 중복보험 통지의무
③ 중복보험과 보험자 1인에 대한 권리 포기

> 🍵 **기출 포인트 !**
>
> 책임보험계약에서는 보험가액을 정할 수 없으므로 수 개의 책임보험 계약이 동시 또는 순차적으로 체결된 경우에 그 보험금액의 총액이 피보험자의 제3자에 대한 손해배상액을 초과한 경우라도 중복보험의 법리를 적용할 수 없다(없다 ×, 있다 ○). ✓ 2021

9. 재보험에의 준용(법 제726조)

책임보험의 규정은 그 성질에 반하지 아니하는 범위에서 재보험계약에 준용한다.

07 | 자동차보험

1. 자동차보험(법 제726조의2~4)

(1) 자동차보험의 보상책임

자동차보험계약의 보험자는 피보험자가 자동차를 소유, 사용 또는 관리하는 동안에 발생한 사고로 인하여 생긴 손해를 보상할 책임이 있다.

용어풀이
- 소유 : 실질적으로 자동차를 소유하는 것
- 사용 : 운전하는 것을 포함하여 자동차에 대한 지배력을 행사하고 있는 것
- 관리 : 자동차를 유지, 보수하는 것으로 차고에 주차된 상태도 관리로 본다.

(2) 피보험자

① 정의 : 자동차 사고가 발생하는 경우 보험금을 청구할 수 있는 자를 말한다.

② 피보험자 범위

ㄱ 보험증권에 기재된 '기명피보험자'

ㄴ 기명피보험자의 친족 등 '친족피보험자'

ㄷ 기명피보험자의 승낙을 얻어 운행한 '승낙피보험자'

ㄹ 기명피보험자의 사용자 등 '사용피보험자'

ㅁ 위 ㄱ 내지 ㄹ에서 규정한 피보험자를 위하여 피보험자동차를 운전한 '운전피보험자'

기출 포인트 !

자동차를 매수하고 소유권 이전등록을 마치지 아니한 채 자동차를 인도받아 운행하면서 매도인과의 합의 아래 그를 피보험자로 한 자동차종합보험계약을 체결하였다 하더라도 매수인은 기명피보험자의 승낙을 얻어 자동차를 사용 또는 관리하는 승낙피보험자로 볼 수 없다(승낙피보험자로 볼 수 없다 ×, 매수인은 기명피보험자의 승낙을 얻어 자동차를 사용 또는 관리 중인 자, 즉 승낙피보험자에 해당한다 ○). ✓ 2023

보험자는 기명피보험자의 승낙을 얻은 자가 일으킨 사고에 대하여 보상책임을 부담하지 않는다(보상책임을 부담하지 않는다 ×, 승낙피보험자의 사고 보상 ○). ✓ 2015

(3) 자동차 보험증권

자동차 보험증권에는 손해보험증권에 게기한 사항 외에 다음의 사항을 기재하여야 한다.

① 자동차 소유자와 그 밖의 보유자의 성명과 생년월일 또는 상호

② 피보험자동차의 등록번호, 차대번호, 차형년식과 기계장치

③ 차량가액을 정한 때에는 그 가액

(4) 자동차보험 양도

① **피보험자의 양도와 승계** : 피보험자가 보험기간 중에 자동차를 양도한 때에는 양수인은 보험자의 승낙을 얻은 경우에 한하여 보험계약으로 인하여 생긴 권리와 의무를 승계한다.

② **보험자의 통지의무** : 보험자가 양수인으로부터 양수 사실을 통지받은 때에는 지체 없이 낙부를 통지하여야 하고 통지받은 날부터 10일 이내에 낙부의 통지가 없을 때는 승낙한 것으로 본다.

> 🔆 **기출 포인트 !**
>
> 보험자가 양수인으로부터 양수 사실을 통지받은 때에는 지체 없이 낙부를 통지하여야 하고 통지받은 날부터 14일 이내에 낙부의 통지가 없을 때는 승낙한 것으로 본다(14일 ×, 10일 ○).   ✓ 2016

(5) 자동차보험 설명의무

① 운전자연령한정특약 : 설명의무 대상
② 가족한정운전특약 : 설명의무 대상
③ 산재보험 수혜자 면책 : 설명의무 대상
④ 무보험자동차 보험금 지급기준 : 설명의무 대상 아님

> 🔆 **기출 포인트 !**
>
> 자동차종합보험계약을 체결하면서 만 26세 이상만 운전 가능하다는 운전자의 한정연령특약은 설명이 필요한 중요한 사항에 해당하지 않는다(중요한 사항에 해당하지 않는다 ×, 설명의무 해당 ○).   ✓ 2011
>
> 대법원 판례에 의하면, 어떤 면허를 가지고 자동차를 운전하여야 무면허운전이 되지 않는지는 보험자의 약관 설명의무의 대상이 된다고 한다(설명의무의 대상이 된다고 한다 ×, 약관 설명의무의 대상이 되지 않는다 ○).
> ✓ 2006

| 판례

자동차보험의 보험계약자가 피해자의 사망 결과까지는 인식·용인하였다고 볼 수 없는 경우, 보험계약자의 고의로 인한 손해 인정 여부

| 판결요지

음주단속 중이던 경찰관이 단속을 피해 도주하는 자동차에 매달려 가다가 떨어지면서 지하철 공사장의 철제 빔에 부딪혀 뇌 손상으로 식물인간 상태에 이른 경우, 위 사고로 인한 손해가 보험계약자 또는 피보험자의 고의로 인한 것이라 할 수 없어 자동차보험의 면책약관이 적용되지 않는다(대법원 2006다39898 판결).

> 🔆 **기출 포인트 !**
>
> 자동차보험의 보험계약자가 피해자의 상해 결과를 인식·용인하고 있지만 피해자의 사망 결과까지는 인식·용인하였다고 볼 수 없는 경우, 사망으로 인한 손해는 보험계약자의 고의로 인한 손해로서 면책사유에 해당한다(면책사유에 해당한다 ×, 면책약관이 적용되지 않는다 ○).   ✓ 2011

08 | 보증보험

1. 보증보험자의 책임(제726조의5)

(1) 보증보험 정의

거래의 신용 위험을 줄이기 위해 보험에서 취급하는 보증제도로, 채무자인 보험계약자가 채권자인 피보험자에게 계약성 채무를 이행하지 않거나 법령에 의한 의무를 이행하지 않아 손해를 입힌 경우에 보험자가 그 손해를 약정한 계약에 따라 보상하는 특수한 형태의 보험상품을 말한다.

▌ 판례

수급인이 계약기간에 회생절차 개시신청을 한 사실이 채무자의 정당한 사유 없는 주계약의 불이행으로 인한 보험사고로 보아야 하는지 여부

▌ 판결요지

수급인이 계약기간에 회생절차 개시신청을 하였다고 하더라도, 그러한 사정만으로 당해 계약의 이행이 그의 귀책 사유로 불가능하게 되었다고 단정할 수는 없고, 회생절차 개시신청 전후의 계약 이행 정도, 회생절차 개시신청에 이르게 된 원인, 회생절차 개시신청 후의 영업의 계속 혹은 재개 여부, 당해 계약을 이행할 자금 사정, 기타 여건 등 제반 사정을 종합하여 계약의 이행불능 여부를 판단하여야 한다(대법원 2016다225308 판결).

(2) 보증보험의 성질

① **타인을 위한 보험** : 타인을 위한 보험형식으로 이용되므로 보증보험계약에 있어서는 계약당사자인 보험자, 보험계약자 이외에 별도의 피보험자가 존재한다.

② **손해보험 성격** : 보험계약자의 채무불이행으로 피보험자가 입은 손해를 담보하기 때문에 손해보험의 성격을 갖는다.

③ **채무불이행 보상과 입증책임** : 보증보험에서 담보하는 보험사고는 보험계약자의 채무불이행이다. 따라서 피보험자는 그 채무불이행의 사실을 입증하여야 한다.

④ **채권 및 보험금청구권 양도** : 보증보험이 담보하는 채권이 양도되는 경우라도 당사자 사이에 다른 약정이 없는 한 보험금청구권도 그에 수반하여 채권양수인에게 함께 이전된다.

> 🔅 **기출 포인트!**
>
> 보증보험은 독립된 계약이므로, 보증보험이 담보하는 채권이 양도되는 경우라도 당사자 사이에 다른 약정이 없는 한 보험금청구권도 그에 수반하여 채권양수인에게 함께 이전된다고 볼 수는 없다(이전된다고 볼 수는 없다 ✕, 이전된다 ○)
> ✓ 2015

⑤ **민법 제441조 준용** : 민법의 보증인의 구상권에 관한 규정이 보증보험계약에도 적용된다.

(3) 보험자의 보상책임

보증보험계약의 보험자는 보험계약자가 피보험자에게 계약상의 채무불이행 또는 법령상의 의무 불이행으로 입힌 손해를 보상할 책임이 있다.

더 알아보기 보증보험과 손해보험

구분	보증보험	일반 손해보험
보험의 목적	채무자의 불이행으로 인한 손해를 보상	특정한 유체물에 대한 불확정한 사고로 인한 손해를 보상
보험사고의 성격	보험사고의 인위성(고의, 과실로 인한 손해보상)	보험사고의 우연성(고의, 과실로 인한 손해 면책)

2. 보증보험의 적용 제외와 준용(법 제726조의6~7)

(1) 적용 제외

① 타인을 위한 보험계약의 적용 제외 : 보증보험계약에 관하여는 제639조 제2항 단서를 적용하지 아니한다.

[상법 제639조 제2항]

그러나 손해보험계약의 경우에 보험계약자가 그 타인에게 보험사고의 발생으로 생긴 손해의 배상을 한 때에는 보험계약자는 그 타인의 권리를 해하지 아니하는 범위 안에서 보험자에게 보험금액의 지급을 청구할 수 있다.

② 피보험자의 책임 사유가 없는 경우 제외 : 보증보험계약에 관하여서는 보험계약자의 사기, 고의 또는 중대한 과실이 있는 경우에도 이에 대하여 피보험자에게 책임이 있는 사유가 없으면 고지의무 위반으로 인한 계약 해지(법제651조), 위험변경증가의 통지와 계약 해지(법 제652조), 보험계약자 등의 고의나 중과실로 인한 위험증가와 계약 해지(법 제653조) 및 보험자의 면책사유(법 제659조 제1항)를 적용하지 아니한다.

(2) 민법의 보증채무 규정 준용

보증보험계약에 관하여서는 그 성질에 반하지 아니하는 범위에서 보증채무에 관한 민법의 규정을 준용한다.

02~08 실전대비문제(보험계리사 · 손해사정사)

01 협정보험가액이 사고 발생 시의 가액을 현저하게 초과하는 경우에 관한 설명 중 틀린 것은?(다툼이 있는 경우 대법원 판례에 의함)　　　　　　　　　　　　　　　　　　　　　　　　(2014년)

① 현저한 초과 여부에 대한 증명책임은 보험자에게 있다.

② 보험자의 고의나 과실로 인하여 협정보험가액이 사고 발생 시의 가액을 현저하게 초과하게 된 경우라도 사고 발생 시의 가액을 보험가액으로 해야 한다.

③ 협정보험가액이 계약을 체결할 당시의 가액을 현저하게 초과함으로 인해 보험자 또는 보험계약자가 초과보험의 경우처럼 보험료와 보험금액의 감액을 청구할 수 있는 경우에는 사고 발생 시의 가액을 보험가액으로 해야 한다.

④ 협정보험가액이 사고 발생 시의 가액을 현저하게 초과하는 경우에는 그 초과 원인이 무엇이냐에 따라 사고 발생 시의 가액을 보험가액으로 할 것인지의 여부가 달라지게 된다.

[해설] ┃ **판례**

기평가보험에 있어서 협정보험가액이 사고 발생 시의 가액을 현저하게 초과하는지 여부의 판단 기준 및 그 입증책임의 소재

┃ **판결요지**

상법 제670조 단서에서는 당사자 사이에 보험가액을 정한 기평가보험에 있어서 협정보험가액이 사고 발생 시의 가액을 현저하게 초과할 때에는 사고 발생 시의 가액을 보험가액으로 하도록 규정하고 있는바, 양자 사이에 현저한 차이가 있는지의 여부는 거래의 통념이나 사회의 통념에 따라 판단하여야 하고, 보험자는 협정보험가액이 사고 발생 시의 가액을 현저하게 초과한다는 점에 대한 입증책임을 부담한다(대법원 2001다 6312 판결).

답 ④

02 보험가액에 대한 우리 상법의 태도로 옳지 않은 것은?　　　　　　　　　　　　　　(2015년)

① 운송보험과 해상보험의 경우에는 일정 시점에서의 보험가액을 전(全)보험기간에 걸쳐 고정된 보험가액으로 정하는 보험가액 불변경주의에 따른다.

② 운송물의 보험에 있어서 운송물의 도착으로 인하여 얻을 이익은 당사자 간 약정이 있는 때에 한하여 보험가액 중에 산입한다.

③ 당사자 간에 보험가액을 정하지 아니한 때에는 사고 발생 시의 가액을 보험가액으로 한다.

④ 해상보험계약상 그 운송물의 도착으로 얻을 희망이익보험의 경우 미평가보험에 있어서는 보험금액을 보험가액으로 정한 것으로 본다.

[해설] ④ 본다(×). 추정한다(○).

상법 제698조

적하의 도착으로 인하여 얻을 이익 또는 보수의 보험에 있어서는 계약으로 보험가액을 정하지 아니한 때에는 보험금액을 보험가액으로 한 것으로 추정한다.

답 ④

03 보험자대위에 관한 다음 설명 중 옳지 않은 것은?(다툼이 있는 경우 판례에 의함) (2015년)

① 보험자가 보험약관에 정하여져 있는 중요한 내용에 해당하는 면책약관에 대한 설명의무를 위반하여 약관의 규제에 관한 법률에 따라 해당 면책약관을 계약의 내용으로 주장하지 못하고 보험금을 지급하게 되었더라도, 이는 보험자가 피보험자에게 보험금을 지급할 책임이 있는 경우에 해당하므로 보험자는 보험자대위를 할 수 있다.

② 보험자가 보험약관에 따라 면책되거나 피보험자에게 보험사고에 대한 과실이 없어 보험자가 피보험자에게 보험금을 지급할 책임이 없는 경우에는 보험자대위를 할 수 없다.

③ 보험계약자나 피보험자와 생계를 같이 하는 가족은 보험자대위권의 객체인 제3자가 되지 않는다. 다만, 손해가 그 가족의 고의 또는 중과실로 인하여 발생한 경우에는 그러하지 아니하다.

④ 손해보험계약에 있어 제3자의 행위로 인하여 생긴 손해에 대하여 제3자의 손해배상에 앞서 보험자가 먼저 보험금을 지급한 때에는 그 보험금의 지급에도 불구하고 피보험자의 제3자에 대한 손해배상청구권은 소멸되지 아니하고 지급된 보험금액의 한도에서 보험자에게 이전될 뿐이며, 이러한 법리는 손해를 야기한 제3자가 타인을 위한 손해보험계약의 보험계약자인 경우에도 마찬가지이다.

해설 ③ 고의 또는 중과실(×), 고의(○)
상법 제682조 제2항
보험계약자나 피보험자의 권리가 그와 생계를 같이 하는 가족에 대한 것인 경우 보험자는 그 권리를 취득하지 못한다. 다만, 손해가 그 가족의 고의로 인하여 발생한 경우에는 그러하지 아니하다.

답 ③

04 손해보험에 관한 설명으로 옳지 않은 것은? (2016년)

① 손해보험은 물건이나 재산상의 손해를 보상하는 측면에서 보상금액을 미리 정할 수 없는 부정액보험의 성격을 가진다.

② 상법상 손해보험의 종류에는 화재보험, 운송보험, 해상보험, 책임보험, 재보험, 자동차보험, 보증보험이 있다.

③ 손해보험은 원칙적으로 재산상 손해를 보험금액의 한도 내에서 실제로 발생한 손해만을 보상하는 실손보상적 성질을 가진다.

④ 손해보험에서 피보험자는 보험의 객체로서 보험금청구권을 가지는 자이다.

해설 피보험자 구분
• 생명보험 : 보험사고의 대상이 되는 자
• 손해보험 : 보험사고 발생 시 보상금을 받는 자

답 ④

05 피보험이익에 관한 설명으로 옳지 않은 것은?(다툼이 있는 경우 판례에 의함) (2016년)

① 피보험이익은 상법 제668조에서 보험계약의 목적이라고 표현하고 있으며, 보험계약의 대상인 보험의 목적과 구별된다.

② 우리나라에서 피보험이익은 손해보험에 특유한 것으로 인보험에서는 인정되지 않는다.

③ 재보험계약에서 동산양도담보 설정자는 그 물건에 대한 보험사고가 발생한 경우 그 목적물에 관하여 피보험이익을 갖지 못한다.

④ 손해보험에서 피보험이익은 피보험자가 보험의 목적물에 대하여 가지는 경제적 이해관계를 의미하는 것으로 소유 이익에 한하지 아니하고 담보이익, 사용수익이익 등도 포함한다.

해설 **┃ 판례**
동산양도담보 설정자가 그 목적물에 관하여 체결한 화재보험계약의 피보험이익을 가지는지 여부

┃ 판결요지
동산양도담보 설정자는 담보목적물인 동산의 소유권을 채권자에게 이전해주지만 이는 채권자의 우선변제권을 확보해주기 위한 목적에 따른 것으로, 양도담보 설정자는 여전히 그 물건에 대한 사용, 수익권을 가지고 변제기에 이르러서는 채무 전액을 변제하고 소유권을 되돌려받을 수 있으므로, 그 물건에 대한 보험사고가 발생하는 경우에는 그 물건에 대한 사용·수익 등의 권능을 상실하게 될 뿐 아니라 양도담보권자에 대하여는 그 물건으로써 담보되는 채무를 면하지 못하고 나아가 채무를 변제하더라도 그 물건의 소유권을 회복하지 못하는 경제적인 손해를 고스란히 입게 된다. 따라서 양도담보 설정자에게 그 목적물에 관하여 체결한 화재보험계약의 피보험이익이 없다고 할 수 없다(대법원 2006다37106 판결).

답 ③

06 손해보험에서 보험가액과 보험금액의 관계에 대한 설명으로 옳지 않은 것은? (2016년)

① 기평가보험으로 인정되기 위한 당사자 사이의 보험가액의 합의는 명시적인 것이어야 하고, 동시에 반드시 협정가액 또는 약정가액이라는 용어를 사용하여야 한다.

② 초과보험은 보험금액이 보험계약의 목적의 가액을 현저하게 초과하는 보험을 말한다.

③ 동일한 보험계약의 목적과 동일한 사고에 관하여 수 개의 보험계약이 동시 또는 순차로 체결된 경우 그 보험금액의 총액이 보험가액을 초과하는 보험을 중복보험이라 한다.

④ 일부보험이란 보험가액의 일부를 보험에 붙인 보험을 말한다.

해설 **┃ 판례**
기평가보험으로 인정되기 위한 요건으로서 당사자 사이의 보험가액에 대한 합의의 인정기준

┃ 판결요지
기평가보험으로 인정되기 위한 당사자 사이의 보험가액에 대한 합의는 명시적이어야 하기는 하지만 반드시 협정보험가액 혹은 약정보험가액이라는 용어 등을 사용하여야만 하는 것은 아니고, 당사자 사이에 보험계약을 체결하게 된 제반 사정과 보험증권의 기재 내용 등을 통하여 당사자의 의사가 보험가액을 미리 합의하고 있는 것이라고 인정할 수 있으면 충분하다(대법원 2001다6312 판결).

답 ①

07 보험가액이 12억원인 건물에 대하여 보험금액을 5억원, 10억원, 15억원으로 하는 보험계약을 갑, 을, 병 보험회사와 각각 체결하고, 사고 당시에도 이러한 보험계약이 유효하게 유지되고 있다면 상법에 의할 때 각 보험자가 분담하는 보험금액으로 옳은 것은?(보험계약자는 선의이고, 보험가액은 사고 당시에도 변화가 없음)

(2016년)

① 갑 : 2억원, 을 : 4억원, 병 : 6억원
② 갑 : 3억원, 을 : 5억원, 병 : 4억원
③ 갑 : 3억원, 을 : 4억원, 병 : 5억원
④ 갑 : 2억원, 을 : 5억원, 병 : 5억원

[해설] 갑 : 12억원 × (5억원 / 30억원) = 2억원
을 : 12억원 × (10억원 / 30억원) = 4억원
병 : 12억원 × (15억원 / 30억원) = 6억원

[답] ①

08 다음의 설명으로 옳지 않은 것은?

(2016년)

① 동일한 보험계약의 목적과 동일한 사고에 관하여 수 개의 보험계약을 체결하는 경우에 보험계약자는 각 보험자에게 보험계약의 내용을 통지하여야 한다.
② 보험사고로 인하여 상실된 피보험자가 얻을 이익이나 보수는 당사자 간에 다른 약정이 없으면 보험자가 보상할 손해액에 산입한다.
③ 당사자 간에 보험가액을 정하지 아니한 때에는 사고 발생 시의 가액을 보험가액으로 한다.
④ 운송보험계약의 경우 보험사고가 운송보조자의 고의 또는 중대한 과실로 인하여 발생한 때에는 이로 인한 손해에 대하여 보험자는 면책이다.

[해설] 상법 제667조
보험사고로 인하여 상실된 피보험자가 얻을 이익이나 보수는 당사자 간에 다른 약정이 없으면 보험자가 보상할 손해액에 산입하지 아니한다.

[답] ②

09 손해방지의무에 관한 설명으로 옳지 않은 것은? (2016년)

① 손해방지의무는 보험사고의 발생을 요건으로 하므로 보험계약자 등은 보험사고가 발생한 때부터 이 의무를 부담한다.

② 상법상 손해방지의무를 부담하는 자는 보험계약자, 피보험자 및 피해자이다.

③ 손해방지의무란 손해의 방지와 손해의 경감을 위하여 노력하는 것을 말한다.

④ 손해방지를 위하여 필요 또는 유익하였던 비용과 보상액이 보험금액을 초과한 경우라도 보험자가 이를 부담한다.

[해설] 상법 제680조
상법상 손해방지의무를 부담하는 자는 보험계약자와 피보험자이며, 피해자는 해당되지 않는다.

답 ②

10 손해보험에서 보험계약자와 피보험자의 손해방지·경감의무에 관한 설명으로서 옳지 않은 것은?(다툼이 있는 경우 판례에 의함) (2017년)

① 보험자가 손해방지비용을 부담하지 아니한다는 비용상환의무배제 약관조항이나 손해방지비용과 보상액의 합계액이 보험금액을 넘지 않는 한도 내에서만 보상한다는 약관조항은 상법 제680조에 위배되어 무효이다.

② 피보험자의 보험자에 대한 소송통지의무는 피보험자의 손해방지·경감의무에 해당하며, 이는 보험자에게 소송에 관여할 기회를 주기 위한 것으로, 보험자는 적정 손해액 이상의 손해액에 대하여는 보상의무가 없다.

③ 손해방지·경감의무를 부담하는 시기에 관하여 명문의 규정이 없다면, 약관에 의하여 대체로 보험사고가 생긴 때와 이와 동일시할 수 있는 상태가 발생한 때부터 이를 부담한다.

④ 보험사고가 발생하였다 하더라도 피보험자의 법률상 책임 여부가 판명되지 아니한 상태에서는 피보험자는 손해확대방지를 위한 긴급한 행위를 하여서는 아니 되며, 비록 손해방지비용이 발생하였다 하더라도 보험자는 손해방지비용을 부담하지 아니한다.

[해설] ▌판례
보험사고가 발생한 것과 같게 볼 수 있는 경우에 피보험자의 법률상 책임 여부가 판명되지 아니한 상태에서 피보험자가 손해확대방지를 위한 긴급한 행위를 함으로써 발생한 필요·유익한 비용이 상법 제680조 제1항 소정의 '손해방지비용'에 해당하는지 여부

▌판결요지
보험사고 발생 시 또는 보험사고가 발생한 것과 같게 볼 수 있는 경우에 피보험자의 법률상 책임 여부가 판명되지 아니한 상태에서 피보험자가 손해확대방지를 위한 긴급한 행위를 하였다면 이로 인하여 발생한 필요·유익한 비용도 상법 제680조 제1항의 규정에 따라 보험자가 부담하여야 한다(대법원 2003다6958 판결).

답 ④

11 다음의 설명으로 옳지 않은 것은?

(2018년)

① 타인을 위한 손해보험계약의 경우에 그 타인의 위임이 없는 때에는 보험계약자는 이를 보험자에게 고지하여야 하고, 이를 고지하지 않은 경우 타인이 그 보험계약이 체결된 사실을 알지 못하였다는 사유로 보험자에게 대항하지 못한다.

② 계속보험료의 미납으로 보험자가 보험계약을 해지하였으나 해지환급금이 지급되지 않은 경우라면 보험계약자는 일정한 기간 내에 연체보험료에 약정이자를 붙여 보험자에게 지급하고 그 계약의 부활을 청구할 수 있다.

③ 보험자는 보험금액의 지급에 관하여 약정기간이 없는 경우에는 보험계약자 또는 피보험자의 보험사고 발생의 통지를 받은 후 지체 없이 지급할 보험금액을 정하고 그 정하여진 날부터 10일 이내에 보험금액을 지급하여야 한다.

④ 당사자 간에 보험가액을 정한 때에는 그 가액은 사고 발생 시의 가액으로 정한 것으로 본다.

[해설] ④ 당사자 간에 보험가액을 정한 때에는 그 가액은 사고 발생 시의 가액으로 정한 것으로 추정한다.

본다 vs 추정
- 본다(의제, 간주) : '본다'라고 규정하면 법적으로 확정된 것이므로 사실이 그렇지 않다는 반대증거가 제시되더라도 법의 규정 내용이 바뀌지 않는다.
- 추정 : 당사자가 반대증거를 제시하면 추정의 효력은 그 증거에 의하여 더는 유지되지 못한다.

답 ④

12 손해액 산정기준에 관한 설명으로 옳지 않은 것은?

(2018년)

① 보험자가 보상할 손해액은 그 손해가 발생한 때와 곳의 가액에 의하여 산정한다.

② 손해액의 산정에 관한 비용은 보험자 및 보험계약자의 공동부담으로 한다.

③ 손해액의 산정에 관하여 당사자 간에 별도의 약정이 있는 경우에는 신품가액에 의하여 산정할 수 있다.

④ 손해액의 산정에 관해서는 기본적으로 손해보험의 대원칙인 실손보상의 원칙이 적용된다.

[해설] 상법 제676조 제2항
손해액의 산정에 관한 비용은 보험자가 부담한다.

답 ②

13 책임보험에 관한 설명으로 옳지 않은 것은? (2018년)

① 책임보험계약은 보험사고가 보험기간 중에만 발생하면 약관에 따라 보험금 청구는 보험기간이 종료한 이후에도 가능하다.

② 피보험자가 동일한 사고로 제3자에게 배상책임을 짐으로써 입은 손해를 보상하는 수 개의 책임보험계약이 동시 또는 순차로 체결된 경우에 그 보험금액의 총액이 피보험자의 제3자에 대한 손해배상액을 초과하는 때에는 중복보험의 규정이 준용된다.

③ 제3자는 피보험자가 책임을 질 사고로 입은 손해에 대하여 보험금액의 한도 내에서 보험자에게 직접 보상을 청구할 수 있으며, 이 경우 보험자는 피보험자가 그 사고에 관하여 가지는 항변으로써 제3자에게 대항할 수 없다.

④ 피보험자가 제3자에 대하여 변제, 승인, 화해 또는 재판으로 인하여 채무가 확정된 때에는 지체 없이 보험자에게 이를 통지하여야 한다.

> [해설] ③ 제3자에게 대항할 수 없다(×). 대항할 수 있다(○).
> 보험자는 책임보험계약에 근거한 항변으로 제3자에게 대항할 수 있다.

[답] ③

14 손해방지의무에 관한 설명으로 옳은 것은?(다툼이 있는 경우 판례에 의함) (2018년)

① 해상보험에서 보험자는 보험의 목적의 안전과 보존을 위하여 지급할 특별비용을 보험가액의 한도에서 보상하여야 한다.

② 손해방지의무는 보험사고가 발생하면 개시된다.

③ 보험계약자와 피보험자가 경과실 또는 중과실로 손해방지의무를 위반한 경우 보험자는 그 의무 위반이 없다면 방지 또는 경감될 수 있으리라고 인정되는 손해에 대하여 배상을 청구하거나 지급할 보험금과 상계하여 이를 공제한 나머지 금액만을 보험금으로 지급할 수 있다.

④ 손해방지비용은 손해의 방지와 경감을 위한 비용을 의미하므로, 보험자가 보상하는 비용은 필요비에 한정한다.

> [해설] ① 보험가액의 한도에서 보상(×), 보험금액의 한도에서 보상(○)
> ③ 보험계약자와 피보험자가 경과실 또는 중과실(×), 경과실 제외(○)
> 손해방지의무 위반이 없다면 방지 또는 경감할 수 있으리라고 인정되는 손해액에 대하여 배상을 청구하거나 지급할 보험금과 상계하여 이를 공제한 나머지 금액만을 보험금으로 지급할 수 있으나, 경과실로 위반한 경우에는 그러하지 아니하다.
> ④ 보험자가 보상하는 비용은 필요비에 한정(×), 필요 또는 유익한 비용(○)

[답] ②

15 피보험자인 甲은 보험자와 보험가액이 1억원인 자신 소유의 건물에 대하여 보험금액을 6,000만으로 하는 화재보험에 가입하였다. 그러나 제3자인 乙의 방화로 6,000만원의 손해가 발생하였다. 이에 따라 보험자는 일부보험 법리에 따라 보험가액 비율(6/10)인 3,600만원을 甲에게 지급하였다. 그런데 乙의 변제자력이 4,000만원인 경우를 가정하였을 때 피보험자 우선설(차액설)에 따라 보험자가 乙에게 청구할 수 있는 금액은 얼마인가?

(2018년)

① 1,600만원   ② 2,400만원

③ 3,000만원   ④ 4,000만원

> 해설 차액설 : 보험자는 피보험자의 손해액을 우선 충당하고 남은 손해배상액, 즉 그 차액에 대해서만 청구권대위를 할 수 있다.
> 乙에 대해 취득하는 청구권 금액 6,000만원 − 3,600만원 = 2,400만원
> 乙에게 청구할 수 있는 금액 4,000만원 − 2,400만원 = 1,600만원

답 ①

16 화재보험에 관한 설명으로 옳지 않은 것은? (2018년)

① 보험자는 화재손해 감소에 필요한 조치로 인하여 생긴 손해에 대하여는 다른 약정이 있는 경우에 한하여 보상할 책임이 있다.

② 보험자는 화재의 소방에 필요한 조치로 인하여 생긴 손해를 보상할 책임이 있다.

③ 건물을 보험의 목적으로 한 화재보험증권에는 그 소재지뿐만 아니라 그 구조와 용도도 기재하여야 한다.

④ 집합된 물건을 일괄하여 화재보험의 목적으로 한 때에는 피보험자 사용인의 물건도 보험의 목적에 포함된 것으로 한다.

> 해설 ① 다른 약정이 있는 경우에 한하여(×), 다른 약정 조건 없이 화재 손해보상(○)
> 화재보험자는 화재의 소방 또는 손해의 감소에 필요한 조치로 인하여 생긴 손해를 보상할 책임이 있다.

답 ①

17 해상보험에 관한 설명으로 옳지 않은 것은? (2018년)

① 보험자는 피보험자가 선박의 일부가 훼손되었음에도 불구하고 이를 수선하지 아니하였다면 그로 인한 선박의 감가액을 보상할 책임은 없다.

② 보험의 목적인 적하에 일부손해가 생긴 경우 보험자는 그 손해가 생긴 상태의 가액과 정상가액과의 차액의 정상가액에 대한 비율을 보험가액에 곱하여 산정한 금액에 대해 보상책임을 부담한다.

③ 항해 도중에 불가항력으로 보험의 목적인 적하를 매각한 때에는 보험자는 그 대금에서 운임, 기타 필요한 비용을 공제한 금액과 보험가액과의 차액을 보상하여야 한다.

④ 보험계약의 체결 당시에 하물을 적재할 선박을 지정하지 아니한 경우에 보험계약자 또는 피보험자가 그 하물이 선적되었음을 안 때에는 지체 없이 보험자에 대하여 그 선박의 명칭, 국적과 하물의 종류, 수량과 가액의 통지를 발송하여야 한다.

[해설] ① 그로 인한 선박의 감가액을 보상할 책임은 없다(×). 보상할 책임이 있다(○).
    선박 일부가 훼손되었으나 이를 수선하지 아니한 경우에는 보험자는 그로 인한 감가액을 보상할 책임이 있다.

답 ①

18 보험계약법상 이득금지의 원칙과 가장 거리가 먼 것은? (2019년)

① 사기에 의한 초과보험의 무효
② 보험자대위
③ 신가보험
④ 중복보험에서 비례주의에 의한 보상

[해설] 신가보험
    • 신품가액에 의하여 손해를 보상하는 계약
    • 피보험자가 신구교환차익을 얻으므로 이득금지원칙 예외

답 ③

19 상법상 보험가액에 관한 설명으로 옳지 않은 것은? (2020년)

① 운송물의 보험에 있어서는 발송한 때와 곳의 가액과 도착지까지의 운임, 기타 비용을 보험가액으로 한다.

② 선박의 보험에 있어서는 보험자의 책임이 개시될 때의 선박가액을 보험가액으로 한다.

③ 적하의 보험에 있어서는 도착할 때와 곳의 적하 가액과 선적 및 보험에 관한 비용을 보험가액으로 한다.

④ 적하의 도착으로 인하여 얻을 이익 또는 보수의 보험에 있어서는 계약으로 보험가액을 정하지 아니한 때에는 보험금액을 보험가액으로 한 것으로 추정한다.

[해설] ③ 도착할 때와 곳(×), 선적한 때와 곳(○)
    상법 제697조
    적하의 보험에 있어서는 선적한 때와 곳의 적하 가액과 선적 및 보험에 관한 비용을 보험가액으로 한다.

답 ③

20 상법상 손해보험자가 보상할 손해액에 관한 설명으로 옳지 않은 것은? (2020년)

① 보험자가 보상할 손해액은 그 손해가 발생한 때와 곳의 가액에 의하여 산정한다.

② 보험계약 당사자 간에 약정이 있는 때에는 그 신품가액에 의하여 보험자가 보상할 손해액을 산정할 수 있다.

③ 보험사고로 인하여 상실된 피보험자가 얻을 이익이나 보수는 보험자가 보상할 손해액에 산입한다.

④ 보험자가 보상할 손해액의 산정에 관한 비용은 보험자의 부담으로 한다.

[해설] 상법 제667조
보험사고로 인하여 상실된 피보험자가 얻을 이익이나 보수는 당사자 간에 다른 약정이 없으면 보험자가 보상할 손해액에 산입하지 아니한다.

답 ③

21 상법상 각종 비용의 부담에 관한 설명으로 옳지 않은 것은? (2020년)

① 보험계약자가 보험자에 대하여 보험증권의 재교부를 청구하면 그 증권작성의 비용은 보험계약자의 부담으로 한다.

② 손해보험계약의 보험계약자와 피보험자가 손해의 방지와 경감을 위하여 지출한 필요 또는 유익하였던 비용은 보험금액을 초과한 경우라도 보험자가 이를 부담한다.

③ 해상보험자는 보험계약자와 피보험자가 보험의 목적의 안전이나 보존을 위하여 지급할 특별비용을 보험금액의 한도 내에서 보상할 책임이 있다.

④ 책임보험계약에서 피보험자가 제3자의 청구를 방어하기 위하여 지출한 재판상 또는 재판 외의 필요비용은 그 행위가 보험자의 지시에 의하지 아니한 경우에도 그 금액에 손해액을 가산한 금액이 보험금액을 초과하는 때에도 보험자가 이를 부담하여야 한다.

[해설] ④ 보험자의 지시에 의하지 아니한 경우에도(×), 보험자 지시에 의한 경우(○)
보험자의 지시에 의한 것인 경우에는 그 금액에 손해액을 가산한 금액이 보험금액을 초과하는 때에도 보험자가 이를 부담하여야 한다.

답 ④

22 상법상 집합보험에 관한 설명으로 옳지 않은 것은? (2020년)

① 집합보험에 관한 규정은 손해보험 통칙에 규정되어 있다.

② 집합된 물건을 일괄하여 보험의 목적으로 한 때에는 피보험자의 가족과 사용인의 물건도 보험의 목적에 포함된 것으로 한다.

③ 집합보험계약은 피보험자의 가족 또는 사용인을 위하여서도 체결한 것으로 본다.

④ 집합된 물건을 일괄하여 보험의 목적으로 한 때에는 그 목적에 속한 물건이 보험기간 중에 수시로 교체된 경우에도 보험사고의 발생 시에 현존한 물건은 보험의 목적에 포함한 것으로 한다.

[해설] ① 손해보험 통칙에 규정되어 있다(×). 제2절 화재보험(○)
집합보험에 관한 규정은 제2절 화재보험에 규정되어 있다.

답 ①

23 손해보험계약에서 보험의 목적이 확장되는 경우에 대한 설명으로 옳지 않은 것은? (2021년)

① 보험자의 책임이 개시될 때의 선박가액을 보험가액으로 하는 선박보험에서 선박의 속구, 연료, 양식, 기타 항해에 필요한 모든 물건은 보험의 목적에 포함된 것으로 한다.

② 집합된 물건을 일괄하여 보험의 목적으로 한 때에는 피보험자의 가족과 사용인의 물건도 보험의 목적에 포함된 것으로 한다.

③ 피보험자가 경영하는 사업에 관한 책임을 보험의 목적으로 한 경우에는 그 사업감독자의 제3자에 대한 책임도 보험의 목적에 포함되나 피보험자의 대리인의 제3자에 대한 책임은 보험의 목적에 포함되지 않는다.

④ 책임보험에서 피보험자가 제3자의 청구를 방어하기 위하여 지출한 재판상 또는 재판 외의 필요비용은 보험의 목적에 포함된 것으로 한다.

[해설] ③ 보험의 목적에 포함되지 않는다(×). 보험의 목적에 포함된 것으로 한다(○).

답 ③

24 피보험자의 감항능력 주의의무에 대한 설명으로 옳지 않은 것은?(다툼이 있는 경우 판례에 의함)

(2021년)

① 보험증권에 영국의 법률과 관습에 따르기로 하는 규정과 아울러 감항증명서 발급을 담보한다는 내용의 명시적 규정이 있는 경우, 이 규정에 따라야 한다.

② 당사자들이 약정을 통해 감항능력 주의의무 위반과 손해 사이에 인과관계가 없더라도 보험자가 면책된다고 합의하였다면, 그 합의 내용은 효력을 갖는다.

③ 선박 또는 운임을 보험에 붙인 경우, 보험자는 발항 당시에 안전하게 항해를 하기에 필요한 준비를 하지 않거나 필요한 서류를 비치하지 않음으로써 발생한 손해에 대해 면책된다.

④ 적하보험의 경우, 보험자는 선박의 감항능력 주의의무 위반으로 생긴 손해에 대해 면책된다.

[해설] ④ 적하보험의 경우, 선박의 감항능력 주의의무 위반이 면책된다(×). 보상(○)
　　　감항능력 주의의무 위반
　　　• 정의 : 선박 등이 안전하게 항해를 할 수 있는 능력
　　　• 면책 : 선박보험, 운임보험
　　　• 보상 : 적하보험

답 ④

25 손해보험계약에서 실손보상원칙에 관한 설명으로 옳지 않은 것은?(다툼이 있는 경우 판례에 의함)

(2022년)

① 손해보험계약에서는 피보험자가 이중이득을 얻는 것을 막기 위해 실손보상원칙이 철저히 준수된다.

② 약정 보험금액을 아무리 고액으로 정한다고 하더라도 지급되는 보험금은 보험가액을 초과할 수 없다.

③ 손해보험계약에 있어 제3자의 행위로 인하여 생긴 손해에 대하여 제3자의 손해배상에 앞서 보험자가 먼저 보험금을 지급한 때에는 피보험자의 제3자에 대한 손해배상청구권은 소멸되지 아니하고 지급된 보험금액의 한도에서 보험자에게 이전된다.

④ 보험계약을 체결할 당시 당사자 사이에 미리 보험가액에 대해 합의를 하지 않은 미평가보험이나 신가보험 등은 실손보상원칙의 예외에 해당한다.

[해설] ④ 미평가보험(×), 미평가보험은 예외(○)
　　　기평가보험이나 신가보험은 실손보상원칙의 예외에 해당한다.

답 ④

09 인보험

1. 인보험자의 책임(법 제727조)

(1) 피보험자에 대한 보상책임

인보험계약의 보험자는 피보험자의 생명이나 신체에 관하여 보험사고가 발생할 경우에 보험계약으로 정하는 바에 따라 보험금이나 그 밖의 급여를 지급할 책임이 있다.

(2) 보험금의 분할 지급

보험금은 당사자 간의 약정에 따라 분할하여 지급할 수 있다.

 기출 포인트 !

인보험계약의 보험자가 약정에 따라 보험금을 연금으로 분할하여 지급하는 것(○)   ✓ 2016

2. 인보험 증권(법 제728조)

인보험 증권에는 손해보험증권에 게기한 사항 외에 다음의 사항을 기재하여야 한다.

(1) 보험계약의 종류

(2) 피보험자의 주소·성명 및 생년월일

(3) 보험수익자를 정한 때에는 그 주소·성명 및 생년월일

3. 제3자에 대한 보험대위의 금지(법 제729조)

(1) 제3자에 대한 대위 행사 금지

보험자는 보험사고로 인하여 생긴 보험계약자 또는 보험수익자의 제3자에 대한 권리를 대위하여 행사하지 못한다.

 기출 포인트 !

인보험에서 보험자는 보험사고로 인하여 생긴 보험계약자 또는 보험수익자의 제3자에 대한 권리를 대위하여 행사할 수 있다(대위하여 행사할 수 있다 ×, 대위하여 행사하지 못한다 ○).   ✓ 2023

(2) 제3자에 대한 권리 양도 인정

┃ 판례

피보험자 등이 자신의 제3자에 대한 권리를 보험자에게 양도하는 것이 보험자대위의 금지·포기를 규정한 상법을 위반하여 무효인지 여부

┃ 판결요지

피보험자 등의 제3자에 대한 권리의 양도가 법률상 금지되어 있다거나, 상법 제729조 전문 등의 취지를 벗어나 피보험자 등의 권리를 부당히 침해하는 상황에 해당한다는 등의 특별한 사정이 없으면, 상법 제729조 전문이나 보험약관에서 보험자대위를 금지하거나 포기하는 규정을 두고 있다는 사정만으로 피보험자 등이 보험자와의 다른 원인관계나 대가관계 등을 근거로 하여 자신의 제3자에 대한 권리를 보험자에게 자유롭게 양도하는 것까지 금지된다고 볼 수는 없다(대법원 2006다54781 판결).

> **🔍 기출 포인트 !**
>
> 인보험계약에서 피보험자 등은 자신이 제3자에 대해서 가지는 권리를 보험자에게 양도할 수 없다(양도할 수 없다 ×, 있다 ○).　　✓ 2022

(3) 상해보험의 대위 행사

상해보험계약의 경우에 당사자 간에 다른 약정이 있는 때에는 보험자는 피보험자의 권리를 해하지 아니하는 범위 안에서 그 권리를 대위하여 행사할 수 있다.

> **🔍 기출 포인트 !**
>
> 상해보험의 경우 보험자와 보험계약자 또는 피보험자 사이에 피보험자의 제3자에 대한 권리를 대위하여 행사할 수 있다는 취지의 약정이 없는 한, 피보험자가 제3자로부터 손해배상을 받더라도 이에 관계없이 보험자는 보험금을 지급할 의무가 있고, 피보험자의 제3자에 대한 권리를 대위하여 행사할 수도 없다(약정이 없는 한, 대위하여 행사할 수 없다 ○, 다른 약정이 있는 때에는, 대위하여 행사할 수 있다 ○).　　✓ 2023
>
> 약관의 정함으로 상해보험자의 대위권을 인정할 수 없다(인정할 수 없다 ×, 있다 ○).　　✓ 2008

10 | 생명보험

1. 생명보험자의 책임(법 제730조)

(1) 생존과 사망에 대한 보상책임

생명보험계약의 보험자는 피보험자의 사망, 생존(살아 있음), 사망과 생존에 관한 보험사고가 발생할 경우에 약정한 보험금을 지급할 책임이 있다.

 기출 포인트 !

> 생명보험의 경우 상해와 질병을 보험사고로 한다(상해와 질병 ×, 생존과 사망 ○).　　✓ 2008

(2) 보험금청구권의 성질

▌판례
피보험자의 상속인을 보험수익자로 하여 맺은 생명보험계약에서 피보험자가 사망하여 보험사고가 발생한 경우, 상속인이 가지는 보험금청구권이 상속재산인지 여부

▌판결요지
생명보험의 보험계약자가 스스로를 피보험자로 하면서, 수익자는 만기까지 자신이 생존할 경우에는 자기 자신을, 자신이 사망한 경우에는 '상속인'이라고만 지정하고 그 피보험자가 사망하여 보험사고가 발생한 경우, 보험금청구권은 상속인들의 고유재산으로 보아야 할 것이고, 이를 상속재산이라 할 수 없다(대법원 2001다 65755 판결).

기출 포인트 !

> 대법원 판례에 의하면, 피보험자의 상속인을 보험수익자로 지정한 생명보험계약에서 피보험자가 사망함으로 인해 그 상속인이 가지게 되는 보험금청구권은 상속재산에 속한다(상속재산 ×, 고유재산 ○).　　✓ 2005

(3) 상속인 중 1인이 자신에게 귀속된 보험금청구권을 포기한 경우

보험계약자가 피보험자의 상속인을 보험수익자로 하여 맺은 생명보험계약이나 상해보험계약에서 피보험자의 사망이라는 보험사고 발생 시 보험수익자로 지정된 상속인 중 1인이 자신에게 귀속된 보험금청구권을 포기하는 경우, 포기한 부분이 다른 상속인에게 귀속되지 않는다.

▌판례
보험계약자가 피보험자의 상속인을 보험수익자로 하여 맺은 생명보험계약이나 상해보험계약에서 피보험자의 사망이라는 보험사고 발생 시 보험수익자로 지정된 상속인 중 1인이 자신에게 귀속된 보험금청구권을 포기하는 경우, 포기한 부분이 당연히 다른 상속인에게 귀속되는지 여부

▌판결요지

보험계약자가 피보험자의 상속인을 보험수익자로 하여 맺은 생명보험계약이나 상해보험계약에서 피보험자의 상속인은 피보험자의 사망이라는 보험사고가 발생한 때에는 보험수익자의 지위에서 보험자에 대하여 보험금 지급을 청구할 수 있고, 이 권리는 보험계약의 효력으로 당연히 생기는 것으로서 상속재산이 아니라 상속인의 고유재산이다. 이때 보험수익자로 지정된 상속인 중 1인이 자신에게 귀속된 보험금청구권을 포기하더라도 그 포기한 부분이 당연히 다른 상속인에게 귀속되지는 아니한다.

기출 포인트 !

상속인 중 1인이 자신에게 귀속된 보험금청구권을 포기한 경우 그 포기한 부분은 다른 상속인에게 귀속된다(×).

✓ 2023

2. 타인의 생명의 보험(법 제731조)

(1) 타인의 사망보험의 서면동의

타인의 사망을 보험사고로 하는 보험계약에는 보험계약 체결 시에 그 타인의 전자문서를 포함한 서면에 의한 동의를 얻어야 한다.

기출 포인트 !

피보험자의 서면동의 없이 체결된 타인의 사망을 보험사고로 하는 보험계약은 무효이다. 그러나 피보험자의 추인으로 보험계약이 유효로 될 여지는 있다(피보험자의 추인 ×, 계약체결 시 서면동의만 유효 ○). ✓ 2018

보험계약 체결 이후에 이루어진 타인의 동의도 유효하다(계약체결 이후 ×, 계약체결 시 서면동의만 유효 ○).

✓ 2011

(2) 구체적·개별적 대리인에 의한 서면동의 효력

▌판례

타인의 사망을 보험사고로 하는 생명보험계약에서 서면동의를 할 권한을 구체적·개별적으로 수여받은 사람이 서면동의를 한 경우, 그 서면동의의 효력 여부

▌판결요지

피보험자인 타인이 참석한 자리에서 보험계약을 체결하면서 보험계약자나 보험설계사가 그 타인에게 보험계약의 내용을 설명한 후 그 타인으로부터 명시적으로 권한을 수여받아 보험청약서에 그 타인의 서명을 대행하는 경우와 같이, 그 타인으로부터 특정한 보험계약에 관하여 서면동의를 할 권한을 구체적·개별적으로 수여받았음이 분명한 자가 그 권한 범위 내에서 그 타인을 대리 또는 대행하여 서면동의를 한 경우에도, 그 타인의 서면동의는 적법한 대리인에 의하여 유효하게 이루어진 것으로 보아야 할 것이다(대법원 2006다69141 판결).

주 : 본 판례는 강학상 대리인에 의한 서면동의에 대하여 이견이 있으나 사건의 사실관계를 살펴보면 계약체결 전 과정에 피보험자가 동석한 점 등을 들어 "서면동의를 할 권한을 구체적·개별적으로 수여받았음이 분명하다."라는 판결이다.

(3) 전자문서와 전자서명

① 전자문서 : 정보처리시스템에 의하여 전자적 형태로 작성되어 송신 또는 수신되거나 저장된 정보
② 전자서명 : 전자문서에 전자서명을 한 후에 그 전자서명을 한 사람이 보험계약에 동의한 본인임을 확인할 수 있도록 지문 정보를 이용하는 등 법무부 장관이 고시하는 요건을 갖추어 작성될 것

(4) 권리 양도와 서면동의

보험계약으로 인하여 생긴 권리를 피보험자가 아닌 자에게 양도하는 경우에도 그 타인의 전자문서를 포함한 서면에 의한 동의를 얻어야 한다.

(5) 서면동의 철회

사망을 보험금 지급 사유로 하는 계약에서 서면으로 동의를 한 피보험자는 계약의 효력이 유지되는 기간에는 언제든지 서면동의를 장래를 향하여 철회할 수 있으며, 서면동의 철회로 계약이 해지되어 회사가 지급하여야 할 해약환급금이 있을 때에는 해약환급금을 계약자에게 지급해야 한다.

3. 15세 미만자 등에 대한 계약의 금지(법 제732조)

(1) 보험계약 무효

15세 미만자, 심신상실자 또는 심신박약자의 사망을 보험사고로 한 보험계약은 무효로 한다.

> **기출 포인트 !**
>
> 만 15세인 미성년자를 피보험자로 하는 사망보험계약은 그의 서면동의를 받은 경우에도 당연 무효이다(무효 ×, 유효 O).
>
> ✓ 2022

> **용어 풀이 ⊕**
> - 심신상실 : 사물을 변별할 능력이 없거나 의사를 결정할 능력이 없는 것
> - 심신박약 : 심신상실에는 이르지 않은 미약한 상태

(2) 보험계약 무효 예외

심신박약자가 보험계약을 체결하거나 단체보험의 피보험자가 될 때 의사능력이 있는 경우에는 그러하지 아니하다.

> **기출 포인트 !**
>
> 사망을 보험사고로 하는 보험계약에서 심신상실자가 보험계약 체결 시에 피보험자로 되는 데에 동의한 경우(심신상실자 ×, 심신박약자 O).
>
> ✓ 2016

(3) 15세 미만자의 사망보험금 이외 보험은 유효

▌ **판례**

타인의 사망보험에서 사망을 보험금 지급 사유로 하는 부분을 제외한 나머지 부분의 효력 여부

▌ **판결요지**

甲과 乙 보험회사가 피보험자를 만 7세인 甲의 아들 丙으로 하고 보험수익자를 甲으로 하여, 丙이 재해로 사망하였을 때는 사망보험금을 지급하고 장해를 입었을 때는 소득 상실보조금 등을 지급하는 내용의 보험계약을 체결한 사안에서, 위 보험계약 중 丙의 재해사망을 보험금 지급 사유로 하는 부분을 제외한 나머지 부분은 유효하다(대법원 2011다9068 판결).

4. 중과실로 인한 보험사고 등(법 제732조의2)

(1) 중대한 과실 보상책임

사망을 보험사고로 한 보험계약에서는 사고가 보험계약자 또는 피보험자나 보험수익자의 중대한 과실로 인하여 발생한 경우에도 보험자는 보험금을 지급할 책임을 면하지 못한다.

기출 포인트 !

보험계약자 또는 피보험자나 보험수익자의 중대한 과실로 인하여 보험사고가 발생한 경우에 보험자는 보험금 지급책임이 있다(○). ✓ 2021

(2) 책임 없는 수익자의 보상책임

다수의 보험수익자 중 일부가 고의로 피보험자를 사망하게 한 경우 보험자는 다른 보험수익자에 대한 보험금 지급책임을 면하지 못한다.

예 수익자 병이 을을 살해한 경우

계약자	피보험자	수익자	
갑	을	병	정
사망보험금 1억원		5,000만원	5,000만원
최종보험금		×	5,000만원

기출 포인트 !

둘 이상의 보험수익자 중 일부가 고의로 피보험자를 사망하게 한 경우에는 다른 보험수익자에 대한 보험금 지급책임도 면책된다(보험금 지급책임도 면책된다 ×, 보험금 지급책임을 면하지 못한다 ○). ✓ 2023

법정상속인 중 1인의 고의로 피보험자가 사망한 경우에 보험자는 다른 법정상속인(수익자)에게 보험금 지급을 거부할 수 있다(거부할 수 있다 ×, 보험금 지급책임을 면하지 못한다 ○). ✓ 2019

더 알아보기 ┃ 손해보험과 인보험 비교

구분	손해보험	인보험
피보험자	보험사고 발생 시 보상금을 받는 사람	보험사고의 대상이 되는 사람
보험금 청구권자	피보험자	보험수익자
보험목적	사람, 법인, 물건 등 (피보험이익 요건을 충족하는 것이면 모두 가능)	사람 (단, 15세 미만자, 심신상실자, 심신박약자는 사망보험의 피보험자가 될 수 없음)
피보험이익	보험가액	없음
보험금 지급범위	보험금액과 보험가액의 범위에서 실손보상	계약체결 시 약정한 보험금
보험자대위	인정	불인정 (단, 상해보험 등 실손보상 개념이 있는 경우 특약으로 보험자대위 인정 가능)

기출 포인트 !

손해보험과 인보험에 공통으로 적용되는 보험원리의 설명으로 옳지 않은 것은?
보험사고가 발생한 경우 보험자는 보험계약자가 실제로 입은 손해를 보상하여야 한다는 원칙으로 고의사고 유발을 방지하기 위한 수단적 원리(공통 ×, 실제 손해보상 = 손해보험) ✓ 2019

5. 보험수익자의 지정 또는 변경의 권리(법 제733조)

(1) 보험계약자의 권리

보험계약자는 보험수익자를 지정 또는 변경할 권리가 있다. 보험계약자가 보험수익자의 지정권을 행사하기 전에 보험사고가 발생하는 경우 피보험자의 상속인이 보험수익자로 된다.

(2) 보험계약자의 사망과 보험수익자

① 보험계약자 사망 : 보험계약자가 보험수익자 지정권을 행사하지 아니하고 사망한 때에는 피보험자를 보험수익자로 하고 보험계약자가 보험수익자 변경권을 행사하지 아니하고 사망한 때에는 보험수익자의 권리가 확정된다.

[보험계약자 사망]

구분	보험계약자 사망	
권리행사	지정권 행사 ×	변경권 행사 ×
피보험자	갑	갑
보험수익자	×	을
보험사고 발생 시 수익자	갑	을

② 승계인 권리행사 약정 예외 : 그러나 보험계약자가 사망한 경우에는 그 승계인이 제1항의 권리를 행사할 수 있다는 약정이 있는 때에는 그러하지 아니하다.

(3) 보험수익자 재지정 및 수익자의 상속인

보험수익자가 보험 존속 중에 사망한 때에는 보험계약자는 다시 보험수익자를 지정할 수 있다. 이 경우에 보험계약자가 지정권을 행사하지 아니하고 사망한 때에는 보험수익자의 상속인을 보험수익자로 한다.

[보험수익자 사망]

구분	보험수익자 사망
권리행사	재지정권 행사 ×
피보험자	갑
보험수익자	을
보험사고 발생 시 수익자	을의 상속인

6. 보험수익자 지정권 등의 통지(법 제734조)

(1) 보험수익자 지정 변경의 보험자 동의 불필요

보험수익자의 지정·변경권은 보험자의 동의를 요하지 않고 보험계약자의 일방적인 의사표시만 있으면 되는 단독행위이다.

┃ 판례

보험수익자 변경의 의사표시가 객관적으로 확인된 경우, 그 의사표시가 보험자나 보험수익자에게 도달되지 않더라도 보험수익자 변경의 효과가 발생하는지 여부

┃ 판결요지

보험수익자 변경권은 형성권으로서 보험계약자가 보험자나 보험수익자의 동의를 받지 않고 자유로이 행사할 수 있고 그 행사에 의해 변경의 효력이 즉시 발생한다. 다만 보험계약자는 보험수익자를 변경한 후 보험자에 대하여 이를 통지하지 않으면 보험자에게 대항할 수 없다(대법원 2019다204869 판결).

(2) 보험자에 대한 통지와 대항력

다만, 보험계약자가 계약체결 후에 보험수익자를 지정·변경할 때는 보험자에 대하여 그 통지를 하지 아니하면 이로써 보험자에게 대항하지 못한다.

(3) 서면동의 준용

보험수익자의 지정 또는 변경은 타인의 생명의 보험의 서면동의를 준용한다.

> 🏆 기출 포인트 !
>
> 사망보험에서 보험수익자를 지정 또는 변경하는 경우 타인의 서면동의를 받지 않으면, 해당 보험계약은 무효가
> 된다(보험계약은 무효가 된다 ×, 보험수익자 지정 또는 변경 행위만 무효가 된다 ○).   ✓ 2018

7. 단체보험(법 제735조의3)

(1) 단체보험

회사 등 일정한 단체의 구성원의 전부 또는 일부를 포괄적으로 피보험자로 하여 그의 생명 신체에 관한
사고를 보험사고로 하는 보험이다.

(2) 단체보험 구성원 자격 유지

회사의 직원이 퇴사한 후에는 퇴사와 동시에 단체보험에서 해당 피보험자의 자격은 종료된다.

> 🏆 기출 포인트 !
>
> 피보험자인 직원이 퇴사한 이후에 사망한 경우, 만약 회사가 그 직원의 퇴사 후에도 보험료를 계속 납입하였다면
> 피보험자격은 유지된다(유지 ×, 종료 ○).   ✓ 2022

(3) 피보험자 서면동의 적용 제외

단체가 규약에 따라 구성원의 전부 또는 일부를 피보험자로 하는 생명보험계약을 체결하는 경우에는 그
타인의 서면동의를 적용하지 아니한다.

> 🏆 기출 포인트 !
>
> 단체보험계약은 반드시 그 구성원인 피보험자 전원의 서면동의가 있어야 효력이 발생한다(반드시 전원의 서면동의
> ×, 규약에 따라 적용 예외 ○).   ✓ 2017

(4) 보험증권의 보험계약자 교부

단체보험계약이 체결된 때에는 보험자는 보험계약자에 대하여서만 보험증권을 교부한다.

> 🏆 기출 포인트 !
>
> 단체보험계약이 체결된 때에는 상법상 보험자는 보험계약자와 구성원인 피보험자에게 각각 보험증권을 교부하여
> 야 한다(각각 보험증권을 교부 ×, 보험계약자 교부 ○).   ✓ 2011

(5) 보험수익자 지정과 규약의 명시적 표기

단체보험계약에서 보험계약자가 피보험자 또는 그 상속인이 아닌 자를 보험수익자로 지정할 때는 단체의 규약에서 명시적으로 정하는 때 외에는 그 피보험자의 서면동의에 따른 서면동의를 받아야 한다.

> 💡 **기출 포인트 !**
>
> 보험계약자가 회사인 경우 보험증권은 회사에 대하여만 교부되지만, 회사는 보험수익자가 되지 못한다(회사는 보험수익자가 되지 못한다 ✕, 회사도 보험수익자 가능 ○).　　✓ 2020
>
> 단체보험계약에서 보험계약자가 피보험자 또는 그 상속인이 아닌 자를 보험수익자로 지정할 때는 단체규약에서 정함이 없어도 그 피보험자의 동의를 받을 필요가 없다(단체규약에서 정함이 없어도 ✕, 단체규약 명시 ○).　　✓ 2019
>
> 단체보험은 단체구성원을 보험수익자로 해야만 한다(단체구성원을 보험수익자 ✕, 회사도 보험수익자 가능 ○).　　✓ 2012
>
> 대법원 판례에 의하면, 단체는 구성원의 동의를 얻어 자신을 보험수익자로 지정할 수 있다(동의 ✕, 단체규약 ○).　　✓ 2009

8. 보험적립금반환 의무 등(법 제736조)

(1) 적립금반환 의무

보험자는 다음의 경우 보험수익자를 위하여 적립한 금액을 보험계약자에게 지급하여야 한다.

① 보험계약 해지
- ㉠ 사고 발생 전의 임의해지(법 제649조)
- ㉡ 보험료의 지급과 지체의 효과(법 제650조)
- ㉢ 고지의무 위반으로 인한 계약 해지(법 제651조)
- ㉣ 위험변경증가의 통지와 계약 해지(법 제652조)
- ㉤ 계약 해지와 보험금청구권(법 제655조)

> 💡 **기출 포인트 !**
>
> 보험적립금반환 의무는 고지의무 위반으로 계약이 해지된 경우에는 적용되지 아니한다(적용되지 아니한다 ✕, 적용된다 ○).　　✓ 2018

② 보험금 지급책임 면제
- ㉠ 보험자의 면책사유(법 제659조)
- ㉡ 전쟁위험 등으로 인한 면책(법 제660조)

(2) 보험계약자의 보험사고 예외

그러나 다른 약정이 없으면 보험사고가 보험계약자에 의하여 생긴 경우에는 보험적립금반환 의무가 없다.

💡 **기출 포인트 !**

보험계약자의 고의로 인한 보험사고의 경우에도 보험자는 보험적립금반환 의무를 부담한다(보험적립금반환 의무를 부담한다 ×, 보험계약자 고의는 반환 제외 ○).　　　　　　　　✓ 2018

피보험자가 고의로 보험사고를 낸 경우에는 보험자는 이 반환 의무를 지지 아니한다(반환 의무를 지지 아니한다 ×, 피보험자 고의는 반환 ○).　　　　　　　　✓ 2006

11 | 상해보험

1. 상해보험(법 제737조~제739조)

(1) 상해보험 보상책임

상해보험계약의 보험자는 급격하고도 우연한 외래의 상해사고가 생길 경우에 보험금액 기타의 급여를 지급할 책임이 있다. 유독가스 또는 유독물질을 우연하게도 일시에 흡입, 흡수 또는 섭취하였을 때에 생긴 중독증상을 포함한다(세균성 음식물 중독과 상습적으로 흡입, 흡수 또는 섭취한 결과로 생긴 중독증상은 이에 포함되지 아니한다).

> 🏆 **기출 포인트 !**
>
> 세균성 음식물 중독과 상습적으로 흡입, 흡수 또는 섭취한 결과로 생긴 중독증상은 상해보험의 보험사고로 인정된다(상습적 ×, 급격하고도 우연한 외래의 사고 ○).   ✓ 2013

(2) 보험금 청구권자의 인과관계의 입증책임

사고의 외래성 및 상해 또는 사망이라는 결과의 인과관계에 관해서는 보험금 청구자권에게 그 증명책임이 있다.

> 🏆 **기출 포인트 !**
>
> 외래의 사고라는 것은 상해 또는 사망의 원인이 피보험자의 신체적 결함, 즉 질병이나 체질적 요인 등에 기인한 것이 아닌 외부적 요인에 의해 초래된 모든 것을 의미하고, 이러한 사고의 외래성 및 상해 또는 사망이라는 결과의 인과관계에 대하여는 보험자가 증명책임을 부담해야 한다(보험자가 증명책임을 부담 ×, 보험금 청구자권 부담 ○).   ✓ 2017

(3) 상해보험증권의 직무 · 직위 기재

상해보험의 경우에 피보험자와 보험계약자가 동일인이 아닐 때는 그 보험증권 기재 사항 중 인보험 증권의 피보험자의 주소 · 성명 및 생년월일에 갈음하여 피보험자의 직무 또는 직위만을 기재할 수 있다.

(4) 생명보험 준용 여부

상해보험에 관하여서는 제732조(15세 미만자 등에 대한 계약의 금지)를 제외하고 생명보험에 관한 규정을 준용한다.

[상법 제732조]

15세 미만자, 심신상실자 또는 심신박약자의 사망을 보험사고로 한 보험계약은 무효로 한다. 다만, 심신박약자가 보험계약을 체결하거나 제735조의3에 따른 단체보험의 피보험자가 될 때에 의사능력이 있는 경우에는 그러하지 아니하다.

 기출 포인트 !

> 상법상의 준용규정에 따라 사망보험에서의 피보험자에 대한 자격 제한은 상해보험도 해당한다(상해보험도 해당한다 ×, 제732조는 제외 ○). ✓ 2015

12 | 질병보험

1. 질병보험(법 제739조의2~3)

(1) 질병보험자의 보상책임

질병보험계약의 보험자는 피보험자의 질병에 관한 보험사고가 발생할 경우 보험금이나 그 밖의 급여를 지급할 책임이 있다.

 기출 포인트 !

질병보험은 상법상 제3보험이다(상법상 제3보험 ×, 상법상 인보험이고 보험업법상 제3보험 ○).　　✓ 2018

(2) 질병보험에 대한 준용규정

질병보험에 관하여서는 그 성질에 반하지 아니하는 범위에서 생명보험 및 상해보험에 관한 규정을 준용한다.

09~12 실전대비문제(보험계리사 · 손해사정사)

01 인보험에 관한 설명 중 틀린 것은?(다툼이 있는 경우 대법원 판례에 의함) (2014년)

① 상해보험약관에 피보험자의 기왕증으로 인해 상해가 중하게 된 때에는 보험금을 감액한다는 규정이 있더라도, 상해보험은 정액보험성을 지니고 있으므로 보험금을 감액하여 지급할 수 없다.

② 타인의 생명보험에서 계약체결 시까지 피보험자의 서면동의를 얻어야 한다는 것은 강행법규이므로, 피보험자의 계약체결 후의 서면동의로 무효인 계약이 추인되는 것으로 볼 수 없다.

③ 상해보험에서 사고의 외래성 및 사고와 상해 · 사망 간의 인과관계에 관한 증명책임은 보험금 청구자에게 있다.

④ 보험기간 개시 전에 발생한 신체장애가 있는 사람도 계약당사자 간의 약정으로 상해보험의 피보험자로 할 수 있다.

[해설] ▌**판례**
상해보험에서 피보험자의 기왕증의 영향으로 상해가 중하게 된 때에는 보험금을 감액한다는 약관이 있는 경우, 보험자가 그 약관에 따라 보험금을 감액하여 지급할 수 있는지 여부
▌**판결요지**
상해보험약관에서 계약체결 전에 이미 존재한 신체장해 또는 질병의 영향으로 상해가 중하게 된 때에 보험자가 그 영향이 없었을 때에 상당하는 금액을 결정하여 지급하기로 하는 내용의 약관이 있는 경우에는 그 약관에 따라 보험금을 감액하여 지급할 수 있다(대법원 2002다564 판결).

답 ①

02 다음은 생명보험에 관한 기술이다. 옳지 않은 것은? (2015년)

① 생명보험계약의 보험자는 약정한 피보험자의 사망과 생존에 관한 보험사고 발생 시 보험금 지급책임을 진다.

② 타인의 사망을 보험사고로 하는 보험계약에는 보험계약 체결 시에 그 타인의 서면에 의한 동의를 얻어야 한다.

③ 보험계약으로 발생한 권리를 피보험자가 아닌 자에게 양도하는 경우 명시적 또는 묵시적 동의가 필요하다.

④ 심신박약자가 보험계약을 체결하는 경우 의사능력이 있다면 그의 사망을 보험사고로 하는 보험계약은 유효하다.

[해설] **상법 제731조**
타인의 사망을 보험사고로 하는 보험계약에는 보험계약 체결 시에 그 타인의 서면에 의한 동의를 얻어야 한다. 보험계약으로 인하여 생긴 권리를 피보험자가 아닌 자에게 양도하는 경우에도 같다.

답 ③

03 상해보험계약의 보험수익자에 대한 설명으로 옳지 않은 것은?(다툼이 있는 경우 판례에 의함)

(2016년)

① 보험계약자가 보험계약 체결 시에 상해보험의 수익자를 '상속인'이나 '배우자' 등으로 지정한 것은 유효하다.

② 보험계약자가 보험수익자를 지정하지 않고 사망한 때에는 그 승계인이 지정·변경권을 행사할 수 있다는 약정이 없는 한 피보험자를 보험수익자로 한다.

③ 보험수익자 지정 없이 상속인이 보험수익자로 되는 경우의 보험금청구권은 상속재산을 구성하므로 피상속인의 채무변제를 위한 책임재산이 된다.

④ 보험수익자가 보험 존속 중에 사망한 때에는 보험계약자는 다시 보험수익자를 지정할 수 있으나, 지정권을 행사하기 전에 보험사고가 생긴 경우에는 피보험자 또는 보험수익자의 상속인을 보험수익자로 한다.

> 해설 ┃ **판례**
> 상해의 결과로 사망하여 사망보험금이 지급되는 상해보험에 있어서 보험수익자가 지정되어 있지 않아 피보험자의 상속인이 보험수익자로 되는 경우, 보험금청구권이 상속인의 고유재산인지 여부
> ┃ **판결요지**
> 상법 제733조 보험수익자의 지정 또는 변경의 권리는 상법 제739조 준용규정에 의하여 상해보험에도 준용되므로, 결국 상해의 결과로 사망한 때에 사망보험금이 지급되는 상해보험에 있어서 보험수익자가 지정되어 있지 않아 위 법률 규정에 의하여 피보험자의 상속인이 보험수익자가 되는 경우에도 보험수익자인 상속인의 보험금청구권은 상속재산이 아니라 상속인의 고유재산으로 보아야 한다(대법원 2003다29463 판결).
>
> 답 ③

04 인보험에 관한 설명으로 옳은 것은?

(2017년)

① 인보험계약의 보험사고는 상해와 질병이며, 보험사고가 발생할 경우에 보험금 지급책임이 있다.

② 단체생명보험의 경우 구성원이 단체에서 탈퇴하면, 그 구성원에 대한 보험 관계는 자동으로 개인보험으로 전환된다.

③ 상해보험계약은 당사자 간의 다른 약정이 있더라도 보험자의 제3자에 대한 보험대위를 인정하지 아니한다.

④ 타인의 사망을 보험사고로 하는 보험계약에서 피보험자의 서면동의를 얻도록 한 상법의 규정은 강행규정이다.

> 해설 ① 상해와 질병(×), 사람의 생존·사망·상해 및 질병(○)
> ② 단체에서 탈퇴하면, 개인보험으로 전환된다(×). 전환되지 않는다(○).
> ③ 보험자의 제3자에 대한 보험대위를 인정하지 아니한다(×). 인정한다(○).
>
> 답 ④

05 인보험계약에 관한 설명으로 옳지 않은 것은?

(2017년)

① 보험계약자 등의 고의로 인한 사고에 대해서 생명보험자는 책임을 부담하지 않는다.

② 피보험자가 자살한 경우에 보험금을 지급하는 생명보험 약관규정은 보험계약자 등의 불이익변경금지 원칙에 반하는 것이 아니다.

③ 승낙 전 사고 담보의 요건과 관련하여, 인보험의 경우 피보험자가 적격 피보험체가 아니라는 사실은 청약을 거절할 사유에 해당되지 않는다.

④ 사망을 보험사고로 하는 인보험계약에서 사고가 보험수익자의 중대한 과실로 인한 경우에는 보험자면책이 인정되지 않는다.

[해설] 승낙 전 보험사고
보험자가 보험계약자로부터 보험계약의 청약과 함께 보험료 상당액의 전부 또는 일부를 받은 경우에 그 청약을 승낙하기 전에 보험계약에서 정한 보험사고가 생긴 때에는 그 청약을 거절할 사유가 없는 한 보험자는 보험계약상의 책임을 진다. 피보험자가 적격 피보험체가 아닌 경우 청약을 거절할 사유에 해당한다.

답 ③

06 생명보험계약에 관한 설명으로 옳지 않은 것은?

(2017년)

① 사망과 생존에 관한 보험사고가 발생한 경우 보험금액을 지급해야 할 의무가 있는 자는 생명보험자이다.

② 생명보험자에 대하여 보험료를 지급해야 할 의무가 있는 자는 자연인으로서 보험계약자이어야 한다

③ 생명보험에서 피보험자는 생존이나 사망에 관하여 보험이 붙여진 자로 자연인만을 의미한다.

④ 생명보험에서 보험금청구권을 행사하는 자는 보험수익자로서 그 수에 제한이 없는 것이 원칙이다.

[해설] ② 자연인(×), 자연인 법인 모두 가능(○)

답 ②

07 상법상 인보험에 관한 설명으로 옳지 않은 것은?

(2018년)

① 인보험은 피보험자의 생명이나 신체에 관한 보험사고를 담보한다.

② 인보험은 생명보험, 상해보험, 질병보험으로 구분할 수 있다.

③ 인보험계약에 있어 보험금은 당사자 간의 약정에 따라 분할하여 지급할 수 있다.

④ 생명보험에는 중복보험에 관한 규정이 존재한다.

[해설] 생명보험에는 피보험이익이 인정되지 않기 때문에 초과보험, 중복보험, 일부보험의 규정이 적용되지 않는다.

답 ④

08 질병보험에 관한 설명으로 옳지 않은 것은?(다툼이 있는 경우 판례에 의함)   (2018년)

① 질병보험은 상법상 제3보험이다.

② 질병보험에 대하여 그 성질에 반하지 아니하는 범위에서 생명보험 및 상해보험에 관한 규정을 준용한다.

③ 신체의 질병 등과 같은 내부적 원인에 기한 것은 상해보험이 아니라 질병보험 등의 대상이 된다.

④ 질병보험계약의 보험자는 피보험자의 질병에 관한 보험사고가 발생한 경우 보험금이나 기타 급여를 지급할 책임이 있다.

[해설] ① 질병보험은 상법상 제3보험이다(×). 상법상 인보험(○)
　　　 질병보험은 상법상 인보험이며, 보험업법상 제3보험이다.

답 ①

09 다음의 설명 중 옳지 않은 것은?   (2019년)

① 손해보험의 보장대상은 재산상의 손해를 그 대상으로 한다.

② 생명보험의 보장대상은 사람의 사망을 그 대상으로 하는 것이지, 생존을 대상으로 하는 것이 아니다.

③ 상해보험은 발생한 손해를 보상한다는 측면에서 손해보험적인 요소를 가지고 있다.

④ 생명보험은 정해진 급부만을 대상으로 한다는 측면에서 정액보험에 해당한다.

[해설] 상법 제730조
생명보험계약의 보험자는 피보험자의 사망, 생존, 사망과 생존에 관한 보험사고가 발생할 경우에 약정한 보험금을 지급할 책임이 있다.

[생명보험 vs 질병·상해보험]

생명보험	질병·상해보험
생존, 사망	질병, 상해

답 ②

10 상해보험에 관한 설명 중 옳은 설명으로만 묶인 것은?(다툼이 있는 경우 판례에 의함) (2019년)

> ㉠ 실손보장형(비 정액형) 상해보험에 대하여 중복보험의 원리를 적용할 것인지 여부에 논란이 있으나, 판례는 중복보험의 법리를 준용하고 있다.
> ㉡ 상해를 보험사고로 하는 상해보험계약에서 사고가 보험계약자 또는 피보험자나 보험수익자의 중대한 과실로 인하여 발생한 경우에 보험자는 보험금 지급책임이 없다.
> ㉢ 상해보험은 인보험에 속하기 때문에 보험자대위권을 인정하는 당사자 간의 약정은 무효이다.
> ㉣ 만 15세 미만자, 심신상실자 또는 심신박약자의 상해를 보험사고로 하는 상해보험계약은 유효이다.

① ㉠, ㉣   ② ㉡, ㉢

③ ㉠, ㉢   ④ ㉡, ㉣

[해설] ㉡ 중대한 과실로 인하여 발생한 경우에 보험자는 보험금 지급책임이 없다(✕).
보험계약자 또는 피보험자나 보험수익자의 중대한 과실로 인하여 발생한 경우에도 보험자는 보험금을 지급할 책임을 면하지 못한다(○).
㉢ 보험자대위권을 인정하는 당사자 간의 약정은 무효이다(✕).
상해보험계약의 경우에 당사자 간에 다른 약정이 있는 때에는 보험자는 피보험자의 권리를 해하지 아니하는 범위 안에서 그 권리를 대위하여 행사할 수 있다(○).

[답] ①

---

11 甲은 배우자 乙을 피보험자로, 피보험자의 법정상속인을 보험수익자로 지정한 생명보험계약을 체결하였다. 다음의 설명 중 옳지 않은 것은? (2019년)

① 甲이 乙의 서면동의 없이 생전 증여의 대용 수단으로 '법정상속인'을 보험수익자로 한 생명보험계약의 체결은 무효이다.

② 甲은 보험 존속 중에 보험수익자를 변경할 수 있다.

③ 법정상속인 중 1인의 고의로 피보험자 乙이 사망한 경우에 보험자는 다른 법정상속인(수익자)에게 보험금 지급을 거부할 수 있다.

④ 甲이 보험사고 발생 전에 보험수익자를 법정상속인이 아닌 제3자로 변경하였으나, 이를 보험자에게 통지하지 아니하였다면 보험자가 법정상속인에게 보험금을 지급하였다 하더라도 보험계약자는 보험자에 대하여 대항하지 못한다.

[해설] ③ 보험자는 다른 법정상속인(수익자)에게 보험금 지급을 거부할 수 있다(✕). 거부할 수 없다(○).
다수의 보험수익자 중 일부가 고의로 피보험자를 사망하게 한 경우 보험자는 다른 보험수익자에 대한 보험금 지급책임을 면하지 못한다.

[답] ③

12 손해보험과 인보험에 공통으로 적용되는 보험원리의 설명으로 옳지 않은 것은? (2019년)

① 보험사고가 발생한 경우 보험자는 보험계약자가 실제로 입은 손해를 보상하여야 한다는 원칙으로 고의사고 유발을 방지하기 위한 수단적 원리

② 위험단체의 구성원이 지급한 보험료의 총액과 보험자가 지급하는 보험금 총액이 서로 일치하여야 한다는 원리

③ 동일한 위험에 놓여있는 다수의 경제주체가 하나의 공동 준비재산을 형성하여 구성원 중에 우연하고도 급격한 사고를 입은 자에게 경제적 급부를 행한다는 원리

④ 보험사고의 발생을 장기간 대량 관찰하여 발견한 일정한 법칙에 따라 위험을 측정하여 보험료를 산출하는 기술적 원리

> [해설] ① 보험자는 보험계약자가 실제로 입은 손해를 보상하여야 한다는 원칙(×), 인보험 제외(○)
> 실손보상의 원칙(=이득 금지의 원칙)은 인보험에서는 원칙적으로 적용되지 않는 손해보험 특유의 원리이다.

답 ①

13 인보험에서 단체보험에 대한 설명으로 옳지 않은 것은?(다툼이 있는 경우 판례에 의함) (2019년)

① 단체보험의 경우 보험계약자가 회사인 경우 그 회사에 대하여만 보험증권을 교부한다.

② 단체 구성원의 전부를 피보험자로 하는 단체보험을 체결하는 경우 규약에 따라 타인의 서면동의를 받지 않아도 된다.

③ 단체보험계약에서 보험계약자가 피보험자 또는 그 상속인이 아닌 자를 보험수익자로 지정할 때에는 단체규약에서 정함이 없어도 그 피보험자의 동의를 받을 필요가 없다.

④ 단체보험에 관한 상법 규정은 단체생명보험뿐만 아니라 단체상해보험에도 적용된다.

> [해설] ③ 단체규약에서 정함이 없어도(×), 규약에서 명시적(○)
> 단체의 규약에서 명시적으로 정하는 때 외에는 그 피보험자의 서면동의를 받아야 한다.

답 ③

14 생명보험계약상 보험계약자의 보험수익자 지정·변경권을 설명한 것으로 옳지 않은 것은?(다툼이 있는 경우 판례에 의함)

(2019년)

① 보험수익자는 그 지정행위 시점에 반드시 특정되어 있어야 하는 것은 아니고 보험사고 발생 시에 특정될 수 있으면 충분하다.

② 사망보험에서 보험수익자를 지정 또는 변경하는 경우 타인의 서면동의를 받지 않으면, 해당 보험계약은 무효가 된다.

③ 보험수익자가 보험 존속 중에 사망한 때에 보험계약자는 다시 보험수익자를 지정할 수 있지만, 피보험자가 사망하면 재지정권을 행사할 수 없다.

④ 보험계약자가 타인을 피보험자로 하고 자신을 보험수익자로 지정한 상태에서 보험 존속 중에 보험수익자가 사망한 경우 보험수익자의 상속인이 보험수익자로 된다.

[해설] ② 타인의 서면동의를 받지 않으면, 해당 보험계약은 무효가 된다(×). 보험수익자 지정·변경 행위만 무효(○)
타인의 사망보험에서 보험수익자를 지정 또는 변경하는 경우 타인의 서면동의를 받지 않으면, 해당 보험계약이 무효가 되는 것이 아니라 보험수익자 지정·변경 행위만 무효가 된다.

답 ②

15 甲은 배우자 乙을 피보험자로, '상속인'을 보험수익자로 하여 보험자 丙과 생명보험계약을 체결하였다. 그 후 甲은 乙을 살해하였다. 이 경우에 관한 설명 중 옳은 것?(다툼이 있는 경우 판례에 의함)

(2020년)

① 甲이 보험수익자를 '상속인'과 같이 추상적으로 지정하는 경우에는 보험수익자의 보험금청구권은 상속재산이나, 상속인 중 일부를 구체적으로 성명을 특정하여 지정하는 경우에는 고유재산이 된다.

② 丙은 甲을 포함한 모든 상속인에게 보험금 전액을 지급하여야 한다.

③ 丙은 지급보험금의 범위 내에서 甲에 대하여 보험대위를 행사할 수 있다.

④ 丙은 甲을 제외한 나머지 상속인에 대한 보험금 지급책임을 면하지 못한다.

[해설] ① '상속인'과 같이 추상적으로 지정하는 경우에는 보험수익자의 보험금청구권은 상속재산이나(×), 상속인의 고유재산으로 보아야 한다(○).
② 모든 상속인에게(×), 甲을 제외한 다른 보험수익자에 대한 보험금 지급책임을 면하지 못한다(○).
③ 甲에 대하여 보험대위를 행사할 수 있다(×). 보험대위를 행사할 수 없다(○).

답 ④

16 동일인이 다수의 보험계약을 체결한 경우에 관한 설명으로 옳지 않은 것은?(다툼이 있는 경우 판례에 의함) (2020년)

① 보험계약자가 다수의 보험계약을 통하여 보험금을 부정 취득할 목적으로 생명보험계약을 체결하였다면 선량한 풍속, 기타 사회질서에 반하여 무효이다.

② 보험자가 생명보험계약을 체결하면서 다른 보험계약의 존재 여부를 청약서에 기재하여 질문하였다 하더라도 다른 보험계약의 존재 여부 등 계약적 위험은 고지의무의 대상이 아니다.

③ 손해보험계약에 있어서 동일한 보험계약의 목적과 동일한 사고에 관하여 수 개의 보험계약을 체결하는 경우에 보험계약자는 각 보험자에 대하여 각 보험계약의 내용을 통지하여야 한다.

④ 손해보험계약에 있어서 중복보험계약을 체결한 사실은 고지의무의 대상인 중요한 사항에 해당되지 않는다.

> 해설 ② 다른 보험계약의 존재 여부 등 계약적 위험은 고지의무의 대상이 아니다(×). 고지의무의 대상이 된다(○).
> 보험자가 생명보험계약을 체결함에 있어 다른 보험계약의 존재 여부를 청약서에 기재하여 질문하였다면 다른 보험계약의 존재 여부는 고지의무의 대상이 된다.

답 ②

17 단체생명보험에 관한 설명으로 옳지 않은 것은?(다툼이 있는 경우 판례에 의함) (2020년)

① 단체생명보험은 단체가 구성원의 전부 또는 일부를 피보험자로 하여 체결하는 생명보험이다.

② 보험계약자가 회사인 경우 보험증권은 회사에 대하여만 교부되지만, 회사는 보험수익자가 되지 못한다.

③ 구성원이 단체를 퇴사하면 보험료를 계속 납입하였더라도 피보험자의 지위는 상실한다.

④ 회사의 규약에 따라 단체생명보험계약이 체결되면 피보험자의 개별적 서면동의가 필요 없지만, 규약이 갖추어지지 않으면 피보험자인 구성원의 서면동의를 갖추어야 보험계약으로서 효력이 발생한다.

> 해설 ② 회사는 보험수익자가 되지 못한다(×). 보험수익자가 될 수 있다(○).
> 단체의 규약에서 명시적으로 정하는 때 외에는 그 피보험자의 서면동의를 받아야 한다.

답 ②

18 생명보험표준약관상 보험계약상의 권리에 관한 설명으로 옳지 않은 것은? (2020년)

① 보험자는 피보험자에게 약정상의 보험사고가 발생한 경우에 보험수익자에게 약정한 보험금을 지급한다.

② 보험계약자는 해지환급금 범위 내에서 약관대출(보험계약대출)을 받을 수 있다.

③ 보험계약자는 계약이 소멸하기 전에 언제든지 계약을 해지할 수 있으며, 이 경우 보험자는 해지환급금을 보험수익자에게 지급한다.

④ 보험자는 금융감독원장이 정하는 방법에 따라 보험자가 결정한 배당금을 보험계약자에게 지급한다.

> 해설 ③ 보험자는 해지환급금을 보험수익자에게 지급한다(×). 계약자에게 지급(○)

답 ③

19 인보험에 관한 설명이다. 사망보험, 상해보험 모두에 해당하는 경우로 옳은 것은?(다툼이 있는 경우 판례에 의함) (2021년)

① 도덕적 위험, 보험의 도박화 등에 대처하기 위하여 피보험자가 보험목적에 대하여 일정한 경제적 이익을 가질 것을 요한다.

② 보험계약자 또는 피보험자나 보험수익자의 중대한 과실로 인하여 보험사고가 발생한 경우에 보험자는 보험금 지급책임이 있다.

③ 보험계약 당사자 간에 보험자대위에 관한 약정이 유효하다.

④ 중복보험의 규정을 준용할 수 있다.

해설 ① 일정한 경제적 이익을 가질 것을 요한다(×). 경제적 이익 부존재(○)
인보험에서는 피보험이익이 존재하지 않는다.
③ 보험자대위에 관한 약정이 유효하다(×). 상해보험만 유효(○)
상해보험에 한해 보험계약 당사자 간에 보험자대위에 관한 약정이 유효하다.
④ 중복보험의 규정을 준용할 수 있다(×). 상해보험만 준용(○)
상해보험에 한해 중복보험의 규정을 준용할 수 있다.

답 ②

20 인보험계약에서 보험자대위에 관한 설명으로 옳지 않은 것은?(다툼이 있는 경우 판례에 의함) (2022년)

① 생명보험계약의 보험자는 보험사고로 인해 발생한 보험계약자의 제3자에 대한 권리를 대위하여 행사하지 못한다.

② 인보험계약에서 피보험자 등은 자신이 제3자에 대해서 가지는 권리를 보험자에게 양도할 수 없다.

③ 인보험계약에서는 잔존물대위가 인정되지 않는다.

④ 상해보험계약의 경우 당사자 간에 별도의 약정이 있는 경우에는 피보험자의 권리를 해하지 않는 범위 안에서 보험자에게 청구권대위가 인정된다.

해설 ② 제3자에 대해서 가지는 권리를 보험자에게 양도할 수 없다(×). 양도할 수 있다(○).

▎**판례**
피보험자 등이 자신의 제3자에 대한 권리를 보험자에게 양도하는 것이 보험자대위의 금지·포기를 규정한 상법을 위반하여 무효인지 여부

▎**판결요지**
상법이나 보험약관에서 보험자대위를 금지하거나 포기하는 규정을 두고 있다는 사정만으로 피보험자 등이 보험자와의 다른 원인관계나 대가관계 등에 기하여 자신의 제3자에 대한 권리를 보험자에게 자유롭게 양도하는 것까지 금지된다고 볼 수는 없다(대법원 2006다54781 판결).

답 ②

교육이란 사람이 학교에서 배운 것을
잊어버린 후에 남은 것을 말한다.

-알버트 아인슈타인-

제2편

보험업법

제2편 보험업법은 SD에듀 교재

CHAPTER 01 총칙

CHAPTER 02 보험업의 허가 등

CHAPTER 03 보험회사

CHAPTER 04 모집

CHAPTER 05 자산운용

CHAPTER 06 계산

CHAPTER 07 감독

CHAPTER 08 해산 · 청산

CHAPTER 09 관계자에 대한 조사

CHAPTER 10 손해보험계약의 제3자보호

CHAPTER 11 보험관계 단체 등

CHAPTER 12 보칙

보험계리사 1차

www.sdedu.co.kr

01 | 총칙

1. 보험업법의 목적(법 제1조)

(1) 목적

이 법은 보험업을 경영하는 자의 건전한 경영을 도모하고 보험계약자, 피보험자, 그 밖의 이해관계인의 권익을 보호함으로써 보험업의 건전한 육성과 국민경제의 균형 있는 발전에 기여함을 목적으로 한다.

더 알아보기 당사자별 목적

보험업 경영자(보험회사)	보험계약자, 피보험자, 이해관계자	목적
건전한 경영	권익 보호	• 보험업의 건전한 육성 • 균형 있는 국민경제 발전

기출 포인트 !

보험업법은 보험회사, 보험계약자, 피보험자, 기타 이해관계인의 권익 보호를 목적으로 한다(보험회사의 권익 보호 ×, 보험회사의 건전한 경영 도모 ○). ✓ 2017

보험업법 제1조에 명시된 보험업법의 목적이 아닌 것은? ✓ 2015

① 보험업을 경영하는 자의 건전한 경영을 도모
② 보험계약자, 피보험자, 그 밖의 이해관계인의 권익을 보호
③ 보험사업의 효율적 지도·감독(※ 삭제된 보험업 목적)
④ 국민경제의 균형 있는 발전에 기여

답 ③

(2) 보험업법의 성격

보험업법은 공법과 사법의 혼합 법률 성격이다.
① 공법 : 민영 보험업에 대한 행정적 감독규제
② 사법 : 보험업을 영위하는 자의 설립 등에 관한 규정

(3) 보험업법 범위

보험업법	보험업법시행령	보험업법시행규칙
법률	대통령령	국무총리령

(4) 감독의 방법

① **공시주의** : 국가가 직접 감독하지 않고 보험회사가 공시하는 방식

② **준칙주의** : 보험업에서 준수하여야 할 일정한 기준을 설정하고 그에 적합한 자에 대해서는 보험업을 영위할 수 있게 하는 방식

③ **실질적 감독주의(우리나라)** : 보험업에 대하여 구체적인 규제를 취하는 것으로 보험업은 허가받아야 하고 허가 후에도 국가가 계속 감독을 하는 방식

2. 용어의 정의(법 제2조)

(1) 보험상품

위험보장을 목적으로 우연한 사건 발생에 관하여 금전 및 그 밖의 급여를 지급할 것을 약정하고 대가를 수수하는 계약을 말한다.

※ 보험상품 제외 : 고용보험, 건강보험, 국민연금, 장기요양보험, 산업재해보상보험, 선불식 할부계약

> 🍵 **기출 포인트 !**
>
> 보험업법은 보험계약자의 보호 필요성 및 금융 거래 관행 등을 고려하여 건강보험, 연금보험계약, 선불식 할부계약 등을 보험상품에서 제외하고 있다(연금보험계약을 제외하고 있다 ✕, 연금보험계약은 포함 ○).
>
> ✓ 2018

① **생명보험상품** : 위험보장을 목적으로 사람의 생존 또는 사망에 관하여 약정한 금전 및 그 밖의 급여를 지급할 것을 약속하고 대가를 수수하는 계약으로서 대통령령으로 정하는 계약

　㉠ **생**명보험

　㉡ **연**금보험

　㉢ **퇴**직보험

　tip 생·생·연·퇴(연·퇴고량주 먹고 생·생하네)

② **손해보험상품** : 위험보장을 목적으로 우연한 사건으로 발생하는 계약상 채무불이행 또는 법령상 의무불이행으로 발생하는 손해를 포함하여 금전 및 그 밖의 급여를 지급할 것을 약속하고 대가를 수수하는 계약으로서 대통령령으로 정하는 계약(질병·상해 및 간병은 제외 – 제3보험)

　㉠ 화재보험

　㉡ 해상보험(항공·운송보험 포함)

　㉢ 자동차보험

　㉣ 보증보험

　㉤ 재보험((再保險)

　㉥ 책임보험

　㉦ 기술보험

　㉧ 권리보험

　㉨ 도난·유리·동물·원자력 보험

ⓩ 비용보험

ⓚ 날씨보험

※ 수출보험(×) : 수출보험은 공보험으로 수출보험공사에서 운영한다.

> tip **비** 오는 **날**에 **책임**지겠다고 **보증**서면 **손해** 보니 **화·해**하고 **자·재**하자.

③ 제3보험상품

위험보장을 목적으로 사람의 질병·상해 또는 이에 따른 간병에 관하여 금전 및 그 밖의 급여를 지급할 것을 약속하고 대가를 수수하는 계약으로서 대통령령으로 정하는 계약

ⓐ 상해보험

ⓑ 질병보험

ⓒ 간병보험

> tip 3, 상·질·간

더 알아보기 보험상품 목적 비교

생명보험	손해보험	제3보험
생존·사망	우연한 사건	상해·질병·간병

(2) 보험업

보험상품의 취급과 관련하여 발생하는 보험의 인수, 보험료 수수 및 보험금 지급 등을 영업으로 하는 것으로서 생명보험업·손해보험업 및 제3보험업을 말한다.

① 생명보험업 : 생명보험상품의 취급과 관련하여 발생하는 보험의 인수, 보험료 수수 및 보험금 지급 등을 영업으로 하는 것을 말한다.

② 손해보험업 : 손해보험상품의 취급과 관련하여 발생하는 보험의 인수, 보험료 수수 및 보험금 지급 등을 영업으로 하는 것을 말한다.

③ 제3보험업 : 제3보험상품의 취급과 관련하여 발생하는 보험의 인수, 보험료 수수 및 보험금 지급 등을 영업으로 하는 것을 말한다.

(3) 허가받는 보험회사

보험회사란 허가를 받아 보험업을 경영하는 자를 말한다.

(4) 계약자를 사원으로 하는 상호회사

보험업을 경영할 목적으로 보험업법에 따라 설립된 회사로서 보험계약자를 사원으로 하는 회사를 말한다.

(5) 대한민국 이외의 외국보험회사

대한민국 이외의 국가의 법령에 따라 설립되어 대한민국 이외의 국가에서 보험업을 경영하는 자를 말한다.

• 허가 : 일반적으로 금지되어 있고 특정인에 대하여 해제
• 인가 : 제3자의 법률행위를 보충하여 그 법률상 효력을 완성해주는 행정행위
• 승인 : 일정한 사실을 인정하는 것
• 등록 : 특정한 등록기관에 마련해둔 장부에 기재하는 것
• 신고 : 승인, 허가, 인가 등의 절차 없이 일정한 행위를 한다고 알리는 기능

3. 보험계약의 체결(법 제3조)

(1) 보험계약 체결의 제한

누구든지 보험회사가 아닌 자와 보험계약을 체결하거나 중개 또는 대리하지 못한다.

(2) 보험계약 체결의 예외(cross-border)

보험계약자는 다음의 경우에 외국보험회사와 직접 보험계약을 체결할 수 있는데, 이를 역외보험계약이라 한다.

① 외국보험회사와 생명보험계약, 수출적하보험계약, 수입적하보험계약, 항공보험계약, 여행보험계약, 선박보험계약, 장기상해보험계약(장기화재 ×) 또는 재보험계약을 체결하는 경우

> 🔍 **기출 포인트 !**
>
> 외국보험회사와 항공보험계약, 여행보험계약, 선박보험계약, 장기화재보험계약 또는 재보험계약을 체결하는 경우(장기화재보험 ×, 장기상해보험 ○)　　　　　　　　　　　✓ 2017

② 대한민국에서 취급되는 보험종목에 관하여 3 이상(2 이상 ×)의 보험회사로부터 가입이 거절되어 외국보험회사와 보험계약을 체결하는 경우

> 🔍 **기출 포인트 !**
>
> 대한민국에서 취급되는 보험종목에 관하여 2개의 보험회사로부터 가입이 거절되어 외국보험회사와 보험계약을 체결하는 경우(2개 ×, 3 이상 ○)　　　　　　　　　　　✓ 2015

③ 대한민국에서 취급되지 아니하는 보험종목에 관하여 외국보험회사와 보험계약을 체결하는 경우
④ 외국에서 보험계약을 체결하고, 보험기간이 지나기 전에 대한민국에서 그 계약을 지속시키는 경우
⑤ 보험회사와 보험계약을 체결하기 곤란한 경우로서 금융위원회의 승인을 받은 경우

01 | 실전대비문제(보험계리사 · 손해사정사)

01 현행 보험업법 시행규칙을 작성하여 공포하는 행정기관은? (2010년)

① 금융위원회에서 작성하여 기획재정부장관령으로 공포한다.

② 금융위원회에서 작성하여 국무총리령으로 공포한다.

③ 기획재정부에서 작성하여 기획재정부장관령으로 공포한다.

④ 기획재정부에서 작성하여 국무총리령으로 공포한다.

[해설]

보험업법	보험업법시행령	보험업법시행규칙
법률	대통령령	국무총리령

답 ②

02 다음 설명 중 틀린 것은? (2012년)

① 가장 엄격한 감독방법을 취하는 것이 실질적 감독주의이다. 세계 거의 모든 국가에서 실질적 감독주의를 취하고 있으며 우리나라도 실질적 감독주의를 취하고 있다.

② 공시주의가 가장 엄격하지 않는 감독방법이며, 공시주의는 경영성과와 재정상태만을 공시하면 족하다.

③ 국가가 보험영업에 필요한 기본적인 사항을 규정해 놓고 이러한 개별적인 사항이 보험사업자에 의하여 준수되는지 여부만을 감시하는 것을 준칙주의라고 한다.

④ 공시주의는 보험회사의 자율성을 최대한 보장하는 제도이고, 준칙주의는 보험회사의 자율성을 상당히 보장하는 제도이고, 실질적 감독주의는 보험회사의 자율성을 전혀 보장하지 않는 제도이다.

[해설] • 공시주의 : 국가가 직접 감독하지 않고 보험회사가 공시하는 방식
　　　• 준칙주의 : 보험업에서 준수하여야 할 일정한 기준을 설정하고 그에 적합한 자에 대해서는 보험업을 영위할 수 있게 하는 방식
　　　• 실질적 감독주의(우리나라) : 보험업에 대하여 구체적인 규제를 취하는 것으로 보험업은 허가받아야 하고 허가 후에도 국가가 계속 감독을 하는 방식

답 ④

03 보험업법상의 '보험상품'에 포함되는 것은? (2014년)

① 국민건강보험법에 따른 건강보험

② 노인장기요양보험법에 따른 장기요양보험

③ 원자력손해배상법에 따른 원자력손해배상책임보험

④ 산업재해보상보험법에 따른 산업재해보상보험

[해설] ③ 원자력손해의 배상에 관한 법률에 정해진 손해배상조치를 기초로 원자력사업자가 계약하는 보험이다.

답 ③

04 보험업법 제1조에 명시된 보험업법의 목적이 아닌 것은? (2015년)

① 보험업을 경영하는 자의 건전한 경영을 도모

② 보험계약자, 피보험자, 그 밖의 이해관계인의 권익을 보호

③ 보험사업의 효율적 지도·감독

④ 국민경제의 균형 있는 발전에 기여

[해설] ③ 보험사업의 효율적 지도·감독은 삭제된 목적이다.

답 ③

05 보험업법 및 동법 시행령에서 손해보험상품으로서 대통령령으로 정하는 계약이 아닌 것은? (2015년)

① 날씨보험   ② 비용보험

③ 기술보험   ④ 수출보험

[해설] 손해보험상품
- **화재**보험
- **해상**보험(항공·운송보험 포함)
- **자동차**보험
- **보증**보험
- **재**보험(再保險)
- **책임**보험
- 기술보험
- 권리보험
- 도난·유리·동물·원자력 보험
- **비용**보험
- **날씨**보험

※ 수출보험(×) : 수출보험은 공보험으로 수출보험공사에서 운영한다.

tip 비 오는 날에 책임지겠다고 보증서면 손해 보니 화·해하고 자·재하자.

답 ④

06 제3보험업의 보험종목에 해당하지 않는 것은? (2016년)

① 연금보험   ② 상해보험

③ 질병보험   ④ 간병보험

[해설] 생명보험 : 생·생·연·퇴(연·퇴고량주 먹고 생·생하네)
제3보험 : 3, 상·질·간

[답] ①

07 보험업법 제3조의 단서에 따라 보험회사가 아닌 자와 보험계약을 체결할 수 있는 경우에 해당하지 않는 것은? (2017년)

① 외국보험회사와 항공보험계약, 여행보험계약, 선박보험계약, 장기화재보험계약 또는 재보험계약을 체결하는 경우

② 외국보험회사와 생명보험계약, 수출적하보험계약, 수입적하보험계약을 체결하는 경우

③ 우리나라에서 취급되지 아니하는 보험종목에 관하여 외국보험회사와 보험계약을 체결하는 경우

④ ①~③에 해당하지 않으나 금융위원회의 승인을 얻어 보험계약을 체결하는 경우

[해설] ① 장기화재보험계약(×), 장기상해보험계약(○)

[답] ③

08 현행 보험업법에 관한 설명으로 옳은 것을 모두 고른 것은? (2017년)

> 가. 보험업법은 보험업을 경영하는 자의 건전한 운영을 도모함을 목적으로 한다.
> 나. 보험업법은 보험회사, 보험계약자, 피보험자, 기타 이해관계인의 권익 보호를 목적으로 한다.
> 다. 보험업법은 건강보험, 산업재해보상보험, 원자력손해배상보험에는 적용되지 않는다.
> 라. 보험업법은 보험업의 허가부터 경영 전반에 걸쳐 계속 감독하는 방식을 택하고 있다.
> 마. 보험업법에 의한 손해보험상품에는 보증보험계약, 권리보험계약, 날씨보험계약 등이 포함된다.

① 가, 나, 다

② 나, 다, 라

③ 나, 라, 마

④ 가, 라, 마

해설 나. 보험회사 권익 보호(×)
다. 원자력손해배상보험에는 적용되지 않는다(×). 적용된다(○).

답 ④

09 보험업법이 인정하고 있는 "보험업" 및 "보험상품"에 관한 설명 중 옳지 않은 것은? (2018년)

① 보험업이란 보험상품의 취급과 관련하여 발생하는 보험의 인수, 보험료 수수 및 보험금 지급 등을 영업으로 하는 것을 말한다.

② 보험업법은 생명보험상품, 손해보험상품, 제3보험상품으로 각각 구분하여 "보험상품"을 정의하고 있다.

③ 손해보험상품에는 운송보험계약, 보증보험계약, 재보험계약, 권리보험계약, 원자력보험계약, 비용보험계약, 날씨보험계약, 동물보험계약, 도난보험계약, 유리보험계약, 책임보험계약이 포함된다.

④ 보험업법은 보험계약자의 보호 필요성 및 금융 거래 관행 등을 고려하여 건강보험, 연금보험계약, 선불식할부계약 등을 보험상품에서 제외하고 있다.

해설 ④ 연금보험계약(×)
생명보험업의 보험종목
• 생명보험
• 연금보험
• 퇴직보험

tip 생·생·연·퇴(연·퇴고량주 먹고 생·생하네)

답 ④

10 보험업법상 허가된 보험회사가 아닌 자와 보험계약을 체결할 수 있는 경우에 해당하지 않는 것은?

(2018년)

① 대한민국에서 허가된 보험회사와 보험계약의 체결이 곤란하고 금융감독원의 허가를 얻은 경우
② 대한민국에서 취급되지 아니하는 보험종목에 관하여 외국보험회사와 보험계약을 체결하는 경우
③ 외국에서 보험계약을 체결하고, 보험기간이 지나기 전에 대한민국에서 그 계약을 지속시키는 경우
④ 대한민국에서 취급되는 보험종목에 관하여 3 이상의 보험회사로부터 가입이 거절되어 외국보험회사와
　보험계약을 체결하는 경우

해설　① 금융감독원(×), 금융위원회(○)
　　　보험회사와 보험계약을 체결하기 곤란한 경우로서 금융위원회의 승인을 받은 경우(내가 위 금융위)
　　　보험계약 체결의 예외(cross-border)
　　　• 외국보험회사와 생명보험계약, 수출적하보험계약, 수입적하보험계약, 항공보험계약, 여행보험계약, 선박보험계약,
　　　　장기상해보험계약(장기화재 ×) 또는 재보험계약을 체결하는 경우
　　　• 대한민국에서 취급되는 보험종목에 관하여 3 이상 (2 이상 ×)의 보험회사로부터 가입이 거절되어 외국보험회사와
　　　　보험계약을 체결하는 경우
　　　• 대한민국에서 취급되지 아니하는 보험종목에 관하여 외국보험회사와 보험계약을 체결하는 경우
　　　• 외국에서 보험계약을 체결하고, 보험기간이 지나기 전에 대한민국에서 그 계약을 지속시키는 경우
　　　• 보험회사와 보험계약을 체결하기 곤란한 경우로서 금융위원회의 승인을 받은 경우

답 ①

02 | 보험업의 허가 등

1. 보험업의 허가(법 제4조, 제8조)

(1) 보험종목별 금융위원회의 허가

보험업을 경영하려는 자는 보험종목별로 금융위원회의 허가를 받아야 한다.

① 생명보험업의 보험종목

    ㉠ 생명보험

    ㉡ 연금보험

    ㉢ 퇴직보험

> **tip.** 생·생·연·퇴(연·퇴고량주 먹고 생·생하네)

② 손해보험업의 보험종목

    ㉠ 화재보험

    ㉡ 해상보험(항공·운송보험 포함)

    ㉢ 자동차보험

    ㉣ 보증보험

    ㉤ 재보험((再保險)

    ㉥ 책임보험

    ㉦ 기술보험

    ㉧ 권리보험

    ㉨ 도난·유리·동물·원자력보험

    ㉩ 비용보험

    ㉪ 날씨보험

※ 수출보험(×) : 수출보험은 공보험으로 수출보험공사에서 운영한다.

> **tip** **비** 오는 **날**에 **책임**지겠다고 **보증**서면 **손해** 보니 **화·해**하고 **자·재**하자.

🧠 기출 포인트 !

보험업법상 손해보험의 허가 종목을 모두 고른 것은?	✓ 2020
가. 연금보험(×) 나. 화재보험(○) 다. 해상보험(항공·운송보험)(○) 라. 자동차보험(○) 마. 상해보험(×) 바. 보증보험(○)	**답** 나, 다, 라, 바

> **tip** 생명보험(생·생·연·퇴), 제3보험(3, 상·질·간)

③ 제3보험업의 보험종목
 ㉠ 상해보험
 ㉡ 질병보험
 ㉢ 간병보험

 3. 상·질·간

기출 포인트 !

보험업법상 제3보험업의 허가종목을 모두 고른 것은?   ✓ 2021
가. 연금보험(×)   나. 상해보험(○)
다. 질병보험(○)   라. 퇴직보험(×)
마. 간병보험(○)   바. 보증보험(×)   답 나, 다, 마

제3보험업의 보험종목에 해당하지 않는 것은?   ✓ 2016
① 연금보험(×)   ② 상해보험(○)
③ 질병보험(○)   ④ 간병보험(○)   답 ①

(2) 해당 보험종목의 재보험 허가 인정

보험종목별로 금융위원회의 허가를 받은 자는 해당 보험종목의 재보험에 대한 허가를 받은 것으로 본다. 다만, 소액단기전문보험회사는 그러하지 아니하다.

(3) 보험종목의 전부와 제3보험업 허가 인정

생명보험업이나 손해보험업에 해당하는 보험종목의 전부(보증보험 및 재보험은 제외)에 관하여 허가를 받은 자는 제3보험업에 해당하는 보험종목에 대한 허가를 받은 것으로 본다.

기출 포인트 !

손해보험업의 보험종목의 전부에 관하여 허가를 받은 자는 연금보험에 대해서도 허가를 받은 것으로 본다(연금보험 ×, 제3보험 ○).   ✓ 2016

(4) 보험종목 전부 허가와 신설 인정

생명보험업 또는 손해보험업에 해당하는 보험종목의 전부(보증보험 및 재보험은 제외한다)에 관하여 허가를 받은 자는 경제질서의 건전성을 해친 사실이 없으면 해당 생명보험업 또는 손해보험업의 종목으로 신설되는 보험종목에 대한 허가를 받은 것으로 본다.

(5) 제3보험업 허가와 부가 종목 취급

제3보험업에 관하여 허가를 받은 자는 제3보험의 보험종목에 부가되는 보험종목을 취급할 수 있다.

(6) 보험업의 허가 제한

보험업의 허가를 받을 수 있는 자는 주식회사, 상호회사 및 외국보험회사로 제한하며, 허가를 받은 외국보험회사 국내지점은 보험회사로 본다.

🧠 **기출 포인트 !**

> 보험업의 허가를 받을 수 있는 자는 주식회사나 상호회사에 한한다(주식회사나 상호회사에 한한다 ×, 주식회사, 상호회사 및 외국보험회사 ○).　　　　　　　　　　　　　✓ 2018

---

(7) 금융위원회 조건부 허가

① 조건부 허가 : 금융위원회는 허가에 조건을 붙일 수 있다.

② 허가 조건의 취소·변경 신청 : 조건이 붙은 보험업 허가를 받은 자는 사정의 변경, 그 밖의 정당한 사유가 있는 경우에는 금융위원회에 그 조건의 취소 또는 변경을 신청할 수 있다.

③ 금융위원회 2개월 이내 결정 및 통지 : 이 경우 금융위원회는 2개월 이내에 조건의 취소 또는 변경 여부를 결정하고, 그 결과를 지체 없이 신청인에게 문서로 알려야 한다.

(8) 상호 또는 명칭

① 보험업의 종류 표시 : 보험회사는 그 상호 또는 명칭 중에 주로 경영하는 보험업의 종류를 표시하여야 한다.

② 보험회사 외 표시 금지 : 보험회사가 아닌 자는 그 상호 또는 명칭 중에 보험회사임을 표시하는 글자를 포함하여서는 아니 된다.

2. 허가신청서 등의 제출(법 제5조)

(1) 금융위원회 제출

금융위원회의 허가를 받으려는 자는 신청서에 서류를 첨부하여 금융위원회에 제출하여야 한다.

(2) 허가신청 첨부서류

다만, 보험회사가 취급하는 보험종목을 추가하려는 경우에는 정관은 제출하지 아니할 수 있다.

① 정관(※ 보험종목을 추가하는 경우에는 제외)

② 업무 시작 후 3년간의 사업계획서, 추정재무제표

③ 기초서류 : 경영하려는 보험업의 보험종목별 사업방법서, 보험약관, 보험료 및 해약환급금의 산출방법서 중 대통령령으로 정하는 서류

보험업의 허가를 받으려는 자가 허가신청 시에는 제출하여야 하나, 보험회사가 취급하는 종목을 추가하려는 경우에 제출하지 아니할 수 있는 서류는?   ✓ 2021

🔲 정관

보험업법 제5조 제3호에서 규정한 "기초서류"를 모두 고르시오.   ✓ 2015
가. 정관(×)
나. 업무 시작 후 3년간의 사업계획서(×)
다. 경영하려는 보험업의 보험종목별 사업방법서(○)
라. 보험약관(○)
마. 보험료 및 책임준비금의 산출방법서(○)

🔲 다, 라, 마

(3) 보험업 허가신청서 기재 사항

① **상**호
② 주된 **사**무소의 소재지
③ **대표**자 및 임원의 성명·주민등록번호 및 주소(대표자 및 임원의 경력 ×)
④ **자**본금 또는 **기**금에 관한 사항
⑤ **시**설, 설비 및 **인**력에 관한 사항
⑥ **허가**를 받으려는 보험종목

 허가받으려면 **대표**한테 **자·기 상·사** 좋다고 **시·인**해야 한다.

보험업의 허가를 신청하는 자가 금융위원회에 제출하는 신청서에 기재할 사항이 아닌 것은?   ✓ 2016
① 상호
② 대표자 및 임원의 경력
③ 시설, 설비 및 인력에 관한 사항
④ 허가를 받으려는 보험종목

🔲 ②

tip **허가**받으려면 **대표**한테 **자·기 상·사** 좋다고 **시·인**해야 한다.

3. 허가의 요건(법 제6조)

(1) 허가요건

① 보험회사
  ㉠ 법에서 정한 자본금 또는 기금을 보유할 것
  ㉡ 사업계획이 타당하고 건전할 것
  ㉢ 충분한 전문인력과 전산설비 등 물적 시설을 갖추고 있을 것(보험계약자의 보호가 가능하고 그 영위하고자 하는 보험업을 수행할 정도)

② 대주주가 충분한 출자 능력 및 건전한 재무 상태를 갖추고 건전한 경제질서를 해친 사실이 없을 것

② 외국보험회사 국내 지점
  ㉠ 법에서 정한 자본금 또는 기금을 보유할 것
  ㉡ 사업계획이 타당하고 건전할 것
  ㉢ 충분한 전문인력과 전산설비 등 물적 시설을 갖추고 있을 것(보험계약자의 보호가 가능하고 그 영위하고자 하는 보험업을 수행할 정도)
  ㉣ 국내에서 영위하고자 하는 보험업과 동일한 보험업을 외국 법령에 따라 영위하고 있을 것
  ㉤ 국내에서 자산 상황·재무건전성 및 영업건전성이 보험업을 영위하기에 충분하고, 국제적으로 인정받고 있을 것

③ 보험종목 추가
  ㉠ 보험회사 또는 외국보험회사 국내 지점의 요건을 충족할 것
  ㉡ 대통령령으로 정하는 건전한 재무 상태와 사회적 신용을 갖출 것

(2) 허가요건 유지

① **허가 후 계속 유지** : 보험회사는 보험업의 허가를 받은 이후에도 계속하여 유지하여야 한다.
② **금융위원회 승인 시 예외** : 다만, 보험회사의 경영건전성을 확보하고 보험가입자 등의 이익을 보호하기 위하여 대통령령으로 정하는 경우로서 금융위원회의 승인을 받은 경우에는 그러하지 아니하다.

4. 예비허가(법 제7조)

(1) 예비허가 사전 신청

보험업 본허가를 신청하려는 자는 미리 금융위원회에 예비허가를 신청할 수 있다.

(2) 2개월 내 심사 및 통지

예비허가 신청을 받은 금융위원회는 2개월 이내(예비허가는 1개월)에 심사하여 예비허가 여부를 통지하여야 한다. 다만, 총리령으로 정하는 바에 따라 그 기간을 연장할 수 있다.

 기출 포인트 !

> 금융위원회는 보험업법 제5조에 따른 허가신청을 받았을 때는 (2개월) [보험업법 제7조에 따른 예비허가를 받았을 때는 (1개월)] 이내에 이를 심사하여 신청인에게 허가 여부를 통지하여야 한다. ✓ 2019

(3) 조건부 예비허가

금융위원회는 예비허가에 조건을 붙일 수 있다.

(4) 예비허가 후 바로 본허가

금융위원회는 예비허가를 받은 자가 예비허가의 조건을 이행한 후 본허가를 신청하면(심사 후 ×) 허가하여야 한다.

5. 자본금 또는 기금(법 제9조)

(1) 300억 이상 납입

보험회사는 300억원 이상의 자본금 또는 기금을 납입함으로써 보험업을 시작할 수 있다.

(2) 일부 취급 시 50억원 이상

다만, 보험회사가 보험종목의 일부만을 취급하려는 경우에는 50억원 이상의 범위에서 대통령령으로 자본금 또는 기금의 액수를 다르게 정할 수 있다.

(3) 보험종목별 자본금·기금

① 300억원 : 보증보험, 재보험
② 200억원 : 생명보험, 연금보험, 퇴직보험, 자동차보험
③ 150억원 : 해상보험, 항공보험, 운송보험
④ 100억원 : 화재보험, 상해보험, 질병보험, 간병보험, 책임보험
⑤ 50억원 : 기술보험, 권리보험

(4) 둘 이상의 보험종목 취급

① 복수 보험종목 취급 시 합계 : 보험회사가 보험종목 중 둘 이상의 보험종목을 취급하려는 경우에는 각 구분에 따른 금액의 합계액을 자본금 또는 기금으로 한다.
② 합계액 300억 한도 : 다만, 그 합계액이 300억원 이상인 경우에는 300억원으로 한다.

(5) 통신판매전문보험회사의 3분의 2 예외

자본금 또는 기금의 3분의 2 이상을 자본금 또는 기금으로 한다.

(6) 통신판매전문보험회사

① 통신판매전문보험회사 : 총 보험계약 건수 및 수입보험료의 100분의 90 이상을 전화, 우편, 컴퓨터통신 등 통신수단을 이용하여 모집하는 보험회사를 말한다.

② 통신판매전문보험회사가 모집 비율을 위반한 경우에는 그 비율을 충족할 때까지 통신수단 외의 방법으로 모집할 수 없다.

(7) 소액단기전문보험회사 10억 이상

10억원 이상의 범위에서 대통령령으로 정하는 금액을 자본금 또는 기금으로 한다.

6. 보험업 겸영의 제한(법 제10조)

(1) 보험업 겸영의 제한과 예외

① 보험업 겸영의 제한 : 보험회사는 생명보험업과 손해보험업을 겸영하지 못한다.

② 보험업 겸영 제한의 예외

  ㉠ 생명보험의 재보험 및 제3보험의 재보험

  ㉡ 다른 법령에 따라 겸영할 수 있는 보험종목으로서 대통령령으로 정하는 보험종목

  ㉢ 대통령령으로 정하는 기준에 따라 제3보험의 보험종목에 부가되는 보험

(2) 제3보험의 보험종목에 부가되는 보험

질병을 원인으로 하는 사망을 제3보험의 특약 형식으로 담보하는 보험을 말한다.

더 알아보기 보험의 목적

생명보험	손해보험	제3보험
생존·사망	재산	상해·질병·간병

① 보험 만기는 80세 이하일 것
② 보험금액의 한도는 개인당 2억원 이내일 것
③ 만기 시에 지급하는 환급금은 납입보험료 합계액의 범위 내일 것(보장성 ○, 저축성 ×)

🏆 **기출 포인트 !**

손해보험의 보험종목 전부를 취급하는 손해보험회사가 질병을 원인으로 하는 사망을 제3보험의 특약 형식으로 담보하는 보험을 겸영하기 위해 충족하여야 하는 요건에 해당하지 않는 것은? ✓ 2017
① 납입보험료가 일정액 이하일 것(×)
② 보험만기는 80세 이하일 것
③ 보험금액의 한도는 개인당 2억원 이내일 것
④ 만기 시에 지급하는 환급금은 납입보험료 합계액의 범위 내일 것 📖 ①

손해보험업의 보험종목 전부를 취급하는 손해보험회사가 질병을 원인으로 하는 사망을 제3보험의 특약 형식으로 담보하는 보험을 겸영하고자 할 때에는 보험만기는 (80세) 이하일 것, 보험금액의 한도는 개인당 (2억원) 이내일 것 등의 요건을 충족하여야 한다. ✓ 2015

7. 보험회사의 겸영업무(법 제11조)

(1) 금융위원회 7일 전 신고

보험회사는 경영건전성을 해치거나 보험계약자 보호 및 건전한 거래 질서를 해칠 우려가 없는 금융업무를 할 수 있다. 이 경우 보험회사는 그 업무를 시작하려는 날의 7일 전까지 금융위원회에 신고하여야 한다.

🏆 **기출 포인트 !**

겸영업무를 하려는 보험회사는 그 업무를 시작하려는 날의 1월 전까지 금융위원회의 허가를 받아야 한다(1월 전까지 허가 ×, 7일 전까지 신고 ○). ✓ 2016

(2) 보험회사 겸영업무

① 신고가 필요한 보험업법상 겸영업무
　　㉠ **자**산유동화에 관한 법률에 따른 유동화자산의 관리업무
　　㉡ **주**택저당채권 유동화회사법에 따른 유동화자산의 관리업무
　　㉢ **한**국주택금융공사법에 따른 채권 유동화자산의 관리업무
　　㉣ **전**자금융거래법에 따른 전자자금이체 업무

(결제중계시스템의 참가기관으로서 하는 전자자금이체 업무와 보험회사의 전자자금이체 업무에 따른 자금 정산 및 결제를 위하여 결제**중계**시스템에 참가하는 기관을 거치는 방식의 전자자금이체 업무는 **제외**한다)

ⓗ **신용**정보의 이용 및 보호에 관한 법률에 따른 본인신용정보관리업

> tip **겸영**은 **자 · 주** 한번씩 **전 · 체 신용**을 보고 **중계**는 **제외**한다.

② 인가 · 허가 · 등록이 필요한 겸영업무

자본시장과 금융투자업에 관한 법률에 따른 업무(ⓐ~ⓕ)

ⓐ 집합투자업

ⓑ 투자자문업

ⓒ 투자일임업

ⓓ 신탁업

ⓔ 집합 투자증권에 대한 투자매매업

ⓕ 집합 투자증권에 대한 투자중개업

ⓖ 외국환거래법에 따른 외국환업무

ⓗ 근로자퇴직급여보장법에 따른 퇴직연금사업자의 업무

ⓘ 보험업의 경영이나 법에 따라 보험업에 부수하는 업무의 수행에 필요한 범위에서 영위하는 전자금융거래법에 따른 선불전자지급수단의 발행 및 관리 업무

8. 보험회사의 부수업무(법 제11조의2)

(1) 금융위원회 신고

보험회사는 보험업에 부수하는 업무를 하려면 그 업무를 하려는 날의 7일 전까지 금융위원회에 신고하여야 하며, 금융위원회는 신고를 받은 경우 그 내용을 검토하여 이 법에 적합하면 신고를 수리하여야 한다.

(2) 부수업무 제한 및 시정 명령

금융위원회는 보험회사가 하는 부수업무가 다음에 해당하면 그 부수업무를 하는 것을 제한하거나 시정할 것을 명할 수 있다.

① 보험회사의 경영건전성을 해치는 경우
② 보험계약자 보호에 지장을 가져오는 경우
③ 금융시장의 안정성을 해치는 경우

(3) 금융위원회 공고

금융위원회는 신고받은 부수업무 및 제한명령 또는 시정명령을 한 부수업무를 대통령령으로 정하는 방법에 따라 인터넷 홈페이지 등에 공고하여야 한다.

9. 겸영업무 · 부수업무의 구분 회계처리(법 제11조의3)

(1) 구분 회계처리

보험회사가 다음의 업무 및 부수업무를 할 때는 해당 업무에 속하는 자산 · 부채 및 수익 · 비용을 보험업과 구분하여 회계처리를 하여야 한다.

(2) 대상 업무

직전 사업연도 매출액이 해당 보험회사 수입보험료의 1천분의 1 또는 10억 원 중 많은 금액에 해당하는 금액을 초과하는 업무만 해당한다.

(3) 구분 회계처리 업무

① **자**산유동화에 관한 법률에 따른 유동화자산의 관리업무
② **주**택저당채권 유동화회사법에 따른 유동화자산의 관리업무
③ **한**국주택금융공사법에 따른 채권 유동화자산의 관리업무
④ 자본시장과 금융투자업에 관한 법률에 따른 투자**자**문업
⑤ 자본시장과 금융투자업에 관한 법률에 따른 투자**일임**업
⑥ 자본시장과 금융투자업에 관한 법률에 따른 **신**탁

> **tip** 구분 회계는 **자 · 주 · 한 자 · 신**에게 **일임**

보험회사가 다른 금융업무 또는 부수업무(직전 사업연도 매출액이 해당 보험회사 수입보험료의 1천분의 1 또는 10억원 중 많은 금액에 해당하는 금액을 초과하는 업무만 해당)를 하는 경우에는 해당 업무에 속하는 자산·부채 및 수익·비용은 보험과 구분하여 회계처리를 하여야 하는데, 그 대상을 모두 고른 것은?   ✓ 2019

가. 한국주택금융공사법에 따른 채권 유동화자산의 관리업무(O)
나. 자본시장과 금융투자업에 관한 법률 제6조 제4항에 따른 집합투자업
다. 자본시장과 금융투자업에 관한 법률 제6조 제6항에 따른 투자자문업(O)
라. 자본시장과 금융투자업에 관한 법률 제6조 제7항에 따른 투자일임업(O)
마. 자본시장과 금융투자업에 관한 법률 제6조 제8항에 따른 신탁업(O)
바. 자본시장과 금융투자업에 관한 법률 제9조 제21항에 따른 집합 투자증권에 대한 투자매매업
사. 자본시장과 금융투자업에 관한 법률 제9조 제21항에 따른 집합 투자증권에 대한 투자중개업
아. 외국환거래법 제3조 제16호에 따른 외국환업무   답 가, 다, 라, 마

tip 구분 회계는 **자·주·한 자·신**에게 **일임**

10. 외국보험회사 등의 국내사무소 설치 등(법 제12조)

(1) 국내사무소 설치

외국보험회사, 외국에서 보험대리 및 보험중개를 업으로 하는 자 또는 그 밖의 외국에서 보험과 관련된 업무를 하는 자는 보험시장에 관한 조사 및 정보의 수집이나 그 밖에 이와 비슷한 업무를 하기 위하여 국내에 사무소를 설치할 수 있다.

더 알아보기 외국 보험사의 국내사무소와 국내지점

외국보험회사 국내사무소	외국보험회사 국내지점
보험시장 조사 및 정보수집	허가받은 보험회사로 보험업 경영

(2) 금융위원회 30일 내 신고

외국보험회사 등이 국내사무소를 설치할 때는 그 설치한 날부터 30일 이내에 금융위원회에 신고하여야 한다.

(3) 국내사무소 금지행위

① 보험업을 경영하는 행위
② 보험계약의 체결을 중개하거나 대리하는 행위
③ 국내 관련 법령에 저촉되는 방법에 따라 보험시장의 조사 및 정보의 수집을 하는 행위
④ 그 밖에 국내사무소의 설치 목적에 위반되는 행위로서 대통령령으로 정하는 행위

외국보험회사 등의 국내사무소의 금지행위에 관한 사항을 모두 고른 것은? ✓ 2020

가. 보험업을 경영하는 행위(○)

나. 보험계약의 체결을 중개하거나 대리하는 행위(○)

다. 국내 관련 법령에 저촉되지 않는 방법에 의하여 보험시장의 조사 및 정보의 수집을 하는 행위(저촉되지 않는
   방법 ×)

라. 그 밖에 국내사무소의 설치 목적에 위반되는 행위로서 대통령령으로 정하는 행위(○)   답 가, 나, 라

(4) 명칭의 사무소 포함

국내사무소는 그 명칭 중에 사무소라는 글자를 포함하여야 한다.

(5) 위반 시 6개월 이내 정지·폐쇄

금융위원회는 국내사무소가 이 법 또는 이 법에 따른 명령 또는 처분을 위반한 경우에는 6개월 이내의
기간을 정하여 업무의 정지를 명하거나 국내사무소의 폐쇄를 명할 수 있다.

02 | 실전대비문제(보험계리사 · 손해사정사)

01 보험사업 허가에 대한 사항을 설명한 것 중 맞는 것은? (2005년)

① 우리나라는 보험사업의 영업개시에 대하여 준칙주의를 취하고 있다.

② 금융위원회의 허가는 주식보험회사 설립에 대한 허가가 아니라 보험영업에 대한 허가이고, 보험상품별로 허가를 받아야 한다.

③ 시중은행, 공제조합, 신용협동조합 등은 그의 명의로 금융위원회의 허가를 받아 보험사업을 영위할 수 있다.

④ 보험업을 영위하고자 하는 자가 보험종목별로 허가를 받는 경우 금융위원회는 그 허가에 조건을 붙일 수 있다.

[해설] ① 준칙주의(×), 허가주의(○)
② 보험상품별 허가(×), 보험종목별 허가(○)
③ 시중은행, 공제조합, 신용협동조합 등은 금융위원회의 허가 대상이 아니다.

답 ④

02 다음 설명 중 맞는 것은? (2013년)

① 보험업을 영위하고자 하는 자는 생명보험업 전부 · 손해보험업 전부 · 제3보험업 전부를 허가받을 수 있고, 보험종목별로 허가를 받을 수 있다.

② 생명보험업의 보험종목 중 생명보험에 관하여서만 허가를 받은 경우 별도의 허가 없이 상해보험을 영위할 수 있다.

③ 생명보험과 보증보험을 영위하고자 하는 자는 300억원의 자본금을 납입하여야 한다.

④ 금융위원회는 허가신청을 받았을 때에는 3개월(법 제7조에 따라 예비허가를 이미 받은 자가 본허가를 신청한 경우에는 2개월) 이내에 이를 심사하여 신청인에게 허가 여부를 통지하여야 한다.

[해설] ② 생명보험에 관해서만(×), 보험종목의 전부(보증보험 및 재보험은 제외)에 관하여 허가를 받은 자는 별도의 허가 없이 상해보험을 영위할 수 있다(○).
③ 생명보험과 보증보험을 영위하고자 하는 자(×), 생명보험과 보증보험은 겸업 허가를 받을 수 없다.
④ 3개월 · 2개월(×), 2개월 · 1개월(○)

답 ①

03 보험업법 제5조 제3호에 규정한 기초서류를 모두 고르시오.　　　　　　(2015년)

> 가. 정관
> 나. 업무 시작 후 3년간의 사업계획서
> 다. 경영하려는 보험업의 보험종목별 사업방법서
> 라. 보험약관
> 마. 보험료 및 책임준비금 산출방법서

① 가, 나, 다
② 나, 다, 라
③ 나, 다, 마
④ 다, 라, 마

해설 허가신청 첨부서류
- 정관(※ 보험종목을 추가하는 경우에는 제외)
- 업무 시작 후 3년간의 사업계획서, 추정재무제표
- 기초서류 : 경영하려는 보험업의 보험종목별 사업방법서, 보험약관, 보험료 및 해약환급금의 산출방법서

답 ④

---

04 보험업법상 보험회사가 겸영할 수 있는 금융업무에 해당하지 않는 것은?　　　　　　(2015년)

① 전자금융거래법에 따른 결제중계시스템의 참가기관으로서 하는 전자자금이체 업무
② 재산유동화에 관한 법률에 따른 유동화자산의 관리업무
③ 주택저당채권 유동화회사법에 따른 유동화자산의 관리업무
④ 한국주택금융공사법에 따른 채권유동화자산의 관리업무

해설 보험회사 겸영업무

신고가 필요한 보험업법상 겸영업무	인가·허가·등록이 필요한 겸영업무
1. **자**산유동화에 관한 법률에 따른 유동화자산의 관리업무 2. **주**택저당채권 유동화회사법에 따른 유동화자산의 관리업무 3. **한**국주택금융공사법에 따른 채권 유동화자산의 관리업무 4. **전**자금융거래법에 따른 전자자금이체 업무(결제중계시스템의 참가기관으로서 하는 전자 자금 이체업무와 보험회사의 전자자금이체 업무에 따른 자금 정산 및 결제를 위하여 결제**중계**시스템에 참가하는 기관을 거치는 방식의 <u>전자자금이체 업무는 **제외**</u>한다) 5. **신용**정보의 이용 및 보호에 관한 법률에 따른 본인신용정보관리업	자본시장과 금융투자업에 관한 법률에 따른 업무(1~6) 1. 집합투자업 2. 투자자문업 3. 투자일임업 4. 신탁업 5. 집합 투자증권에 대한 투자매매업 6. 집합 투자증권에 대한 투자중개업 7. 외국환거래법에 따른 외국환업무 8. 근로자퇴직급여보장법에 따른 퇴직연금사업자의 업무 9. 보험업의 경영이나 법에 따라 보험업에 부수하는 업무의 수행에 필요한 범위에서 영위하는 전자금융거래법에 따른 선불전자지급수단의 발행 및 관리 업무

> tip　겸영은 **자 · 주** 한번씩 **전 · 체 신용**을 보고 **중계**는 **제외**한다.

답 ①

05 보험회사의 자본금 또는 기금에 관한 다음의 설명 중 (   ) 안에 들어갈 것으로 맞는 것은? (2015년)

> 보험회사는 (a) 이상의 자본금 또는 기금을 납입함으로써 보험업을 시작할 수 있다. 다만, 보험회사가 보험종목의 일부만을 취급하려는 경우에는 (b) 이상의 범위에서 대통령령으로 자본금 또는 기금의 액수를 다르게 정할 수 있다.

① a : 200억원   b : 50억원
② a : 200억원   b : 100억원
③ a : 300억원   b : 50억원
④ a : 300억원   b : 100억원

해설 ③ a : 300억원, b : 50억원
보험종목별 자본금·기금
• 300억원 : 보증보험, 재보험
• 200억원 : 생명보험, 연금보험, 퇴직보험, 자동차보험
• 150억원 : 해상보험, 항공보험, 운송보험
• 100억원 : 화재보험, 상해보험, 질병보험, 간병보험, 책임보험
• 50억원 : 기술보험, 권리보험

답 ③

06 보험업의 허가 요건에 해당하지 않는 것은?   (2015년)

① 영위하고자 하는 보험업을 수행함에 충분한 전문인력과 전산설비 등 물적 시설을 갖추고 있을 것
② 법정 자본금 또는 기금을 보유할 것
③ 사업계획이 장기적으로 수익성을 포함하고 있을 것
④ 대주주가 충분한 출자 능력 및 건전한 재무 상태를 갖추고, 건전한 경제질서를 저해한 사실이 없을 것

해설 ③ 수익성을 포함(×)
허가 요건
• 법에서 정한 자본금 또는 기금을 보유할 것
• 사업계획이 타당하고 건전할 것
• 충분한 전문인력과 전산설비 등 물적 시설을 갖추고 있을 것(보험계약자의 보호가 가능하고 그 영위하고자 하는 보험업을 수행할 정도)
• 대주주가 충분한 출자 능력 및 건전한 재무 상태를 갖추고 건전한 경제질서를 해친 사실이 없을 것

답 ③

07 보험업의 허가를 신청하는 자가 금융위원회에 제출하는 신청서에 기재할 사항이 아닌 것은? (2016년)

① 상호

② 대표자 및 임원의 경력

③ 시설, 설비 및 인력에 관한 사항

④ 허가를 받으려는 보험종목

해설 ② 경력(×)

보험업 허가신청서 기재 사항

• **상**호
• 주된 **사**무소의 소재지
• **대표**자 및 임원의 성명·주민등록번호 및 주소(대표자 및 임원의 경력 ×)
• **자**본금 또는 **기**금에 관한 사항
• **시**설, 설비 및 **인**력에 관한 사항
• **허가**를 받으려는 보험종목

tip **허가**받으려면 **대표**한테 **자·기 상·사** 좋다고 **시·인**해야 한다.

답 ②

08 보험업의 허가를 받으려는 자가 보험업법 제6조 제1항 제2호 단서에 따라 특정 업무를 외부에 위탁하는 경우에 전문인력과 물적 시설을 갖춘 것으로 보는데, 그 특정 업무에 해당하지 않는 것은? (2017년)

① 보험상품 개발업무

② 보험계약 심사를 위한 조사업무

③ 보험금 지급심사를 위한 보험사고 조사업무

④ 전산설비의 개발, 운영 및 유지, 보수에 관한 업무

해설 외부 위탁업무

• 손해사정업무
• 보험계약 심사를 위한 조사업무
• 보험금 지급심사를 위한 보험사고 조사업무
• 전산설비의 개발·운영 및 유지·보수에 관한 업무
• 정보처리 업무

답 ①

09 보험업법 예비허가 신청에 관한 설명 중 옳은 것은 몇 개인가? (2017년)

> 가. 보험업법 제4조에 따라 허가를 신청하려는 자는 미리 금융위원회에 예비허가를 신청하여야 한다.
> 나. 예비허가의 기준에 관하여 필요한 사항은 총리령으로 정한다.
> 다. 보험업의 예비허가 신청을 받은 금융위원회는 6개월 내에 예비허가 여부를 통지하여야 한다.
> 라. 금융위원회는 예비허가에는 조건을 붙일 수 있지만, 본허가에는 조건을 붙일 수 없다.
> 마. 보험업의 예비허가를 받은 자는 3개월 이내에 예비허가의 내용 및 조건을 이행한 후에 본허가를 신청하여야 한다.
> 바. 금융위원회는 예비허가 신청에 대하여 이해관계인의 의견을 요청하거나 공청회를 개최할 수 있다.

① 1개 ② 2개
③ 3개 ④ 4개

[해설] ② 2개(나, 바)
　　가. 예비허가를 신청하여야 한다(×). 예비허가는 강제사항이 아니다(○).
　　나. 총리령(○)
　　다. 6개월(×), 2개월(예비심사는 1개월)
　　라. 본허가에는 조건을 붙일 수 없다(×). 예비허가와 본허가 모두 조건을 붙일 수 있다(○).
　　마. 3개월(×), 기간 제한은 없다(○).
　　바. 이해관계인의 의견을 요청하거나 공청회를 개최할 수 있다(○).

답 ②

10 다음 설명 중 ( ) 안에 들어갈 것끼리 올바르게 짝지어진 것은? (2017년)

> 어느 보험회사가 보험업법 제9조 제1항 단서에 따라 자동차보험만을 취급하려는 경우 (a) 이상의 자본금 또는 기금을 확보하면 되고 여기에 질병보험을 동시에 취급하려는 경우 그 합계액이 (b) 이상일 것이 요구되지만, 만일 동 보험회사가 전화, 우편, 컴퓨터통신 등 통신수단을 이용하여 대통령령으로 정하는 바에 따라 모집을 하는 회사인 경우 앞의 자본금 또는 기금의 (c) 이상을 납입함으로써 보험업을 시작할 수 있다.

① a : 100억원　　　b : 200억원　　　c : 2분의 1
② a : 200억원　　　b : 300억원　　　c : 2분의 1
③ a : 200억원　　　b : 300억원　　　c : 3분의 2
④ a : 200억원　　　b : 400억원　　　c : 3분의 2

[해설] ③ a : 200억원, b : 300억원, c : 3분의 2
　　보험종목별 자본금·기금
　　• 300억원 : 보증보험, 재보험
　　• 200억원 : 생명보험, 연금보험, 퇴직보험, 자동차보험
　　• 150억원 : 해상보험, 항공보험, 운송보험
　　• 100억원 : 화재보험, 상해보험, 질병보험, 간병보험, 책임보험
　　• 50억원 : 기술보험, 권리보험

답 ③

11 손해보험의 보험종목 전부를 취급하는 손해보험회사가 질병을 원인으로 하는 사망을 제3보험의 특약 형식으로 담보하는 보험을 겸영하기 위해 충족하여야 하는 요건에 해당하지 않는 것은? (2017년)

① 납입보험료가 일정액 이하일 것
② 보험 만기는 80세 이하일 것
③ 보험금액의 한도는 개인당 2억원 이내일 것
④ 만기 시에 지급하는 환급금은 납입보험료 합계액의 범위 내일 것

[해설] 제3보험의 보험종목에 부가되는 보험 : 질병을 원인으로 하는 사망을 제3보험의 특약 형식으로 담보하는 보험을 말한다.
보험의 요건
• 보험 만기는 80세 이하일 것
• 보험금액의 한도는 개인당 2억원 이내일 것
• 만기 시에 지급하는 환급금은 납입보험료 합계액의 범위 내일 것(보장성 ○, 저축성 ×)

답 ①

12 보험업법상 외국보험회사의 국내사무소에 관한 설명 중 옳지 않은 것은? (2018년)

① 외국보험회사 국내사무소는 그 명칭 중에 반드시 '사무소'라는 글자를 포함하여야 한다.
② 외국보험회사가 국내에 사무소를 설치하려는 경우 그 설치한 날부터 30일 이내에 금융위원회에 신고하여 야 한다.
③ 외국보험회사 국내사무소는 보험계약의 체결을 중개하거나 대리하는 행위를 할 수 없지만 보험시장에 관한 적법한 조사 및 정보수집 업무는 할 수 있다.
④ 금융위원회는 외국보험회사 국내사무소가 보험업법에 의한 명령 또는 처분을 위반한 경우 업무의 정지를 명할 수 있지만 국내사무소의 폐쇄를 명할 수는 없다.

[해설] 위반 시 6개월 이내 정지·폐쇄
금융위원회는 국내사무소가 이 법 또는 이 법에 따른 명령 또는 처분을 위반한 경우에는 6개월 이내의 기간을 정하여 업무의 정지를 명하거나 국내사무소의 폐쇄를 명할 수 있다.

답 ④

13 보험업법상 보험업에 관한 설명 중 옳은 것(○)과 옳지 않은 것(×)을 올바르게 조합한 것은?

(2018년)

> 가. 보험업의 허가를 받을 수 있는 자는 주식회사 및 상호회사에 한한다.
> 나. 화재보험업만을 영위하기 위해 허가를 받은 자가 간병보험업을 영위하기 위해서는 간병보험에 관한 별도의 허가가 있어야 한다.
> 다. 생명보험업과 보증보험업을 겸영하고자 할 때에는 500억원의 자본금 또는 기금을 납입하여야 한다.
> 라. 통신판매전문보험회사가 통신수단에 의한 총 보험계약 건수 및 수입보험료의 모집 비율이 총 보험계약 건수 및 수입보험료의 100분의 90에 미달하는 경우에는 통신수단 이외의 방법으로 모집할 수 있다.

① 가. (○), 나. (×), 다. (○), 라. (×)
② 가. (×), 나. (○), 다. (×), 라. (×)
③ 가. (○), 나. (○), 다. (×), 라. (×)
④ 가. (×), 나. (×), 다. (○), 라. (○)

[해설] 가. 주식회사, 상호회사(×), 주식회사, 상호회사, 외국보험회사(○)
　　　나. (○)
　　　다. 합계액 500억(×), 생명보험과 보증보험은 겸영할 수 없다(○).
　　　라. 미달하는 경우 모집할 수 있다(×). 없다(○).

답 ②

14 보험업법상 보험회사가 겸영할 수 있는 금융업무를 열거한 것 중 옳은 것은 모두 몇 개인가?

(2018년)

> 가. 한국주택금융공사법에 따른 채권유동화자산의 관리업무
> 나. 자산유동화에 관한 법률에 따른 유동화자산의 관리업무
> 다. 전자금융거래법 제28조 제2항 제1호에 따른 결제중계시스템의 참가기관으로서 하는 전자자금이체 업무
> 라. 자본시장과 금융투자업에 관한 법률 제6조 제4항에 따른 집합 투자업무
> 마. 근로자퇴직급여보장법 제2조 제13호에 따른 퇴직연금사업자의 업무

① 2개　　　　　② 3개　　　　　③ 4개　　　　　④ 5개

[해설] ③ 4개
　　　결제중계시스템에 참가하는 기관을 거치는 방식의 전자자금이체 업무는 제외

[tip] **겸영**은 **자·주** 한번씩 **전·체 신용**을 보고 **중계**는 **제외**한다.

답 ③

15 금융위원회는 보험업법 제5조에 따른 허가신청을 받았을 때는 (㉠) 내에, 보험업법 제7조에 따른 예비허가를 받았을 때는 (㉡) 이내에 이를 심사하여 신청인에게 허가 여부를 통지하여야 한다(이 경우 신청서류의 보완 또는 실질조사에 걸린 기간은 통지기간에 산입하지 아니한다). ( ) 안에 들어갈 내용으로 알맞은 것은?

(2019년)

① ㉠ 2개월　　㉡ 1개월
② ㉠ 3개월　　㉡ 2개월
③ ㉠ 4개월　　㉡ 3개월
④ ㉠ 6개월　　㉡ 5개월

해설 ㉠ 2개월, ㉡ 1개월

답 ①

16 보험업의 예비허가에 관한 설명으로 옳지 않은 것은?

(2021년)

① 보험업에 관한 본허가를 신청하려는 자는 미리 금융위원회에 예비허가를 신청할 수 있다.
② 예비허가의 신청을 받은 금융위원회는 3개월 이내에 심사하여 예비허가 여부를 통지할 수 있다.
③ 금융위원회는 예비허가를 하는 경우에 조건을 붙일 수 있다.
④ 예비허가를 받은 자가 예비허가의 조건을 이행한 후 본허가를 신청하면 허가를 하여야 한다.

해설 ② 3개월(×), 2개월(○)

답 ②

17 보험업의 허가를 받으려는 자가 허가신청 시에는 제출하여야 하나, 보험회사가 취급하는 종목을 추가하려는 경우에 제출하지 아니할 수 있는 서류는?

(2021년)

① 정관
② 업무 시작 후 3년간의 사업계획서(추정재무제표 포함)
③ 경영하려는 보험업의 보험종목별 사업방법서
④ 보험약관

해설 허가신청 첨부서류
• 정관(※ 보험종목을 추가하는 경우에는 제외)
• 업무 시작 후 3년간의 사업계획서, 추정재무제표
• 기초서류 : 경영하려는 보험업의 보험종목별 사업방법서, 보험약관, 보험료 및 해약환급금의 산출방법서 중 대통령령으로 정하는 서류

답 ①

18 보험업법상 보험회사는 생명보험업과 손해보험업을 겸영하지 못하나, 예외적으로 겸영이 허용되는 보험 종목을 모두 고른 것은?(손해보험업의 보험종목(재보험과 보증보험은 제외) 일부만을 취급하는 보험회사와 제3보험업만을 경영하는 보험회사 제외) (2021년)

> 가. 생명보험의 재보험 및 제3보험의 재보험
> 나. 조세특례제한법 제86조의2에 따른 연금저축계약
> 다. 해상보험
> 라. 자동차보험

① 가, 다　　　　　　　　　　　② 나, 라
③ 다, 라　　　　　　　　　　　④ 가, 나

해설 가. 생명보험의 재보험 및 제3보험의 재보험
　　　 나. 조세특례제한법 제 86조의2에 따른 연금저축계약

답 ④

19 보험회사는 경영건전성을 해치거나 보험계약자 보호 및 건전한 거래 질서를 해칠 우려가 없는 금융업무를 할 수 있는데, 금융위원회에 신고 후 보험회사가 수행할 수 있는 금융업무에 해당하는 것을 모두 고른 것은? (2021년)

> 가. 자산유동화에 관한 법률에 따른 유동화자산의 관리업무
> 나. 한국주택금융공사법에 따른 채권 유동화자산의 관리업무
> 다. 신용정보의 이용 및 보호에 관한 법률에 따른 본인 신용정보관리업
> 라. 은행법에 따른 은행업
> 마. 주택저당채권 유동화회사법에 따른 유동화자산의 관리업무

① 가, 나, 다　　　　　　　　　② 가, 나, 다, 마
③ 다, 라, 마　　　　　　　　　④ 나, 다, 라, 마

해설 보험회사 겸영업무

신고가 필요한 보험업법상 겸영업무	인가·허가·등록이 필요한 겸영업무
1. **자**산유동화에 관한 법률에 따른 유동화자산의 관리업무 2. **주**택저당채권 유동화회사법에 따른 유동화자산의 관리업무 3. **한**국주택금융공사법에 따른 채권 유동화자산의 관리업무 4. **전**자금융거래법에 따른 전자자금이체 업무(결제중계시스템의 참가기관으로서 하는 전자 자금 이체업무와 보험회사의 전자자금이체 업무에 따른 자금 정산 및 결제를 위하여 결제**중계**시스템에 참가하는 기관을 거치는 방식의 전자자금이체 업무는 **제외**한다) 5. **신용**정보의 이용 및 보호에 관한 법률에 따른 본인신용정보관리업	자본시장과 금융투자업에 관한 법률에 따른 업무(1~6) 1. 집합투자업 2. 투자자문업 3. 투자일임업 4. 신탁업 5. 집합 투자증권에 대한 투자매매업 6. 집합 투자증권에 대한 투자중개업 7. 외국환거래법에 따른 외국환업무 8. 근로자퇴직급여보장법에 따른 퇴직연금사업자의 업무 9. 보험의 경영이나 법에 따라 보험업에 부수하는 업무의 수행에 필요한 범위에서 영위하는 전자금융거래법에 따른 선불전자지급수단의 발행 및 관리 업무

tip 겸영은 **자·주** 한번씩 **전·체 신용**을 보고 **중계**는 **제외**한다.

답 ②

20 금융위원회가 보험회사의 부수업무에 대하여 제한하거나 시정할 것을 명할 수 있는 사유에 해당하는 것을 모두 고른 것은? (2021년)

> 가. 보험회사의 경영건전성을 해치는 경우
> 나. 보험계약자 보호에 지장을 가져오는 경우
> 다. 금융시장의 안정성을 해치는 경우

① 가, 나
② 나, 다
③ 가, 다
④ 가, 나, 다

해설 부수업무 제한 및 시정 명령
- 보험회사의 경영건전성을 해치는 경우
- 보험계약자 보호에 지장을 가져오는 경우
- 금융시장의 안정성을 해치는 경우

답 ④

03 | 보험회사

제1절   주식회사

---

1. 자본감소(법 제18조)

(1) 주주총회의 특별결의

특별결의란 출석한 주주의 의결권의 3분의 2 이상의 수와 발행주식 총수의 3분의 1 이상의 수가 찬성하여야 한다.

> `tip` 3·2, 3·1

(2) 2주 이내 공고

보험회사인 주식회사가 자본감소를 결의한 경우에는 그 결의를 한 날부터 2주 이내에 결의의 요지와 재무상태표를 공고하여야 한다.

(3) 자본감소의 사전 승인

자본감소를 결의할 때 대통령령으로 정하는 자본감소를 하려면 미리(사후 ×) 금융위원회의 승인을 받아야 한다.

> 🍵 기출 포인트 !
>
> 주식 금액 또는 주식 수의 감소로 자본금이 실질적으로 감소한 때에는 금융위원회의 사후 승인을 받아야 한다(사후 ×, 사전 ○).
> ✓ 2022

2. 조직 변경(법 제20조~제23조)

(1) 계약자를 사원으로 하는 상호회사

상호회사란 보험업을 경영할 목적으로 이 법에 따라 설립된 회사로서 보험계약자를 사원으로 하는 회사를 말한다.

(2) 상호회사로 조직 변경

주식회사는 그 조직을 변경하여 상호회사로 할 수 있다.

(3) 기금 설정 선택

상호회사는 기금의 총액을 300억원 미만으로 하거나 설정하지 아니할 수 있다(필수 ×).

> 🔅 **기출 포인트 !**
>
> 상호회사는 기금의 총액을 300억원 미만으로 할 수는 있지만 이를 설정하지 않을 수는 없다(설정하지 않을 수는 없다 ×, 설정하지 아니할 수 있다 ○). ✓ 2022

(4) 손실보전준비금 적립

상호회사는 손실 보전에 충당하기 위하여 금융위원회가 필요하다고 인정하는 금액을 준비금으로 적립하여야 한다.

> 🔅 **기출 포인트 !**
>
> 주식회사에서 상호회사로의 조직 변경에 따른 기금총액은 300억원 미만으로 하거나 설정하지 아니할 수는 있으나, 손실 보전을 충당하기 위하여 금융위원회가 필요하다고 인정하는 금액을 준비금으로 적립하여야 한다(○). ✓ 2019

더 알아보기 주식회사 · 상호회사 비교

구분	주식회사	상호회사
성질	불특정 많은 사람의 보험에 관하여 상행위를 할 목적으로 설립된 영리법인	사원 상호 간의 보험을 목적으로 하는 비영리법인
구성원	주주	사원(보험계약자)
자본	자본금	기금(금전)
유한책임 여부	출자범위 내에서 유한	보험료 범위 유한
의사 결정 기관	주주총회	사원총회
이익분배	주주	사원

(5) 조직 변경 결의

① **주주총회 결의** : 주식회사의 조직 변경은 주주총회의 결의를 거쳐야 한다.
② **조직 변경 결의 충족요건** : 출석한 주주의 의결권의 3분의 2 이상의 수와 발행주식 총수의 3분의 1 이상의 수로써 하여야 한다.

`tip` 3 · 2, 3 · 1

> 🔅 **기출 포인트 !**
>
> 주식회사의 조직 변경은 출석한 주주의 의결권의 과반수와 발행주식 총수의 4분의 1 이상의 수로써 하여야 한다(×, 의결권의 3분의 2 이상의 수와 발행주식 총수의 3분의 1 이상 ○). ✓ 2022
>
> 주식회사의 상호회사로의 조직 변경을 위한 주주총회의 결의는 주주의 과반수 출석과 그 의결권의 4분의 3의 동의를 얻어야 한다(×, 의결권의 3분의 2 이상의 수와 발행주식 총수의 3분의 1 이상 ○). ✓ 2019

(6) 조직 변경 결의의 공고와 개별 통지

① **2주 내 공고** : 주식회사가 조직 변경을 결의한 경우 그 결의를 한 날부터 2주 이내에 결의의 요지와 재무상태표를 공고한다.

② **질권자 개별 통지** : 주주명부에 적힌 질권자에게는 개별적으로 알려야 한다.

(7) 조직 변경 결의 공고 후의 보험계약

① **보험계약자 통지 및 승낙** : 주식회사는 공고를 한 날 이후에 보험계약을 체결하려면 보험계약자가 될 자에게 조직 변경 절차가 진행 중임을 알리고 그 승낙을 받아야 한다.

② **조직 변경 중 보험계약자 불인정** : 조직 변경 승낙을 한 보험계약자는 조직 변경 절차를 진행하는 중에는 보험계약자가 아닌 자로 본다.

3. 보험계약자 총회의 소집(법 제24조~제30조)

(1) 보험계약자 총회 소집 요건

① 조직 변경 결의의 공고에 대하여 이의를 제출한 보험계약자의 수와 그 보험금이 10분의 1을 초과하지 아니하는 경우

② 이사는 채권자의 이의에 따른 절차가 끝나면 7일 이내에 보험계약자 총회를 소집하여야 한다.

(2) 보험계약자 통지

보험계약자에 대한 통지에 관하여는 명부에 기재한 주소 또는 회사에 통지한 주소로 하면 된다.

(3) 보험계약자 총회 대행 기관

① **총회 대행 기관** : 주식회사는 조직 변경을 결의할 때 보험계약자 총회를 갈음하는 기관에 관한 사항을 정할 수 있다.

② **규정 준용** : 총회 대행 기관에 대하여는 보험계약자 총회에 관한 규정을 준용한다.

③ **대행 기관 공고 포함** : 총회 대행 기관에 관한 사항을 정한 경우에는 그 기관의 구성 방법을 공고의 내용에 포함하여야 한다.

(4) 보험계약자 총회 4분의 3 이상의 찬성

보험계약자 총회는 보험계약자 과반수의 출석과 그 의결권의 4분의 3 이상의 찬성으로 결의한다.

(5) 이사 보고

주식회사의 이사는 조직 변경에 관한 사항을 보험계약자 총회에 보고하여야 한다.

> 💡 **기출 포인트 !**
>
> 주식회사의 감사는 조직 변경에 관한 사항을 보험계약자 총회에 보고하여야 한다(감사 ×, 이사 ○). ✓ 2023

(6) 보험계약자 총회의 결의 등

① **총회 결의 사항** : 보험계약자 총회는 정관의 변경이나 그 밖에 상호회사의 조직에 필요한 사항을 결의하여야 한다. 또한 정관변경, 설립폐지를 결의할 수 있으며 소집통지서에 그 뜻의 기재가 없는 경우에도 이를 할 수 있다.

② **조직 변경 결의 변경 가능** : 조직 변경 주주총회 결의는 보험계약자 총회의 결의로 변경할 수 있다.

③ **채권자 이익 침해 금지 및 주주총회 동의** : 이 경우 주식회사 채권자의 이익을 해치지 못한다. 주주에게 손해를 입히게 되는 경우에는 주주총회의 동의를 받아야 한다.

④ **주주총회 동의 요건** : 이 경우 출석한 주주의 의결권의 3분의 2 이상의 수와 발행주식 총수의 3분의 1 이상의 수로써 하여야 한다.

> `tip` 3·2, 3·1

(7) 조직 변경의 등기

① **소재지별 등기기간**
  ㉠ 본점, 주된 사무소 소재지 : 2주
  ㉡ 지점, 종된 사무소 소재지 : 3주

② **회사 형태별 등기 사항**
  ㉠ 주식회사 : 해산등기
  ㉡ 상호회사 : 설립등기

(8) 조직 변경에 따른 입사

① **상호회사 사원** : 주식회사의 보험계약자는 조직 변경에 따라 해당 상호회사의 사원이 된다(될 수 없다 ×).

> 💡 **기출 포인트 !**
>
> 주식회사의 보험계약자는 조직 변경을 하더라도 해당 상호회사의 사원이 되는 것은 아니다(사원이 되는 것은 아니다 ×, 사원이 된다 ○). ✓ 2022
>
> 주식회사의 보험계약자는 상호회사로의 조직 변경에 따라 해당 상호회사의 사원이 된다(○). ✓ 2019

② 사원의 권리
　　㉠ 경영, 관리에 참여할 수 있는 권리
　　　• 의결권
　　　• 사원총회소집청구권
　　　• 사원총회결의의 취소·무효제기권
　　　• 대표소송제기권
　　　• 정관·의사록 등 열람권
　　　• 소수사원권의 행사
　　㉡ 상호회사로부터 이익을 받을 권리
　　　• 이자배당청구권
　　　• 잉여금분배청구권
　　　• 환급청구권
　　　• 잔여재산분배청구권

4. 보험계약자 등의 우선취득권(법 제32조~제33조)

(1) 피보험자 적립금의 우선취득권

보험계약자나 보험금을 취득할 자는 피보험자를 위하여 적립한 금액을 다른 법률에 특별한 규정이 없으면 주식회사의 자산에서 우선하여 취득한다.

(2) 특별계정과 계정 구분

특별계정이 설정된 경우에는 특별계정과 그 밖의 계정을 구분하여 적용한다.

(3) 피보험자 적립금의 우선변제권

보험계약자나 보험금을 취득할 자는 피보험자를 위하여 적립한 금액을 주식회사가 금융위원회의 명령에 따라 예탁한 자산에서 다른 채권자보다 우선하여 변제받을 권리를 가진다.

제2절 상호회사

1 설립

1. 상호회사 정관 기재 사항(법 제34조~제37조)

(1) 발기인의 정관 작성

상호회사의 발기인이 정관을 작성하고 기명날인하여야 한다.

(2) 정관 기재 사항

① 취급하려는 보험종목과 사업의 범위
② 명칭
③ 사무소 소재지
④ 기금의 총액
⑤ 기금의 갹출자가 가질 권리
⑥ 기금과 설립비용의 상각 방법
⑦ 잉여금의 분배 방법
⑧ 회사의 공고 방법
⑨ 회사 성립 후 양수할 것을 약정한 자산이 있는 경우에는 그 자산의 가격과 양도인의 성명
⑩ 존립 시기 또는 해산 사유를 정한 경우에는 그 시기 또는 사유

용어
풀이
• 각출 : 같은 금액을 각각 내놓음
• 갹출 : 같은 목적을 위하여 여러 사람이 다른 금액을 나누어 냄

기출 포인트 !

보험업법상 상호회사의 정관 기재 사항을 모두 고른 것은?   ✓ 2020
가. 취급하려는 보험종목과 사업의 범위
나. 명칭
다. 회사의 성립연월일(×)
라. 기금의 총액
마. 기금의 갹출자가 가질 권리
바. 발기인의 성명·주민등록번호 및 주소(×) : 입사청약서 기재 사항   **답** 가, 나, 라, 마

---

(3) 상호회사 명칭 표시

상호회사는 그 명칭 중에 상호회사라는 글자를 포함하여야 한다.

(4) 기금의 금전 납입

상호회사의 기금은 금전 이외의 자산으로 납입하지 못한다(납입할 수 있다 ×).

상호회사의 기금은 금전 이외의 자산으로 납입할 수 있다(금전 이외의 자산 ×, 금전 ○).　　✓ 2021

(5) 100명 이상의 사원

상호회사는 100명 이상의 사원으로써 설립한다.

2. 입사청약서(법 제38조)

(1) 발기인 아닌 자의 상호회사 사원

발기인이 아닌 자가 상호회사의 사원이 되려면 입사청약서 2부에 보험의 목적과 보험금액을 적고 기명날인하여야 한다. 다만, 상호회사가 성립한 후 사원이 되려는 자는 그러하지 아니하다.

(2) 발기인의 입사청약서 작성 및 비치

① 정관의 인증 연월일과 그 인증을 한 공증인의 이름
② 정관 기재 사항
③ 기금 갹출자의 이름·주소와 그 각자가 갹출하는 금액
④ 발기인의 이름과 주소
⑤ 발기인이 보수를 받는 경우에는 그 보수액
⑥ 설립 시 모집하려는 사원의 수
⑦ 일정한 시기까지 창립총회가 끝나지 아니하면 입사 청약을 취소할 수 있다는 뜻

(3) 정관과 입사청약서 기재 사항

정관(보험종목)	입사청약서(발기인)
• 취급하려는 보험종목과 사업의 범위 • 명칭 • 사무소 소재지 • 기금의 총액 • 기금의 갹출자가 가질 권리 • 기금과 설립비용의 상각 방법 • 잉여금의 분배 방법 • 회사의 공고 방법 • 회사 성립 후 양수할 것을 약정한 자산이 있는 경우에는 그 자산의 가격과 양도인의 성명 • 존립 시기 또는 해산 사유를 정한 경우에는 그 시기 또는 사유	• 정관의 인증 연월일과 그 인증을 한 공증인의 이름 • 정관 기재 사항 • 기금 갹출자의 이름·주소와 그 각자가 갹출하는 금액 • 발기인의 이름과 주소 • 발기인이 보수를 받는 경우에는 그 보수액 • 설립 시 모집하려는 사원의 수 • 일정한 시기까지 창립총회가 끝나지 아니하면 입사 청약을 취소할 수 있다는 뜻

(4) 민법 적용 제외

상호회사 성립 전의 입사 청약에 대하여는 민법 제107조 단서를 적용하지 아니한다(적용한다 ×).

[민법 제107조] 진의 아닌 의사표시

의사표시는 표의자가 진의 아님을 알고 한 것이라도 그 효력이 있다. 그러나 상대방이 표의자의 진의 아님을 알았거나 이를 알 수 있었을 경우에는 무효로 한다.

💡 기출 포인트 !

상호회사 성립 전의 입사 청약의 경우, 청약의 상대방이 표의자의 진의 아님을 알았거나 이를 알 수 있었을 경우에는 무효로 한다(무효로 한다 ×, 적용하지 않는다 ○).　　　✓ 2020

---

3. 창립총회 및 설립등기(법 제39조~제41조)

(1) 창립총회 7일 이내 소집

상호회사의 발기인은 상호회사의 기금의 납입이 끝나고 사원의 수가 예정된 수가 되면 그날부터 7일 이내에 창립총회를 소집하여야 한다.

(2) 창립총회 결의 요건

창립총회는 사원 과반수의 출석과 그 의결권의 4분의 3 이상의 찬성으로 결의한다.

(3) 설립등기 및 등기부

① 설립등기 2주 기한 : 상호회사의 설립등기는 창립총회가 끝난 날부터 2주 이내에 하여야 한다.
② 설립등기 포함 사항
　　㉠ 정관 기재 사항
　　㉡ 이사와 감사의 이름 및 주소
　　㉢ 대표이사의 이름
　　㉣ 여러 명의 대표이사가 공동으로 회사를 대표할 것을 정한 경우에는 그 규정
③ 설립등기 공동신청 : 설립등기는 이사 및 감사의 공동신청으로 하여야 한다.
④ 설립등기 비교

이사, 감사	대표이사
이름 및 주소	이름
설립등기 공동신청	공동대표 규정

⑤ 등기부 비치 : 관할 등기소에 상호회사 등기부를 비치하여야 한다.

4. 이사의 배상 책임 등(법 제42조~제43조)

(1) 손해배상 책임 발생

이사가 다음에 해당하는 행위로 상호회사에 손해를 입힌 경우에는 사원총회의 동의가 없으면 그 손해에 대한 배상 책임을 면제하지 못한다.

(2) 손해배상 해당 행위

① 위법한 이익 배당에 관한 의안을 사원총회에 제출하는 행위
② 다른 이사에게 금전을 대부하는 행위
③ 그 밖의 부당한 거래를 하는 행위

> **tip** 이사가 **위법한 금전을 대부**하면 **부당거래**로 손해배상해야 한다.

(3) 발기인에 대한 소송면제 요건

상호회사의 발기인에 대한 소송 등 손해배상 책임의 면제는 전 사원의 동의로 한다.

2 사원의 권리와 의무

1. 사원의 권리와 의무 등(법 제46조~제53조)

(1) 간접책임

상호회사의 사원은 회사의 채권자에 대하여 직접적인 의무를 지지 아니한다.

(2) 유한책임

상호회사의 채무에 관한 사원의 책임은 보험료를 한도로 한다.

(3) 상계의 금지

상호회사의 사원은 보험료의 납입에 관하여 상계로써 회사에 대항하지 못한다.

(4) 정관의 보험금 삭감

상호회사는 정관으로 보험금액의 삭감에 관한 사항을 정해야 한다.

(5) 생명보험 등의 타인 승계

생명보험 및 제3보험을 목적으로 하는 상호회사의 사원은 회사의 승낙을 받아 타인으로 하여금 그 권리와 의무를 승계하게 할 수 있다(없다 ✕).

(6) 손해보험의 양수인 승계

손해보험을 목적으로 하는 상호회사의 사원이 보험의 목적을 양도한 경우에는 양수인은 회사의 승낙을 받아 양도인의 권리와 의무를 승계할 수 있다(없다 ×).

(7) 사원명부 기재 사항

① 사원의 이름과 주소
② 각 사원의 보험계약 종류, 보험금액 및 보험료

(8) 통지와 최고

① 입사청약서 · 사원에 대한 통지 : 상호회사의 입사청약서나 사원에 대한 통지 및 최고에 관하여는 입사청약서에 기재한 주소 또는 그 자로부터 회사에 통지한 주소로 하면 된다.
② 보험관계 사항에 대한 통지 예외 : 다만, 보험관계에 속하는 사항의 통지 및 최고에 관하여는 그러하지 아니하다.

❸ 회사의 기관

1. 사원총회 대행기관(법 제54조~제57조)

(1) 사원총회 대행기관

상호회사는 사원총회를 갈음할 기관을 정관으로 정할 수 있다.

(2) 사원총회 규정 준용

사원총회 대행기관에 대하여는 사원총회에 관한 규정을 준용한다.

(3) 사원당 1개의 의결권

상호회사의 사원은 사원총회에서 각각 1개의 의결권을 가진다. 다만, 정관에 특별한 규정이 있는 경우에는 그러하지 아니하다.

(4) 총회소집청구권

① 이사회 소집청구권 : 원칙적으로 이사회가 사원총회를 소집한다.
② 소수사원 소집청구권 : 소수사원(총 사원의 100분의 5)은 이사에게 회의의 목적과 그 소집의 이유를 적은 서면을 제출하여 사원총회 소집을 요구할 수 있다.
③ 이사회의 소집청구 불응 시 법원 허가 : 이사가 사원총회를 소집하지 않을 경우 소수사원은 법원의 허가를 받아 총회 소집이 가능하다.
④ 검사인 선임 : 사원총회는 검사인을 선임할 수 있다.

(5) 서류의 비치와 열람 등

① 서류 비치

    ㉠ 정관, 의사록(사원총회, 이사회) : 각 사무소

    ㉡ 사원명부 : 주된 사무소

    `tip` 서류는 **정·각**에 비치

② 사원과 채권자의 열람 등 : 상호회사의 사원과 채권자는 영업시간 중에는 언제든지 서류를 열람하거나 복사할 수 있고, 회사가 정한 비용을 내면 그 등본 또는 초본의 발급을 청구할 수 있다.

4 회사의 계산

1. 손실보전준비금 및 기금(법 제60조~제63조)

(1) 손실보전금

① 손실보전준비금 적립 : 상호회사는 손실을 보전하기 위하여 각 사업연도의 잉여금 중에서 준비금을 적립하여야 한다.

② 준비금의 정관 결정 : 준비금의 총액과 매년 적립할 최저액은 정관으로 정한다.

(2) 기금 이자 지급 등의 제한

① 손실 보전과 이자 지급 제한 : 상호회사는 손실을 보전하기 전에는 기금 이자를 지급하지 못한다.

② 비용 등 상각과 분배 제한 : 상호회사는 설립비용과 사업비의 전액을 상각하고 준비금을 공제하기 전에는 기금의 상각 또는 잉여금의 분배를 하지 못한다.

③ 위반 시 채권자 반환 조치 : 상호회사가 이를 위반하여 기금 이자의 지급, 기금의 상각 또는 잉여금의 분배를 한 경우에는 회사의 채권자는 이를 반환하게 할 수 있다.

(3) 기금 상각과 동일한 금액 적립

상호회사가 기금을 상각할 때는 상각하는 금액과 같은 금액을 적립하여야 한다.

(4) 잉여금의 사원 분배

상호회사의 잉여금은 정관에 특별한 규정이 없으면 각 사업연도 말 당시 사원에게 분배한다.

5 정관의 변경

1. 정관변경의 사원총회 결의(법 제65조)

상호회사의 정관을 변경하려면 사원총회의 결의를 거쳐야 한다.

6 사원의 퇴사

1. 사원의 퇴사 등(법 제66조~제68조)

(1) 퇴사 사유

① 정관으로 정하는 사유의 발생
② 보험관계의 소멸

(2) 사원의 사망

① 상속인 승계 : 유한책임사원이 사망한 때에는 그 상속인이 그 지분을 승계하여 사원이 된다.
② 상속인 중 1인 지정 : 상속인이 수인인 때에는 사원의 권리를 행사할 자 1인을 정해야 한다. 이를 정하지 아니한 때에는 회사의 통지 또는 최고는 그중의 1인에 대하여 하면 전원에 대하여 그 효력이 있다.

(3) 퇴사한 사원의 환급청구와 채무공제

① 환급청구권 : 상호회사에서 퇴사한 사원은 정관이나 보험약관으로 정하는 바에 따라 그 권리에 따른 금액의 환급을 청구할 수 있다.
② 채무 공제 : 퇴사한 사원이 회사에 대하여 부담한 채무가 있는 경우에는 회사는 그 채무액을 공제할 수 있다.

(4) 환급 기한 및 시효

① 3개월 이내 환급 : 상호회사에서 퇴사한 사원의 권리에 따른 금액의 환급은 퇴사한 날이 속하는 사업연도가 종료한 날부터 3개월 이내에 하여야 한다.
② 2년 소멸시효 : 퇴사원의 환급청구권은 2년 동안 행사하지 아니하면 시효로 소멸한다.

7 해산

1. 2주 이내 해산 공고(법 제69조)

상호회사가 해산을 결의한 경우에는 인가를 받은 날부터 2주 이내에 결의의 요지와 재무상태표를 공고하여야 한다.

8 청산

1. 청산 및 자산처분(법 제71조~제72조)

(1) 해산할 때 청산 절차

상호회사가 해산한 경우에는 합병과 파산의 경우가 아니면 청산을 하여야 한다.

(2) 자산처분의 순위 등

① 상호회사의 청산인은 다음의 순위에 따라 회사자산을 처분하여야 한다.
   ㉠ 일반채무의 변제
   ㉡ 사원의 보험금액과 환급할 금액의 지급
   ㉢ 기금의 상각
② 처분한 후 남은 자산은 상호회사의 정관에 특별한 규정이 없으면 잉여금을 분배할 때와 같은 비율로 사원에게 분배하여야 한다.

1. 국내지점의 허가취소 및 자산 보유(법 제74조~제82조)

(1) 본점 사유로 인한 허가취소

금융위원회는 외국보험회사의 본점이 다음에 해당하게 되면 그 외국보험회사 국내지점에 대하여 청문을 거쳐 보험업의 허가를 취소할 수 있다.

① 합병, 영업양도 등으로 소멸한 경우

② 위법행위, 불건전한 영업행위 등의 사유로 외국감독기관으로부터 조치를 받은 경우

③ 휴업하거나 영업을 중지한 경우

> **기출 포인트 !**
>
> 금융위원회는 외국보험회사의 본점에 다음의 어느 하나에 해당하는 사유가 발생한 때에는 청문을 거쳐 그 외국보험회사 국내지점의 보험업 허가를 취소할 수 있는데, 취소 사유에 해당하지 않는 것은? ✓ 2017
> ① 합병, 영업양도 등으로 소멸한 경우(○)
> ② 위법행위, 불건전한 영업행위 등의 사유로 외국감독기관으로부터 영업정지나 허가취소 조치를 당한 경우(○)
> ③ 휴업하거나 영업을 중지한 경우(○)
> ④ 대표자가 퇴임하고 후임 대표자가 선임되지 않은 경우(×) **답** ④
>
> 금융위원회가 청문을 거쳐 외국보험회사 국내지점의 허가취소를 할 수 있는 경우가 아닌 것은? ✓ 2015
> ① 외국보험회사의 지점이 허가된 국내 영업소를 이전하는 경우(×)
> ② 합병, 영업양도 등으로 외국보험회사의 본점이 소멸한 경우(○)
> ③ 외국보험회사의 본점이 위법행위, 불건전한 영업행위 등의 사유로 외국감독기관으로부터 보험업법 소정의 규정에 따른 처분에 상당하는 조치를 받은 경우(○)
> ④ 외국보험회사의 본점이 휴업하거나 영업을 중지한 경우(○) **답** ①

(2) 금융위원회에 7일 이내 통지

외국보험회사 국내지점은 그 외국보험회사의 본점이 (1)의 어느 하나에 해당하게 되면 그 사유가 발생한 날부터 7일 이내에 그 사실을 금융위원회에 알려야 한다.

(3) 국내지점 사유로 인한 영업정지 또는 허가취소

금융위원회는 외국보험회사 국내지점이 보험업 수행이 어렵다고 인정되면 공익 또는 보험계약자 보호를 위하여 영업정지 또는 그 밖에 필요한 조치를 하거나 청문을 거쳐 보험업의 허가를 취소할 수 있다.

① 이 법에 따른 명령이나 처분을 위반한 경우

② 금융소비자보호에관한법률에 따른 명령이나 처분을 위반한 경우

③ 외국보험회사의 본점이 그 본국의 법령을 위반한 경우

보험업법상 금융위원회가 외국보험회사 국내지점에 대하여 영업정지의 조치를 할 수 있는 사유가 아닌 것은?

✓ 2023

① 이 법에 따른 명령이나 처분을 위반한 경우
② 외국보험회사의 본점이 그 본국의 법령을 위반한 경우
③ 외국보험회사 국내지점의 보험업 수행이 어렵다고 인정되는 경우
④ 외국보험회사의 본점이 위법행위로 인하여 외국감독기관으로부터 영업 전부의 정지 조치를 받은 경우(×)

답 ④

(4) 국내자산 보유 의무

① 대한민국 국내자산 보유 : 외국보험회사 국내지점은 대한민국에서 체결한 보험계약에 관하여 적립한 책임준비금 및 비상위험준비금에 상당하는 자산을 대한민국(외국 ×)에서 보유하여야 한다.

② 대한민국 국내에서 보유하여야 하는 자산
  ㉠ 현금 또는 국내 금융기관에 대한 예금, 적금 및 부금
  ㉡ 국내에 예탁하거나 보관된 증권
  ㉢ 국내에 있는 자에 대한 대여금, 그 밖의 채권
  ㉣ 국내에 있는 고정자산
  ㉤ 국내에 적립된 재보험 자산
  ㉥ 상기 자산과 유사한 자산으로서 금융위원회가 정하여 고시하는 자산

외국보험회사 국내지점이 대한민국에서 체결한 보험계약에 관하여 보험업법 제75조에 따라 국내에서 보유하여야 하는 자산에 속하지 않은 것은?

✓ 2018

국내·외에서 적립된 보험업법 시행령 제63조 제2항에 따른 재보험 자산(국내·외 ×, 국내 ○)

(5) 국내 대표자와 잔무처리자

① 외국보험회사의 국내 대표자
  ㉠ 대표자의 재판 등 권한 : 외국보험회사 국내지점의 대표자는 재판상 또는 재판 외의 모든 행위를 대표할 권한을 갖는다.
  ㉡ 대표자의 퇴임 후 후임자 등기전 권리 등 유지 : 외국보험회사 국내지점의 대표자는 퇴임한 후에도 후임 대표자의 이름 및 주소에 관하여 등기가 있을 때까지는 계속하여 대표자의 권리와 의무를 가진다.
  ㉢ 대표자의 임원 인정 : 외국보험회사 국내 지점의 대표자는 보험회사의 임원으로 본다.
② 외국보험회사의 잔무처리자
  ㉠ 잔무처리자 선임과 해임 : 외국보험회사의 본점이 보험업을 폐업하거나 해산한 경우 또는 대한민국에서의 보험업을 폐업하거나 그 허가가 취소된 경우에는 금융위원회(금융감독원 ×)가 필요하다고 인정하면 잔무를 처리할 자를 선임하거나 해임할 수 있다.

ⓒ 잔무처리자의 권한 및 보수 : 잔무처리자는 청산인에 준하는 자로서 대표자의 권한을 갖게 되며 보수도 지급된다.

ⓒ 잔무처리자에 대한 감독 : 금융위원회는 업무와 재산 상황을 검사하고 재산의 공탁을 명하며 기타 감독상 필요한 명령을 할 수 있다.

(6) 외국상호회사 국내지점 등기

① 신청서 기재
  ㉠ 주된 영업소
  ㉡ 대표자 이름·주소
② 첨부서류(본국 관할 관청 증명)
  ㉠ 대한민국의 주된 영업소 인정 서류
  ㉡ 대표자 자격 인정 서류
  ㉢ 회사 정관·성격 판단 서류

(7) 규정 적용 제외

① 외국보험회사 국내지점 제외조항
  ㉠ 상호 또는 명칭에 보험회사 및 주로 경영하는 보험업의 종류 표시
  ㉡ 사외이사 선임
  ㉢ 감사위원회
  ㉣ 해산, 합병에서 특별결의 또는 금융위원회의 인가
  ㉤ 계약의 이전에 따른 이의 제출 절차
  ㉥ 해산 후 3개월 이내 보험계약 이전 결의
  ㉦ 합병에 관한 사항
  ㉧ 청산인에 관한 사항
② 총회 규정 제외
  외국보험회사 국내지점에 관하여서는 총회의 결의에 관한 규정을 적용하지 아니한다.

03 | 실전대비문제(보험계리사 · 손해사정사)

01 현행 보험업법상 (   ) 안에 들어갈 것으로 맞는 것은? (2005년)

> 보험회사인 주식회사가 자본감소를 결의한 경우에는 그 결의를 한 날부터 (   ) 이내에 결의의 요지와 재무상태표를 공고하여야 한다.

① 1주
② 2주
③ 3주
④ 1월

[해설] 보험업법 제18조
보험회사인 주식회사가 자본감소를 결의한 경우에는 그 결의를 한 날부터 2주 이내에 결의의 요지와 재무상태표를 공고하여야 한다.

답 ②

02 피보험자를 위하여 적립한 금액을 다른 법률에 특별한 규정이 있는 경우를 제외하고는 주식회사인 보험회사의 자산에서 우선하여 취득할 수 있는 자는? (2006년)

① 소액주주
② 모회사
③ 일반채권자
④ 보험계약자 또는 보험금을 취득할 자

[해설] 피보험자 적립금의 우선취득권
보험계약자나 보험금을 취득할 자는 피보험자를 위하여 적립한 금액을 다른 법률에 특별한 규정이 없으면 주식회사의 자산에서 우선하여 취득한다.

답 ④

03 보험업법에 의한 허가를 받은 외국보험회사의 국내 지점에 대하여 금융위원회가 필요하다고 인정하는 경우에 잔무처리자를 선임 또는 해임할 수 있는 경우가 아닌 것은? (2007년)

① 외국보험회사의 본점이 보험업을 폐지한 때
② 외국보험회사의 본점이 해산한 때
③ 외국보험회사의 본점이 흡수합병을 한 때
④ 대한민국 안에서의 보험업 허가가 취소된 때

[해설] 잔무처리자 선임
• 외국보험회사의 본점이 보험업을 폐업하거나 해산한 경우
• 대한민국에서의 보험업을 폐업하거나 그 허가가 취소된 경우

답 ③

04 주식회사인 보험회사와 상호회사인 보험회사의 설립에 차이가 있는 것은? (2008년)

① 발기인의 존재　　　　　　　　② 재산인수계약의 허용
③ 현물출자의 허용　　　　　　　④ 납입금보관은행의 책임

해설 주식회사 : 금전 이외 가능, 상호회사 : 금전만 가능

답 ③

05 보험업법상 상호회사의 청산인이 회사자산을 처분하는 순위로 올바른 것은? (2013년)

> (가) 일반 채무의 변제
> (나) 사원의 보험금액
> (다) 기금의 상각

① (가) – (나) – (다)
② (나) – (다) – (가)
③ (나) – (가) – (다)
④ (다) – (나) – (가)

해설 자산처분의 순위
1. 일반채무의 변제
2. 사원의 보험금액과 환급할 금액의 지급
3. 기금의 상각

답 ①

06 상호회사 사원의 권리와 의무에 관한 설명으로 옳은 것은? (2015년)

① 사원은 회사 채권자에 대하여 보험금을 한도로 책임을 지기 때문에 직접책임이다.
② 상호회사가 손해보험인 경우 보험의 목적이 양도되면 보험자의 승낙이 없는 경우라도 보험계약이 승계 추정되기 때문에 당연 상호회사의 사원이 된다.
③ 사원은 보험료 납입에 관하여 상계로써 상호회사에 대항할 수 있다.
④ 생명보험 및 제3보험을 목적으로 하는 상호회사의 사원은 회사의 승낙을 받아 타인으로 하여금 그 권리와 의무를 승계하게 할 수 있다.

해설 ① 사원은 회사 채권자에 대하여 보험금(×), 보험료를 한도로 한다(○).
　　② 보험자의 승낙이 없는 경우라도(×), 손해보험을 목적으로 하는 상호회사의 사원이 보험의 목적을 양도한 경우에는 양수인은 회사의 승낙을 받아 양도인의 권리와 의무를 승계할 수 있다(○).
　　③ 상계로써 상호회사에 대항할 수 있다(×). 대항할 수 없다(○).

답 ④

07 주식회사와 상호회사의 특성에 관한 설명 중 옳지 않은 것은? (2017년)

> 가. 주식회사의 주주와 상호회사의 사원은 모두 회사 채권자에 대하여 간접·유한책임을 진다.
> 나. 주식회사와 상호회사 모두 금전 이외의 출자가 금지된다.
> 다. 주식회사와 상호회사 모두 그 설립에 있어서 100인 이상의 사원을 필요로 한다.
> 라. 상호회사의 채무에 관한 사원의 책임은 보험료를 한도로 하며 보험료를 한도로 간접·유한책임을
>   진다. 보험료 납입에 관하여 상계로써 회사에 대항할 수 있다.
> 마. 주식회사의 구성원은 주주이나 상호회사의 구성원은 보험계약자인 사원이다.

① 가, 나, 다
② 나, 다, 라
③ 나, 라, 마
④ 가, 라, 마

[해설] 나. 주식회사와 상호회사 모두 금전 이외의 출자가 금지된다(×). 주식회사 : 금전 이외 가능, 상호회사 : 금전만 가능(○)
다. 주식회사와 상호회사 모두 그 설립에 있어서 100인 이상의 사원을 필요로 한다(×). 주식회사는 인원 제한이 없고,
상호회사만 100인 이상(○)
라. 보험료 납입에 관하여 상계로써 회사에 대항할 수 있다(×). 상호회사의 사원은 보험료의 납입에 관하여 상계로써
회사에 대항하지 못한다(○).

답 ②

08 보험업법상 보험업에 관한 설명 중 옳은 것(○)과 옳지 않은 것(×)을 올바르게 조합한 것은?

(2018년)

> 가. 보험업의 허가를 받을 수 있는 자는 주식회사 및 상호회사에 한한다.
> 나. 화재보험업만을 영위하기 위해 허가를 받은 자가 간병보험업을 영위하기 위해서는 간병보험에 관한
>   별도의 허가가 있어야 한다.
> 다. 생명보험업과 보증보험업을 겸영하고자 할 때에는 500억원의 자본금 또는 기금을 납입하여야 한다.
> 라. 통신판매전문보험회사가 통신수단에 의한 총 보험계약 건수 및 수입보험료의 모집 비율이 총 보험계약
>   건수 및 수입보험료의 100분의 90에 미달하는 경우에는 통신수단 이외의 방법으로 모집할 수 있다.

① 가. (○), 나. (×), 다. (○), 라. (×)
② 가. (×), 나. (○), 다. (×), 라. (×)
③ 가. (○), 나. (○), 다. (×), 라. (×)
④ 가. (×), 나. (×), 다. (○), 라. (○)

[해설] 가. 주식회사, 상호회사(×), 주식회사, 상호회사, 외국보험회사(○)
다. 합계액 500억(×), 생명보험과 보증보험은 겸영할 수 없다(○).
라. 미달하는 경우 모집할 수 있다(×). 없다(○).

답 ②

09 보험업법상 보험회사의 조직 변경에 관한 설명 중 옳지 않은 것은? (2018년)

① 주식회사가 조직 변경을 결의한 경우 그 결의를 한 날부터 2주 이내에 결의의 요지와 대차대조표를 공고하고 주주명부에 적힌 질권자에게는 개별적으로 알려야 한다.

② 주식회사가 상호회사로 조직을 변경할 때에는 상법 제434조에 따른 결의를 거쳐야 한다.

③ 주식회사는 상호회사로, 상호회사는 주식회사로 조직 변경을 할 수 있다.

④ 주식회사가 조직 변경을 하여 상호회사로 된 경우에는 보험업법 제9조(자본금 또는 기금)에도 불구하고 기금의 총액을 300억원 미만으로 하거나 설정하지 아니할 수 있다.

해설 ③ 주식회사는 상호회사로(○), 상호회사는 주식회사로(×)

답 ③

10 외국보험회사 국내지점이 대한민국에서 체결한 보험계약에 관하여 보험업법 제75조에 따라 국내에서 보유하여야 하는 자산에 속하지 않은 것은? (2018년)

① 현금 또는 국내 금융기관에 대한 예금, 적금 및 부금

② 국내·외에서 적립된 보험업법 시행령 제63조 제2항에 따른 재보험 자산

③ 국내에 있는 자에 대한 대여금, 그 밖의 채권

④ 미상각신계약비

해설 ② 국내·외에서 적립된(×), 국내(○)

답 ②

11 보험회사인 주식회사(이하 "주식회사"라 한다)에 대한 설명으로 옳은 것은? (2019년)

① 주식회사가 자본감소를 결의한 경우에는 그 결의를 한 날로부터 3주 이내에 결의의 요지와 대차대조표를 공고하여야 한다.

② 주식회사가 주식 금액 또는 주식 수의 감소에 따른 자본금의 실질적 감소를 결의한 때에는 그 결의를 한 날로부터 7일 이내에 금융위원회의 승인을 받아야 한다.

③ 주식회사의 자본감소 결의에 따른 공고에는 이전될 보험계약의 보험계약자로서 자본감소에 이의가 있는 자는 일정한 기간 동안 이의를 제출할 수 있다는 뜻을 덧붙여야 하며, 그 기간은 1개월 이상으로 하여야 한다.

④ 보험계약자나 보험금을 취득할 자는 주식회사가 파산한 경우 피보험자를 위하여 적립한 금액을 다른 법률에 특별한 규정이 있는 경우에 한하여 주식회사의 자산에서 우선 취득할 수 있다.

해설 ① 3주(×), 2주(○)
② 7일, 자본감소를 결의할 때 대통령령으로 정하는 자본감소를 하려면 미리(사후 ×) 금융위원회의 승인을 받아야 한다(○).
④ 다른 법률에 특별한 규정이 있는 경우에 한하여(×), 보험계약자나 보험금을 취득할 자는 피보험자를 위하여 적립한 금액을 다른 법률에 특별한 규정이 없으면 주식회사의 자산에서 우선하여 취득한다(○).

답 ③

12 보험회사인 주식회사(이하 "주식회사"라 한다)의 조직 변경에 대한 설명으로 옳은 것은 몇 개 인가?

(2019년)

> 가. 주식회사가 보험업법 제22조(조직 변경의 결의의 공고와 통지) 제1항에 따른 공고를 한 날 이후에 보험계약을 체결하려면 보험계약자가 될 자에게 조직 변경 절차가 진행 중임을 알리고 그 승낙을 받아야 하며, 승낙을 한 자는 승낙을 한 때로부터 보험계약자가 된다.
> 나. 주식회사에서 상호회사로의 조직 변경에 따른 기금 총액은 300억원 미만으로 하거나 설정하지 아니할 수는 있으나, 손실 보전을 충당하기 위하여 금융위원회가 필요하다고 인정하는 금액을 준비금으로 적립하여야 한다.
> 다. 주식회사의 상호회사로의 조직 변경을 위한 주주총회의 결의는 주주의 과반수 출석과 그 의결권의 4분의 3의 동의를 얻어야 한다.
> 라. 주식회사가 상호회사로 조직 변경을 하는 경우에는 그 결의를 한 날로부터 2주 이내에 결의의 요지와 대차대조표를 공고하고 주주명부에 적힌 질권자에게는 개별적으로 알려야 한다.
> 마. 주식회사의 보험계약자는 상호회사로의 조직 변경에 따라 해당 상호회사의 사원이 된다.

① 1개
② 2개
③ 3개
④ 4개

[해설] ③ 3개(나, 라, 마)
　　가. 승낙을 한 때로부터 보험계약자가 된다(×). 조직 변경 승낙을 한 보험계약자는 조직 변경 절차를 진행하는 중에는 보험계약자가 아닌 자로 본다(○).
　　다. 주주의 과반수 출석과 그 의결권의 4분의 3의 동의를 얻어야 한다(×). 출석한 주주의 의결권의 3분의 2 이상의 수와 발행주식 총수의 3분의 1 이상의 수로써 하여야 한다(○).

　　tip 3·2, 3·1

답 ③

13 외국보험회사의 국내지점에 대한 설명으로 옳지 않은 것은?

(2019년)

① 외국보험회사의 국내지점을 대표하는 사원은 회사의 영업에 관하여 재판상 또는 재판 외의 모든 행위를 할 권한이 있으며, 이 권한에 대한 제한은 선의의 제3자에게 대항하지 못한다.

② 외국보험회사의 국내지점은 대한민국에서 체결한 보험계약에 관하여 보험업법에 따라 적립한 책임준비금 및 비상위험준비금에 상당하는 자산을 대한민국에서 보유하여야 한다.

③ 외국보험회사의 국내지점이 보험업을 폐업하거나 해산한 경우 또는 국내에 보험업을 폐업하거나 그 허가가 취소된 경우에는 청산업무를 진행할 청산인을 선임하여 금융위원회에 신고하여야 한다.

④ 외국보험회사의 국내지점의 설치가 불법이거나 설치 등기 후 정당한 사유 없이 1년 내에 영업을 개시하지 아니하는 등의 경우에는 법원을 이해관계인 또는 검사의 청구에 의하여 그 영업소의 폐쇄를 명할 수 있다.

[해설] 잔무처리자 선임
　• 외국보험회사의 본점이 보험업을 폐업하거나 해산한 경우
　• 대한민국에서의 보험업을 폐업하거나 그 허가가 취소된 경우

답 ③

174 :: 제2편 보험업법

14 보험업법상 상호회사의 정관 기재 사항을 모두 고른 것은? (2020년)

> 가. 취급하려는 보험종목과 사업의 범위   나. 명칭
> 다. 회사의 성립연월일   라. 기금의 총액
> 마. 기금의 갹출자가 가질 권리   바. 발기인의 성명·주민등록번호 및 주소

① 가, 나, 라, 마   ② 나, 다, 라, 마

③ 다, 라, 마, 바   ④ 가, 나, 마, 바

해설 정관 기재 사항
- 취급하려는 보험종목과 사업의 범위   • 명칭
- 사무소 소재지   • 기금의 총액
- 기금의 갹출자가 가질 권리   • 기금과 설립비용의 상각 방법
- 잉여금의 분배 방법   • 회사의 공고 방법
- 회사 성립 후 양수할 것을 약정한 자산이 있는 경우에는 그 자산의 가격과 양도인의 성명
- 존립 시기 또는 해산 사유를 정한 경우에는 그 시기 또는 사유

답 ①

---

15 보험회사인 주식회사에 관한 설명으로 ( ) 안에 들어갈 내용을 순서대로 연결한 것은? (2021년)

> 가. 보험회사인 주식회사가 자본감소를 결의한 경우에는 그 결의를 한 날부터 ( )주 이내에 결의의
>   요지와 대차대조표를 공고하여야 한다.
> 나. 주식회사는 그 조직을 변경하여 ( )로 변경할 수 있다.
> 디. 주식회사는 조직 변경을 결의할 때 ( ) 총회를 갈음하는 기관에 관한 사항을 정할 수 있다.
> 라. 주식회사의 조직 변경은 ( )의 결의를 거쳐야 한다.

① 4 – 합자회사 – 보험자 – 이사회
② 4 – 주식회사 – 보험수익자 – 이사회
③ 2 – 상호회사 – 보험계약자 – 주주총회
④ 2 – 합명회사 – 보험수익자 – 보험계약자 총회

해설 ③ 2 – 상호회사 – 보험계약자 – 주주총회

답 ③

---

16 상호회사에 관한 설명으로 옳지 않은 것은? (2021년)

① 상호회사의 발기인은 정관을 작성하여 법에서 정한 일정한 사항을 적고 기명날인하여야 한다.
② 상호회사는 그 명칭 중에 상호회사라는 글자를 포함하여야 한다.
③ 상호회사의 기금은 금전 이외의 자산으로 납입할 수 있다.
④ 상호회사는 100명 이상의 사원으로써 설립한다.

해설 ③ 기금은 금전 이외의 자산으로 납입할 수 있다(×). 상호회사의 기금은 금전 이외의 자산으로 납입하지 못한다(○).

답 ③

17 상호회사의 창립총회 및 설립등기에 관한 설명으로 ( ) 안에 들어갈 내용을 순서대로 연결한 것은?

(2021년)

> 가. 상호회사의 발기인은 상호회사의 기금이 납입이 끝나고 사원의 수가 예정된 수가 되면 그날부터
>   (   )일 이내에 창립총회를 소집하여야 한다.
> 나. 창립총회는 사원 과반수의 출석과 그 의결권의 (   ) 이상의 찬성으로 결의한다.
> 다. 상호회사의 설립등기는 창립총회가 끝난 날부터 (   )주 이내에 하여야 한다.

① 7 – 3분의 2 – 4

② 7 – 4분의 3 – 2

③ 14 – 3분의 2 – 2

④ 14 – 4분의 3 – 4

[해설] 7 – 4분의 3 – 2

답 ②

18 상호회사의 기관에 관한 설명으로 옳지 않은 것은?

(2021년)

① 상호회사는 사원총회를 갈음할 기관을 정관으로 정할 수 있다.

② 상호회사의 사원은 정관에 특별한 규정이 있는 경우를 제외하고는 사원총회에서 각각 1개의 의결권을 가진다.

③ 상호회사의 100분의 5 이상의 사원은 정관으로 다른 기준을 정한 경우를 제외하고 회사의 목적과 그 소집의 이유를 적은 서명을 이사에게 제출하여 사원총회의 소집을 청구할 수 있다.

④ 상호회사의 사원과 채권자는 언제든지 정관과 사원총회 및 이사회의 의사록을 열람하거나 복사할 수 있다.

[해설] ③ 회사의 목적(×), 회의의 목적(○)
　　　 ④ 언제든지(×), 영업시간 중에는(○)
　　　 상호회사의 사원과 채권자는 영업시간 중에는 언제든지 서류를 열람하거나 복사할 수 있고, 회사가 정한 비용을 내면 그 등본 또는 초본의 발급을 청구할 수 있다.

답 ③, ④

19 보험업법상 주식회사가 그 조직을 변경하여 상호회사로 되는 경우, 이에 관한 내용으로 옳은 것은?

(2022년)

① 상호회사는 기금의 총액을 300억원 미만으로 할 수는 있지만 이를 설정하지 않을 수는 없다.

② 주식회사의 조직 변경은 출석한 주주 의결권의 과반수와 발행주식 총수의 4분의 1 이상의 수로써 하여야 한다.

③ 주식회사의 보험계약자는 조직 변경을 하더라도 해당 상호회사의 사원이 되는 것은 아니다.

④ 주식회사는 상호회사로 된 경우에는 7일 이내에 그 취지를 공고하여야 하고, 상호회사로 되지 않은 경우에도 또한 같다.

해설 ① 300억원 미만으로 할 수는 있지만 이를 설정하지 않을 수는 없다(×). 설정하지 아니할 수 있다(○).
② 과반수와 4분의 1 이상(×), 3 · 2, 3 · 1(○)
③ 상호회사의 사원이 되는 것은 아니다(×). 상호회사의 사원이 된다(○).

답 ④

20 보험업법상 금융위원회가 외국보험회사 국내지점에 대하여 영업정지의 조치를 할 수 있는 사유가 아닌 것은?

(2023년)

① 이 법에 따른 명령이나 처분을 위반한 경우

② 외국보험회사의 본점이 그 본국의 법령을 위반한 경우

③ 외국보험회사 국내지점의 보험업 수행이 어렵다고 인정되는 경우

④ 외국보험회사의 본점이 위법행위로 인하여 외국감독기관으로부터 영업 전부의 정지 조치를 받은 경우

해설 ④ 외국보험회사의 본점이 위법행위로 인하여 외국감독기관으로부터 영업 전부의 정지 조치를 받은 경우(×)
외국보험회사 국내지점 허가취소
• 명령이나 처분을 위반한 경우
• 금융소비자 보호에 관한 법률에 따른 명령이나 처분을 위반한 경우
• 외국보험회사의 본점이 그 본국의 법령을 위반한 경우

답 ④

04 | 모집

제1절 모집종사자

1. 모집할 수 있는 자(법 제83조)

(1) 용어 정의

① 보험설계사 : 보험회사·보험대리점 또는 보험중개사에 소속되어 보험계약의 체결을 중개하는 자(법인이 아닌 사단과 재단을 포함)로서 등록된 자를 말한다.

② 보험대리점 : 보험회사를 위하여 보험계약의 체결을 대리하는 자(법인이 아닌 사단과 재단을 포함)로서 등록된 자를 말한다.

③ 보험중개사 : 독립적으로 보험계약의 체결을 중개하는 자(법인이 아닌 사단과 재단을 포함)로서 등록된 자를 말한다.

보험설계사	보험대리점	보험중개사
소속	위하여	독립적
중개	대리	중개
등록		

④ 모집 : 보험계약의 체결을 중개하거나 대리하는 것을 말한다.

(2) 모집을 할 수 있는 자는 다음에 해당하는 자이어야 한다.

① 보험설계사

② 보험대리점

③ 보험중개사

④ 보험회사의 임원 또는 직원(대표이사·사외이사·감사 및 감사위원 제외)

> 🖋 **기출 포인트 !**
>
> 보험회사의 대표이사·사외이사는 업무집행기관이라는 점에서 보험모집을 할 수 없으나, 감사·감사위원은 감독기관이기 때문에 보험모집이 가능하다(감사·감사위원은 보험모집이 가능하다 ✕, 대표이사·사외이사·감사 및 감사위원 모집 불가 ○).　　✓ 2023
>
> **보험업법상 보험을 모집할 수 없는 자에 해당하는 것은?**　　✓ 2021
>
> ① 보험중개사　　　　　② 보험회사의 사외이사
> ③ 보험회사의 직원　　　④ 보험설계사　　　　　답 ②

2. 보험설계사 등록 등(법 제84조)

(1) 금융위원회 등록

① 보험설계사 종속성 : 보험설계사는 보험회사·보험대리점 및 보험중개사에 소속되어야 한다.
② 금융위원회 등록 : 보험설계사가 되려는 자를 금융위원회에 등록하여야 한다.

(2) 금융위원회 등록 취소 및 정지

① 보험설계사에 대한 청문 : 금융위원회는 등록을 취소하거나 업무의 정지를 명하려면 보험설계사에 대하여 청문을 하여야 한다.
② 문서 통지 : 금융위원회는 보험설계사의 등록을 취소하거나 업무의 정지를 명한 경우에는 지체 없이 그 이유를 적은 문서로 보험설계사 및 해당 보험설계사가 소속된 보험회사 등에 그 뜻을 알려야 한다.

(3) 보험설계사 등의 교육

보험회사, 보험대리점 및 보험중개사는 소속 보험설계사에게 최초로 등록한 날부터 2년이 지날 때마다 2년이 된 날부터 6개월 이내에 교육하여야 한다.

> **기출 포인트 !**
>
> 법인이 아닌 보험대리점 및 보험중개사는 보험업법에 따라 등록한 날부터 (2년)이 지날 때마다 (2년)이 된 날부터 (6월) 이내에 보험업법에서 정한 기준에 따라 교육을 받아야 한다.
>
> ✓ 2022

3. 보험설계사의 모집 제한 등(법 제85조)

(1) 다른 회사 소속 설계사 위탁 금지

보험회사 등은 다른 보험회사 등에 소속된 보험설계사에게 모집을 위탁하지 못한다.

> **기출 포인트 !**
>
> 보험설계사는 같은 보험회사 등에 소속된 다른 보험설계사에 대하여 모집을 위탁할 수 없다(같은 보험회사 ×, 다른 보험회사 ○).
>
> ✓ 2019

(2) 소속 회사 외 모집 제한

보험설계사는 자기가 소속된 보험회사 등 이외의 자를 위하여 모집하지 못한다.

(3) 모집 제한 예외(교차모집)

① 생명보험회사 또는 제3보험업을 전업으로 하는 보험회사에 소속된 보험설계사가 1개의 손해보험회사를 위하여 모집하는 경우

② 손해보험회사 또는 제3보험업을 전업으로 하는 보험회사에 소속된 보험설계사가 1개의 생명보험회사를 위하여 모집하는 경우

③ 생명보험회사나 손해보험회사에 소속된 보험설계사가 1개의 제3보험업을 전업으로 하는 보험회사를 위하여 모집하는 경우

더 알아보기 교차모집제도

소속된 설계사	모집 가능
생명보험회사 또는 제3보험업(전업)	1개 손해보험회사
손해보험회사 또는 제3보험업(전업)	1개 생명보험회사
생명보험회사 또는 손해보험회사	1개 제3보험회사

(4) 교차모집 금지사항

① 업무상 알게 된 특정 보험회사의 정보를 다른 보험회사에 제공하는 행위

② 보험계약을 체결하려는 자의 의사에 반하여 다른 보험회사와의 보험계약 체결을 권유하는 등 모집을 위탁한 보험회사 중 어느 한쪽의 보험회사만을 위하여 모집하는 행위

③ 모집을 위탁한 보험회사에 대하여 회사가 정한 수수료·수당 외에 추가로 대가를 지급하도록 요구하는 행위

④ 교차모집을 위탁한 보험회사에 대하여 합리적 근거 없이 다른 보험설계사보다 우대하여 줄 것을 요구하는 행위

⑤ 교차모집을 위탁한 보험회사에 대하여 다른 교차모집보험설계사 유치를 조건으로 대가를 요구하는 행위

⑥ 교차모집 관련 보험계약 정보를 외부에 유출하는 행위

기출 포인트!

보험설계사의 모집 제한의 예외에 해당하는 것을 모두 고른 것은?   √ 2021

가. 생명보험회사에 소속된 보험설계사가 소속 이외의 1개의 생명보험회사를 위하여 모집하는 경우
나. 손해보험회사에 소속된 보험설계사가 1개의 생명보험회사를 위하여 모집하는 경우(○)
다. 제3보험업을 겸업으로 하는 보험회사에 소속된 보험설계사가 1개의 손해보험회사를 위하여 모집을 하는 경우
라. 생명보험회사에 소속된 보험설계사가 1개의 손해보험회사를 위하여 모집을 하는 경우(○)   **답** 나, 라

보험업법상 교차모집보험설계사에게 허용되지 않는 행위를 모두 고른 것은?   √ 2018

가. 업무상 알게 된 특정 보험회사의 정보를 다른 보험회사에 제공하는 행위(○)
나. 모집을 위탁한 보험회사에 대하여 회사가 정한 수수료·수당을 요구하는 행위
다. 보험계약을 체결하는 자의 요구에 따라 모집을 위탁한 보험회사 중 어느 한 보험회사를 위하여 보험을 모집하는 행위
라. 교차모집을 위탁한 보험회사에 대하여 다른 교차모집보험설계사 유치를 조건으로 대가를 요구하는 행위(○)
마. 교차모집을 위탁한 보험회사에 대하여 다른 보험설계사보다 우대하여 줄 것을 합리적 근거를 가지고 요구하는 행위   **답** 가, 라

4. 보험회사의 보험설계사에 대한 불공정 행위 금지(법 제85조의3)

(1) 보험회사 등의 모집위탁 시 금지행위

① 보험모집 위탁계약서를 교부하지 아니하는 행위

② 위탁계약서상 계약사항을 이행하지 아니하는 행위

③ 위탁계약서에서 정한 해지 요건 외의 사유로 위탁계약을 해지하는 행위

④ 정당한 사유 없이 보험설계사가 요청한 위탁계약 해지를 거부하는 행위

⑤ 위탁계약서에서 정한 위탁업무 외의 업무를 강요하는 행위

⑥ 정당한 사유 없이 보험설계사에게 지급되어야 할 수수료의 전부 또는 일부를 지급하지 아니하거나 지연하여 지급하는 행위

⑦ 정당한 사유 없이 보험설계사에게 지급한 수수료를 환수하는 행위

⑧ 보험설계사에게 보험료 대납을 강요하는 행위

⑨ 그 밖에 대통령령으로 정하는 불공정한 행위

> 🧠 **기출 포인트 !**
>
> | 보험설계사에 대한 불공정 행위 금지 유형에 해당하는 것으로 옳은 것은? | ✓ 2017 |
> | --- | --- |
>
> 가. 보험모집 위탁계약서를 교부하는 행위
> 나. 위탁계약서상 계약사항을 이행하지 아니하는 행위(○)
> 다. 위탁계약서에서 정한 해지 요건의 사유로 위탁계약을 해지하는 행위
> 라. 정당한 이유로 보험설계사에게 지급한 수수료를 환수하는 행위
> 마. 보험설계사에게 보험료 대납(代納)을 강요하는 행위(○)
>
> 🔖 **나, 마**

(2) 보험협회 규약 마련

보험협회는 보험설계사에 대한 보험회사 등의 불공정한 모집위탁행위를 막기 위하여 보험회사 등이 지켜야 할 규약을 정할 수 있다.

5. 고객 응대 직원에 대한 보호조치 의무(법 제85조의4)

(1) 보험회사의 보호조치

보험회사는 고객을 직접 응대하는 직원을 고객의 폭언이나 성희롱, 폭행 등으로부터 보호하기 위하여 다음의 조치를 하여야 한다.

① 직원이 요청하는 경우(요청이 없어도 ×) 해당 고객으로부터의 분리 및 업무담당자 교체

② 직원에 대한 치료 및 상담 지원

③ **상시적 고충 처리기구 마련** : 고객을 직접 응대하는 직원을 위한 상시적 고충 처리기구를 마련한다. 다만, 근로자참여 및 협력증진에 관한 법률에 따라 고충처리위원을 두는 경우에는 고객을 직접 응대하는 직원을 위한 전담 고충처리위원의 선임 또는 위촉

④ **직원 요청 시 수사기관에 고발** : 고객의 폭언이나 성희롱, 폭행 등(이하 "폭언 등"이라 한다)이 관계 법률의 형사처벌 규정에 위반된다고 판단되고 그 행위로 피해를 입은 직원이 요청하는 경우(요청이 없어도 ×)는 관할 수사기관 등에 고발

> 🔋 **기출 포인트 !**
>
> 보험회사는 해당 직원의 요청이 없어도 해당 고객의 행위가 관계 법률의 형사처벌 규정에 위반된다고 판단되면 관할 수사기관에 고발 조치하여야 한다(요청이 없어도 ×, 요청하는 경우 ○). ✓ 2018

⑤ **장래 피해 정도 등을 고려하여 수사기관에 필요한 조치 요구** : 고객의 폭언 등이 관계 법률의 형사처벌 규정에 위반되지는 아니하나 그 행위로 피해를 입은 직원의 피해 정도 및 그 직원과 다른 직원에 대한 장래 피해 발생 가능성 등을 고려하여 필요하다고 판단되는 경우는 관할 수사기관 등에 필요한 조치 요구

⑥ **직원의 민·형사 조치 지원** : 직원이 직접 폭언 등의 행위를 한 고객에 대한 관할 수사기관 등에 고소, 고발, 손해배상 청구 등의 조치를 하는 데 필요한 행정적, 절차적 지원

⑦ **예방 및 대응 교육 실시** : 고객의 폭언 등을 예방하거나 이에 대응하기 위한 직원의 행동 요령 등에 대한 교육 실시

(2) 직원은 보험회사에 대하여 보호조치를 요구할 수 있다.

(3) 보험회사는 직원의 보호조치 요구를 이유로 직원에게 불이익을 주어서는 아니 된다.

6. 보험대리점 · 보험중개사 등록 및 업무(법 제87조~제89조의3)

(1) 금융위원회 등록

보험대리점과 보험중개사가 되려는 자는 개인과 법인을 구분하여 금융위원회에 등록하여야 한다.

(2) 금융위원회 지정기관에 영업보증금 예탁

금융위원회는 등록한 보험대리점과 보험중개사로 하여금 금융위원회가 지정하는 기관(은행법상의 은행 ×)에 영업보증금을 예탁하게 할 수 있다.

> 🔋 **기출 포인트 !**
>
> 등록한 보험중개사는 보험계약자에게 입힌 손해의 배상을 보장하기 위하여 은행법상의 은행에 영업보증금을 예탁하여야 한다(은행법상의 은행 ×, 금융위원회 지정기관 ○). ✓ 2021

(3) 법인보험대리점 · 법인보험중개사 업무 등

① **업무 기준** : 보험대리점과 보험중개사는 금융위원회가 정하여 고시하는 다음의 요건을 모두 갖추어야 한다.

　㉠ 법령을 준수하고 보험계약자를 보호하기 위한 업무 지침을 정할 것

　㉡ 업무 지침의 준수 여부를 점검하고 그 위반사항을 조사하는 임원 또는 직원을 1명 이상 둘 것

　㉢ 보험계약자를 보호하고 보험계약의 모집 업무를 수행하는 데 필요한 전산설비 등 물적 시설을 충분히 갖출 것

기출 포인트 !

> 법인보험중개사는 보험계약자 보호를 위한 업무 지침을 정해야 하며, 그 업무 지침의 준수 여부를 점검하고 위반사항을 조사하기 위한 임원 또는 직원을 2인 이상 두어야 한다(2인 이상 ×, 1명 이상).　　✓ 2020

② **금지업무**

　㉠ 다단계판매업

　㉡ 대부업 또는 대부중개업

기출 포인트 !

> 법인보험대리점은 대부업 등의 등록 및 금융이용자 보호에 관한 법률에 따른 대부업 또는 대부중개업을 영위할 수 있다(대부업 또는 대부중개업을 영위할 수 있다 ×, 없다 ○).　　✓ 2016

③ **공시의무** : 법인대리점과 법인보험중개사는 다음을 공시하고 금융위원회에 알려야 한다.

　㉠ 경영하고 있는 업무의 종류

　㉡ 모집조직에 관한 사항

　㉢ 모집실적에 관한 사항

　㉣ 그 밖에 보험계약자 보호를 위하여 금융위원회(소비자보호위원회 ×)가 정하여 고시하는 사항

기출 포인트 !

> 법인보험대리점은 경영현황 등 업무상 주요 사항을 공시하고 금융위원회에 알려야 한다. 공시할 업무상 주요 사항에 포함되지 않는 것은?　　✓ 2014
> ① 경영하고 있는 업무의 종류
> ② 모집조직에 관한 사항
> ③ 모집실적에 관한 사항
> ④ 그 밖에 보험계약자 보호를 위하여 소비자보호위원회가 정하여 고시하는 사항(소비자보호위원회 ×, 금융위원회 ○)
> 　　　　답 ④

7. 보험중개사의 의무 및 신고사항(법 제92조~제93조)

(1) 보험중개사 의무

① 중개내용 장부 기재 : 보험중개사는 보험계약의 체결을 중개할 때 그 중개와 관련된 내용을 장부에 적고 보험계약자에게 알려야 한다.

② 수수료 열람 비치 : 그 수수료에 관한 사항을 비치하여 보험계약자가 열람할 수 있도록 하여야 한다.

> 🧠 **기출 포인트 !**
>
> 보험중개사는 보험계약의 체결을 중개할 때 그 중개와 관련된 내용을 장부에 적고 보험계약자에게 알려야 하나, 그 수수료에 관한 사항을 비치할 필요는 없다(수수료에 관한 사항을 비치할 필요는 없다 ✕, 그 수수료에 관한 사항을 비치하여야 한다 ○). ✓ 2023

(2) 보험중개사 겸직 금지

① 보험회사 임직원 금지 : 보험중개사는 보험회사의 임직원이 될 수 없다.

② 보험계리사 등 업무 금지 : 보험계약의 체결을 중개하면서 보험회사・보험설계사・보험대리점・보험계리사 및 손해사정사의 업무를 겸할 수 없다.

> 🧠 **기출 포인트 !**
>
> 보험중개사는 보험계약의 체결을 중개하면서 보험계리사의 업무를 겸할 수 있다(겸할 수 있다 ✕, 겸할 수 없다 ○). ✓ 2014

(3) 신고사항

① 금융위원회 신고 : 보험설계사・보험대리점 또는 보험중개사는 다음에 해당할 때는 지체 없이 그 사실을 금융위원회에 신고하여야 한다.

  ㉠ 보험설계사의 등록・보험대리점의 등록 및 보험중개사의 등록을 신청할 때 제출한 서류에 적힌 사항이 변경된 경우

  ㉡ 보험설계사 등록 결격 사유에 해당하게 된 경우

  ㉢ 모집 업무를 폐지한 경우

  ㉣ 개인의 경우에는 본인이 사망한 경우

  ㉤ 법인의 경우에는 그 법인이 해산한 경우

  ㉥ 법인이 아닌 사단 또는 재단의 경우에는 그 단체가 소멸한 경우

  ㉦ 보험대리점 또는 보험중개사가 소속 보험설계사와 보험모집에 관한 위탁을 해지한 경우

  ㉧ 보험설계사의 교차모집에 따라 보험설계사가 다른 보험회사를 위하여 모집한 경우나, 보험대리점 또는 보험중개사가 생명보험계약의 모집과 손해보험계약의 모집을 겸하게 된 경우

② 신고 당사자 : 개인이 사망한 때에는 그 상속인, 법인이 해산한 경우에는 그 청산인・업무 집행임원이었던 자 또는 파산관재인, 단체가 소멸한 경우에는 그 관리인이었던 자가 신고를 하여야 한다.

8. 등록 결격 사유 등

(1) 등록 결격 사유

	결격 사유	보험설계사	보험대리점	보험중개사
	1. 피성년후견인, 피한정후견인	○	○	○
	2. 파산선고 후 미복권자	○	○	○
	3. 보험업법 또는 금융소비자 보호에 관한 법률에 따라 금고 이상의 형의 집행유예를 선고받고 그 유예기간에 있는 자	○	○	○
	4. 영업에 관하여 성년자와 같은 능력을 갖추지 아니한 미성년자로서 그 법정대리인이 어느 하나에 해당하는 자	○	○	○
	5. 법인 또는 법인이 아닌 사단이나 재단으로서 그 임원이나 관리인 중에 어느 하나에 해당하는 자가 있는 자	○	○	○
2년 미경과	1. 보험업법 또는 금융소비자 보호에 관한 법률에 따라 벌금 이상의 형을 선고받고 그 집행이 끝나거나(집행이 끝난 것으로 보는 경우 포함) 집행이 면제된 날부터 2년이 지나지 아니한 자	○	○	○
	2. 보험업법에 따라 보험설계사가 보험대리점 또는 보험중개사의 등록이 취소(제1호 또는 제2호에 해당하여 등록이 취소된 경우는 제외한다)된 후 2년이 지나지 아니한 자	○	○	○
	3. 보험업법 또는 금융소비자 보호에 관한 법률에 따라 과태료 또는 과징금 처분을 받고 이를 납부하지 아니하거나 업무정지 및 등록 취소 처분을 받은 보험대리점·보험중개사 소속의 임직원이었던 자(처분 사유의 발생에 관하여 직접 또는 이에 상응하는 책임이 있는 자로서 대통령령으로 정하는 자만 해당)로서 과태료·과징금·업무정지 및 등록 취소 처분이 있었던 날부터 2년이 지나지 아니한 자	○	○	○
3년 미경과	1. 보험설계사·보험대리점 또는 보험중개사 등록 취소 처분을 2회 이상 받은 경우 최종 등록 취소 처분을 받은 날부터 3년이 지나지 아니한 자	○	○	○
	2. 모집과 관련하여 받은 보험료, 대출금 또는 보험금을 다른 용도에 유용한 후 3년이 지나지 아니한 자	○	○	○
	6. 보험설계사 또는 보험중개사로 등록된 자		○	○
	7. 다른 보험회사 등의 임직원		○	○
	8. 외국의 법령에 따라 제84조 제2항에 해당하는 것으로 취급되는 자		○	
	9. 그 밖에 경쟁을 실질적으로 제한하는 등 불공정한 모집행위를 할 우려가 있는 자로서 대통령령으로 정하는 자		○	
	10. 제87조 제2항(보험대리점의 등록) 제4호 및 제5호에 해당하는 자			○
	11. 부채가 자산을 초과하는 법인			○

(2) 등록 취소 사유(※ 취소하여야 한다)

취소 사유	보험설계사	보험대리점	보험중개사
1. 등록 결격 사유에 해당하는 경우	○	○	○
2. 등록 당시 결격 사유에 해당하는 자이었음이 밝혀진 경우	○	○	○
3. 거짓이나 그 밖의 부정한 방법으로 등록을 한 경우	○	○	○
4. 업무정지 처분을 2회 이상 받은 경우	○	×	×
5. 업무 범위 위반	×	○	○
6. 자기계약 금지 위반	×	○	○

(3) 6개월 이내 영업정지나 등록을 취소할 수 있는 경우(※ 취소할 수 있다)

취소 사유	보험설계사	보험대리점	보험중개사
1. 모집에 관한 이 법의 규정을 위반한 경우	○	○	○
2. 보험사기 방지를 위반한 경우	○	○	○
3. 보험사고의 고의, 조작, 과장으로 보험금을 받은 경우	○	○	○
4. 명령이나 처분을 위반한 경우	○	○	○
5. 과태료 처분을 2회 이상 받은 경우	○	×	×
6. 업무의 정지 기간에 업무를 한 경우	○	○	○
7. 금융위원회의 시정 명령 또는 중지 명령을 받고 금융위원회가 정한 기간 내에 시정하거나 중지하지 아니한 경우	○	○	○
8. 그 밖에 금융소비자의 이익을 현저히 해칠 우려가 있거나 해당 금융상품판매업 등을 영위하기 곤란하다고 인정되는 경우로서 대통령령으로 정하는 경우	○	○	○
9. 해당 소속 보험설계사가 본 사유에 해당하는 경우	×	○	○

🫖 **기출 포인트 !**

보험설계사에 대해 6개월 이내의 기간을 정하여 그 업무의 정지를 명하거나 그 등록을 취소할 수 있는 경우를 모두 고른 것은?　　　　　　　　　　　　　　　　　　　　　✓ 2017

가. 보험설계사가 금고 이상의 형의 집행유예를 선고받은 경우(※ 등록 결격 사유)

나. 보험업법에 따라 업무정지 처분을 2회 이상 받은 경우(※ 등록 취소 사유 : Must)

다. 모집에 관한 보험업법의 규정을 위반한 경우(○)

라. 보험계약자, 피보험자 또는 보험금을 취득할 자로서 보험업법 제102조의2(보험계약자의 의무)를 위반한 경우(○)

마. 보험업법에 따라 과태료 처분을 2회 이상 받은 경우(○)

🔲 다, 라, 마

9. 금융기관보험대리점 등의 영업기준(법 제91조)

(1) 금융기관보험대리점 등록 가능 기관

다음에 해당하는 금융기관은 보험대리점 또는 보험중개사로 등록할 수 있다.

① 은행법에 따라 설립된 은행
② 자본시장과 금융투자업에 관한 법률에 따른 투자매매업자 또는 투자중개업자
③ 상호저축은행법에 따른 상호저축은행
④ 한국산업은행법에 따라 설립된 한국산업은행
⑤ 중소기업은행법에 따라 설립된 중소기업은행
⑥ 여신전문금융업법에 따라 허가받은 신용카드업자(겸영 여신업자는 제외한다)
⑦ 농업협동조합법에 따라 설립된 조합 및 농협은행

📝 **기출 포인트 !**

보험업법상 금융기관보험대리점이 될 수 없는 것은?　　　　　　　　　✓ 2023
① 은행법에 따라 설립된 은행
② 농업협동조합법에 따라 설립된 조합
③ 상호저축은행법에 따른 상호저축은행
④ 자본시장과 금융투자업에 관한 법률에 따른 신탁업자(×)　　　　　　　답 ④

---

(2) 소속 임직원이 아닌 자의 모집 가능 금융기관

금융기관보험대리점 중 다음에 해당하는 자는 소속 임직원이 아닌 자로 하여금 모집하게 하거나, 보험계약 체결과 관련한 상담 또는 소개를 하게 하고 상담 또는 소개의 대가를 지급할 수 있다.

① 신용카드업자(겸영 여신업자 제외)
② 조합(농협생명보험 또는 농협손해보험이 판매하는 보험상품을 모집하는 경우로 한정)

더 알아보기 금융기관 모집 비교

소속 임직원만 모집 가능	소속 임직원 외 (설계사) 모집 가능
1. 은행 2. 투자매매업자 또는 투자중개업자 3. 상호저축은행 4. 한국산업은행 5. 중소기업은행	1. 신용카드업자(겸영 여신업자 제외) 2. 조합(농협생명보험 또는 농협손해보험이 판매하는 보험상품을 모집하는 경우로 한정)

(3) 보험대리점 또는 보험중개사로 등록한 금융기관이 모집할 수 있는 보험상품의 범위는 금융기관에서의 판매 용이성, 불공정거래 가능성 등을 고려하여 대통령령으로 정한다.

(4) 금융기관보험대리점 등의 모집 방법, 모집에 종사하는 모집인의 수, 영업기준 등과 그 밖에 필요한 사항은 대통령령으로 정한다.

(5) 자산총액 2조원 이상 금융기관의 100분의 25 모집 제한(100분의 25 규칙)

① 적용 대상 : 사업연도 말 현재 자산총액이 2조원 이상인 기관 및 이에 해당하는 금융기관보험대리점
② 모집 대상 : 금융기관이 모집할 수 있는 1개 생명보험회사 또는 1개 손해보험회사 상품
③ 제한 대상 : 사업연도별로 해당 금융기관보험대리점 등이 신규로 모집하는 생명보험회사 상품의 모집총액 또는 손해보험회사 상품의 모집총액 각각의 100분의 25(보험회사 상품의 모집액을 합산하여 계산할 때는 100분의 33)를 초과할 수 없다.

(6) 금융기관보험대리점 등에 대한 특례(법 제91조의2)

금융기관보험대리점 등에 대해서는 법인보험대리점 임원의 자격, 법인보험대리점의 업무 범위 등을 적용하지 아니한다.

제2절   모집 관련 준수사항

1. 보험안내자료(법 제95조)

(1) 기재 사항

① 보험회사의 상호나 명칭 또는 보험설계사·보험대리점 또는 보험중개사의 이름·상호나 명칭
② 보험가입에 따른 권리·의무에 관한 주요 사항
③ 보험약관으로 정하는 보장에 관한 사항
④ 보험금 지급 제한 조건에 관한 사항
⑤ 해약환급금에 관한 사항
⑥ 예금자보호법에 따른 예금자 보호와 관련된 사항
⑦ 그 밖에 보험계약자를 보호하기 위하여 대통령령으로 정하는 사항
　　㉠ 보험금이 금리에 연동되는 보험상품의 경우 적용금리 및 보험금 변동에 관한 사항
　　㉡ 보험금 지급 제한 조건의 예시
　　㉢ 보험안내자료의 제작자·제작일, 보험안내자료에 대한 보험회사의 심사 또는 관리번호
　　㉣ 보험 상담 및 분쟁의 해결에 관한 사항

(2) 기재 금지사항

① 독점규제 및 공정거래에 관한 법률 제45조 불공정거래행위의 금지에 따른 사항
② 보험계약의 내용과 다른 사항
③ 보험계약자에게 유리한 내용만을 골라 안내하거나 다른 보험회사 상품과 비교한 사항
④ 확정되지 아니한 사항이나 사실에 근거하지 아니한 사항을 기초로 다른 보험회사 상품에 비하여 유리하게 비교한 사항

보험업법상 모집을 위하여 사용하는 보험안내 자료의 기재 사항을 모두 고른 것은? ✓ 2022

가. 보험금 지급 제한 조건에 관한 사항(○)

나. 해약환급금에 관한 사항(○)

다. 변액보험계약에 최고로 보장되는 보험금이 설정되어 있는 경우에는 그 내용(최고 ×)

라. 다른 보험회사 상품과 비교한 사항(비교 ×)

마. 보험금이 금리에 연동되는 경우 적용금리 및 보험금 변동에 관한 사항(○)

바. 보험안내자료의 제작자, 제작일, 보험안내자료에 대한 보험회사의 심사 또는 관리번호(○)

답 가, 나, 마, 바

보험안내자료에 필수적으로 기재하여야 할 사항을 모두 고른 것은? ✓ 2019

가. 보험약관으로 정하는 보장에 관한 사항(○)

나. 해약환급금에 관한 사항(○)

다. 보험금 지급 확대 조건에 관한 사항(×)

라. 보험가입에 따른 권리·의무에 관한 주요 사항(○)

마. 보험계약자에게 유리한 사항(×)

바. 예금자보호법에 따른 예금자 보호와 관련한 사항(○)

답 가, 나, 라, 바

보험모집을 위하여 사용하는 보험안내자료에 반드시 기재하여야 하는 사항이 아닌 것은? ✓ 2015

① 보험금 지급 제한 조건에 관한 사항

② 보험회사의 장래의 이익 배당 또는 잉여금 분배에 대한 예상에 관한 사항(×)

③ 해약환급금에 관한 사항

④ 예금자보호법에 따른 예금자 보호와 관련된 사항

답 ②

2. 설명의무 등(법 제95조의2~5)

(1) 전문보험계약자

보험계약에 관한 전문성, 자산규모 등에 비추어 보험계약의 내용을 이해하고 이행할 능력이 있는 자로서 다음에 해당하는 자를 말한다.

① 국가

② 한국은행

③ 대통령령으로 정하는 금융기관*

④ 주권상장법인

⑤ 그 밖에 대통령령으로 정하는 자**

* 대통령령으로 정하는 금융기관

1. 보험회사

2. 금융지주회사법에 따른 금융지주회사

3. 농업협동조합법에 따른 농업협동조합중앙회

4. 산림조합법에 따른 산림조합중앙회

5. 상호저축은행법에 따른 상호저축은행 및 그 중앙회

6. 새마을금고법에 따른 새마을금고연합회

7. 수산업협동조합법에 따른 수산업협동조합중앙회

8. 신용협동조합법에 따른 신용협동조합중앙회

9. 여신전문금융업법에 따른 여신전문금융회사

10. 은행법에 따른 은행

11. 자본시장과 금융투자업에 관한 법률에 따른 금융투자업자(같은 법 제22조에 따른 겸영 금융투자업자는
    제외한다), 증권금융회사, 종합금융회사 및 자금중개회사

12. 중소기업은행법에 따른 중소기업은행

13. 한국산업은행법에 따른 한국산업은행

14. 한국수출입은행법에 따른 한국수출입은행

15. 1.에서 14.까지의 기관에 준하는 외국 금융기관

** 그 밖에 대통령령으로 정하는 자

1. 지방자치단체

2. 법 제83조에 따라 모집을 할 수 있는 자

3. 법 제175조에 따른 보험협회(이하 "보험협회"라 한다), 법 제176조에 따른 보험요율 산출기관(이하 "보험
   요율 산출기관"이라 한다) 및 법 제178조에 따른 보험관계 단체

4. 한국자산관리공사 설립 등에 관한 법률에 따른 한국자산관리공사

5. 금융위원회의 설치 등에 관한 법률에 따른 금융감독원(이하 "금융감독원"이라 한다)

6. 예금자보호법에 따른 예금보험공사 및 정리금융회사

7. 자본시장과 금융투자업에 관한 법률에 따른 한국예탁결제원 및 같은 법 제373조의2에 따라 허가받은
   거래소(이하 "거래소"라 한다)

8. 자본시장과 금융투자업에 관한 법률에 따른 집합투자기구. 다만, 금융위원회가 정하여 고시하는 집합투자
   기구는 제외한다.

9. 한국주택금융공사법에 따른 한국주택금융공사

10. 한국투자공사법에 따른 한국투자공사

11. 삭제 〈2014.12.30.〉

12. 기술보증기금법에 따른 기술보증기금

13. 신용보증기금법에 따른 신용보증기금

14. 법률에 따라 공제사업을 하는 법인

15. 법률에 따라 설립된 기금(제12호와 제13호에 따른 기금은 제외한다) 및 그 기금을 관리·운용하는 법인

16. 해외 증권시장에 상장된 주권을 발행한 국내 법인

17. 다음의 어느 하나에 해당하는 외국인

    가. 외국 정부

    나. 조약에 따라 설립된 국제기구

    다. 외국 중앙은행

    라. 1.부터 15.까지 및 18.의 자에 준하는 외국인

18. 그 밖의 보험계약에 관한 전문성, 자산규모 등에 비추어 보험계약의 내용을 이해하고 이행할 능력이 있는 자로서 금융위원회가 정하여 고시하는 자

(2) 일반보험계약자로 전환할 수 있는 자

전문보험계약자 중 대통령령으로 정하는 자*가 일반보험계약자와 같은 대우를 받겠다는 의사를 보험회사에 서면으로 통지하는 경우 보험회사는 정당한 사유가 없으면 이에 동의하여야 하며, 보험회사가 동의하면 해당 보험계약자는 일반보험계약자로 본다.

* 대통령령으로 정하는 자

1. 지방자치단체
2. 주권상장법인
3. 외국 금융기관
4. 법률에 따라 설립된 기금 및 그 기금을 운용하는 법인
5. 해외 증권회사에 상장된 주권을 발행하는 국내 법인

> 🔍 기출 포인트 !
>
> 보험업법상 전문보험계약자 중 보험회사의 동의에 의하여 일반보험계약자로 될 수 있는 자에 해당하지 않는 것은?
>   ✓ 2022
>
> ① 한국은행   ② 지방자치단체
> ③ 주권상장법인   ④ 해외 증권시장에 상장된 주권을 발행한 국내 법인   **답** ①
>
> 전문보험계약자 중 "대통령령으로 정하는 자"가 일반보험계약자와 같은 대우를 받겠다는 의사를 보험회사에 서면으로 통지하는 경우 보험회사는 정당한 사유가 없으면 이에 동의하여야 하며, 보험회사가 동의하면 일반보험계약자로 보게 된다. "대통령령으로 정하는 자"를 모두 고른 것은?
>   ✓ 2019
>
> 가. 지방자치단체(○)
> 나. 주권상장법인(○)
> 다. 한국산업은행(×)
> 라. 한국수출입은행(×)
> 마. 외국 금융기관(○)
> 바. 외국 정부(×)
> 사. 해외 증권시장에 상장된 주권을 발행한 국내 법인(○)   **답** 가, 나, 마, 사

`tip` 절대적 전문보험계약자 국가, 한국~~, 금융기관

(3) 일반보험계약자

전문보험계약자가 아닌 보험계약자를 말한다.

(4) 일반보험계약자에 대한 설명

보험회사는 일반보험계약자가 보험금 지급을 요청하면 보험금의 지급 절차 및 지급내용 등을 설명하여야 하며, 보험금을 감액하여 지급하거나 지급하지 아니할 때는 그 사유를 설명하여야 한다.

 기출 포인트 !

> 보험금을 감액하여 지급하거나 지급하지 아니하는 경우에는 특별한 사유가 없는 한 그 사유를 설명할 필요가 없다(설명할 필요가 없다 ×, 설명하여야 한다 ○).　　　　　　　　　　　　　　　✓ 2019

(5) 일반보험계약자 설명 거부 시 예외

보험회사는 보험계약의 체결 시부터 보험금 지급 시까지의 주요 과정을 대통령령으로 정하는 바에 따라 일반보험계약자에게 설명하여야 한다. 다만, 일반보험계약자가 설명을 거부할 때는 그러하지 아니하다.

(6) 중복계약 체결 확인의무

보험회사 또는 보험의 모집에 종사하는 자는 보험계약을 모집하기 전에 보험계약자가 되려는 자의 동의를 얻어 모집하고자 하는 보험계약과 같은 위험을 보장하는 보험계약을 체결하고 있는지를 확인하여야 하며 확인한 내용을 보험계약자가 되려는 자에게 즉시 알려야 한다.

(7) 중복계약 체결 확인의무 제외

① 여행 중 발생한 위험을 보장하는 보험계약
　㉠ 관광진흥법 제4조에 따라 등록한 여행업자가 여행자를 위하여 일괄 체결하는 보험계약
　㉡ 특정 단체가 그 단체의 구성원을 위하여 일괄 체결하는 보험계약
② 국외여행, 연수 또는 유학 등 국외체류 중 발생한 위험을 보장하는 보험계약

기출 포인트 !

> 보험회사는 국외여행, 연수 또는 유학 등 국외체류 중 발생한 위험을 보장하는 보험계약에 대하여 중복계약체결 확인의무를 부담한다(×).　　　　　　　　　　　　　　　　　　　　　　✓ 2023

3. 통신수단을 이용한 모집 · 철회 및 해지 등 관련 준수사항(법 제96조)

(1) 보험모집을 할 수 있는 자는 통신수단 모집 이용 가능

전화 · 우편 · 컴퓨터통신 등 통신수단을 이용하여 모집하는 자는 제83조(모집할 수 있는 자)에 따라 모집을 할 수 있는 자이어야 하며, 다른 사람의 평온한 생활을 침해하는 방법으로 모집하여서는 아니 된다.

(2) 통신수단 이용 업무

보험회사는 다음에 해당하면 통신수단을 이용할 수 있도록 하여야 한다.
① 보험계약을 청약한 자가 청약의 내용을 확인 · 정정 요청하거나 청약을 철회하고자 하는 경우

② 보험계약자가 체결한 계약의 내용을 확인하고자 하는 경우

③ 보험계약자가 체결한 계약을 해지하고자 하는 경우(본인 확인)

※ 보험계약자가 계약을 해지하기 전에 안전성 및 신뢰성이 확보되는 방법을 이용하여 보험계약자 본인임을 확인받은 경우에 한정한다.

4. 보험계약관련 금지행위(법 제97조~제99조)

(1) 모집 금지행위

보험계약의 체결 또는 모집에 종사하는 자는 그 체결 또는 모집에 관하여 다음에 해당하는 행위를 하여서는 아니 된다.

① **부당 승환계약** : 보험계약자 또는 피보험자가 기존보험계약을 부당하게 소멸시킴으로써 새로운 보험계약(기존보험계약과 보장 내용 등이 비슷한 경우만 해당)을 청약하게 하거나 새로운 보험계약을 청약하게 함으로써 기존보험계약을 부당하게 소멸시키거나 그 밖에 부당하게 보험계약을 청약하게 하거나 이러한 것을 권유하는 행위

② 명의도용 : 실제 명의인이 아닌 자의 보험계약을 모집하거나 실제 명의인의 동의가 없는 보험계약을 모집하는 행위

③ 자필서명 허위 기재 : 보험계약자 또는 피보험자의 자필서명이 필요한 경우에 보험계약자 또는 피보험자로부터 자필서명을 받지 아니하고 서명을 대신하거나 다른 사람이 서명하게 하는 행위

④ 다른 모집종사자의 명의를 이용하여 보험계약을 모집하는 행위

⑤ 금전대차 청약 강요 : 보험계약자 또는 피보험자와의 금전대차의 관계를 이용하여 보험계약자 또는 피보험자가 보험계약을 청약하게 하거나 이러한 것을 요구하는 행위

⑥ 장애인 차별행위 : 정당한 이유 없이 장애인차별금지 및 권리구제 등에 관한 법률에 따른 장애인의 보험가입을 거부하는 행위

⑦ 보험계약의 청약 철회 또는 계약 해지를 방해하는 행위

(2) 부당한 기존 계약 소멸 금지

보험계약의 체결 또는 모집에 종사하는 자가 다음에 해당하는 행위를 한 경우에는 기존보험계약을 부당하게 소멸시키거나 소멸하게 하는 행위를 한 것으로 본다.

① 1개월 이내(본인 의사 증명 제외) : 기존보험계약이 소멸한 날부터 1개월 이내에 새로운 보험계약을 청약하게 하거나 새로운 보험계약을 청약하게 한 날부터 1개월 이내에 기존보험계약을 소멸하게 하는 행위. 다만, 보험계약자가 기존보험계약 소멸 후 새로운 보험계약 체결 시 손해가 발생할 가능성이 있다는 사실을 알고 있음을 자필로 서명하는 등 본인의 의사에 따른 행위임이 명백히 증명될 때는 그러하지 아니하다.

② 6개월 이내(중요한 사항 알리지 않는 경우) : 기존보험계약이 소멸한 날부터 6개월 이내에 새로운 보험계약을 청약하게 하거나 새로운 보험계약을 청약하게 한 날부터 6개월 이내에 기존보험계약을 소멸하게 하는 경우로서, 보험계약자 또는 피보험자에게 기존보험계약과 새로운 보험계약의 보험기간 및 예정이자율 등 중요한 사항을 비교하여 알리지 아니하는 행위

새로운 계약 청약, 기존 계약 소멸	
1개월	6개월
제외 : 본인 의사 명백히 증명	중요한 사항 비교 통지(×)

(3) 부당 승환계약의 처리

① 소멸 계약의 6개월 이내 부활 : 보험계약자는 보험계약의 체결 또는 모집에 종사하는 자(보험중개사는 제외)가 기존보험계약을 소멸시키거나 소멸하게 하였을 때는 그 보험계약의 체결 또는 모집에 종사하는 자가 속하거나 모집을 위탁한 보험회사에 대하여 그 보험계약이 소멸한 날부터 6개월 이내에 소멸한 보험계약의 부활을 청구하고 새로운 보험계약은 취소할 수 있다.

> **기출 포인트 !**
>
> 보험중개사를 포함하는 보험계약의 체결 또는 모집에 종사하는 자가 부당한 계약 전환을 한 경우 보험계약자는 그 보험회사에 대하여 기존 계약의 체결일로부터 6월 이내에 계약의 부활을 청구할 수 있다(보험중개사 포함 ×, 보험중개사 제외 ○). ✓ 2020

② 부활 승낙 : 보험계약의 부활 청구를 받은 보험회사는 특별한 사유가 없으면 소멸한 보험계약의 부활을 승낙하여야 한다.

(4) 특별이익의 제공 금지

① 특별이익 제공 및 약속 금지 : 보험계약의 체결 또는 모집에 종사하는 자는 그 체결 또는 모집과 관련하여 보험계약자나 피보험자에게 다음에 해당하는 특별이익을 제공하거나 제공하기로 약속하여서는 아니 된다.

② 특별이익에 해당하는 경우

    ㉠ 보험계약 체결 시부터 최초 1년간 납부되는 보험료의 100분의 10과 3만원 중 적은 금액을 초과한 금품(금액은 일반 소매가 기준)

    ㉡ 기초서류에서 정한 사유에 근거하지 아니한 보험료의 할인 또는 수수료의 지급

    ㉢ 기초서류에서 정한 보험금액보다 많은 보험금액의 지급 약속

    ㉣ 보험계약자나 피보험자를 위한 보험료의 대납

    ㉤ 보험계약자나 피보험자가 해당 보험회사로부터 받은 대출금에 대한 이자의 대납

    ㉥ 보험료로 받은 수표 또는 어음에 대한 이자 상당액의 대납

    ㉦ 제3자에 대한 청구권 대위행사의 포기

(5) 특별이익 제공에 대한 처벌(제공자, 수혜자 모두 처벌)

① 특별이익 제공자 또는 특별이익을 요구한 보험계약자 또는 피보험자는 3년 이하의 징역 또는 2천만원 이하의 벌금에 처한다.

② 특별이익 제공 보험회사는 특별이익의 대상이 되는 보험계약의 연간수입액의 100분의 50 이하의 과징금을 부과할 수 있다.

(6) 수수료 지급 등의 금지

① 모집자 외에 대한 금지 : 보험회사는 모집할 수 있는 자 이외의 자에게 모집을 위탁하거나 모집에 관하여 수수료, 보수, 그 밖의 대가를 지급하지 못한다.

② 금지에 대한 예외 사항

　㉠ 기초서류에서 정하는 방법에 따른 경우

　㉡ 보험회사가 대한민국 밖에서 외국 보험사와 공동으로 원보험계약을 인수하거나 대한민국 밖에서 외국의 모집조직을 이용하여 원보험계약 또는 재보험계약을 인수하는 경우

③ 보험중개사의 수수료 청구 금지 : 보험중개사는 보험계약 체결의 중개와 관련한 수수료나 그 밖의 대가를 보험계약자에게 청구할 수 없다.

5. 금융기관보험대리점 등의 금지행위 등(법 제100조)

(1) 모집 관련 금지행위

① 대출 등을 받는 자의 동의를 미리 받지 아니하고 보험료를 대출 등의 거래에 포함하는 행위

② 해당 금융기관의 임직원에게 모집하도록 하거나 이를 용인하는 행위

③ 해당 금융기관의 점포 외의 장소에서 모집하는 행위

④ 모집과 관련이 없는 금융 거래를 통하여 취득한 개인정보를 미리 그 개인의 동의를 받지 아니하고 모집에 이용하는 행위

금융기관보험대리점 등에 금지되어 있는 행위를 모두 고른 것은?   ✓ 2019

가. 대출 등을 받는 자의 동의를 미리 받지 아니하고 보험료를 대출 등의 거래에 포함시키는 행위(○)
나. 해당 금융기관의 임직원(보험업법 제83조에 따라 모집할 수 있는 자는 제외)에게 모집을 하도록 하거나 이를 용인하는 행위(○)
다. 해당 금융기관의 점포 내에서 모집을 하는 행위
라. 모집과 관련이 없는 금융 거래를 통하여 취득한 개인정보를 미리 그 개인의 동의를 받고 모집에 이용하는 행위

답 가, 나

(2) 모집 관련 준수사항

① **대출과 보험계약 체결 영향 없음 안내** : 해당 금융기관이 대출 등을 받는 자에게 보험계약의 청약을 권유하는 경우 대출 등을 받는 자가 그 금융기관이 대리하거나 중개하는 보험계약을 체결하지 아니하더라도 대출 등을 받는 데 영향이 없음을 알릴 것

② **보험대리점 안내** : 해당 금융기관이 보험회사가 아니라 보험대리점 또는 보험중개사라는 사실과 보험계약의 이행에 따른 지급책임은 보험회사에 있음을 보험계약을 청약하는 자에게 알릴 것

③ **보험모집과 대출 장소 분리** : 보험을 모집하는 장소와 대출 등을 취급하는 장소를 보험계약을 청약하는 자가 쉽게 알 수 있을 정도로 분리할 것

(3) 보험회사에 대한 금지행위

① 해당 금융기관을 계약자로 하는 보험계약의 할인을 요구하거나 그 금융기관에 대한 신용공여, 자금지원 및 보험료 등의 예탁을 요구하는 행위

② 보험계약 체결을 대리하거나 중개하면서 발생하는 비용 또는 손실을 보험회사에 부당하게 떠넘기는 행위

③ 금융기관의 우월적 지위를 이용하여 부당한 요구 등을 하는 행위

더 알아보기 금융기관보험대리점 금지행위

모집할 때 금지사항	모집할 때 준수사항	보험회사에 대한 금지사항
• 동의 없이 보험료를 대출에 포함 • 모집 가능자 이외 임직원 모집·소개·상담 • 점포 외 장소 • 모집과 별개의 개인정보 미동의 이용	• 대출과 보험계약 체결 영향 없음을 안내 • 보험대리점임을 안내 • 보험모집과 대출 장소 분리	• 금융기관 자기계약 할인 지원 요구 • 손익 이전 • 우월적 지위를 이용한 부당행위

6. 자기계약의 금지(법 제101조)

(1) 자기계약 형태

① 자기를 보험계약자로 한 모집
② 자기를 피보험자로 한 모집
③ 자기를 고용하고 있는 자를 계약자로 한 모집
④ 자기를 고용하고 있는 자를 피보험자로 한 모집

> 기출 포인트 !
>
> 보험업법상 금지되는 보험대리점 또는 보험중개사의 자기계약에서 보험료 누계액을 계산할 때 포함하지 않는 것은?
>
> ✓ 2014
>
> ① 자기를 보험계약자로 한 모집
> ② 직계가족을 보험계약자로 한 모집(×)
> ③ 자기를 고용하고 있는 자를 피보험자로 한 모집
> ④ 자기를 피보험자로 한 모집
>
> 답 ②

(2) 자기계약 금지

① 자기계약 대상 : 보험대리점 또는 보험중개사는 자기 또는 자기를 고용하고 있는 자를 보험계약자 또는 피보험자로 하는 보험을 모집하는 것을 주된 목적으로 하지 못한다.

② 100분의 50 초과 시 자기계약 간주 : 보험대리점 또는 보험중개사가 모집한 자기 또는 자기를 고용하고 있는 자를 보험계약자나 피보험자로 하는 보험의 보험료 누계액이 그 보험대리점 또는 보험중개사가 모집한 보험의 보험료의 100분의 50을 초과하게 된 경우에는 그 보험대리점 또는 보험중개사는 자기 또는 자기를 고용하고 있는 자를 보험계약자 또는 피보험자로 하는 보험을 모집하는 것을 그 주된 목적으로 한 것으로 본다.

> 기출 포인트 !
>
> 보험대리점 또는 보험중개사가 모집한 자기 또는 자기를 고용하고 있는 자를 보험계약자나 피보험자로 하는 보험의 보험료 누계액이 그 보험대리점 또는 보험중개사가 모집한 보험의 보험료의 (100분의 50)을 초과하게 된 경우에는 그 보험대리점 또는 보험중개사는 자기 또는 자기를 고용하고 있는 자를 보험계약자 또는 피보험자로 하는 보험을 모집하는 것을 그 주된 목적으로 한 것으로 (간주 = 본다)한다.
>
> ✓ 2021

1. 보험관계자 등의 의무(법 제102조2~제103조)

(1) 보험계약자 측 의무

① 의무 대상자 : 보험계약자, 피보험자, 보험금을 취득할 자, 그 밖의 보험계약에 관하여 이해관계가 있는 자
② 금지사항 : 보험사기 행위

(2) 보험회사 측 의무

① 의무대상자 : 보험회사의 임직원, 보험설계사, 보험대리점, 보험중개사, 손해사정사, 그 밖에 보험관계 업무에 종사하는 자
② 금지행위
　　㉠ 고의 사고 : 보험계약자, 피보험자, 보험금을 취득할 자, 그 밖의 보험계약에 관하여 이해가 있는 자로 하여금 고의로 보험사고를 발생시키거나 발생하지 아니한 보험사고를 발생한 것처럼 조작하여 보험금을 받도록 하는 행위
　　㉡ 사고 조작, 과장 : 보험계약자, 피보험자, 보험금을 취득할 자, 그 밖의 보험계약에 관하여 이해가 있는 자가 이미 발생한 보험사고의 원인, 시기 또는 내용 등을 조작하거나 피해의 정도를 과장하여 보험금을 받도록 하는 행위

(3) 영업보증금에서 우선 변제

보험계약자나 보험금을 취득할 자가 보험중개사의 보험계약체결 중개행위와 관련하여 손해를 입은 경우에는 그 손해액을 영업보증금에서 다른 채권자보다 우선하여 변제받을 권리를 가진다.

04 │ 실전대비문제(보험계리사 · 손해사정사)

01 보험모집을 할 수 있는 자에 대한 설명으로 옳은 것은?

(2007년)

① 모집을 할 수 있는 자에 대한 규정은 예시적 규정이므로 법에서 정하고 있는 이외의 자도 모집에 종사할 수 있다.

② 보험회사의 임원으로서 대표이사나 감사도 모집에 종사할 수 있다.

③ 보험대리점 또는 보험중개사의 임원 또는 사용인으로서 소정의 법률에 의하여 모집에 종사할 자로 신고된 자도 모집을 할 수 있다.

④ 금융기관보험대리점 등은 소정의 규정에 따라 모집에 종사하게 할 목적으로 별도의 사용인을 제한 없이 둘 수 있다.

> 해설 ① · ② 보험모집을 할 수 있는 자를 보험설계사, 보험대리점, 보험중개사, 보험회사의 임원 또는 직원으로 제한하고, 그 외의 자는 보험모집을 할 수 없도록 금지하고 있다.
> ④ 금융기관보험대리점 등은 별도의 보험설계사를 둘 수 없다.
> 보험모집을 할 수 있는 자
> • 보험설계사
> • 보험대리점
> • 보험중개사
> • 보험회사의 임원 또는 직원(대표이사 · 사외이사 · 감사 및 감사위원 제외)

답 ③

02 모집을 할 수 있는 자에 관한 설명 중 옳은 것은 (○), 옳지 않은 것은 (×)로 올바르게 조합한 것은?(다툼이 있는 경우 통설과 판례에 의함)

(2017년)

> 가. 모집할 수 있는 자는 보험설계사, 보험대리점, 보험회사의 대표이사이다.
> 나. 보험대리점 또는 보험중개사로 등록한 금융기관은 모집과 관련이 없는 금융 거래를 통하여 취득한 개인정보를 미리 그 개인의 동의를 받지 아니하고 모집에 이용하는 행위를 하지 못한다.
> 다. 보험설계사와 보험중개사는 보험계약의 체결을 중개하는 자이다.
> 라. 보험업법상 보험대리점은 체약대리상으로서 고지의무 수령 권한이 있으나 보험설계사 및 보험중개사는 고지의무 수령 권한이 없다.

① 가. (○), 나. (○), 다. (○), 라. (○)

② 가. (○), 나. (×), 다. (○), 라. (○)

③ 가. (×), 나. (○), 다. (○), 라. (×)

④ 가. (×), 나. (○), 다. (○), 라. (○)

> 해설 가. 대표이사 · 사외이사 · 감사 및 감사위원 모집 가능 제외

답 ④

03 보험업법상 교차모집보험설계사에게 허용되지 않는 행위를 모두 고른 것은? (2018년)

> 가. 업무상 알게 된 특정 보험회사의 정보를 다른 보험회사에 제공하는 행위
> 나. 모집을 위탁한 보험회사에 대하여 회사가 정한 수수료·수당을 요구하는 행위
> 다. 보험계약을 체결하는 자의 요구에 따라 모집을 위탁한 보험회사 중 어느 한 보험회사를 위하여 보험을 모집하는 행위
> 라. 교차모집을 위탁한 보험회사에 대하여 다른 교차모집보험설계사 유치를 조건으로 대가를 요구하는 행위
> 마. 교차모집을 위탁한 보험회사에 대하여 다른 보험설계사보다 우대하여 줄 것을 합리적 근거를 가지고 요구하는 행위

① 가, 라
② 가, 라, 마
③ 가, 나
④ 나, 다, 마

[해설] 교차모집 금지사항
- 업무상 알게 된 특정 보험회사의 정보를 다른 보험회사에 제공하는 행위
- 보험계약을 체결하려는 자의 의사에 반하여 다른 보험회사와의 보험계약 체결을 권유하는 등 모집을 위탁한 보험회사 중 어느 한쪽의 보험회사만을 위하여 모집하는 행위
- 모집을 위탁한 보험회사에 대하여 회사가 정한 수수료·수당 외에 추가로 대가를 지급하도록 요구하는 행위
- 교차모집을 위탁한 보험회사에 대하여 합리적 근거 없이 다른 보험설계사보다 우대하여 줄 것을 요구하는 행위
- 교차모집을 위탁한 보험회사에 대하여 다른 교차모집보험설계사 유치를 조건으로 대가를 요구하는 행위
- 교차모집 관련 보험계약 정보를 외부에 유출하는 행위

답 ①

04 금융기관보험대리점 등의 영업기준에 관한 내용으로 옳지 않은 것은? (2018년)

① 신용카드업자(겸영 여신업자는 제외)는 법 제96조 제1항에 따른 전화, 우편, 컴퓨터통신 등의 통신수단을 이용하여 모집하는 방법을 사용할 수 있다.
② 금융기관보험대리점 등에서 모집에 종사하는 사람은 대출 등 불공정 모집의 우려가 있는 업무를 취급할 수 없다.
③ 최근 사업연도 말 현재 자산총액이 2조원 이상인 금융기관보험대리점 등이 모집할 수 있는 1개 생명보험회사 상품의 모집액은 사업연도별로 해당 금융기관보험대리점 등이 신규로 모집하는 생명보험회사 상품 모집총액의 100분의 35를 초과할 수 없다.
④ 금융기관보험대리점은 해당 금융기관에 적용되는 모집수수료율을 모집을 하는 점포의 창구 및 인터넷 홈페이지에 공시하여야 한다.

[해설] ③ 100분의 35(×), 100분의 25(○)

답 ③

05 보험업법상 보험설계사의 등록에 대한 내용으로 옳지 않은 것은? (2018년)

① 보험회사·보험대리점 및 보험중개사는 소속 보험설계사가 되려는 자를 금융위원회에 등록하여야 한다.

② 보험업법에 따라 벌금 이상의 형을 선고받고 그 집행이 끝나거나 집행이 면제된 날로부터 2년이 지나지 아니한 자는 보험설계사로 등록할 수 없다.

③ 영업에 관하여 성년자와 같은 능력을 가지지 아니한 미성년자는 그 법정대리인이 파산선고를 받고 복권되지 아니한 경우에도 보험설계사로 등록할 수 있다.

④ 보험업법에 따라 금고 이상의 형의 집행유예를 선고받고 유예기간 중인 자는 보험설계사로 등록할 수 없다.

해설 ③ 파산선고를 받고 복권되지 아니한 경우에도(×)

답 ③

06 보험대리점에 관한 설명 중 옳은 것을 모두 고른 것은? (2018년)

> 가. 보험설계사가 될 수 없는 자는 보험대리점이 될 수 없다.
> 나. 보험대리점은 자기 또는 자기를 고용하고 있는 자를 보험계약자 또는 피보험자로 하는 보험을 모집하는 것을 주된 목적으로 할 수 있다.
> 다. 다른 보험회사, 보험대리점 및 보험중개사의 임직원은 보험대리점이 될 수 없다.
> 라. 보험설계사 또는 보험중개사로 등록된 자는 보험대리점이 될 수 없다.
> 마. 상호저축은행법에 따른 저축은행과 새마을금고법에 따라 설립된 새마을금고는 보험대리점이 될 수 없다.

① 가, 다, 마   ② 나, 다, 라
③ 나, 다, 마   ④ 가, 다, 라

해설 나. 보험대리점 또는 보험중개사는 자기 또는 자기를 고용하고 있는 자를 보험계약자 또는 피보험자로 하는 보험을 모집하는 것을 주된 목적으로 하지 못한다.
　　　마. 상호저축은행은 보험대리점이 될 수 없다.
　　　금융기관보험대리점 등록 가능 기관
　　　• 은행법에 따라 설립된 은행
　　　• 자본시장과 금융투자업에 관한 법률에 따른 투자매매업자 또는 투자중개업자
　　　• 상호저축은행법에 따른 상호저축은행
　　　• 한국산업은행법에 따라 설립된 한국산업은행
　　　• 중소기업은행법에 따라 설립된 중소기업은행
　　　• 여신전문금융업법에 따라 허가받은 신용카드업자(겸영 여신업자는 제외한다.)
　　　• 농업협동조합법에 따라 설립된 조합 및 농협은행

답 ④

07 보험업법상 보험회사의 고객 응대 직원을 고객의 폭언 등으로부터 보호하기 위하여 취하여야 할 보호조치 의무로 옳지 않은 것은? (2018년)

① 보험회사는 해당 직원이 요청하는 경우 해당 고객으로부터 분리하고 업무담당자를 교체하여야 한다.

② 보험회사는 해당 직원에 대한 치료 및 상담 지원을 하여야 하며, 고객을 직접 응대하는 직원을 위한 상시 고충 처리기구를 마련하여야 한다.

③ 보험회사는 해당 직원의 요청이 없어도 해당 고객의 행위가 관계 법률의 형사처벌 규정에 위반된다고 판단되면 관할 수사기관에 고발 조치하여야 한다.

④ 보험회사는 직원이 직접 폭언 등의 행위를 한 고객에 대한 관할 수사기관 등에 고소, 고발, 손해배상청구 등의 조치를 하는 데 필요한 행정적, 절차적 지원을 하여야 한다.

[해설] ③ 요청이 없어도(×), 요청하는 경우(○)

답 ③

08 보험의 모집에 관한 설명으로 옳지 않은 것은? (2019년)

① 보험설계사는 원칙적으로 자기가 소속된 보험회사 등 이외의 자를 위하여 모집을 하지 못한다.

② 보험업법은 모집에 종사하는 자를 일정한 자로 제한하고 있다.

③ 보험업법상 모집이란 보험계약의 체결을 중개하거나 대리하는 것을 말한다.

④ 보험회사의 사외이사는 회사를 위해 보험계약을 모집할 수 있다.

[해설] ④ 사외이사(×)

보험모집을 할 수 있는 자
- 보험설계사
- 보험대리점
- 보험중개사
- 보험회사의 임원 또는 직원(대표이사·사외이사·감사 및 감사위원 제외)

답 ④

09 보험대리점에 관한 설명으로 옳지 않은 것은? (2019년)

① 보험대리점은 개인보험대리점과 법인보험대리점으로 구분할 수 있고, 업무 범위와 관련하여 생명보험대리점·손해보험대리점·제3보험대리점으로 구분한다.

② 보험대리점이 되려는 자는 대통령령에 따라 금융위원회에 등록하여야 한다.

③ 다른 보험회사의 임·직원은 보험대리점으로 등록할 수 없다.

④ 보험대리점이 자기계약의 금지 규정을 위반한 경우에는 등록을 취소할 수 있다.

[해설] ④ 취소할 수 있다(×). 취소하여야 한다(○).

등록 취소 사유(※ 취소하여야 한다)
- 등록 결격 사유에 해당하는 경우
- 등록 당시 결격 사유에 해당하는 자이었음이 밝혀진 경우
- 거짓이나 그 밖의 부정한 방법으로 등록을 한 경우
- 업무정지 처분을 2회 이상 받은 경우
- 업무 범위 위반
- 자기계약 금지 위반

답 ④

10 보험대리점에 관한 설명으로 옳지 않은 것은? (2020년)

① 보험설계사 또는 보험중개사로 등록된 자는 보험대리점이 되지 못한다.

② 금융위원회는 보험대리점이 거짓이나 그 밖에 부정한 방법으로 보험업법 제87조에 따른 등록을 한 경우에는 그 등록을 취소하여야 한다.

③ 보험업법에 따라 과료 이상의 형을 선고받고 그 집행이 끝나거나 면제된 날부터 1년이 경과하지 아니한 자는 법인보험대리점의 이사가 되지 못한다.

④ 금융기관보험대리점의 영업보증금 예탁 의무는 면제하고 있다.

[해설] ③ 1년(×), 2년(○)
등록 결격 사유

	결격 사유	보험 설계사	보험 대리점	보험 중개사
	1. 피성년후견인, 피한정후견인	○	○	○
	2. 파산선고 후 미복권자	○	○	○
	3. 보험업법 또는 금융소비자 보호에 관한 법률에 따라 금고 이상의 형의 집행유예를 선고받고 그 유예기간에 있는 자	○	○	○
	4. 영업에 관하여 성년자와 같은 능력을 갖추지 아니한 미성년자로서 그 법정대리인이 어느 하나에 해당하는 자	○	○	○
	5. 법인 또는 법인이 아닌 사단이나 재단으로서 그 임원이나 관리인 중에 어느 하나에 해당하는 자가 있는 자	○	○	○
2년 미경과	1. 보험업법 또는 금융소비자 보호에 관한 법률에 따라 벌금 이상의 형을 선고받고 그 집행이 끝나거나(집행이 끝난 것으로 보는 경우 포함) 집행이 면제된 날부터 2년이 지나지 아니한 자	○	○	○
	2. 보험업법에 따라 보험설계사가 보험대리점 또는 보험중개사의 등록이 취소(제1호 또는 제2호에 해당하여 등록이 취소된 경우는 제외한다)된 후 2년이 지나지 아니한 자	○	○	○
	3. 보험업법 또는 금융소비자 보호에 관한 법률에 따라 과태료 또는 과징금 처분을 받고 이를 납부하지 아니하거나 업무정지 및 등록 취소 처분을 받은 보험대리점·보험중개사 소속의 임직원이었던 자(처분 사유의 발생에 관하여 직접 또는 이에 상응하는 책임이 있는 자로서 대통령령으로 정하는 자만 해당)로서 과태료·과징금·업무정지 및 등록 취소 처분이 있었던 날부터 2년이 지나지 아니한 자	○	○	○
3년 미경과	1. 보험설계사·보험대리점 또는 보험중개사 등록 취소 처분을 2회 이상 받은 경우 최종 등록 취소 처분을 받은 날부터 3년이 지나지 아니한 자	○	○	○
	2. 모집과 관련하여 받은 보험료, 대출금 또는 보험금을 다른 용도에 유용한 후 3년이 지나지 아니한 자	○	○	○
	6. 보험설계사 또는 보험중개사로 등록된 자		○	○
	7. 다른 보험회사 등의 임직원		○	○
	8. 외국의 법령에 따라 제84조 제2항에 해당하는 것으로 취급되는 자		○	
	9. 그 밖에 경쟁을 실질적으로 제한하는 등 불공정한 모집행위를 할 우려가 있는 자로서 대통령령으로 정하는 자		○	
	10. 제87조 제2항(보험대리점의 등록) 제4호 및 제5호에 해당하는 자			○
	11. 부채가 자산을 초과하는 법인			○

[답] ③

11 보험중개사에 관한 설명으로 옳지 않은 것은? (2020년)

① 보험중개사는 보험회사의 임직원이 될 수 없으며, 보험계약의 체결을 중개하면서 보험회사·보험설계사·보험대리점·보험계리사 및 손해사정사의 업무를 겸할 수 없다.

② 법인보험중개사는 보험계약자 보호를 위한 업무지침을 정해야 하며, 그 업무지침의 준수 여부를 점검하고 위반사항을 조사하기 위한 임원 또는 직원을 2인 이상 두어야 한다.

③ 보험중개사가 소속 보험설계사와 보험모집을 위한 위탁을 해지한 경우에는 금융위원회에 신고하여야 한다.

④ 보험중개사는 보험계약 체결의 중개행위와 관련하여 보험계약자에게 손해를 입힌 경우에는 영업보증금 예탁기관에서 보험계약자 측에 지급하는 금액만큼 손해배상책임을 면한다.

[해설] ② 2명(×), 1명(○)
업무 기준
• 법령을 준수하고 보험계약자를 보호하기 위한 업무 지침을 정할 것
• 업무 지침의 준수 여부를 점검하고 그 위반사항을 조사하는 임원 또는 직원을 1명 이상 둘 것
• 보험계약자를 보호하고 보험계약의 모집 업무를 수행하는 데 필요한 전산설비 등 물적 시설을 충분히 갖출 것

답 ②

12 보험업법상 보험대리점 또는 보험중개사로 등록할 수 있는 금융기관에 해당하지 않는 것은?

(2020년)

① 은행법에 따라 설립된 은행
② 자본시장과 금융투자업에 관한 법률에 따른 투자매매업자 또는 신탁업자
③ 상호저축은행법에 따른 상호저축은행
④ 중소기업은행법에 따라 설립된 중소기업은행

[해설] ② 신탁업자(×), 투자중개업자(○)
금융기관보험대리점 등록 가능 기관
• 은행법에 따라 설립된 은행
• 자본시장과 금융투자업에 관한 법률에 따른 투자매매업자 또는 투자중개업자
• 상호저축은행법에 따른 상호저축은행
• 한국산업은행법에 따라 설립된 한국산업은행
• 중소기업은행법에 따라 설립된 중소기업은행
• 여신전문금융업법에 따라 허가받은 신용카드업자(겸영 여신업자는 제외한다.)
• 농업협동조합법에 따라 설립된 조합 및 농협은행

답 ②

13 보험업법상 금융기관보험대리점 등의 금지행위에 해당하는 것을 모두 고른 것은? (2020년)

> 가. 대출 등을 제공받는 자의 동의를 미리 받아 보험료를 대출 등의 거래에 포함시키는 행위
> 나. 대출을 조건으로 차주의 의사에 반하여 보험가입을 강요하는 행위
> 다. 해당 금융기관의 점포 외에서 모집을 하는 행위
> 라. 모집과 관련이 없는 금융 거래를 통하여 취득한 개인정보를 그 개인의 동의를 받아 모집에 이용하는 행위

① 가, 나   ② 나, 라
③ 나, 다   ④ 다, 라

[해설] 가. 동의를 미리 받아 : 적법
라. 개인의 동의를 받아 : 적법
모집 관련 금지행위
• 대출 등을 받는 자의 동의를 미리 받지 아니하고 보험료를 대출 등의 거래에 포함하는 행위
• 해당 금융기관의 임직원에게 모집하도록 하거나 이를 용인하는 행위
• 해당 금융기관의 점포 외의 장소에서 모집하는 행위
• 모집과 관련이 없는 금융 거래를 통하여 취득한 개인정보를 미리 그 개인의 동의를 받지 아니하고 모집에 이용하는 행위

[답] ③

14 보험업법상 보험을 모집할 수 없는 자에 해당하는 것은? (2021년)

① 보험중개사
② 보험회사의 사외이사
③ 보험회사의 직원
④ 보험설계사

[해설] 보험모집을 할 수 있는 자
• 보험설계사
• 보험대리점
• 보험중개사
• 보험회사의 임원 또는 직원(대표이사·사외이사·감사 및 감사위원 제외)

[답] ②

15 보험설계사의 모집 제한의 예외에 해당하는 것을 모두 고른 것은? (2021년)

> 가. 생명보험회사에 소속된 보험설계사가 소속 이외의 1개의 생명보험회사를 위하여 모집하는 경우
> 나. 손해보험회사에 소속된 보험설계사가 1개의 생명보험회사를 위하여 모집하는 경우
> 다. 제3보험업을 겸업으로 하는 보험회사에 소속된 보험설계사가 1개의 손해보험회사를 위하여 모집을 하는 경우
> 라. 생명보험회사에 소속된 보험설계사가 1개의 손해보험회사를 위하여 모집을 하는 경우

① 가, 나
② 다, 라
③ 가, 다
④ 나, 라

해설 가. 생명보험 – 생명보험(×)
　　 다. 제3보험업을 겸업(×), 전업(○)
　　 모집 제한 예외(교차모집)
　　 • 생명보험회사 또는 제3보험업을 전업으로 하는 보험회사에 소속된 보험설계사가 1개의 손해보험회사를 위하여 모집하는 경우
　　 • 손해보험회사 또는 제3보험업을 전업으로 하는 보험회사에 소속된 보험설계사가 1개의 생명보험회사를 위하여 모집하는 경우
　　 • 생명보험회사나 손해보험회사에 소속된 보험설계사가 1개의 제3보험업을 전업으로 하는 보험회사를 위하여 모집하는 경우

답 ④

16 보험대리점으로 등록이 제한되는 자가 아닌 것은? (2021년)

① 파산선고를 받은 자로서 복권되지 아니한 자
② 보험회사를 퇴직한 직원
③ 다른 보험회사 등의 임직원
④ 국가기관의 퇴직자로 구성된 법인 또는 단체

해설 ② 보험회사를 퇴직한 직원(×)
　　 보험대리점의 등록 제한
　　 1. 국가기관과 특별법에 따라 설립된 기관 및 그 기관의 퇴직자로 구성된 법인 또는 단체
　　 2. 1의 기관, 금융지주회사 또는 은행이 출연·출자하는 등 금융위원회가 정하여 고시하는 방법과 기준에 따라 사실상의 지배력을 행사하고 있다고 인정되는 법인 또는 단체
　　 3. 금융위원회의 설치 등에 관한 법률 기관 중 다음을 제외한 기관
　　　 (1) 은행
　　　 (2) 금융위원회가 정하여 고시하는 기관
　　 4. 1부터 3까지의 법인·단체 또는 기관의 임원 또는 직원

답 ②

17 보험중개사에 관한 설명으로 옳지 않은 것은?

(2021년)

① 부채가 자산을 초과하는 법인은 보험중개사 등록이 제한된다.

② 등록한 보험중개사는 보험계약자에게 입힌 손해의 배상을 보장하기 위하여 은행법상의 은행에 영업보증 금을 예탁하여야 한다.

③ 보험중개사의 영업보증금은 개인은 1억원 이상, 법인은 3억원 이상이지만, 금융기관보험중개사에 대해 서는 영업보증금 예탁 의무가 면제된다.

④ 보험중개사는 개인보험중개사와 법인보험중개사로 구분하고, 각각 생명보험중개사·손해보험중개사 및 제3보험중개사로 구분한다.

[해설] **금융위원회 지정기관에 영업보증금 예탁**
금융위원회는 등록한 보험대리점과 보험중개사로 하여금 금융위원회가 지정하는 기관(은행법상의 은행 ×)에 영업보증금 을 예탁하게 할 수 있다.

답 ②

18 보험업법상 소속 임직원이 아닌 자로 하여금 모집이 가능하도록 한 금융기관보험대리점에 해당하는 것은?

(2022년)

① 상호저축은행법에 따라 설립된 상호저축은행

② 중소기업은행법에 따라 설립된 중소기업은행

③ 자본시장과 금융투자업에 관한 법률에 따른 투자중개업자

④ 여신전문금융업법에 따라 허가를 받은 신용카드업자로서 겸영 여신업자가 아닌 자

[해설] 소속 임직원이 아닌 자가 모집 가능한 금융기관보험대리점
• 여신전문금융업법에 따라 허가받은 신용카드업자(겸영 여신업자는 제외한다)
• 농업협동조합법에 따라 설립된 조합(농협생명, 농협손해보험 상품 한정)

답 ④

19 보험업법상 전문보험계약자 중 보험회사의 동의에 의하여 일반보험계약자로 될 수 있는 자에 해당하지 않는 것은? (2022년)

① 한국은행

② 지방자치단체

③ 주권상장법인

④ 해외 증권시장에 상장된 주권을 발행한 국내 법인

[해설] 일반보험계약자로 전환할 수 있는 자
- 지방자치단체
- 주권상장법인
- 외국 금융기관
- 법률에 따라 설립된 기금 및 그 기금을 운용하는 법인
- 해외 증권회사에 상장된 주권을 발행하는 국내 법인

답 ①

20 보험업법상 자기계약금지 및 보험계약자의 권리와 의무에 관한 설명으로 옳지 않은 것은? (2023년)

① 보험대리점은 자기 또는 자기를 고용하고 있는 자를 보험계약자 또는 피보험자로 하는 보험을 모집하는 것을 주된 목적으로 하지 못한다.

② 보험중개사가 모집한 자기 또는 자기를 고용하고 있는 자를 보험계약자 또는 피보험자로 하는 보험의 보험료누계액이 그 보험중개사가 모집한 보험의 보험료의 100분의 40을 초과하게 된 경우는 자기계약의 금지에 해당된다.

③ 보험설계사는 보험계약자로 하여금 고의로 보험사고를 발생시키거나 발생하지 아니한 보험사고를 발생한 것처럼 조작하여 보험금을 수령하도록 하는 행위를 해서는 아니 된다.

④ 보험계약자가 보험중개사의 보험계약체결 중개행위와 관련하여 손해를 입은 경우에는 그 손해액을 이 법에 따른 영업보증금에서 다른 채권자보다 우선하여 변제받을 권리를 가진다.

[해설] ② 100분의 40(×), 100분의 50(○)

답 ②

05 | 자산운용

제1절 자산운용의 원칙

1. 자산운용 용어의 정의

(1) 신용공여

대출 또는 유가증권의 매입(자금 지원적 성격인 것만 해당한다)이나 그 밖에 금융 거래상의 신용위험이 따르는 보험회사의 직접적·간접적 거래로서 대통령령으로 정하는 바에 따라 금융위원회가 정하는 거래를 말한다.

(2) 총자산

재무상태표에 표시된 자산에서 영업권 등 대통령령으로 정하는 자산을 제외한 것을 말한다.

(3) 자기자본

납입자본금·자본잉여금·이익잉여금(자본조정은 제외)의 합계액에서 영업권, 그 밖에 이에 준하는 항목의 합계액을 뺀 것을 말한다.

> `tip` (납입자본금 + 자본잉여금 + 이익잉여금) − 자본조정 − 영업권

> 🔔 **기출 포인트 !**
>
> **보험업법상 자기자본의 합산항목을 모두 고른 것은?** ✓ 2020
> 가. 납입자본금(○) 나. 이익잉여금(○)
> 다. 자본잉여금(○) 라. 자본조정(×)
> 마. 영업권(×)
> 답 가, 나, 다
>
> `tip` (납입자본금 + 자본잉여금 + 이익잉여금) − 자본조정 − 영업권
>
> **보험업법상 자기자본을 산출할 때 빼야 할 항목에 해당하는 것은?** ✓ 2019
> ① 영업권(○) ② 납입자본금
> ③ 자본잉여금 ④ 이익잉여금
> 답 ①

(4) 미상각신계약비를 제외한 지급여력

보험회사가 적립하여야 하는 지급여력 금액에는 자본금, 계약자배당을 위한 준비금, 대손충당금, 후순위차입금, 그 밖의 이에 준하는 것으로서 금융위원회가 정하여 고시하는 금액을 합산한 금액에서 미상각신계약비, 영업권, 그 밖의 이에 준하는 것으로서 금융위원회가 정하여 고시하는 금액을 뺀 금액을 말한다.

 (자본금 + 계약자배당을 위한 준비금 + 대손충당금 + 후순위차입금) − 미상각신계약비 − 영업권

> 💡 **기출 포인트 !**
>
> 보험회사가 적립하여야 하는 지급여력 금액에는 자본금, 계약자배당을 위한 준비금, 후순위차입금, 미상각신계약비 등을 합산한 금액이 포함된다(미상각신계약비 등을 합산한 금액 ×, 미상각신계약비 제외 ○).　✓ 2020

(5) 동일 차주

동일한 개인 또는 법인 및 이와 신용위험을 공유하는 자로서 대통령령으로 정하는 자를 말한다.

(6) 대주주

금융회사의 지배구조에 관한 법률에 따른 주주를 말한다.

(7) 100분의 15 초과 시 자회사 인정

보험회사가 다른 회사의 의결권 있는 발행주식 총수의 100분의 15를 초과하여 소유하는 경우의 그 다른 회사를 말한다.

2. 자산운용 원칙 및 금지(법 제104조~제105조)

(1) 자산운용 원칙

보험회사는 그 자산을 운용할 때 안정성·유동성·수익성 및 공익성이 확보되도록 하여야 한다.

 보험회사 자산은 계약자가 내는 보험료라 **공익성**이 있어 **수익**도 높지만, **안정**이 우선이고 대규모 해약에 대비해서 **유동성도** 필요하다.

> 💡 **기출 포인트 !**
>
> 보험회사는 그 자산을 운용할 때 공평성·유동성·수익성 및 공익성이 확보되도록 하여야 한다(공평성 ×, 안정성 ○).　✓ 2018
>
> **현행 보험업법상 자산운용의 원칙에 해당하는 것을 모두 고르시오.**　✓ 2015
> ① 안정성(○)　　　　② 유동성(○)
> ③ 수익성(○)　　　　④ 보장성(×)　　　　**답** 가, 나, 다

(2) 선량한 관리자 주의의무(선관주의)

보험회사는 선량한 관리자의 주의로써 그 자산을 운용하여야 한다.

(3) 보험회사의 자산운용 금지

① 업무용 부동산이 아닌 부동산 소유(저당권 등 담보권의 실행으로 취득하는 부동산은 제외)
② 특별계정을 통한 부동산의 소유
③ 상품이나 유가증권에 대한 투기를 목적으로 하는 자금의 대출
④ 직접·간접을 불문하고 해당 보험회사의 주식을 사도록 하기 위한 대출
⑤ 직접·간접을 불문하고 정치자금의 대출
⑥ 해당 보험회사의 임직원에 대한 대출(보험약관에 따른 대출 및 금융위원회가 정하는 소액 대출은 제외)
⑦ 자산운용의 안정성을 크게 해칠 우려가 있는 행위로서 대통령령으로 정하는 행위

3. 자산운용의 방법 및 비율(법 제106조)

(1) 자산운용과 비율 제한

보험회사는 일반계정에 속하는 자산과 특별계정에 속하는 자산을 운용할 때 다음의 비율을 초과할 수 없다. 다만, 특별계정의 자산으로서 자산운용의 손실이 일반계정에 영향을 미치는 자산 중 대통령령으로 정하는 자산의 경우에는 일반계정에 포함하여 자산운용 비율을 적용한다.

① 동일한 개인 또는 법인에 대한 신용공여
　㉠ 일반계정 : 총자산의 100분의 3
　㉡ 특별계정 : 각 특별계정 자산의 100분의 5

② 동일한 개인 또는 법인에 대한 신용공여
　㉠ 일반계정 : 총자산의 100분의 7
　㉡ 특별계정 : 각 특별계정 자산의 100분의 10

③ 동일 차주에 대한 신용공여 또는 그 동일 차주가 발행한 채권 및 주식 소유의 합계액
　㉠ 일반계정 : 총자산의 100분의 12
　㉡ 특별계정 : 각 특별계정 자산의 100분의 15

④ 동일한 개인·법인, 동일 차주 또는 대주주(특수관계인 포함)에 대한 총자산의 100분의 1을 초과하는 거액 신용공여의 합계액
　㉠ 일반계정 : 총자산의 100분의 20
　㉡ 특별계정 : 각 특별계정 자산의 100분의 20

⑤ 대주주 및 대통령령으로 정하는 자회사에 대한 신용공여
　㉠ 일반계정 : 자기자본의 100분의 40(자기자본의 100분의 40에 해당하는 금액이 총자산의 100분의 2에 해당하는 금액보다 큰 경우에는 총자산의 100분의 2)
　㉡ 특별계정 : 각 특별계정 자산의 100분의 2

⑥ 대주주 및 대통령령으로 정하는 자회사가 발행한 채권 및 주식 소유의 합계액
   ㉠ 일반계정 : 자기자본의 100분의 60(자기자본의 100분의 60에 해당하는 금액이 총자산의 100분의 3에 해당하는 금액보다 큰 경우에는 총자산의 100분의 3)
   ㉡ 특별계정 : 각 특별계정 자산의 100분의 3
⑦ 동일한 자회사에 대한 신용공여
   ㉠ 일반계정 : 자기자본의 100분의 10
   ㉡ 특별계정 : 각 특별계정 자산의 100분의 4
⑧ 부동산의 소유
   ㉠ 일반계정 : 총자산의 100분의 25
   ㉡ 특별계정 : 각 특별계정 자산의 100분의 15
⑨ 외국환거래법에 따른 외국환이나 외국 부동산의 소유
   (외화표시 보험에 대하여 지급보험금과 같은 외화로 보유하는 자산의 경우에는 금융위원회가 정하는 바에 따라 책임준비금을 한도로 자산운용 비율의 산정 대상에 포함하지 아니한다)
   ㉠ 일반계정 : 총자산의 100분의 50
   ㉡ 특별계정 : 각 특별계정 자산의 100분의 50

(2) 자산운용 비율 100분의 50 이내 조정 가능

자산운용 비율은 자산운용의 건전성 향상 또는 보험계약자 보호에 필요한 경우에는 대통령령으로 정하는 바에 따라 그 비율의 100분의 50의 범위에서 인하하거나, 발행 주체 및 투자수단 등을 구분하여 별도로 정할 수 있다.

(3) 분기 300억원 이하 일반계정 적용

대통령령으로 정하는 매 분기 말 기준으로 300억원 이하의 특별계정에 대하여는 일반계정에 포함하여 자산운용 비율을 적용한다.

4. 자산운용 제한에 대한 예외(법 제107조)

(1) 자산운용 비율 예외

다음에 해당할 때는 자산운용의 방법 및 비율을 적용하지 아니한다.
① 보험회사의 자산 가격의 변동 등 보험회사의 의사와 관계없는 사유로 자산 상태가 변동된 경우
② 보험회사에 적용되는 회계처리 기준의 변경으로 보험회사의 자산 또는 자기자본 상태가 변동된 경우
③ 다음에 해당하는 경우로서 금융위원회의 승인을 받은 경우
   ㉠ 보험회사가 재무건전성 기준을 지키는 데 필요한 경우
   ㉡ 기업구조조정 촉진법에 따른 출자전환 또는 채무 재조정 등 기업의 구조조정을 지원하는 데 필요한 경우
   ㉢ 그 밖에 보험계약자의 이익을 보호하기 위하여 필수적인 경우

(2) 자산운용 비율 초과 시 조치

자산운용 비율을 초과하게 된 경우에는 해당 보험회사는 그 비율을 초과하게 된 날부터 다음의 구분에 따른 기간 이내에 적합하게 하여야 한다. 다만, 대통령령으로 정하는 사유에 해당할 때는 금융위원회가 정하는 바에 따라 그 기간을 연장할 수 있다.
① 보험회사와 무관한 자산변동 사유로 자산운용 비율을 초과하게 된 경우 : 1년
② 회계처리 기준 변경 사유로 자산운용 비율을 초과하게 된 경우 : 3년

기출 포인트 !

보험회사의 자산운용에 대한 설명 중 옳지 않은 것은?   ✓ 2017
자산운용 비율을 초과하게 된 경우에는 해당 보험회사는 그 비율을 초과하게 된 날부터 2년 이내(대통령령으로 정하는 사유에 해당할 때는 금융위원회가 정하는 바에 따라 그 기간을 연장할 수 있다)에 보험업법 제106조에 적합하도록 하여야 한다(2년 ×, 1년 & 3년 ○).

---

5. 특별계정의 설정·운용(법 제108조)

(1) 특별계정의 설정·운용 대상 계약

보험회사는 다음에 해당하는 계약에 대해 대통령령으로 정하는 바에 따라 그 준비금에 상당하는 자산의 전부 또는 일부를 그 밖의 자산과 구별하여 이용하기 위한 특별계정을 각각 설정하여 운용할 수 있다.
① 소득세법에 따른 연금저축계좌를 설정하는 계약
② 근로자퇴직급여보장법 보험계약 및 퇴직보험계약
③ 변액보험계약(보험금이 자산운용의 성과에 따라 변동하는 보험계약)

(2) 구분 회계처리

보험회사는 특별계정에 속하는 자산은 다른 특별계정에 속하는 자산 및 그 밖의 자산과 구분하여 회계처리하여야 한다.

(3) 특별계정 이익 계약자 분배

보험회사는 특별계정에 속하는 이익을 그 계정상의 보험계약자에게 분배할 수 있다.

6. 다른 회사에 대한 출자 제한(법 제109조)

(1) 의결권 주식 100의 15 초과 소유 금지

보험회사는 다른 회사의 의결권 있는 발행주식(출자지분을 포함) 총수의 100분의 15를 초과하는 주식을 소유할 수 없다.

(2) 금융위원회 승인 예외

다만, 금융위원회의 승인을 받은 자회사의 주식은 그러하지 아니하다.

7. 자금지원 관련 금지행위(법 제110조)

(1) 보험회사 금지행위

보험회사는 다른 금융기관 또는 회사와 다음의 행위를 하여서는 아니 된다.
① 자산운용 한도의 제한을 피하려고 다른 금융기관 또는 회사의 의결권 있는 주식을 서로 교차하여 보유하거나 신용공여를 하는 행위
② 자기주식 취득의 제한을 피하기 위한 목적으로 서로 교차하여 주식을 취득하는 행위
③ 그 밖에 보험계약자의 이익을 크게 해칠 우려가 있는 행위로서 대통령령으로 정하는 행위

(2) 금지행위 위반 취득 주식의 의결권 제한

보험회사는 (1)을 위반하여 취득한 주식에 대하여는 의결권을 행사할 수 없다.

(3) 금융위원회 주식처분 조치

금융위원회는 보험회사 금지행위를 위반하여 주식을 취득하거나 신용공여를 한 보험회사에 대하여 그 주식의 처분 또는 공여한 신용의 회수를 명하는 등 필요한 조치를 할 수 있다.

8. 금리인하 요구(법 제110조의3)

(1) 신용상태 개선에 따른 금리인하 요구

보험회사와 신용공여 계약을 체결한 자는 재산 증가나 신용등급 또는 개인 신용평점 상승 등 신용상태 개선이 나타났다고 인정되는 경우 보험회사에 금리인하를 요구할 수 있다.

(2) 금리인하 요구 통지

보험회사는 신용공여 계약을 체결하려는 자에게 금리인하를 요구할 수 있음을 알려야 한다.

9. 대주주와의 거래제한 등(법 제111조~제112조)

(1) 보험회사의 대주주에 대한 금지행위

보험회사는 직접 또는 간접으로 그 보험회사의 대주주(그의 특수관계인인 보험회사의 자회사는 제외)와 다음의 행위를 하여서는 아니 된다.

① 대주주가 다른 회사에 출자하는 것을 지원하기 위한 신용공여

② 자산을 무상으로 양도하거나 일반적인 거래 조건에 비추어 해당 보험회사에 뚜렷하게 불리한 조건으로 자산에 대하여 매매·교환·신용공여 또는 재보험계약을 하는 행위

(2) 이사회 사전 의결 및 전원 찬성

보험회사는 그 보험회사의 대주주에 대하여 다음 경우에는 미리 이사회의 의결을 거쳐야 한다. 이 경우 이사회는 재적 이사 전원의 찬성으로 의결하여야 한다.

① 대통령령으로 정하는 금액 이상의 신용공여

② 대주주가 발행한 채권 또는 주식을 대통령령으로 정하는 금액 이상으로 취득

(3) 7일 이내 보고 및 공시

보험회사는 그 보험회사의 대주주와 다음에 해당하는 행위를 하였을 때는 7일 이내에 그 사실을 금융위원회에 보고하고 인터넷 홈페이지 등을 이용하여 공시하여야 한다.

> 🍵 **기출 포인트 !**
>
> 보험회사는 그 보험회사의 대주주와 대통령령으로 정하는 금액 이상의 신용공여 행위를 하였을 때는 14일 이내에 그 사실을 금융위원회에 보고하고 인터넷 홈페이지 등을 이용하여 공시하여야 한다(14일 ×, 7일 ○). ✓ 2017
>
> 보험회사는 그 보험회사의 대주주와 대통령령으로 정하는 금액 이상의 신용공여를 한 경우에는 7일 이내에 그 사실을 공정거래위원회에 보고하고, 인터넷 홈페이지 등을 이용하여 공시하여야 한다(공정거래위원회 ×, 금융위원회 ○). ✓ 2020

① 대통령령으로 정하는 금액 이상의 신용공여

② 해당 보험회사의 대주주가 발행한 채권 또는 주식을 대통령령으로 정하는 금액 이상으로 취득하는 행위

③ 해당 보험회사의 대주주가 발행한 주식에 대한 의결권을 행사하는 행위

(4) 분기 정산 1개월 이내 보고 및 공시

보험회사는 매 분기 말 현재 대주주에 대한 신용공여 규모, 분기 중 신용공여의 증감액, 신용공여의 거래 조건, 해당 보험회사의 대주주가 발행한 채권 또는 주식의 취득 규모, 그 밖에 금융위원회가 정하여 고시하는 사항을 매 분기 말이 지난 후 1개월 이내에 금융위원회에 보고하고, 인터넷 홈페이지 등을 이용하여 공시하여야 한다.

(5) 대주주의 금지행위

보험회사의 대주주는 해당 보험회사의 이익에 반하여 대주주 개인의 이익을 위하여 다음에 해당하는 행위를 하여서는 아니 된다.

① 부당한 영향력을 행사하기 위하여 해당 보험회사에 대하여 외부에 공개되지 아니한 자료 또는 정보의 제공을 요구하는 행위

② 경제적 이익 등 반대급부를 제공하는 조건으로 다른 주주 또는 출자자와 담합하여 해당 보험회사의 인사 또는 경영에 부당한 영향력을 행사하는 행위

③ 자산운용 비율을 초과하여 보험회사로부터 신용공여를 받는 행위

④ 자산운용 비율을 초과하여 보험회사에 대주주의 채권 및 주식을 소유하게 하는 행위

⑤ 대주주의 경쟁사업자에 대하여 신용공여를 할 때 정당한 이유 없이 금리, 담보 등 계약조건을 불리하게 하도록 요구하는 행위

⑥ 보험회사로 하여금 공익법인 등에 자산을 무상으로 양도하게 하거나 일반적인 거래 조건에 비추어 해당 보험회사에 뚜렷하게 불리한 조건으로 매매·교환·신용공여 또는 재보험계약을 하게 하는 행위

(6) 대주주 부실 우려 시 보험회사에 대한 조치

금융위원회는 보험회사의 대주주의 부채가 자산을 초과하는 등 재무구조가 부실하여 보험회사의 경영건전성을 뚜렷하게 해칠 우려가 있는 경우로서 대통령령으로 정할 때는 그 보험회사에 대하여 다음 조치를 할 수 있다.

① 대주주에 대한 신규 신용공여 금지

② 대주주가 발행한 유가증권의 신규 취득 금지

③ 대주주에 대한 자금지원 성격의 거래제한 등 대통령령으로 정하는 조치

(7) 대주주 등에 대한 자료 제출 요구

금융위원회는 보험회사 또는 그 대주주가 자산운용의 방법, 비율 및 대주주와의 거래제한 등을 위반한 혐의가 있다고 인정될 때는 보험회사 또는 그 대주주에 대하여 필요한 자료의 제출을 요구할 수 있다.

10. 타인을 위한 채무보증의 금지(법 제113조)

(1) 타인을 위한 채무보증 금지

보험회사는 타인을 위하여 그 소유자산을 담보로 제공하거나 채무보증을 할 수 없다.

(2) 타인을 위한 채무보증 금지의 예외

다만, 이 법 및 대통령령으로 정하는 바에 따라 채무보증을 할 수 있는 경우에는 그러하지 아니하다.

① 신용위험 손실 보전의 증권 매수나 예금 가입 : 보험회사는 신용위험을 이전하려는 자가 신용위험을 인수한 자에게 금전 등의 대가를 지급하고, 신용 사건이 발생하면 신용위험을 인수한 자가 신용위험을 이전한 자에게 손실을 보전해 주기로 하는 계약에 기초한 증권 또는 예금을 매수하거나 가입할 수 있다.

② 자회사 채무보증 요건 : 보험회사는 자회사를 위한 채무보증을 할 수 있다. 이 경우 다음 요건을 모두 갖추어야 한다.

㉠ 채무보증 한도액이 보험회사 총자산의 100분의 3 이내일 것

㉡ 보험회사의 직전 분기 말 지급여력비율이 100분의 200 이상일 것

㉢ 보험금 지급 채무에 대한 채무보증일 것

㉣ 보험회사가 채무보증을 하려는 자회사의 의결권 있는 발행주식 총수의 100분의 50을 초과하여 소유할 것

11. 자산평가 등(법 제114조~제114조의2)

(1) 자산평가의 방법 등

보험회사가 취득·처분하는 자산의 평가 방법, 채권 발행 또는 자금차입의 제한 등에 관하여 필요한 사항은 대통령령으로 정한다.

(2) 사채의 발행 자금 차입

보험회사는 재무건전성 기준을 충족시키기 위한 경우 또는 적정한 유동성을 유지하는 방법으로 사채를 발행하거나 자금을 차입할 수 있다. 다만, 금융지주회사 주식 전환형 조건부자본증권 발행은 자본시장과 금융투자업에 관한 법률에 따른 주권비상장 보험회사만이 할 수 있다.

① 상각형 조건부자본증권 발행 : 자본시장과 금융투자업에 관한 법률에 따른 사채 중 해당 사채의 발행 당시 객관적이고 합리적인 기준에 따라 미리 정하는 예정 사유가 발생하는 경우 그 사채의 상환과 이자 지급 의무가 감면된다는 조건이 붙은 "상각형 조건부자본증권"의 발행

② 보험회사 주식 전환형 조건부자본증권 발행 : 자본시장과 금융투자업에 관한 법률에 따른 사채 중 해당 사채의 발행 당시 예정 사유가 발생하는 경우 보험회사의 주식으로 전환된다는 조건이 붙은 "보험회사 주식 전환형 조건부자본증권"의 발행

③ 금융지주회사 주식 전환형 조건부자본증권 발행(주권비상장 보험회사만 가능) : 상법에 따른 사채와 다른 사채로서 해당 사채의 발행 당시 예정 사유가 발생하는 경우 주권비상장 보험회사의 주식으로 전환됨과 동시에 그 전환된 주식이 상장금융지주회사의 주식과 교환된다는 조건이 붙은 "금융지주회사 주식 전환형 조건부자본증권"의 발행

④ 상법에 따른 사채의 발행

12. 금융지주회사 주식 전환형 조건부자본증권의 발행 절차 등(법 제114조의4)

(1) 이사회 의결 등 발행 절차

주권비상장 보험회사가 금융지주회사 주식 전환형 조건부자본증권을 발행하려면 주권비상장 보험회사 및 상장금융지주회사는 정관으로 정하는 바에 따라 금융지주회사 주식 전환형 조건부자본증권의 총액 등 대통령령으로 정하는 사항을 포함한 주식교환계약서를 작성하여 다음에 따른 절차를 거쳐야 한다.

① 주권비상장 보험회사의 경우 : 이사회의 의결
② 상장금융지주회사의 경우 : 이사회의 의결과 주주총회의 결의

(2) 전자 등록 발행

주권비상장 보험회사는 금융지주회사 주식 전환형 조건부자본증권을 발행하는 경우 전자 등록의 방법으로 발행하여야 한다.

(3) 2주 이내 본점 소재지 등기

주권비상장 보험회사 및 상장금융지주회사는 주권비상장 보험회사가 금융지주회사 주식 전환형 조건부자본증권을 발행하였으면 납입이 완료된 날부터 2주일 이내에 각각의 본점 소재지에서 금융지주회사 주식 전환형 조건부자본증권의 총액 등 대통령령으로 정하는 사항을 등기하여야 한다.

(4) 이사회 의결 반대 주식 20일 이내 매수 청구

이사회의 의결이 있는 경우 그 의결에 반대하는 상장금융지주회사의 주주가 주주총회 전의 상장금융지주회사에 대하여 서면으로 그 의결에 반대하는 의사를 통지하였으면 그 주주총회의 결의일부터 20일 이내에 주식의 종류와 수를 적은 서면으로 상장금융지주회사에 대하여 자기가 소유하고 있는 주식의 매수를 청구할 수 있다.

(5) 신규 발행 주식 유보

주권비상장 보험회사 및 상장금융지주회사는 주권비상장 보험회사가 금융지주회사 주식 전환형 조건부자본증권을 발행하는 날부터 효력 발생일과 만기일 중 먼저 도래하는 날까지 전환 및 교환으로 인하여 새로 발행할 주식의 수를 유보하여야 한다.

(6) 주식 교환의 15영업일 효력 발생

금융지주회사 주식 전환형 조건부자본증권의 주권비상장 보험회사 주식으로의 전환 및 그 전환된 주식의 상장금융지주회사 주식과의 교환은 예정 사유가 발생한 날부터 15영업일 이내에 대통령령으로 정하는 날에 그 효력이 발생한다.

(7) 주식 교환 효력 발생 후 주권 미발행 가능

주권비상장 보험회사는 주식 교환의 15영업일 이내에 따른 효력이 발생하는 경우에도 주권을 발행하지 아니할 수 있다.

(8) 상장사가 비상장사를 지배하지 않는 경우의 증권 변경 인정

주권비상장 보험회사가 금융지주회사 주식 전환형 조건부자본증권을 발행한 이후 상장금융지주회사가 주권비상장 보험회사를 지배하지 아니하게 된 때에는 그때까지 발행된 금융지주회사 주식 전환형 조건부자본증권 중 예정 사유가 발생하지 아니한 금융지주회사 주식 전환형 조건부자본증권은 예정 사유 및 전환의 조건이 같은 보험회사 주식 전환형 조건부자본증권으로 변경되는 것으로 본다.

(9) 2주 이내 변경등기

주권비상장 보험회사 및 상장금융지주회사는 금융지주회사 주식 전환형 조건부자본증권의 변경등기를 다음에 따라 각각의 본점 소재지에서 하여야 한다.

① 전환·교환으로 인한 변경등기 : 효력 발생일부터 2주일 이내
② 변경으로 인한 변경등기 : 변경되는 날부터 2주일 이내

13. 의결권 제한 등(법 제114조의5)

(1) 금융위원회 승인 전 의결권 제한

보험회사 또는 상장금융지주회사 주식으로 전환되어 대주주가 되는 자는 금융위원회의 승인을 받을 때까지는 그 의결권을 행사하지 못한다.

(2) 주식 전환 1개월 이내 승인 신청

대주주가 되는 자는 주식 전환일로부터 1개월 이내에 금융위원회에 승인을 신청하여야 한다.

(3) 미승인 주식 6개월 이내 처분 명령

금융위원회는 승인받지 못하거나, 승인을 신청하지 아니한 주식에 대하여 6개월 이내의 기간을 정하여 처분을 명할 수 있다.

14. 자회사의 소유(법 제115조)

(1) 자회사 소유 업무

① 금융위원회 승인 : 보험회사는 다음 업무를 주로 하는 회사를 금융위원회의 승인을 받아 자회사로 소유할 수 있다.
  ㉠ 금융산업의 구조개선에 관한 법률에 따른 금융기관이 경영하는 금융업
  ㉡ 신용정보의 이용 및 보호에 관한 법률에 따른 신용정보업 및 채권추심업
  ㉢ 보험계약의 유지·해지·변경 또는 부활 등을 관리하는 업무
  ㉣ 그 밖에 보험업의 건전성을 저해하지 아니하는 업무로서 대통령령으로 정하는 업무
② 자회사 승인 인정 : 다만, 그 주식의 소유에 대하여 금융위원회로부터 승인 등을 받으면 또는 금융위원회로부터 그 주식의 소유에 관한 사항을 요건으로 설립 허가·인가 등을 받았으면 승인을 받은 것으로 본다.

(2) 금융위원회 사전 신고로 자회사 소유

① (신고) 경영 관련 : 보험회사는 보험업의 경영과 밀접한 관련이 있는 업무 등으로서 대통령령으로 정하는 업무를 주로 하는 회사를 미리 금융위원회에 신고하고 자회사로 소유할 수 있다.

② **(보고) 자산운용 관련**

　　보험회사는 자산운용과 밀접한 관련이 있는 업무로서 대통령령으로 정하는 업무를 주로 하는 회사를 금융위원회의 승인을 받지 아니하고 자회사로 소유할 수 있다. 이 경우 보험회사는 대통령령으로 정하는 기간 이내에 금융위원회에 보고하여야 한다.

　　　　tip 금융위원회 사전 신고로 **자회사 소유**할 수 있는 거니 **신·경** 쓰고 **보·자**

(3) 비금융주력자의 은행 자회사 소유 제한(금산분리)

　　보험회사의 대주주가 은행법에 따른 비금융주력자였으면 그 보험회사는 은행법에 따른 은행을 자회사로 소유할 수 없다.

15. 금융위원회 자회사 업무처리

(1) 승인

　　① 금융산업의 구조개선에 관한 법률에 따른 금융기관이 경영하는 금융업
　　② 신용정보의 이용 및 보호에 관한 법률에 따른 신용정보업 및 채권추심업
　　③ 보험계약의 유지·해지·변경 또는 부활 등을 관리하는 업무
　　④ 그 밖에 보험업의 건전성을 저해하지 아니하는 업무로서 대통령령으로 정하는 업무
　　　　㉠ 외국에서 하는 사업
　　　　㉡ 기업의 후생 복지에 관한 상담 및 사무처리 대행 업무
　　　　㉢ 본인신용정보관리업

(2) 신고

　　① 보험회사의 사옥 관리업무
　　② 보험수리업무
　　③ 손해사정업무
　　④ 보험대리업무
　　⑤ 보험사고 및 보험계약 조사업무
　　⑥ 보험에 관한 교육·연수·도서 출판·금융리서치 및 경영컨설팅 업무
　　⑦ 보험업과 관련된 전산시스템·소프트웨어 등의 대여·판매 및 컨설팅 업무
　　⑧ 보험계약 및 대출 등과 관련된 상담업무
　　⑨ 보험에 관한 인터넷 정보서비스의 제공업무
　　⑩ 자동차와 관련된 긴급출동·차량 관리 및 운행정보 등 부가서비스 업무
　　⑪ 보험계약자 등에 대한 위험관리 업무
　　⑫ 건강·장묘·장기간병·신체장애 등의 사회복지사업 및 이와 관련된 조사·분석·조언 업무
　　⑬ 노인복지법 제31조에 따른 노인복지시설의 설치·운영에 관한 업무 및 이와 관련된 조사·분석·조언 업무
　　⑭ 건강 유지·증진 또는 질병의 사전 예방 등을 위해 수행하는 업무

⑮ 외국에서 하는 보험업, 보험수리업무, 손해사정업무, 보험대리업무, 보험에 관한 금융리서치 업무, 투자자문업, 투자일임업, 집합투자업 및 부동산업

💡 **기출 포인트 !**

보험업법상 보험회사가 자회사를 소유함에 있어서 금융위원회의 신고로써 승인에 갈음할 수 있는 것을 모두 고른 것은? ✓ 2020

가. 보험계약의 유지·해지·변경 또는 부활 등을 관리하는 업무(×)
나. 보험수리업무(○)
다. 보험대리업무(○)
라. 보험계약 체결 및 대출 업무(×)
마. 보험사고 및 보험계약 조사업무(○)
바. 손해사정업무(○)
사. 기업의 후생 복지에 관한 상담 및 사무처리 대행 업무(×)

📖 나, 다, 마, 바

---

(3) 보고

① 벤처투자 촉진에 관한 법률에 따른 중소기업창업투자회사 및 벤처투자조합의 업무
② 부동산투자회사법에 따른 부동산투자회사의 업무
③ 사회기반시설에 대한 민간투자법에 따른 사회기반시설사업 및 사회기반시설사업에 대한 투융자 사업
④ 선박투자회사법에 따른 선박투자회사의 업무
⑤ 여신전문금융업법에 따른 신기술 사업투자조합의 업무
⑥ 자본시장과 금융투자업에 관한 법률에 따른 투자회사 또는 기관 전용 사모집합투자기구가 하는 업무
⑦ 자산유동화에 관한 법률에 따른 자산유동화 업무 및 유동화자산의 관리업무
⑧ 그 밖에 ①부터 ⑦까지의 업무와 유사한 것으로서 금융위원회가 정하여 고시하는 업무

---

16. 자회사와의 금지행위(법 제116조)

보험회사는 자회사와 다음의 행위를 하여서는 아니 된다.

(1) 자산 무상양도나 불리한 조건 행위

자산을 대통령령으로 정하는 바에 따라 무상으로 양도하거나 일반적인 거래 조건에 비추어 해당 보험회사에 뚜렷하게 불리한 조건으로 매매·교환·신용공여 또는 재보험계약을 하는 행위

(2) 출자지원 신용공여

자회사가 소유하는 주식을 담보로 하는 신용공여 및 자회사가 다른 회사에 출자하는 것을 지원하기 위한 신용공여

(3) 자회사 임직원 대출

보험약관에 따른 대출과 금융위원회가 정하는 소액 대출은 제외한다.

17. 자회사에 관한 보고의무 등(법 제117조)

(1) 금융위원회 보고의무 비교

① 자회사 소유(15일 이내)
   ㉠ 정관
   ㉡ 업무의 종류 및 방법을 적은 서류
   ㉢ 주주 현황
   ㉣ 재무상태표 및 포괄손익계산서 등의 재무제표와 영업보고서
   ㉤ 자회사가 발행주식 총수의 100분의 10을 초과하여 소유하고 있는 회사의 현황
② 사업연도 종료(3개월 이내)
   ㉠ 재무상태표 및 포괄손익계산서 등의 재무제표와 영업보고서
   ㉡ 자회사와의 주요 거래 상황을 적은 서류

> **기출 포인트 !**
>
> 보험업법상 보험회사가 자회사를 소유하게 된 날부터 15일 이내에 금융위원회에 제출하여야 하는 서류는?
> ✓ 2022
>
> ① 업무의 종류 및 방법을 적은 서류(○)
> ② 자회사가 발행주식 총수의 100분의 10을 초과하여 소유하고 있는 회사의 현황(○)
> ③ 재무상태표 및 손익계산서 등의 재무제표와 영업보고서(○)
> ④ 자회사와의 주요 거래 상황을 적은 서류(×)   답 ①, ②, ③

(2) 1년 미만 자회사 등의 제출 예외

보험회사의 자회사가 다음의 경우에는 제출서류 일부를 대통령령으로 정하는 바에 따라 제출하지 아니할 수 있다.
① 투자회사 및 외국에서 이와 같은 유형의 사업을 수행하는 회사
② 설립일부터 1년이 지나지 아니한 회사

05 | 실전대비문제(보험계리사 · 손해사정사)

01 보험회사의 자산운용 원칙으로 옳은 것을 모두 고른 것은?

(2018년)

> 가. 보험회사는 그 자산을 운용할 때 공평성 · 유동성 · 수익성 및 공익성이 확보되도록 하여야 한다.
> 나. 보험회사는 특별계정에 속하는 이익을 그 계정상의 보험계약자에게 분배할 수 있다.
> 다. 보험회사는 다른 회사의 의결권 있는 발행주식(출자지분을 포함한다) 총수의 100분의 10을 초과하는 주식을 소유할 수 없다.
> 라. 보험회사가 일반계정에 속하는 자산과 특별계정에 속하는 자산을 운용할 때, 동일한 개인 또는 법인에 대한 신용공여 한도는 일반계정의 경우 총자산의 100분의 3, 특별계정의 경우 각 특별계정 자산의 100분의 5를 초과할 수 없다.
> 마. 보험회사는 특별계정에 속하는 자산은 다른 특별계정에 속하는 자산 및 그 밖의 자산과 구분하여 회계하여야 한다.

① 가, 나, 라   ② 나, 라, 마
③ 가, 라, 마   ④ 나, 다, 라

해설 ② 나, 라, 마
  가. 공평성(×), 안정성(○)
  다. 발행주식 총수의 100분의 10(×), 발행주식 총수의 100분의 15(○)

답 ②

02 보험업법상 자기자본을 산출할 때 빼야 할 항목에 해당하는 것은?

(2019년)

① 영업권
② 납입자본금
③ 자본잉여금
④ 이익잉여금

해설 자기자본
  납입자본금 · 자본잉여금 · 이익잉여금(자본조정은 제외)의 합계액에서 영업권, 그 밖에 이에 준하는 항목의 합계액을 뺀 것을 말한다.

  tip (납입자본금 + 자본잉여금 + 이익잉여금) − 자본조정 − 영업권

답 ①

03 금융위원회의 승인을 받아 보험회사가 자회사를 소유할 수 있는 경우를 모두 고른 것은? (2019년)

> 가. 금융산업의 구조개선에 관한 법률 제2조 제1호에 따른 금융기관이 경영하는 금융업
> 나. 신용정보의 이용 및 보호에 관한 법률에 따른 신용정보업
> 다. 보험계약의 유지·해지·변경 또는 부활 등을 관리하는 업무
> 라. 손해사정업무
> 마. 보험대리업무

① 가, 나, 다   ② 다, 라
③ 다, 라, 마   ④ 가, 나, 다, 라, 마

[해설] 금융위원회 승인 자회사 소유 업무
- 금융산업의 구조개선에 관한 법률에 따른 금융기관이 경영하는 금융업
- 신용정보의 이용 및 보호에 관한 법률에 따른 신용정보업 및 채권추심업
- 보험계약의 유지·해지·변경 또는 부활 등을 관리하는 업무
- 그 밖에 보험업의 건전성을 저해하지 아니하는 업무로서 대통령령으로 정하는 업무
  - 외국에서 하는 사업
  - 기업의 후생 복지에 관한 상담 및 사무처리 대행 업무
  - 본인신용정보관리업

답 ①

04 보험업법상 자기자본의 합산항목을 모두 고른 것은? (2020년)

> 가. 납입자본금   나. 이익잉여금
> 다. 자본잉여금   라. 자본조정
> 마. 영업권

① 가, 나   ② 가, 나, 다
③ 나, 다, 라   ④ 다, 라, 마

[tip] (납입자본금 + 자본잉여금 + 이익잉여금) − 자본조정 − 영업권

답 ②

05 보험업법상 보험회사의 자산운용에 대한 내용으로 옳지 않은 것은? (2020년)

① 보험업법에 따른 자산운용 한도의 제한을 피하기 위하여 다른 금융기관 또는 회사의 의결권 있는 주식을 서로 교차하여 보유하거나 신용공여를 하는 행위를 할 수 없다.

② 보험회사는 그 보험회사의 대주주와 대통령령으로 정하는 금액 이상의 신용공여를 한 경우에는 7일 이내에 그 사실을 공정거래위원회에 보고하고, 인터넷 홈페이지 등을 이용하여 공시하여야 한다.

③ 보험회사는 신용공여 계약을 체결하려는 자에게 재산 증가나 신용평가등급 상승 등으로 신용상태의 개선이 나타난 경우에는 금리인하를 요구할 수 있음을 알려야 한다.

④ 보험회사는 그 자산운용을 함에 있어 안정성·유동성·수익성 및 공익성이 확보되도록 하여야 하며, 선량한 관리자의 주의로써 그 자산을 운용하여야 한다.

[해설] 공정거래위원회(×), 금융위원회(○)

  [tip] 내가 위 금융위

답 ②

06 보험회사는 금융위원회의 승인을 받은 자회사 주식을 제외하고는 의결권 있는 다른 회사의 발행주식(출자지분을 포함한다) 총수의 (   )를 초과하는 주식을 소유할 수 없다. (   ) 안에 알맞은 것은?

(2020년)

① 100분의 5 ② 100분의 10

③ 100분의 15 ④ 100분의 20

[해설] 보험회사는 다른 회사의 의결권 있는 발행주식(출자지분을 포함) 총수의 100분의 15를 초과하는 주식을 소유할 수 없다.

답 ③

07 보험업법상 보험회사가 자회사를 소유함에 있어서 금융위원회의 신고로써 승인에 갈음할 수 있는 것을 모두 고른 것은? (2020년)

가. 보험계약의 유지·해지·변경 또는 부활 등을 관리하는 업무
나. 보험수리업무
다. 보험대리업무
라. 보험계약 체결 및 대출 업무
마. 보험사고 및 보험계약 조사업무
바. 손해사정업무
사. 기업의 후생 복지에 관한 상담 및 사무처리 대행 업무

① 가, 나, 다, 마
② 나, 다, 마, 바
③ 다, 라, 바, 사
④ 가, 마, 바, 사

[해설] 금융위원회 신고 자회사 소유 업무
• 보험회사의 사옥 관리업무
• 보험수리업무
• 손해사정업무
• 보험대리업무
• 보험사고 및 보험계약 조사업무
• 보험에 관한 교육·연수·도서 출판·금융리서치 및 경영컨설팅 업무
• 보험업과 관련된 전산시스템·소프트웨어 등의 대여·판매 및 컨설팅 업무
• 보험계약 및 대출 등과 관련된 상담업무
• 보험에 관한 인터넷 정보서비스의 제공업무
• 자동차와 관련된 긴급출동·차량 관리 및 운행정보 등 부가서비스 업무
• 보험계약자 등에 대한 위험관리 업무
• 건강·장묘·장기간병·신체장애 등의 사회복지사업 및 이와 관련된 조사·분석·조언 업무
• 노인복지법 제31조에 따른 노인복지시설의 설치·운영에 관한 업무 및 이와 관련된 조사·분석·조언 업무
• 건강 유지·증진 또는 질병의 사전 예방 등을 위해 수행하는 업무

답 ②

08 보험회사의 자회사에 대한 금지행위로서 옳지 않은 것은? (2020년)

① 자산을 일반적인 거래 조건에 비추어 해당 보험회사에 뚜렷하게 불리한 조건으로 매매하는 행위
② 자회사가 소유하는 주식을 담보로 하는 신용공여 행위
③ 자회사가 다른 회사에 출자하는 것을 지원하기 위한 신용공여 행위
④ 보험회사의 보유증권을 정상가격으로 자회사의 자산과 교환하는 행위

[해설] 자회사와의 금지행위
• 자산을 대통령령으로 정하는 바에 따라 무상으로 양도하거나 일반적인 거래 조건에 비추어 해당 보험회사에 뚜렷하게 불리한 조건으로 매매 교환·신용공여 또는 재보험계약을 하는 행위
• 자회사가 소유하는 주식을 담보로 하는 신용공여 및 자회사가 다른 회사에 출자하는 것을 지원하기 위한 신용공여
• 자회사 임직원에 대한 대출(보험약관에 따른 대출과 금융위원회가 정하는 소액대출은 제외한다)

답 ④

09 보험업법상 보험회사의 자산운용 방법으로 허용되지 않는 것은?

① 저당권의 실행으로 취득하는 비업무용 부동산의 소유

② 해당 보험회사의 임직원에 대한 보험약관에 따른 대출

③ 부동산을 매입하려는 일반인에 대한 대출

④ 해당 보험회사의 주식을 사도록 하기 위한 간접적인 대출

해설 보험회사의 자산운용 금지
  - 업무용 부동산이 아닌 부동산 소유(저당권 등 담보권의 실행으로 취득하는 부동산은 제외)
  - 특별계정을 통한 부동산의 소유
  - 상품이나 유가증권에 대한 투기를 목적으로 하는 자금의 대출
  - 직접·간접을 불문하고 해당 보험회사의 주식을 사도록 하기 위한 대출
  - 직접·간접을 불문하고 정치자금의 대출
  - 해당 보험회사의 임직원에 대한 대출(보험약관에 따른 대출 및 금융위원회가 정하는 소액 대출은 제외)
  - 자산운용의 안정성을 크게 해칠 우려가 있는 행위로서 대통령령으로 정하는 행위

답 ④

10 보험업법상 특별계정에 관한 설명으로 옳지 않은 것은?

(2021년)

① 근로자퇴직급여보장법 제16조 제2항에 따른 퇴직보험계약의 경우 특별계정을 설정하여 운용할 수 있다.

② 보험회사는 특별계정에 속하는 자산을 다른 특별계정에 속하는 자산 및 그 밖의 자산과 구분하여 회계처리 하여야 한다.

③ 보험회사는 변액보험계약 특별계정의 자산으로 취득한 주식에 대하여 의결권을 행사할 수 없다.

④ 보험회사는 특별계정에 속하는 이익을 그 계정상의 보험계약자에게 분배할 수 있다.

해설 ③ 의결권 행사할 수 없다(×). 행사할 수 있다(○).
  특별계정의 설정·운용
  - 소득세법 제20조의3 제1항 제2호 각 목 외의 부분에 따른 연금저축계좌를 설정하는 계약
  - 근로자퇴직급여보장법 제29조 제2항에 따른 보험계약 및 법률 제10967호 근로자퇴직급여보장법 전부개정 법률 부칙 제2조 제1항 본문에 따른 퇴직보험계약
  - 변액보험계약(보험금이 자산운용의 성과에 따라 변동하는 보험계약을 말한다)

답 ③

11 보험업법상 보험회사의 자산운용 원칙에 관한 내용으로 옳은 것은? (2022년)

① 자산을 운용함에 있어 수익성·안정성·비례성·공익성이 확보되도록 하여야 한다.

② 직접·간접을 불문하고 다른 보험회사의 주식을 사도록 하기 위한 대출을 하여서는 아니 된다.

③ 신용공여 계약을 체결하려는 자에게 계약체결 이후 재산 증가나 신용등급 상승 등으로 신용상태 개선이 나타난 경우 금리인하 요구를 할 수 있음을 알려야 한다.

④ 특별계정의 자산을 운용할 때에는 보험계약자의 지시에 따라 자산을 운용할 수 있다.

해설 ① 비례성(×), 유동성(○)
② 다른 보험회사의 주식(×), 해당 보험회사 주식(○)
④ 계약자의 지시는 금지행위(○)
보험회사 특별계정 자산운용 금지행위
• 보험계약자의 지시에 따라 자산을 운용하는 행위
• 변액보험계약에 대하여 사전수익률을 보장하는 행위
• 특별계정에 속하는 자산을 일반계정(특별계정에 속하는 보험계약을 제외한 보험계약이 속하는 계정을 말한다. 이하 같다) 또는 다른 특별계정에 편입하거나 일반계정의 자산을 특별계정에 편입하는 행위. 다만, 특별계정의 원활한 운영을 위하여 금융감독위원회가 정하는 바에 따라 초기투자자금을 일반계정에서 편입받는 행위를 제외한다.
• 보험료를 어음으로 수납하는 행위

답 ③

12 보험업법상 보험회사가 자회사를 소유하게 된 날부터 15일 이내에 금융위원회에 제출하여야 하는 서류에 해당하지 않는 것은? (2022년)

① 업무의 종류 및 방법을 적은 서류

② 자회사가 발행주식 총수의 100분의 10을 초과하여 소유하고 있는 회사의 현황

③ 재무상태표 및 손익계산서 등의 재무제표와 영업보고서

④ 자회사와의 주요 거래 상황을 적은 서류

해설 자회사 소유 제출 서류
• 자회사 소유(15일 이내)
– 정관
– 업무의 종류 및 방법을 적은 서류
– 주주 현황
– 재무상태표 및 포괄손익계산서 등의 재무제표와 영업보고서
– 자회사가 발행주식 총수의 100분의 10을 초과하여 소유하고 있는 회사의 현황
• 사업연도 종료(3개월 이내)
– 재무상태표 및 포괄손익계산서 등의 재무제표와 영업보고서
– 자회사와의 주요 거래 상황을 적은 서류

답 ④

13 보험업법상 보험회사의 자산운용으로서 금지 또는 제한되는 사항이 아닌 것은? (2023년)

① 상품이나 유가증권에 대한 투기를 목적으로 하는 자금의 대출

② 근로자퇴직급여보장법에 따른 보험계약의 특별계정을 통한 부동산의 소유

③ 해당 보험회사의 임직원에 대한 보험약관에 따른 대출

④ 직접·간접을 불문하고 정치자금의 대출

[해설] 금지행위 중 보험약관에 따른 대출 및 금융위원회가 정하는 소액 대출은 제외한다.

답 ③

14 보험업법상 보험회사는 그 특별계정에 속하는 자산을 운용할 때 일정한 비율을 초과할 수 없는데, 그 비율로 옳지 않은 것은? (2023년)

① 동일한 자회사에 대한 신용공여 : 각 특별계정 자산의 100분의 5

② 동일한 법인이 발행한 채권 및 주식 소유의 합계액 : 각 특별계정 자산의 100분의 10

③ 부동산 소유 : 각 특별계정 자산의 100분의 15

④ 동일한 개인·법인, 동일 차주 또는 대주주(그의 특수관계인 포함)에 대한 총자산의 100분의 1을 초과하는 거액 신용공여의 합계액 : 각 특별계정 자산의 100분의 20

[해설] ① 동일한 자회사에 대한 신용공여 : 각 특별계정 자산의 100분의 5(×)
동일한 자회사에 대한 신용공여
• 일반계정 : 자기자본의 100분의 10
• 특별계정 : 각 특별계정 자산의 100분의 4

답 ①

15 보험업법상 보험회사는 보험의 경영과 밀접한 관련이 있는 업무를 주로 하는 회사를 미리 금융위원회에 신고하고 자회사로 소유할 수 있는데, 이에 해당하는 업무가 아닌 것은? (2023년)

① 보험계약의 유지·해지·변경 또는 부활 등을 관리하는 업무
② 보험계약자 등에 대한 위험관리 업무
③ 건강·장묘·장기간병·신체장애 등의 사회복지사업
④ 보험에 관한 인터넷 정보서비스의 제공업무

해설 ① 보험계약의 유지·해지·변경 또는 부활 등을 관리하는 업무는 승인사항이다.

금융위원회 자회사 업무처리

승인	신고	보고
1. 금융산업의 구조개선에 관한 법률에 따른 금융기관이 경영하는 금융업 2. 신용정보의 이용 및 보호에 관한 법률에 따른 신용정보업 및 채권추심업 3. 보험계약의 유지·해지·변경 또는 부활 등을 관리하는 업무 4. 그 밖에 보험업의 건전성을 저해하지 아니하는 업무로서 대통령령으로 정하는 업무 　1) 외국에서 하는 사업 　2) 기업의 후생 복지에 관한 상담 및 사무처리 대행 업무 　3) 본인신용정보관리업	1. 보험회사의 사옥 관리업무 2. 보험수리업무 3. 손해사정업무 4. 보험대리업무 5. 보험사고 및 보험계약 조사업무 6. 보험에 관한 교육·연수·도서 출판·금융리서치 및 경영컨설팅 업무 7. 보험업과 관련된 전산시스템·소프트웨어 등의 대여·판매 및 컨설팅 업무 8. 보험계약 및 대출 등과 관련된 상담 업무 9. 보험에 관한 인터넷 정보서비스의 제공업무 10. 자동차와 관련된 긴급출동·차량관리 및 운행정보 등 부가서비스 업무 11. 보험계약자 등에 대한 위험관리 업무 12. 건강·장묘·장기간병·신체장애 등의 사회복지사업 및 이와 관련된 조사·분석·조언 업무 13. 노인복지법 제31조에 따른 노인복지시설의 설치·운영에 관한 업무 및 이와 관련된 조사·분석·조언 업무 14. 건강 유지·증진 또는 질병의 사전 예방 등을 위해 수행하는 업무 15. 외국에서 하는 보험업, 보험수리업무, 손해사정업무, 보험대리업무, 보험에 관한 금융리서치 업무, 투자자문업, 투자일임업, 집합투자업 및 부동산업	1. 벤처투자 촉진에 관한 법률에 따른 중소기업창업투자회사 및 벤처투자조합의 업무 2. 부동산투자회사법에 따른 부동산투자회사의 업무 3. 사회기반시설에 대한 민간투자법에 따른 사회기반시설사업 및 사회기반시설사업에 대한 투융자 사업 4. 선박투자회사법에 따른 선박투자회사의 업무 5. 여신전문금융업법에 따른 신기술사업투자조합의 업무 6. 자본시장과 금융투자업에 관한 법률에 따른 투자회사 또는 기관 전용 사모집합투자기구가 하는 업무 7. 자산유동화에 관한 법률에 따른 자산 유동화 업무 및 유동화자산의 관리업무 8. 그 밖에 1.부터 7.까지의 업무와 유사한 것으로서 금융위원회가 정하여 고시하는 업무

답 ①

06 | 계산

1. 재무제표 및 서류 비치 등(법 제118조~제119조)

(1) 재무제표 등의 금융위원회 제출

① **12월 31일 장부 폐쇄 후 3개월 이내 제출** : 보험회사는 매년 대통령령으로 정한 12월 31일에 그 장부를 폐쇄하여야 하고 장부를 폐쇄한 날부터 3개월 이내에 금융위원회가 정하는 바에 따라 재무제표(부속명세서 포함) 및 사업보고서를 금융위원회에 제출하여야 한다.

② **매월 월말 보고서 제출** : 보험회사는 매월의 업무 내용을 적은 보고서를 다음 달 말일까지 금융위원회가 정하는 바에 따라 금융위원회에 제출하여야 한다.

더 알아보기	연말 보고와 월말 보고

연말 보고	월말 보고
장부 폐쇄(12월31일) 후 3개월 이내	다음 달 말일까지
재무제표	매월의 업무 내용을 적은 보고서
사업보고서	
금융위원회 제출	

> **기출 포인트!**
>
> 보험업법상 보험회사는 매년 (12월 31일)에 그 장부를 폐쇄하여야 하고 장부를 폐쇄한 날부터 (3개월) 이내에 금융위원회가 정하는 바에 따라 재무제표(부속명세서를 포함한다) 및 사업보고서를 (금융위원회)에 제출하여야 한다.
>
> ✓ 2021

(2) 서류의 비치 및 전자문서 제공

보험회사는 재무제표 및 사업보고서를 일반인이 열람할 수 있도록 금융위원회에 제출하는 날부터 본점과 지점, 그 밖의 영업소에 비치하거나 전자문서로 제공하여야 한다.

2. 책임준비금 적립 등(법 제120조~제120조의2)

(1) 책임준비금 등 계상 및 장부 기재

보험회사는 결산기마다 보험계약의 종류에 따라 대통령령(금융위원회 ×)으로 정하는 책임준비금과 비상위험준비금을 계상하고 따로 작성한 장부에 각각 기재하여야 한다.

(2) 계상에 필요한 사항

책임준비금과 비상위험준비금의 계상에 관하여 필요한 사항은 총리령으로 정한다.
① 책임준비금과 비상위험준비금 계상 : 대통령령
② 계상에 필요한 사항 : 총리령

(3) 책임준비금의 종류

① 보험료적립금
② 미경과보험료적립금
③ 보험금지급준비금
④ 계약자배당준비금

(4) 책임준비금 등의 계상

① 보험 자산의 계상 : 보험회사가 재보험에 가입하는 경우 그 재보험을 받은 보험회사는 재보험을 받은 부분에 대해 책임준비금으로 계상하여야 한다. 이 경우 재보험에 가입한 보험회사는 원 보험계약 당시 계상한 책임준비금과 일관된 가정으로 산출한 금액을 별도의 재보험 자산으로 계상하여야 한다.
　　㉠ 보험위험의 전가가 있을 것
　　㉡ 해당 재보험계약으로 인하여 재보험을 받은 회사에 손실 발생 가능성이 있을 것

> 🔅 **기출 포인트 !**
>
> 재보험에 기한 보험위험의 전가가 있는 경우, 해당 재보험계약으로 인하여 재보험을 받은 회사에 손실 발생 가능성 여부를 불문하고 해당 재보험을 받은 회사가 재보험을 받은 부분(손실 발생 가능성 여부를 불문하고 ✕, 손실 발생 가능성 ○)　　✓ 2016

② 손실 추정액 감액 : 재보험에 가입한 보험회사는 재보험을 받은 보험회사가 보험금 지급을 불이행하는 등 재보험 자산에 손실이 예상될 때는(손실 발생 가능성 여부 불문 ✕) 금융위원회가 정하여 고시하는 방법에 따라 그 손실액을 추정하여 재보험 자산에서 그 추정액을 감액하여야 한다.
③ 비상위험준비금 계상 : 손해보험업을 경영하는 보험회사는 해당 사업연도의 보험료 합계액의 100분의 50(보증보험의 경우 100분의 150)의 범위에서 비상위험준비금을 계상하여야 한다.

(5) 독립계리업자 또는 보험요율 산출기관의 적정성 검증

보험회사가 경영하는 보험종목의 특성 또는 보험회사의 총자산 규모 등을 고려하여 독립계리업자 또는 보험요율 산출기관으로부터(금융위원회 ✕) 책임준비금의 적정성에 대하여 검증받아야 한다.

3. 배당보험계약의 회계처리 등(법 제121조~제122조)

(1) 보험계약자 배당 계약의 구분 회계처리

보험회사는 해당 보험계약으로부터 발생하는 이익 일부를 보험회사가 보험계약자에게 배당하기로 약정한 보험계약에 대해 대통령령으로 정하는 바에 따라 다른 보험계약과 구분하여 회계처리를 하여야 한다.

(2) 보험계약자 배당

보험회사는 대통령령으로 정하는 바에 따라 배당보험계약의 보험계약자에게 배당을 할 수 있다(없다 ×).

(3) 배당보험계약 이외의 보험계약에 대한 회계처리

보험회사는 배당보험계약 이외의 보험계약에 대하여 자산의 효율적 관리와 계약자 보호를 위하여 필요한 경우에는 보험계약별로 금융위원회의 승인을 받아 자산 또는 손익을 구분하여 회계처리를 할 수 있다.

(4) 재평가적립금의 계약자배당

보험회사가 재평가하였으면 그 재평가에 따른 재평가적립금은 금융위원회의 허가를 받아 보험계약자에 대한 배당을 위하여도 처분할 수 있다.

06 │ 실전대비문제 (보험계리사 · 손해사정사)

01 보험업법상 재무제표의 제출과 서류 비치 등에 대한 설명으로 옳지 않은 것은? (2015년)

① 보험회사는 매년 대통령령으로 정하는 날에 그 장부를 폐쇄하여야 하고 장부를 폐쇄한 날부터 3개월 이내에 금융위원회가 정하는 바에 따라 재무제표(부속명세서포함) 및 사업보고서를 금융위원회에 제출하여야 한다.

② 보험회사는 매월의 업무 내용을 적은 보고서를 매 분기별로 금융위원회가 정하는 바에 따라 금융위원회에 제출하여야 한다.

③ 보험회사는 대통령령에 따른 재무제표 및 사업보고서를 일반인이 열람할 수 있도록 금융위원회에 제출하는 날부터 본점과 지점, 그 밖의 영업소에 비치하거나 전자문서로 제공하여야 한다.

④ 보험회사는 결산기마다 보험계약의 종류에 따라 대통령령으로 정하는 책임준비금과 비상위험준비금을 계상하고 따로 작성한 장부에 각각 기재하여야 한다.

[해설] ② 매 분기(×), 다음 달 말일(○)
보험회사는 매월의 업무 내용을 적은 보고서를 다음 달 말일까지 금융위원회가 정하는 바에 따라 금융위원회에 제출하여야 한다.

답 ②

02 다음 설명 중 옳지 않은 것은? (2015년)

① 보험회사는 매년 대통령령이 정한 날(12월 31일)에 장부를 폐쇄하고 장부를 폐쇄한 날로부터 3월 이내에 금융위원회에 정하는 바에 따라 재무제표 및 사업보고서를 금융위원회에 제출하여야 한다.

② 보험회사는 매월의 업무 내용을 기술한 보고서를 다음 달 말일 이내에 금융위원회에 정하는 바에 따라 금융위원회에 제출하여야 한다.

③ 보험회사는 재무제표 및 사업방법서를 대통령령이 정하는 바에 따라 전자문서의 방법으로 제출할 수 있다.

④ 보험회사의 재무제표 및 사업보고서는 회사의 기밀을 담고 있어 영업소에 비치하거나 일반인의 열람에 제공하면 안 된다.

[해설] 서류의 비치 및 전자문서 제공 : 보험회사는 재무제표 및 사업보고서를 일반인이 열람할 수 있도록 금융위원회에 제출하는 날부터 본점과 지점, 그 밖의 영업소에 비치하거나 전자문서로 제공하여야 한다.

답 ④

03 보험업법상 배당보험계약의 회계처리에 관한 설명으로 옳지 않은 것은? (2016년)

① 보험회사는 매 결산기 말에 배당보험계약의 손익과 무배당보험계약의 손익을 구분하여 회계처리하여야 한다.

② 보험회사는 배당보험계약의 보험계약자에게 배당을 할 수 있으며, 이 경우 배당보험계약에서 발생하는 이익의 100분의 10 이하를 주주지분으로 하고 나머지 부분을 계약자지분으로 계리(計理)하여야 한다.

③ 배당보험계약 이익의 계약자지분 중 일부는 배당보험계약의 손실 보전을 위한 준비금으로 적립할 수 있고, 배당보험계약에서 손실이 발생한 경우 우선 주주지분으로 보전한 후 그 남은 손실을 위 준비금으로 보전할 수 있다.

④ 배당보험계약의 계약자지분은 계약자배당을 위한 재원과 배당보험계약의 손실을 보전하기 위한 목적 외에 다른 용도로 사용할 수 없다.

[해설] ③ 주주지분 보전 후 준비금 보전(×), 준비금 보전 후 주주지분 보전(○)
보험회사는 배당보험계약에서 발생한 손실을 준비금으로 보전하고도 손실이 남는 경우에는 그 남은 손실을 우선 주주지분으로 보전한 후, 주주지분으로 보전한 손실을 주주지분의 결손이나 배당보험계약의 이월결손으로 회계처리할 수 있다.

답 ③

04 보험회사는 매년 (　)에 그 장부를 폐쇄하여야 하고, 장부를 폐쇄한 날부터 (　) 이내에 재무제표 및 사업보고서를 금융위원회에 제출하여야 한다. (　) 안에 들어갈 것으로 적당한 것은? (2016년)

① 3월 31일, 2개월

② 3월 31일, 3개월

③ 12월 31일, 2개월

④ 12월 31일, 3개월

[해설] 12월 31일, 3개월

답 ④

05 다음은 보험회사가 금융위원회에 제출하여야 하는 서류이다. 이 중 보험업법이 전자문서로 제출할 수 있도록 규정하고 있는 것이 아닌 것은? (2017년)

① 보험업허가신청서

② 재무제표(부속명세서 포함)

③ 사업보고서

④ 월간 업무내용보고서

[해설] 재무제표, 사업보고서, 월말보고서는 대통령령으로 정하는 바에 따라 전자문서로 제출할 수 있다.

답 ①

06 배당보험계약의 회계처리 등에 관한 설명으로 옳지 않은 것은? (2017년)

① 보험회사는 대통령령으로 정하는 바에 따라 배당보험계약을 다른 보험계약과 구분하여 회계처리할 수 있다.

② 보험회사는 대통령령으로 정하는 바에 따라 배당보험계약의 보험계약자에게 배당을 할 수 있다.

③ 보험계약자에 대한 배당기준은 배당보험계약자의 이익과 보험회사의 재무건전성 등을 고려하여 정해야 한다.

④ 보험회사가 자산재평가법에 따른 재평가를 한 경우 그 재평가에 따른 재평가적립금은 금융위원회의 허가를 받아 보험계약자에 대한 배당을 위하여도 처분할 수 있다.

[해설] ① 대통령령(×), 금융위원회 승인(○)
보험회사는 배당보험계약 이외의 보험계약에 대하여 자산의 효율적 관리와 계약자 보호를 위하여 필요한 경우에는 보험계약자별로 금융위원회의 승인을 받아 자산 또는 손익을 구분하여 회계처리를 할 수 있다.

답 ①

07 보험업법상 보험회사의 계산에 대한 설명으로 옳지 않은 것은? (2018년)

① 보험회사는 매년 12월 31일에 그 장부를 폐쇄하여야 하고 그 장부를 폐쇄한 날부터 3개월 이내에 금융위원회가 정하는 바에 따라 재무제표(부속명세서를 포함) 및 사업보고서를 금융위원회에 제출하여야 한다.

② 배당보험계약이라 함은 해당 보험계약으로부터 발생하는 이익의 일부를 보험회사가 보험계약자에게 배당하기로 약정한 보험계약을 말한다.

③ 보험회사는 배당보험계약에서 발생하는 이익의 100분의 10 이하를 주주지분으로 하고, 나머지 부분을 계약자지분으로 계리하여야 한다.

④ 배당보험계약의 계약자지분은 계약자배당을 위한 재원과 지급준비금 적립을 위한 목적 외에 다른 용도로 사용할 수 없다.

[해설] ④ 지급준비금 적립(×), 배당보험계약의 손실 보전(○)

답 ④

08 보험회사의 계산에 관한 내용으로 옳지 않은 것은? (2020년)

① 보험회사는 원칙적으로 매년 12월 31일까지 재무제표 등 장부를 폐쇄하고 장부를 폐쇄한 날로부터 3개월 이내에 금융위원회가 정하는 바에 따라 부속명세서를 포함한 재무제표 및 사업보고서를 금융위원회에 제출하여야 한다.

② 보험회사는 매월의 업무 내용을 적은 보고서를 다음 달 말일까지 금융위원회가 정하는 바에 따라 금융위원회에 제출하여야 한다.

③ 보험회사는 금융위원회에 제출한 동일 내용의 재무제표 및 사업보고서를 일반인이 열람할 수 있도록 금융위원회에 제출하는 날부터 본점과 지점, 그 밖의 영업소에 비치하거나 7일 이상 신문에 공고하여야 한다.

④ 보험회사는 결산기마다 보험계약의 종류에 따라 대통령으로 정하는 책임준비금과 비상위험준비금을 계상하고 따로 작성한 장부에 각각 기재하여야 한다.

해설 ③ 신문에 공고(×), 전자문서 제공(○)
보험회사는 재무제표 및 사업보고서를 일반인이 열람할 수 있도록 금융위원회에 제출하는 날부터 본점과 지점, 그 밖의 영업소에 비치하거나 전자문서로 제공하여야 한다.

답 ③

09 보험업법상 재무제표 등에 관한 설명으로 (   ) 안에 들어갈 내용이 순서대로 연결된 것은? (2021년)

> 보험업법상 보험회사는 매년 (   )에 그 장부를 폐쇄하여야 하고 장부를 폐쇄한 날부터 (   ) 이내에 금융위원회가 정하는 바에 따라 재무제표(부속명세서를 포함한다) 및 사업보고서를 (   )에 제출하여야 한다.

① 3월 31일 − 1개월 − 금융감독원
② 3월 31일 − 3개월 − 금융위원회
③ 12월 31일 − 1개월 − 금융감독원
④ 12월 31일 − 3개월 − 금융위원회

해설 12월 31일 − 3개월 − 금융위원회

답 ④

10 보험업법상 보험종목의 특성 등을 고려하여 보험업법에 따라 계상된 책임준비금에 대한 적정성 검증을 받아야 하는 보험회사가 아닌 것은?

(2022년)

① 생명보험을 취급하는 보험회사

② 보증보험을 취급하는 보험회사

③ 자동차보험을 취급하는 보험회사

④ 질병보험을 취급하는 보험회사

해설 ② 보증보험을 취급하는 보험회사(×)

    책임준비금의 적정성 검증

    • 직전 사업연도 말의 재무상태표에 따른 자산총액이 1조원 이상인 보험회사

    • 다음의 어느 하나에 해당하는 보험종목을 취급하는 보험회사

      – 생명보험

      – 연금보험

      – 자동차보험

      – 상해보험

      – 질병보험

      – 간병보험

답 ②

07 | 감독

1. 재무건전성의 유지(법 제123조)

(1) 재무건전성 사항

보험회사는 보험금 지급 능력과 경영건전성을 확보하기 위하여 대통령령으로 정하는 재무건전성 기준을 지켜야 한다.

① 자본의 적정성에 관한 사항
② 자산의 건전성에 관한 사항
③ 그 밖에 경영건전성 확보에 필요한 사항

(2) 재무건전성 기준

① 지급여력비율은 100분의 100 이상을 유지할 것
② 대출채권 등 보유자산의 건전성을 정기적으로 분류하고 대손충당금을 적립할 것
③ 보험회사의 위험, 유동성 및 재보험의 관리에 관하여 금융위원회가 정하여 고시하는 기준을 충족할 것

> 💡 기출 포인트 !
>
> **보험회사가 보험금 지급 능력과 경영건전성을 확보하기 위하여 지켜야 할 재무건전성 기준이 아닌 것은?**
>
> ✓ 2019
>
> ① 지급여력비율 100분의 100 이상 유지
> ② 대출채권 등 보유자산의 건전성을 정기적으로 분류하고 대손충당금을 적립
> ③ 보험회사의 위험, 유동성 및 재보험의 관리에 관하여 금융위원회가 정하여 고시하는 기준을 충족
> ④ 재무건전성 확보를 위한 경영 실태 및 위험에 대한 평가 실시(×)
>
> 답 ④
>
> 보험업법상 보험회사는 대통령령으로 정하는 재무건전성 기준을 지켜야 한다. 이 기준에 의하면 지급여력비율은 100분의 (100) 이상을 유지하여야 한다.
>
> ✓ 2015

(3) 경영건전성 침해 우려 필요 조치

금융위원회는 보험회사가 경영건전성을 해칠 우려가 있다고 인정될 때는 대통령령으로 정하는 바에 따라 자본금 또는 기금의 증액 명령, 주식 등 위험자산의 소유 제한 등 필요한 조치를 할 수 있다.

2. 공시 등(법 제124조)

(1) 보험회사의 공시의무

보험회사는 보험계약자를 보호하는 데 필요한 사항으로서 대통령령으로 정하는 사항을 금융위원회가 정하는 바에 따라 즉시 공시하여야 한다.

(2) 보험협회의 비교·공시

보험협회는 보험료·보험금 등 보험계약에 관한 사항으로서 대통령령으로 정하는 사항을 금융위원회가 정하는 바에 따라 보험소비자가 쉽게 알 수 있도록 비교·공시하여야 한다.

(3) 보험상품공시위원회 구성

보험협회가 비교·공시를 할 때는 대통령령으로 정하는 바에 따라 보험상품공시위원회를 구성하여야 한다.

(4) 정보제공

보험회사는 비교·공시에 필요한 정보를 보험협회에 제공하여야 한다.

(5) 보험협회 이외의 자 비교·공시

보험협회 이외의 자가 보험계약에 관한 사항을 비교·공시할 때는 금융위원회가 정하는 바에 따라 객관적이고 공정하게 비교·공시하여야 한다(보험협회 이외의 자는 비교·공시할 수 없다 ×).

(6) 공시 중단·시정조치 요구

금융위원회는 비교·공시가 거짓이거나 사실과 달라 보험계약자 등을 보호할 필요가 있다고 인정될 때는 공시의 중단이나 시정조치 등을 요구할 수 있다.

3. 상호협정의 인가 등(법 제125조~제126조)

(1) 상호협정의 인가

보험회사가 그 업무에 관한 공동행위를 하기 위하여 다른 보험회사와 상호협정의 체결·변경 또는 폐지하려는 경우에는 대통령령으로 정하는 바에 따라 금융위원회의 인가를 받아야 한다.

(2) 상호협정 신청서 제출

보험회사는 상호협정의 체결·변경 또는 폐지의 인가를 받으려는 경우에는 신청서에 총리령으로 정하는 서류를 첨부하여 금융위원회에 제출하여야 한다.

(3) 금융위원회 심사 사항

금융위원회는 신청서를 받았을 때는 다음의 사항을 심사하여 그 인가 여부를 결정하여야 한다.
① 상호협정의 내용이 보험회사 간의 **공정한** 경쟁을 저해하는지 여부
② 상호협정의 내용이 보험계약자의 **이익**을 침해하는지 여부

> tip 상호협정 결정은 **공정한**, **이익** 여부에 달렸다.

> 🧠 기출 포인트 !
>
> 보험회사가 상호협정 체결의 인가에 필요한 서류를 제출하는 경우 금융위원회가 그 인가 여부를 결정하기 위하여 심사하여야 할 사항은?
> ✓ 2019
> 가. 상호협정의 내용이 보험회사 간의 공정한 경쟁을 저해하는지 여부(O)
> 나. 상호협정의 효력 발생 기간이 적정한지 여부
> 다. 상호협정의 내용이 보험계약자의 이익을 침해하는지 여부(O)
> 라. 상호협정에 외국보험회사가 포함되는지 여부
> 답 가, 다

(4) 경미한 사항 신고 인정

다만, 대통령령으로 정하는 경미한 사항을 변경하려는 경우에는 신고로써 갈음할 수 있다.
① 보험회사의 상호 변경, 보험회사 간의 합병, 보험회사의 신설 등으로 상호협정의 구성원이 변경되는 사항
② 조문체제의 변경, 자구수정 등 상호협정의 실질적인 내용이 변경되지 아니하는 사항
③ 법령의 제정·개정·폐지에 따라 수정·반영하여야 하는 사항

> 🧠 기출 포인트 !
>
> 금융위원회가 보험회사의 신설로 상호협정의 구성원이 변경되어 상호협정의 변경을 인가하는 경우 미리 공정거래위원회와 협의하여야 한다(미리 공정거래위원회와 협의 ×, 경미한 사항 신고 인정 O).
> ✓ 2023

(5) 협정에 대한 금융위원회 명령

금융위원회는 공익 또는 보험업의 건전한 발전을 위하여 특히 필요하다고 인정될 때는 보험회사에 대하여 협정의 체결·변경 또는 폐지를 명하거나 그 협정의 전부 또는 일부에 따를 것을 명할 수 있다.

(6) 공정거래위원회 인가 사전 협의

금융위원회는 상호협정의 체결·변경 또는 폐지의 인가를 하거나 협정에 따를 것을 명하려면 미리 공정거래위원회와 협의하여야 한다. 다만, 대통령령으로 정하는 경미한 사항을 변경하려는 경우에는 그러하지 아니하다.

(7) 정관변경 7일 내 보고

보험회사는 정관을 변경하였으면 변경한 날부터 7일 이내에 금융위원회에 알려야 한다.

4. 기초서류의 작성 등(법 제127조~제128조의3)

(1) 보험회사 기초서류 작성 의무

보험회사는 취급하려는 보험상품에 관한 기초서류를 작성하여야 한다.

(2) 기초서류 작성 및 변경 시 사전 신고

보험회사는 기초서류를 작성하거나 변경하려는 경우 그 내용이 다음에 한정하여 미리 금융위원회에 신고하여야 한다.
① 법령의 제정·개정에 따라 새로운 보험상품이 도입되거나 보험상품 가입이 의무가 되는 경우
② 보험계약자 보호 등을 위하여 대통령령으로 정하는 경우

(3) 기초서류 사전 신고 제외

다만, 조문체제의 변경, 자구수정 등 보험회사가 이미 신고한 기초서류 내용의 본래 취지를 벗어나지 아니하는 범위에서 기초서류를 변경하는 경우는 제외한다.

(4) 기초서류에 관한 확인

① 기초서류 신고 금융감독원 확인 : 금융위원회는 보험회사가 기초서류를 신고할 때 필요하면 금융감독원의 확인을 받도록 할 수 있다.

② 보험요율 산출기관 또는 독립계리업자 검증확인서 제출 : 금융위원회는 보험회사가 기초서류를 신고하는 경우 보험료 및 해약환급금 산출방법서에 대하여 보험요율 산출기관 또는 독립계리업자의 검증확인서를 첨부하도록 할 수 있다.

(5) 기초서류 관리기준

① 기초서류 관리기준 준수 : 보험회사는 기초서류를 작성하거나 변경할 때 지켜야 할 절차와 기초서류 관리기준을 정하고 이를 지켜야 한다.

② 기초서류 관리기준 제정·개정 시 금융위원회 보고 : 보험회사는 기초서류 관리기준을 제정·개정할 때는 금융위원회에 보고하여야 하며, 금융위원회는 해당 기준이나 그 운용이 부당하다고 판단되면 기준의 변경 또는 업무의 개선을 명할 수 있다.

> **기출 포인트 !**
>
> 보험회사가 기초서류 관리기준을 개정하는 경우에는 금융위원회에 미리 신고하여야 한다(신고 ×, 보고 ○).
>
> ✓ 2016

(6) 기초서류 작성·변경 원칙

① 보험업법 또는 다른 법령에 위반되는 내용을 포함하지 아니할 것

② 정당한 사유 없는 보험계약자의 권리 축소 또는 의무 확대 등 보험계약자에게 불리한 내용을 포함하지 아니할 것

> **기출 포인트 !**
>
> 보험회사의 기초서류 작성 또는 변경에 관한 설명으로 옳은 것을 모두 고른 것은? ✓ 2020
>
> 가. 보험회사는 법령의 제정·개정에 따라 새로운 보험상품이 도입되거나 보험상품의 가입이 의무화되는 경우에는 금융위원회에 신고하여야 한다(○).
>
> 나. 보험회사는 보험계약자 보호 등을 위하여 대통령령으로 정하는 경우에는 금융위원회에 신고하여야 한다(○).
>
> 다. 금융위원회는 보험계약자 보호 등을 위하여 필요하다고 인정되면 보험회사에 대하여 기초서류에 관한 자료 제출을 요구할 수 있다(○).
>
> 라. 금융위원회는 보험회사가 기초서류를 제출할 때 보험료 및 책임준비금 산출방법서에 대하여 금융감독원의 검증확인서를 첨부하도록 할 수 있다(금융감독원의 검증확인서 ×, 보험요율 산출기관 또는 독립계리업자의 검증확인서 ○).
>
> 답 가, 나, 다.

5. 보험약관 등의 이해도 평가(법 제128조의4)

(1) 이해도 평가 및 공시

금융위원회는 보험소비자와 보험의 모집에 종사하는 자 등 대통령령으로 정하는 보험소비자 등을 대상으로 다음에 대한 이해도를 평가하고 그 결과를 대통령령으로 정하는 바에 따라 공시할 수 있다.
① 보험약관
② 보험안내자료 중 금융위원회가 정하여 고시하는 자료

(2) 평가대행기관 지정

금융위원회는 보험약관 등에 대한 보험소비자 등의 이해도를 평가하기 위해 평가대행기관을 지정할 수 있다.

(3) 평가 결과 보고

평가대행기관은 조사 대상 보험약관 등에 대하여 보험소비자 등의 이해도를 평가하고 그 결과를 금융위원회에 보고하여야 한다.

6. 보험요율 산출의 원칙(법 제129조)

(1) 객관적이고 합리적인 통계자료 기초

보험회사는 보험요율을 산출할 때 객관적이고 합리적인 통계자료를 기초로 대수의 법칙 및 통계 신뢰도를 바탕으로 하여야 한다.

(2) 산출 시 준수사항

① 보험요율이 보험금과 그 밖의 급부에 비하여 지나치게 높지 아니할 것
② 보험요율이 보험회사의 재무건전성을 크게 해칠 정도로 낮지 아니할 것
③ 보험요율이 보험계약자 간에 부당하게 차별적이지 아니할 것
④ 자동차보험의 보험요율인 경우 보험금과 그 밖의 급부와 비교할 때 공정하고 합리적인 수준일 것

7. 보고사항(법 제130조)

(1) 금융위원회 5일 이내 보고

보험회사는 보고 해당 사유가 발생한 날부터 5일 이내에 금융위원회에 보고하여야 한다.

(2) 5일 이내 보고 사유

① **상호**나 명칭을 변경한 경우
② 본점의 영업을 **중**지하거나 **재**개한 경우

③ **최**대 주주가 변경된 경우

④ **대주주**가 소유하고 있는 주식 총수가 의결권 있는 발행주식 총수의 100분의 1 이상만큼 변동된 경우

⑤ **자**본금 또는 **기**금을 증액한 경우

⑥ **조직 변경**의 결의를 한 경우

⑦ **처벌**받은 경우

⑧ 조세 체납처분을 받은 경우 또는 조세에 관한 **법령을 위반**하여 형벌을 받은 경우

⑨ 해외투자를 하거나 외국에 영업소, 그 밖의 **사무소를 설치**한 경우

⑩ 보험회사의 주주 또는 주주였던 자가 제기한 **소송의 당사자**가 된 경우

> **tip** 5보로 상호 중·재에 나선 **최·대주주**가 **자·기 조직 변경**을 위해 **법령**까지 **위반**해서 **사무소를 설치**했다 **처벌**받고 **소송당사자**가 됨

💡 **기출 포인트 !**

보험회사가 금융위원회에 그 사유가 발생한 날로부터 5일 이내에 보고하여야 하는 사항을 모두 고른 것은?

✓ 2021

가. 본점의 영업을 중지하거나 재개한 경우(○)
나. 대주주가 소유하고 있는 주식 총수가 의결권 있는 발행주식 총수의 100분의 1 이상만큼 변동된 경우(○)
다. 보험회사의 주주 또는 주주였던 자가 제기한 소송의 당사자가 된 경우(○)
라. 조세 체납처분을 받은 경우 또는 조세에 관한 법령을 위반하여 형벌을 받은 경우(○)   **답** 가, 나, 다, 라

---

8. 금융위원회의 명령권(법 제131조~제131조의2)

(1) 자산 상황 불량으로 계약자 등 권익침해 시 개선 명령

금융위원회는 보험회사의 업무 운영이 적정하지 아니하거나 자산 상황이 불량하여 보험계약자 및 피보험자 등의 권익을 해칠 우려가 있다고 인정될 때는 다음에 해당하는 조치를 명할 수 있다.

① 업무 집행 방법의 변경

② 금융위원회가 지정하는 기관에의 자산 예탁

③ 자산의 장부가격 변경

④ 불건전한 자산에 대한 적립금의 보유

⑤ 가치가 없다고 인정되는 자산의 손실 처리

(2) 경영악화로 기초서류 변경 및 정지 명령의 청문절차

금융위원회는 보험회사의 업무 및 자산 상황, 그 밖의 사정 변경으로 공익 또는 보험계약자의 보호와 보험회사의 건전한 경영을 크게 해칠 우려가 있거나 보험회사의 기초서류에 법령을 위반하거나 보험계약자에게 불리한 내용이 있다고 인정될 때는 청문을 거쳐 기초서류의 변경 또는 그 사용의 정지를 명할 수 있다.

(3) 경미한 사항 변경 시 청문 예외

대통령령으로 정하는 경미한 사항에 관하여 기초서류의 변경을 명할 때는 청문하지 아니할 수 있다.

(4) 기존 계약의 장래 효력 발생

금융위원회는 기초서류의 변경을 명하는 경우 보험계약자·피보험자 또는 보험금을 취득할 자의 이익을 보호하기 위하여 특히 필요하다고 인정하면 이미 체결된 보험계약에 대하여도 장래에 향하여 그 변경의 효력이 미치게 할 수 있다.

> 💡 **기출 포인트 !**
>
> 금융위원회는 보험계약자 등의 이익을 보호하기 위하여 특히 필요하다고 인정하면 이미 체결된 보험계약에 대하여 그 변경된 내용을 소급하여 효력이 미치게 할 수 있다(소급 ×, 장래 ○).　　　✓ 2019

(5) 보험계약자 불이익 시 반환 및 증액

금융위원회는 변경 명령을 받은 기초서류 때문에 보험계약자·피보험자 또는 보험금을 취득할 자가 부당한 불이익을 받을 것이 명백하다고 인정될 때는 이미 체결된 보험계약에 따라 납부된 보험료 일부를 되돌려주거나 보험금을 증액하도록 할 수 있다.

(6) 기초서류 변경 및 정지 명령의 공고

보험회사는 기초서류 변경 및 정지 명령을 받으면 대통령령으로 정하는 바에 따라 그 요지를 공고하여야 한다.

(7) 보험금 지급불능 등에 대한 보험계약 체결 제한 등 조치

금융위원회는 보험회사의 파산 또는 보험금 지급불능 우려 등 보험계약자의 이익을 크게 해칠 우려가 있다고 인정될 때는 보험계약 체결 제한, 보험금 전부 또는 일부의 지급정지 또는 그 밖에 필요한 조치를 명할 수 있다.

> 💡 **기출 포인트 !**
>
> 보험업법상 보험회사의 파산 등 보험계약자의 이익을 크게 해칠 우려가 있다고 인정되는 경우 금융위원회가 명할 수 있는 조치가 아닌 것은?　　　✓ 2023
> ① 보험계약 전부의 이전(×)　　② 보험금 전부의 지급정지
> ③ 보험금 일부의 지급정지　　④ 보험계약 체결의 제한　　　🅰 ①

9. 자료 제출 및 검사 등(법 제133조)

(1) 자료 제출 명령

금융위원회는 공익 또는 보험계약자 등을 보호하기 위하여 보험회사에 감독업무의 수행과 관련한 주주 현황, 그 밖의 사업에 관한 보고 또는 자료 제출을 명할 수 있다.

(2) 금융감독원의 검사

① 보험회사는 그 업무 및 자산 상황에 관하여 금융감독원의 검사를 받아야 한다.

② 금융감독원장은 검사할 때 필요하다고 인정하면 보험회사에 대하여 업무 또는 자산에 관한 보고, 자료의 제출, 관계인의 출석 및 의견의 진술을 요구할 수 있다.

③ 검사를 하는 자는 그 권한을 표시하는 증표를 지니고 이를 관계인에게 내보여야 한다.

④ 금융감독원장은 검사하였으면 그 결과에 따라 필요한 조치를 하고, 그 내용을 금융위원회에 보고하여야 한다.

⑤ 금융감독원장은 보험회사가 선임한 외부감사인에게 그 보험회사를 감사한 결과 알게 된 정보나 그 밖에 경영건전성과 관련되는 자료의 제출을 요구할 수 있다.

10. 보험회사에 대한 제재(법 제134조)

(1) 금융위원회 및 금융감독원 조치

금융위원회는 보험회사가 이 법 또는 금융회사의 지배구조에 관한 법률, 금융소비자 보호에 관한 법률을 위반하여 보험회사의 건전한 경영을 해치거나 보험계약자, 피보험자, 그 밖의 이해관계인의 권익을 침해할 우려가 있다고 인정될 때는 금융감독원장의 건의에 따라 다음에 해당하는 조치를 하거나 금융감독원장이 보험회사에 대한 주의·경고 또는 그 임직원에 대한 주의·경고·문책의 요구 조치를 하게 할 수 있다.

① 보험회사에 대한 주의·경고 또는 그 임직원에 대한 주의·경고·문책의 요구(금융감독원장 조치)

② 해당 위반행위에 대한 시정 명령

③ 임원의 해임권고·직무정지

④ 6개월 이내 영업의 일부정지

🕯️ **기출 포인트 !**

보험업법상 금융위원회가 금융감독원장으로 하여금 조치를 할 수 있도록 한 제재는 모두 몇 개인가? ✓ 2022

가. 보험회사에 대한 주의·경고 또는 그 임직원에 대한 주의·경고·문책의 요구(○)
나. 임원(금융회사의 지배구조에 관한 법률에 따른 업무집행책임자는 제외)의 해임권고·직무정지의 요구
다. 6개월 이내의 영업의 일부정지
라. 해당 위반행위에 대한 시정 명령

① 없음   ② 1개
③ 2개   ④ 3개   **답** ②

보험회사에 대한 제재조치 중 금융감독원장이 할 수 있는 조치로 옳은 것은? ✓ 2017

① 보험회사에 대한 주의·경고 또는 그 임직원에 대한 주의·경고·문책의 요구
② 해당 위반행위에 대한 시정 명령
③ 임원의 해임권고·직무정지의 요구
④ 6개월 이내의 영업의 일부정지   **답** ①

(2) 6개월 영업 전부 정지나 보험업 허가취소

금융위원회는 보험회사가 다음에 해당할 때는 6개월(1년 ×) 이내의 기간을 정하여 영업 전부(일부 ×)의 정지를 명하거나 청문을 거쳐 보험업의 허가를 취소할 수 있다.

① 거짓이나 그 밖의 부정한 방법으로 보험업의 허가를 받은 경우

② 허가의 내용 또는 조건을 위반한 경우

③ 영업의 정지 기간 중에 영업한 경우

④ 시정 명령을 이행하지 아니한 경우

⑤ 금융위원회의 시정 명령 또는 중지 명령을 받고 금융위원회가 정한 기간 내에 시정하거나 중지하지 아니한 경우

⑥ 그 밖에 금융소비자의 이익을 현저히 해칠 우려가 있거나 해당 금융상품판매업 등을 영위하기 곤란하다고 인정되는 경우로서 대통령령으로 정하는 경우

💡 **기출 포인트 !**

보험업법상 금융위원회가 보험회사에 대해 영업의 전부 정지 또는 보험업의 허가취소를 명령할 수 있는 사유로 규정되지 않은 것은?   ✓ 2014

① 허가의 내용 또는 조건을 위반한 경우
② 영업의 정지 기간 중에 영업을 한 경우
③ 내부통제기준을 위반하여 영업을 한 경우(×)
④ 거짓이나 그 밖의 부정한 방법으로 보험업의 허가를 받은 경우   **답** ③

---

(3) 금융위원회 처분사실 공표

금융위원회는 금융감독원장의 건의에 따라 보험회사가 영업정지 또는 허가취소 처분을 받은 사실을 대통령령으로 정하는 바에 따라 공표하도록 할 수 있다.

11. 퇴임한 임원 등에 대한 조치 내용의 통보(법 제135조)

(1) 재임 중 위법행위에 대한 보험회사 통보

금융위원회는 보험회사의 퇴임한 임원 또는 퇴직한 직원이 재임 또는 재직 중이었더라면 조치를 받았을 것으로 인정될 때는 그 조치의 내용을 해당 보험회사의 장에게 통보할 수 있다.

(2) 임직원 통보 및 인사기록부 관리

통보받은 보험회사의 장은 이를 퇴임·퇴직한 해당 임직원에게 알리고, 그 내용을 인사기록부에 기록·유지하여야 한다.

07 | 실전대비문제(보험계리사 · 손해사정사)

01 보험료, 보험금 등 보험계약에 관한 사항의 비교 · 공시에 대한 설명으로 옳지 않은 것은? (2015년)

① 보험협회는 보험료, 보험금 등 보험계약에 관한 사항으로 대통령령으로 정하는 사항을 금융위원회가 정하는 바에 따라 비교 · 공시할 수 있다.

② 보험협회는 비교 · 공시하는 경우에는 대통령령으로 정하는 바에 따라 보험상품 공시위원회를 구성하여야 한다.

③ 보험회사는 비교 · 공시에 필요한 정보를 보험협회에 제공하여야 한다.

④ 보험협회 이외의 자가 보험계약에 관한 사항을 비교 · 공시하는 것은 허용되지 않는다.

[해설] ④ 보험협회 이외의 자는 허용되지 않는다(×).
보험협회 이외의 자가 보험계약에 관한 사항을 비교 · 공시할 때는 금융위원회가 정하는 바에 따라 객관적이고 공정하게 비교 · 공시하여야 한다.

답 ④

02 보험업법에 규정된 상호협정의 인가에 관한 다음의 내용 중 옳지 않은 것은? (2015년)

① 보험회사가 그 업무에 관한 공동행위를 하기 위하여 다른 보험회사와 상호협정을 체결(변경하거나 폐지하는 경우를 포함한다)하려는 경우에는 대통령령으로 정하는 바에 따라 금융위원회의 인가를 받아야 한다. 다만, 대통령령으로 정하는 경미한 사항을 변경하려는 경우에는 신고로써 갈음할 수 있다.

② 금융위원회는 공익 또는 보험업의 건전한 발전을 위하여 특히 필요하다고 인정되는 경우에는 보험회사에 대하여 상호협정의 체결, 변경 또는 폐지를 명하거나 그 협정의 전부 또는 일부에 따를 것을 명할 수 있다.

③ 금융위원회는 상호협정의 체결, 변경 또는 폐지의 인가를 하거나 협정에 따를 것을 명하려면 미리 금융감독원과 협의하여야 한다. 다만, 대통령령으로 정하는 경미한 사항을 변경하려는 경우에는 그러하지 아니하다.

④ 금융위원회로부터 인가를 받은 상호협정의 자구수정을 하는 경우에는 금융위원회에 신고하면 된다.

[해설] ③ 금융감독원(×), 공정거래위원회(○)
금융위원회는 상호협정의 체결 · 변경 또는 폐지의 인가를 하거나 협정에 따를 것을 명하려면 미리 공정거래위원회와 협의하여야 한다. 다만, 대통령령으로 정하는 경미한 사항을 변경하려는 경우에는 그러하지 아니하다.

답 ③

03 보험회사는 정관을 변경한 경우에는 변경한 날로터 (　) 이내에 (　)에 알려야 한다. (　) 안에 들어갈 사항으로 적당한 것은?　(2015년)

① 5일, 금융위원회

② 7일, 금융위원회

③ 5일, 보험협회

④ 7일, 보험협회

[해설] 7일, 금융위원회

답 ②

04 보험업법상 보험회사의 업무 운영이 적정하지 아니하거나 자산 상황이 불량하여 보험계약자 및 피보험자 등의 권익을 해칠 우려가 있다고 인정되는 경우에 금융위원회의 일반적 명령권에 해당되지 않는 것은?　(2015년)

① 사채의 발행

② 자산의 장부가격 변경

③ 불건전한 자산에 대한 적립금의 보유

④ 가치가 없다고 인정되는 자산의 손실 처리

[해설] ① 사채의 발행(×)

　　금융위원회 명령권

　　• 업무 집행 방법의 변경

　　• 금융위원회가 지정하는 기관에의 자산 예탁

　　• 자산의 장부가격 변경

　　• 불건전한 자산에 대한 적립금의 보유

　　• 가치가 없다고 인정되는 자산의 손실 처리

답 ①

05 보험업법상 보험회사의 감독에 관한 설명으로 옳지 않은 것은?   (2016년)

① 금융위원회는 보험회사의 업무 및 자산 상황, 그 밖의 사정의 변경으로 공익 또는 보험계약자의 보호와 보험회사의 건전한 경영을 크게 해칠 우려가 있는 경우 기초서류의 변경 또는 그 사용의 정지에 관한 명령권을 갖는다.

② 금융위원회는 기초서류의 변경을 명하는 경우 보험계약자·피보험자 또는 보험금을 취득할 자의 이익을 보호하기 위하여 특히 필요하다고 인정하면 이미 체결된 보험계약에 대하여도 장래에 향하여 그 변경의 효력이 미치게 할 수 있다.

③ 금융위원회는 변경 명령을 받은 기초서류 때문에 보험계약자·피보험자 또는 보험금을 취득할 자가 불이익을 받을 경우라도 이미 체결된 보험계약에 따라 납입된 보험료의 일부를 되돌려주거나 보험금을 증액하도록 할 수 없다.

④ 금융위원회는 보험회사의 파산 또는 보험금 지급불능 우려 등 보험계약자의 이익을 크게 해칠 우려가 있다고 인정되는 경우에는 보험계약 체결 제한, 보험금 전부 또는 일부의 지급정지 또는 그 밖에 필요한 조치를 명할 수 있다.

[해설] ③ 이미 체결된 보험계약에 따라 납입된 보험료의 일부를 되돌려주거나 보험금을 증액하도록 할 수 없다(×).
금융위원회는 변경 명령을 받은 기초서류 때문에 보험계약자·피보험자 또는 보험금을 취득할 자가 부당한 불이익을 받을 것이 명백하다고 인정될 때는 이미 체결된 보험계약에 따라 납부된 보험료 일부를 되돌려주거나 보험금을 증액하도록 할 수 있다.

답 ③

06 보험회사는 기초서류를 신고하는 경우 보험료 및 책임준비금 산출방법서에 대하여 독립계리업자의 검증확인서를 첨부할 수 있다. 독립계리업자가 될 수 있는 자에 해당하는 것은?   (2017년)

① 해당 보험회사로부터 보험계리에 관한 업무를 위탁받아 수행 중인 보험계리업자

② 대표자가 최근 2년 이내에 해당 보험회사에 고용된 사실이 있는 보험계리업자

③ 대표자나 그 배우자가 해당 보험회사의 소수주주인 보험계리업자

④ 보험회사의 자회사인 보험계리업자

[해설] 독립계리업자의 자격 요건 : "대통령령으로 정하는 보험계리업자"란 등록된 법인(5명 이상의 상근 보험계리사를 두고 있는 법인만 해당한다)인 보험계리업자를 말한다. 다만, 다음의 어느 하나에 해당하는 보험계리업자는 제외한다.
• 해당 보험회사로부터 보험계리에 관한 업무를 위탁받아 수행 중인 보험계리업자
• 대표자가 최근 2년 이내에 해당 보험회사에 고용된 사실이 있는 보험계리업자
• 대표자나 그 배우자가 해당 보험회사의 대주주인 보험계리업자
• 보험회사의 자회사인 보험계리업자
• 보험계리업자 또는 보험계리업자의 대표자가 최근 5년 이내에 다음 어느 하나에 해당하는 제재조치를 받은 사실이 있는 경우 해당 보험계리업자
　－ 법 제134조 제1항 제1호에 따른 경고 또는 문책
　－ 법 제134조 제1항 제3호에 따른 해임 또는 직무정지
　－ 법 제190조에 따른 보험계리업자 등록의 취소
　－ 법 제192조 제1항에 따른 업무의 정지 또는 해임

답 ③

07 보험회사에 대한 제재조치 중 금융감독원장이 할 수 있는 조치로 옳은 것은? (2017년)

① 보험회사에 대한 주의·경고 또는 그 임직원에 대한 주의·경고·문책의 요구

② 해당 위반행위에 대한 시정 명령

③ 임원의 해임권고·직무정지의 요구

④ 6개월 이내의 영업의 일부정지

[해설] 금융위원회 및 금융감독원의 조치
- 보험회사에 대한 주의·경고 또는 그 임직원에 대한 주의·경고·문책의 요구(금융감독원장 조치)
- 해당 위반행위에 대한 시정 명령
- 임원의 해임권고·직무정지
- 6개월 이내 영업의 일부정지

답 ①

08 보험회사가 정관변경을 금융위원회에 보고하는 기한으로 옳은 것은? (2019년)

① 이사회가 정관변경을 위한 주주총회 개최를 결의한 날부터 2주 이내

② 대표이사가 정관변경을 위한 주주총회 소집을 통지한 날부터 2주 이내

③ 주주총회(종류주주총회 포함)에서 정관변경의 결의가 있은 날부터 7일 이내

④ 보험회사 본점소재지 등기소에 변경정관을 등기한 날부터 7일 이내

[해설] 보험회사는 정관을 변경하였으면 변경한 날부터 7일 이내에 금융위원회에 알려야 한다.

답 ③

09 보험상품공시위원회에 관한 설명으로 옳지 않은 것은? (2021년)

① 보험협회가 실시하는 보험상품의 비교·공시에 관한 중요사항을 심의, 의결한다.

② 위원장 1명을 포함하여 9명의 위원으로 구성한다.

③ 위원의 임기는 3년으로 하나, 보험협회의 상품담당 임원인 위원의 임기는 해당 직에 재직하는 기간으로 한다.

④ 보험협회의 장은 보험회사 상품담당 임원 또는 선임계리사 2명을 위원으로 위촉할 수 있다.

[해설] ③ 3년(×), 2년(○)
위원의 임기는 2년으로 한다. 다만, 금융감독원 상품담당 부서장과 보험협회의 상품담당 임원 및 보험요율 산출기관의 상품담당 임원인 위원의 임기는 해당 직에 재직하는 기간으로 한다.

답 ③

10 금융위원회가 기초서류의 변경을 명하는 경우에 관한 설명으로 옳지 않은 것은? (2019년)

① 보험회사 기초서류에 법령을 위반하거나 보험계약자에게 불리한 내용이 있다고 인정되는 경우이어야 한다.

② 법령의 개정에 따라 기초서류의 변경이 필요한 때를 제외하고는 반드시 행정절차법이 정한 바에 따라 청문을 거쳐야 한다.

③ 금융위원회는 보험계약자 등의 이익을 보호하기 위하여 특히 필요하다고 인정하면 이미 체결된 보험계약에 대하여 그 변경된 내용을 소급하여 효력이 미치게 할 수 있다.

④ 금융위원회는 변경 명령을 받은 기초서류 때문에 보험계약자 등이 부당한 불이익을 받을 것이 명백하다고 인정되는 경우에는 이미 체결된 보험계약에 따라 납입된 보험료의 일부를 되돌려주도록 할 수 있다.

해설 ③ 소급(×), 장래(○)
금융위원회는 기초서류의 변경을 명하는 경우 보험계약자·피보험자 또는 보험금을 취득할 자의 이익을 보호하기 위하여 특히 필요하다고 인정하면 이미 체결된 보험계약에 대하여도 장래에 향하여 그 변경의 효력이 미치게 할 수 있다.

답 ③

08 │ 해산 · 청산

제1절   해산

---

1. 해산 사유 등(법 제137조)

(1) 보험회사 해산 사유

① 존립기간의 **만료**, 그 밖에 정관으로 정하는 사유의 발생

② **주주총회** 또는 사원총회의 결의

③ **회사**의 **합병**

④ 보험계약 전부의 **이전**

⑤ 회사의 **파산**

⑥ 보험업의 **허가취소**

⑦ **해산**을 명하는 재판

> **tip** **만 · 주 회사**로 **합병**하고 **이전**하고는 **파산**해서 **허가**를 **취소**하고 **해산**

 기출 포인트 !

주식회사인 보험회사의 해산 사유로 옳지 않은 것은?   ✓ 2014
① 회사의 파산   ② 주주총회의 결의
③ 보험계약 전부의 이전   ④ 주주가 1인으로 된 때   **답** ④

(2) 해산 7일 이내 등기 촉탁

보험회사가 해산하면 금융위원회는 7일 이내에 그 보험회사의 본점과 지점 또는 각 사무소 소재지의 등기소에 그 등기를 맡기어야 한다.

(3) 촉탁 후 7일 이내 등기

등기소는 촉탁받으면 7일 이내에 그 등기를 하여야 한다.

2. 해산·합병과 보험계약의 이전에 관한 결의요건(법 제138조~제139조)

(1) 결의요건

해산·합병과 보험계약의 이전에 관한 결의는 제39조 제2항 또는 상법 제434조에 따라 하여야 한다.

① 사원 과반수의 출석과 그 의결권의 4분의 3 이상의 찬성으로 결의한다(법 제39조 제2항).

② 출석한 주주의 의결권의 3분의 2 이상의 수와 발행주식 총수의 3분의 1 이상의 수로써 하여야 한다(상법 제434조).

(2) 해산·합병 등의 인가

① 금융위원회 인가 : 해산의 결의·합병과 보험계약의 이전은 금융위원회의 인가를 받아야 한다.

② 해산 결의 인가 신청서류 : 보험회사는 해산 결의의 인가를 받으려면 신청서에 다음의 서류를 첨부하여 금융위원회에 제출하여야 한다.

　㉠ 주주총회 의사록(상호회사면 사원총회 의사록)

　㉡ 청산 사무의 추진계획서

　㉢ 보험계약자 및 이해관계인의 보호 절차 이행을 증명하는 서류

　㉣ 상법 등 관계 법령에 따른 절차의 이행에 흠이 없음을 증명하는 서류

> 🏷 **기출 포인트 !**
>
> 보험업법상 주식회사인 보험회사가 해산 결의 인가신청서에 첨부하여 금융위원회에 제출하여야 하는 서류를 모두 고른 것은?　　　✓ 2022
> 가. 주주총회 의사록(○)
> 나. 청산 사무의 추진계획서(○)
> 다. 보험계약자 및 이해관계인의 보호 절차 이행을 증명하는 서류(○)
> 라. 상법 등 관계 법령에 따른 절차의 이행에 흠이 없음을 증명하는 서류(○)　　🏷 가, 나, 다, 라

3. 보험계약 이전 등(법 제140~제141조)

(1) 책임준비금 산출의 기초가 같은 보험계약 이전

보험회사는 계약의 방법으로 책임준비금 산출의 기초가 같은 보험계약의 전부를 포괄하여 다른 보험회사에 이전할 수 있다.

> 🏷 **기출 포인트 !**
>
> 보험회사는 책임준비금 산출의 기초가 동일한지 여부와 무관하게 보험계약의 전부를 포괄하여 계약의 방법으로 다른 보험회사에 이전할 수 있다(무관하게 ×, 산출의 기초가 같은 ○).　　✓ 2018

(2) 회사자산 이전과 금융위원회 유보

보험회사는 회사자산을 이전할 것을 정할 수 있다. 다만, 금융위원회가 그 보험회사 채권자의 이익을 보호하는 데 필요하다고 인정하는 자산은 유보하여야 한다.

(3) 보험계약 이전 결의의 공고 및 통지와 이의 제기

① **결의 후 2주 이내 공고 및 통지** : 보험계약을 이전하려는 보험회사는 결의를 한 날부터 2주 이내에 계약 이전의 요지와 각 보험회사의 재무상태표를 공고하고, 보험계약자에게 통지하여야 한다.

② **1개월 이상의 이의 기간 안내** : 공고 및 통지에는 이전될 보험계약의 보험계약자로서 이의가 있는 자는 일정한 기간 이의를 제출할 수 있다는 뜻을 덧붙여야 한다. 다만, 그 기간은 1개월 이상으로 하여야 한다.

③ **10분의 1 초과 시 이전 금지** : 기간에 이의를 제기한 보험계약자가 이전될 보험계약자 총수의 10분의 1을 초과하거나 그 보험금액이 이전될 보험금 총액의 10분의 1을 초과하면 보험계약을 이전하지 못한다. 계약조항의 변경을 정할 때 이의를 제기한 보험계약자로서 그 변경을 받을 자가 변경을 받을 보험계약자 총수의 10분의 1을 초과하거나 그 보험금액이 변경을 받을 보험계약자의 보험금 총액의 10분의 1을 초과할 때도 또한 같다.

🔔 기출 포인트 !

이의 제기 기간 중 이의를 제기한 보험계약자가 이전될 보험계약자 총수의 100분의 5를 초과하거나 그 보험금액이 이전될 보험금 총액의 100분의 5를 초과하는 경우에는 보험계약을 이전하지 못한다(100분의 5 ×, 10분의 1 ○).
✓ 2018

보험업법이 규정하는 주식회사인 보험회사의 보험계약의 임의이전에 관한 설명으로 옳지 않은 것은? ✓ 2019

① 보험계약의 이전에 관한 결의는 의결권 있는 발행주식 총수의 3분의 2 이상의 주주의 출석과 출석주주 의결권의 과반수 이상의 수로써 하여야 한다(의결권의 과반수 이상의 수 ×, 발행주식 총수의 3분의 1 이상).

② 보험회사는 계약의 방법으로 책임준비금 산출의 기초가 같은 보험계약의 전부를 포괄하여 다른 보험회사에 이전할 수 있으나, 1개인 동종보험계약의 일부만 이전할 수는 없다.

③ 보험계약의 이전 결의의 공고에는 보험계약자가 이의할 수 있다는 뜻과 1개월 이상의 이의 기간이 포함되어야 한다.

④ 보험계약을 이전하려는 보험회사는 주주총회의 결의가 있었던 때부터 보험계약을 이전하거나 이전하지 아니하게 될 때까지 그 이전하려는 보험계약과 같은 종류의 보험계약을 하지 못한다. 답 ①

---

4. 신계약의 금지(법 제142~제143조)

(1) 이전 대상 보험 종류 신계약 금지

보험계약을 이전하려는 보험회사는 주주총회 등의 결의가 있었던 때부터 보험계약을 이전하거나 이전하지 아니하게 될 때까지 그 이전하려는 보험계약과 같은 종류의 보험계약을 하지 못한다.

(2) 부실 이외의 경우 예외

다만, 보험회사의 부실에 따라 보험계약을 이전하려는 경우가 아닌 경우로서 대통령령으로 정할 때는 그러하지 아니하다.

(3) 계약조건의 변경

보험회사는 보험계약의 전부를 이전할 때 이전할 보험계약에 관하여 이전계약의 내용으로 다음의 사항을
정할 수 있다.

① 계산의 기초의 변경
② 보험금액의 삭감과 장래 보험료의 감액
③ 계약조항의 변경

> 🔍 **기출 포인트 !**
>
> 보험회사가 보험계약의 전부를 이전할 때 이전할 보험계약에 관하여 이전계약의 내용으로 보험금액의 삭감과
> 장래 보험료의 감액을 정할 수 없다(정할 수 없다 ×, 있다 ○).   ✓ 2018

5. 자산처분의 금지 등(법 제144~제145조)

(1) 보험금액 삭감 시 자산처분 등 금지

보험금액을 삭감하기로 정할 때는 보험계약을 이전하려는 보험회사는 주주총회 등의 결의가 있었던 때부터
보험계약을 이전하거나 이전하지 아니하게 될 때까지 그 자산을 처분하거나 채무를 부담하려는 행위를
하지 못한다. 다만, 보험업을 유지하는 데 필요한 비용을 지출하는 경우 또는 자산의 보전이나 그 밖의
특별한 필요에 따라 금융위원회의 허가를 받아 자산을 처분할 때는 그러하지 아니하다.

(2) 보험계약 이전 시 삭감 지급

보험계약이 이전되면 보험계약에 따라 발생한 채권으로서 지급이 정지된 것에 관하여 이전계약에서 정한
보험금액 삭감의 비율에 따라 그 금액을 삭감하여 지급하여야 한다.

(3) 계약조항의 변경 시 삭감 지급

계약조항의 변경을 정할 때 그 변경을 하려는 보험회사에 대하여도 보험금액 삭감 시 자산처분 등 금지를
적용한다. 다만, 보험계약으로 발생한 채무를 갚거나 금융위원회의 허가를 받아 그 변경과 관계없는 행위를
할 때는 그러하지 아니하다.

(4) 보험계약 이전의 7일 이내 공고

보험회사는 보험계약을 이전하면 7일 이내에 그 취지를 공고하여야 한다. 보험계약을 이전하지 아니하게
된 경우에도 또한 같다.

6. 권리 · 의무의 승계(법 제146~제148조)

(1) 보험계약 등의 승계

보험계약을 이전한 보험회사가 그 보험계약에 관하여 가진 권리와 의무는 보험계약을 이전받은 보험회사가 승계한다. 이전계약으로써 이전할 것을 정한 자산에 관하여도 또한 같다.

(2) 이전 결의 후 변경에 대한 보험회사 귀속

보험계약 이전의 결의를 한 후 이전할 보험계약에 관하여 발생한 수지나 그 밖에 이전할 보험계약 또는 자산에 관하여 발생한 변경은 이전을 받은 보험회사에 귀속된다.

(3) 상호회사의 계약 이전으로 인한 입사

보험계약이 이전되면 이전을 받은 보험회사가 상호회사인 경우에는 그 보험계약자는 그 상호회사에 입사한다.

(4) 해산 후의 3개월 이내 계약 이전 결의

보험회사는 해산한 후에도 3개월 이내에는 보험계약 이전을 결의할 수 있다.

 기출 포인트 !

> 보험회사는 해산한 후에도 6개월 이내에는 보험계약 이전을 결의할 수 있다(6개월 ×, 3개월 ○).   ✓ 2023

7. 해산 등(법 제149조~제152조)

(1) 해산등기의 신청

보험계약의 이전에 따른 해산등기의 신청서에는 다음 서류를 첨부하여야 한다.
① 이전계약서
② 각 보험회사 주주총회 등의 의사록
③ 공고 및 이의에 관한 서류
④ 보험계약 이전의 인가를 증명하는 서류

(2) 양도 · 양수인가

보험회사는 그 영업을 **양**도 · **양**수하려면 금융위원회의 **인가**를 받아야 한다.

tip 영업은 양 · 양 인가~

(3) 합병 결의의 공고

① 합병 결의 2주 이내 공고 : 보험회사가 합병을 결의한 경우에는 그 결의를 한 날부터 2주 이내에 합병계약의 요지와 각 보험회사의 재무상태표를 공고하여야 한다.

② 합병 이의자에 대한 효력 : 합병은 이의를 제기한 보험계약자나 그 밖에 보험계약으로 발생한 권리를 가진 자에 대하여도 그 효력이 미친다(이의를 제기한 계약자에게는 효력이 미치지 않는다 ✕).

(4) 계약조건의 변경

보험회사가 합병할 때는 합병계약으로써 그 보험계약에 관한 계산의 기초 또는 계약조항의 변경을 정할 수 있다(정할 수 없다 ✕).

8. 상호회사의 합병 등(법 제153~155조)

(1) 상호회사 합병

상호회사는 다른 보험회사와 합병할 수 있다.

(2) 상호회사 간 합병

합병 후 존속하는 보험회사 또는 합병으로 설립되는 보험회사는 상호회사이어야 한다.

(3) 상호회사와 주식회사 합병

다만, 합병하는 보험회사의 한쪽이 주식회사면 합병 후 존속하는 보험회사 또는 합병으로 설립되는 보험회사는 주식회사로 할 수 있다.

더 알아보기 상호회사 합병

상호회사＋상호회사	상호회사＋주식회사
상호회사	주식회사

(4) 합병의 경우의 사원 관계

① **합병 후 효과** : 합병이 있는 경우 합병 후 존속하는 보험회사 또는 합병으로 설립되는 보험회사가 상호회사면 합병으로 해산하는 보험회사의 보험계약자는 그 회사에 입사하고, 주식회사면 상호회사의 사원은 그 지위를 잃는다.

상호회사	주식회사
사원 입사	사원 지위 상실

② **합병 후 권리·의무 승계** : 다만, 보험관계에 속하는 권리와 의무는 합병계약에서 정하는 바에 따라 합병 후 존속하는 주식회사 또는 합병으로 설립된 주식회사가 승계한다.

③ **사원총회 사원 권리 부여** : 합병 후 존속하는 상호회사에 입사할 자는 사원총회에서 사원과 같은 권리를 가진다. 다만, 합병계약에 따로 정한 것이 있으면 그러하지 아니하다.

(5) 폐업 시 60일 전 정리계획서의 제출

보험회사가 그 보험업의 전부 또는 일부를 폐업하려는 경우에는 그 60일 전에 사업 폐업에 따른 정리계획서를 금융위원회에 제출하여야 한다.

1. 청산(법 제156~160조)

(1) 청산인

① 보험회사가 보험업의 허가취소로 해산한 경우에는 금융위원회가 청산인을 선임한다.

② 청산인은 금융위원회가 선임한다. 이 경우 이해관계인의 청구 없이 선임할 수 있다.

③ 금융위원회는 다음에 해당하는 자의 청구에 따라 청산인을 해임할 수 있다.

　㉠ 감사

　㉡ 3개월 전부터 계속하여 자본금의 100분의 5 이상의 주식을 가진 주주

　㉢ 100분의 5 이상의 사원

④ 상호회사는 청산인의 해임을 청구하는 사원에 관하여 정관으로 다른 기준을 정할 수 있다.

⑤ 금융위원회는 중요한 사유가 있으면 청산인 해임 청구 없이 청산인을 해임할 수 있다.

(2) 청산인의 보수

청산인을 선임할 때는 청산 중인 회사가 금융위원회가 정하는 보수를 지급하게 할 수 있다.

(3) 해산 후의 보험금 지급

① **보험금 지급 사유 3개월 이내 보험금 지급 제한** : 보험회사는 해산한 경우에는 보험금 지급 사유가 해산한 날부터 3개월 이내에 발생한 경우에만 보험금을 지급하여야 한다.

② **피보험자를 위한 보험료 반환** : 보험회사는 피보험자를 위하여 적립한 금액이나 아직 지나지 아니한 기간에 대한 보험료를 되돌려주어야 한다.

(4) 청산인의 감독

금융위원회는 청산인을 감독하기 위하여 보험회사의 청산 업무와 자산 상황을 검사하고, 자산의 공탁을 명하며, 그 밖에 청산의 감독상 필요한 명령을 할 수 있다.

08 | 실전대비문제(보험계리사 · 손해사정사)

01 보험회사의 해산과 관련하여 타당하지 않는 것은? (2012년)

① 보험회사의 해산, 합병, 보험계약의 이전에 관한 결의는 주주총회 또는 사원총회의 특별결의에 의하여 이루어진다.

② 보험업의 허가의 취소로 해산하는 경우 금융위원회는 7일 이내에 그 보험회사의 본점과 지점 또는 사무소 소재지의 등기소에 촉탁하여야 한다.

③ 해산으로 인하여 법인격이 소멸된다.

④ 상호회사가 해산의 결의를 한 경우에는 그 결의가 인가된 날로부터 2주일 내에 결의의 요지와 대차대조표를 공고하여야 한다.

[해설] ③ 해산으로 법인격이 소멸되는 것이 아니라 청산 시 법인격이 소멸된다.

답 ③

02 주식회사인 보험회사의 해산 사유로 옳지 않은 것은? (2014년)

① 회사의 파산

② 주주총회의 결의

③ 보험계약 전부의 이전

④ 주주가 1인으로 된 때

[해설] 보험회사 해산 사유
- 존립기간의 **만료**, 그 밖에 정관으로 정하는 사유의 발생
- **주**주총회 또는 사원총회의 결의
- **회사**의 **합병**
- 보험계약 전부의 **이전**
- 회사의 **파산**
- 보험업의 **허가취소**
- **해산**을 명하는 재판

tip 만 · 주 **회사**로 **합병**하고 **이전**하고는 **파산**해서 **허가**를 **취소**하고 **해산**

답 ④

03 보험회사의 해산 사유가 아닌 것은?

① 이사회 결의

② 보험계약 전부의 이전

③ 회사의 합병

④ 존립기간의 만료

해설 tip **만·주 회사**로 **합병**하고 **이전**하고는 **파산**해서 **허가를 취소**하고 **해산**

답 ④

04 보험업법에 규정된 보험계약 등의 이전에 관한 설명으로 옳지 않은 것은?

① 보험회사는 보험계약을 이전한 경우에는 5일 이내에 그 취지를 공고하여야 한다. 보험계약을 이전하지 아니하게 된 경우에도 또한 같다.

② 보험회사는 계약의 방법으로 책임준비금 산출의 기초가 같은 보험계약의 전부를 포괄하여 다른 보험회사에 이전할 수 있다.

③ 보험계약을 이전하려는 보험회사는 주주총회 등의 결의가 있었던 때부터 보험계약을 이전하거나 이전하지 아니하게 될 때까지 그 이전하려는 보험계약과 같은 종류의 보험계약을 하지 못한다.

④ 보험계약을 이전한 보험회사가 그 보험계약에 관하여 가진 권리와 의무는 보험계약을 이전받은 보험회사가 승계한다. 이전계약으로써 이전할 것을 정한 자산에 관하여도 또한 같다.

해설 ① 5일(×), 7일(○)

보험회사는 보험계약을 이전하면 7일 이내에 그 취지를 공고하여야 한다. 보험계약을 이전하지 아니하게 된 경우에도 또한 같다.

답 ①

05 보험업법상 금융위원회에 대하여 청산인의 해임 청구를 할 수 없는 자는?(다만 정관에 다른 규정이 없음을 전제한다) (2016년)

① 감사

② 이사

③ 100분의 5 이상의 사원

④ 3개월 전부터 계속하여 자본금의 100분의 5 이상의 주식을 가진 주주

[해설] 금융위원회 청산인 해임 사유
- 감사
- 3개월 전부터 계속하여 자본금의 100분의 5 이상의 주식을 가진 주주
- 100분의 5 이상의 사원

답 ②

06 보험업법상 주식회사인 보험회사에서 보험계약의 이전에 관한 설명으로 옳지 않은 것은? (2016년)

① 보험회사는 계약의 방법으로 책임준비금 산출의 기초가 같은 보험계약의 전부를 포괄하여 다른 보험회사에 이전할 수 있으며, 보험계약의 이전은 금융위원회의 인가를 받아야 한다.

② 보험계약을 이전하려는 보험회사는 보험계약의 이전에 관한 주주총회 결의일로부터 2주 이내에 계약이전의 요지와 각 보험회사의 대차대조표를 공고하여야 한다.

③ 적법하게 행해진 보험계약 이전 결의의 공고에 의한 이의 제기 기간에 이의를 제기한 보험계약자가 이전될 보험계약자 총수의 100분의 5를 초과하거나 그 보험금액이 이전될 보험금 총액의 100분의 5를 초과하는 경우에는 보험계약을 이전하지 못한다.

④ 보험계약을 이전한 보험회사가 그 보험계약에 관하여 가진 권리와 의무는 보험계약을 이전받은 보험회사가 승계한다.

[해설] ③ 100분의 5(×), 10분의 1(○)
기간에 이의를 제기한 보험계약자가 이전될 보험계약자 총수의 10분의 1을 초과하거나 그 보험금액이 이전될 보험금 총액의 10분의 1을 초과하면 보험계약을 이전하지 못한다.

답 ③

07 보험회사의 해산 사유에 해당하지 않는 것은? (2017년)

① 주주총회의 결의   ② 회사의 합병

③ 회사의 분할   ④ 보험계약 전부의 이전

[해설] tip 만·주 회사로 합병하고 이전하고는 파산해서 허가를 취소하고 해산

답 ③

08 보험업법상 보험회사가 해산한 날부터 3개월 이내에 보험금 지급 사유가 발생한 경우에만 보험금을 지급하여야 하는 해산 사유로 올바르게 조합한 것은?

(2018년)

> 가. 존립기간의 만료, 그 밖에 정관으로 정하는 사유의 발생
> 나. 회사의 합병
> 다. 보험계약 전부의 이전
> 라. 주주총회 또는 사원총회의 결의
> 마. 회사의 파산
> 바. 보험업의 허가취소
> 사. 해산을 명하는 재판

① 가, 나, 라   ② 나, 다, 마
③ 다, 마, 사   ④ 라, 바, 사

[해설] 해산 후의 보험금 지급 : 보험회사는 주주총회 또는 사원총회의 결의, 보험업의 허가취소, 해산을 명하는 재판의 사유로 해산한 경우에는 보험금 지급 사유가 해산한 날부터 3개월 이내에 발생한 경우에만 보험금을 지급하여야 한다.

[답] ④

09 보험업법상 주식회사인 보험회사에 관한 설명 중 옳지 않은 것은?

(2018년)

① 해산에 관한 결의는 상법 제434조에 의한 결의에 따르며 금융위원회의 인가를 받아야 한다.
② 보험회사는 그 영업을 양도·양수하려면 금융위원회의 인가를 받아야 한다.
③ 보험회사가 합병을 할 경우 합병계약으로써 그 보험계약에 관한 계산의 기초 또는 계약조항의 변경을 정할 수 없다.
④ 보험회사가 그 보험업의 전부 또는 일부를 폐업하려는 경우에는 그 60일 전에 사업 폐업에 따른 정리계획 서를 금융위원회에 제출하여야 한다.

[해설] ③ 보험계약에 관한 계산의 기초 또는 계약조항의 변경을 정할 수 없다(×).
보험회사가 합병할 때는 합병계약으로써 그 보험계약에 관한 계산의 기초 또는 계약조항의 변경을 정할 수 있다.

[답] ③

10 보험업법상 주식회사인 보험회사의 청산 등에 관한 설명 중 옳지 않은 것은? (2018년)

① 보험회사가 보험업의 허가취소로 해산한 경우에는 금융위원회가 청산인을 선임한다.

② 금융위원회는 6개월 전부터 계속하여 자본금의 100분의 3 이상의 주식을 가진 주주의 청구에 따라 청산인을 해임할 수 있다.

③ 금융위원회는 청산인을 감독하기 위하여 보험회사의 청산업무와 자산 상황을 검사하고, 자산의 공탁을 명하며, 그 밖에 청산의 감독상 필요한 명령을 할 수 있다.

④ 보험회사는 해산한 후에도 3개월 이내에는 보험계약 이전을 결의할 수 있으며, 보험계약을 이전하게 될 경우 보험금 지급 사유가 해산한 날부터 3개월을 넘겨서 발생한 경우에도 보험금을 지급할 수 있다.

[해설] ② 6개월 100분의 3(×), 3개월 100분의 5(○)
청산인 해임 청구
• 감사
• 3개월 전부터 계속하여 자본금의 100분의 5 이상의 주식을 가진 주주
• 100분의 5 이상의 사원

[답] ②

11 주식회사인 보험회사가 해산하는 때에 청산인이 금융위원회의 허가를 얻어 채권신고기간 내에 변제할 수 있는 경우가 아닌 것은? (2019년)

① 소액채권

② 변제지연으로 거액의 이자가 발생하는 채권

③ 담보 있는 채권

④ 변제로 인하여 다른 채권자를 해할 염려가 없는 채권

[해설] ② 회사는 변제지연으로 인한 채권은 책임을 면하지 못한다.
채권신고기간 내의 변제
• 청산인은 신고기간 내에는 채권자에 대하여 변제를 하지 못한다. 그러나 회사는 그 변제의 지연으로 인한 손해배상의 책임을 면하지 못한다.
• 청산인은 소액의 채권, 담보 있는 채권, 기타 변제로 인하여 다른 채권자를 해할 염려가 없는 채권에 대하여는 법원의 허가를 얻어 이를 변제할 수 있다(상법 제536조).

[답] ②

12 보험업법상 보험계약의 이전에 관한 설명으로 옳지 않은 것은? (2020년)

① 보험회사는 책임준비금 산출의 기초가 동일한 보험계약의 일부를 이전할 수 있다.

② 보험계약을 이전하려는 보험회사는 그 결의를 한 날부터 2주일 이내에 계약 이전의 요지와 각 보험회사의 대차대조표를 공고하여야 한다.

③ 보험계약 이전의 공고에는 보험계약자가 이의를 제출할 수 있도록 1개월 이상의 이의 제출기간을 부여하여야 한다.

④ 보험계약의 이전을 결의한 때로부터 이전이 종료될 때까지 이전하는 보험계약과 동종의 보험계약을 체결하지 못한다.

[해설] ① 보험계약 일부(×), 전부(○)
보험회사는 계약의 방법으로 책임준비금 산출의 기초가 같은 보험계약의 전부를 포괄하여 다른 보험회사에 이전할 수 있다.

[답] ①

13 보험회사의 청산에 관한 설명으로 옳지 않은 것은 몇 개인가? (2020년)

> 가. 금융위원회는 보험회사로 하여금 청산인의 보수를 지급하게 할 수 있다.
> 나. 금융위원회는 청산인을 감독하기 위하여 보험회사의 청산업무와 자산 상황을 검사하고 자산의 공탁을 명할 수 있다.
> 다. 청산인은 채권신고기간 내에는 채권자에게 변제를 하지 못한다.
> 라. 보험회사가 보험업의 허가취소로 해산한 때에는 법원이 청산인을 선임한다.
> 마. 금융위원회는 대표이사 또는 소액주주대표의 청구에 의하여 청산인을 해임할 수 있다.

① 1개   ② 2개

③ 3개   ④ 4개

[해설] ② 2개(다, 라)
다. 채권신고기간 내에는 채권자에게 변제를 하지 못한다(×).
라. 법원이 청산인을 선임(×), 금융위원회가 청산인을 선임(○)
상법 제536조
청산인은 소액의 채권, 담보 있는 채권 기타 변제로 인하여 다른 채권자를 해할 염려가 없는 채권에 대하여는 법원의 허가를 얻어 이를 변제할 수 있다.

[답] ②

14 보험회사의 해산에 관한 설명으로 옳지 않은 것은? (2021년)

① 보험회사가 보험계약 일부를 이전하는 것은 해산 사유이다.

② 해산의 결의, 합병과 보험계약의 이전은 금융위원회의 인가를 받아야 한다.

③ 보험회사는 해산한 후에도 3개월 이내에는 보험계약 이전을 결의할 수 있다.

④ 보험회사가 보험업의 허가취소로 해산하는 경우 금융위원회는 7일 이내에 등기소에 등기를 촉탁하여야
한다.

[해설] ① 보험계약 일부 이전(×), 전부 이전(○)

답 ①

15 보험업법상 보험회사의 해산 후에도 일정한 기간 내에는 보험계약의 이전을 결의할 수 있는 기간으로
옳은 것은? (2022년)

① 3개월

② 6개월

③ 1년

④ 2년

[해설] 보험회사는 해산한 후에도 3개월 이내에는 보험계약 이전을 결의할 수 있다.

답 ①

09 | 관계자에 대한 조사

1. 조사 대상 및 방법 등(법 제162조, 제164조)

(1) 조사 대상 및 사유

금융위원회는 다음의 경우에는 보험회사, 보험계약자, 피보험자, 보험금을 취득할 자, 그 밖의 보험계약에 관하여 이해관계가 있는 관계자에 대한 조사를 할 수 있다.

① 보험업법 및 보험업법에 따른 명령 또는 조치를 위반한 사실이 있는 경우

② 공익 또는 건전한 보험거래 질서의 확립을 위하여 필요한 경우

(2) 조사를 위한 자료 제출 요구

금융위원회는 조사를 위하여 필요하다고 인정될 때는 관계자에게 다음의 사항을 요구할 수 있다.

① 조사사항에 대한 사실과 상황에 대한 진술서의 제출

② 조사에 필요한 장부, 서류, 그 밖의 물건의 제출

(3) 관계자 문책 요구

금융위원회는 관계자가 조사를 방해하거나 제출하는 자료를 거짓으로 작성하거나 그 제출을 게을리하면 관계자가 소속된 단체의 장에게 관계자에 대한 문책 등을 요구할 수 있다.

(4) 조사 관련 정보의 공표

금융위원회는 관계자에 대한 조사실적, 처리결과, 그 밖에 관계자의 위법행위 예방에 필요한 정보 및 자료를 대통령령으로 정하는 바에 따라 공표할 수 있다.

2. 보험조사협의회(법 제163조)

(1) 보험조사협의회 구성

조사업무를 효율적으로 수행하기 위하여 금융위원회에 보건복지부, 금융감독원, 보험 관련 기관 및 단체 등으로 구성되는 보험조사협의회를 둘 수 있다.

(2) 위원 구성

① 보험조사협의회는 다음 중에서 금융위원회가 임명하거나 위촉하는 15명 이내의 위원으로 구성할 수 있다.

㉠ 금융위원회가 지정하는 소속 공무원 1명

㉡ 보건복지부 장관이 지정하는 소속 공무원 1명

㉢ 경찰청장이 지정하는 소속 공무원 1명

㉣ 해양경찰청장이 지정하는 소속 공무원 1명

㉤ 금융감독원장이 추천하는 사람 1명

㉥ 생명보험협회의 장, 손해보험협회의 장, 보험요율 산출기관의 장이 추천하는 사람 각 1명

㉦ 보험사고의 조사를 위하여 필요하다고 금융위원회가 지정하는 보험 관련 기관 및 단체의 장이 추천하는 사람

㉧ 그 밖에 보험계약자·피보험자·이해관계인의 권익 보호 또는 보험사고의 조사 등 보험에 관한 학식과 경험이 있는 사람

※ 소비자보호원장이 추천하는 사람 1명(×)

> 🌱 **기출 포인트 !**
>
> **보험업법상 보험조사협의회 위원으로 명시된 자로 옳지 않은 것은?**   ✓ 2017
> ① 보건복지부 장관이 지정하는 소속 공무원 1명
> ② 국민안전처 장관이 지정하는 소속 공무원 1명
> ③ 경찰청장이 지정하는 소속 공무원 1명
> ④ 소비자보호원장이 추천하는 사람 1명(×)   **답** ④

② 협회장 및 위원 임기

㉠ 협의회장은 위원 중에서 호선한다.

㉡ 위원의 임기는 3년(1년 ×, 2년 ×)으로 한다.

> 🌱 **기출 포인트 !**
>
> **보험업법상 보험조사협의회에 관한 설명으로 옳은 것은?**   ✓ 2021
> 가. 금융위원회는 보험관계자에 대한 조사실적, 처리결과 등을 공표할 수 있다(○).
> 나. 금융위원회는 해양경찰청장이 지정하는 소속 공무원 1명을 조사위원으로 위촉할 수 있다(○).
> 다. 보험조사협의회 위원의 임기는 2년으로 한다(2년 ×, 3년 ○).
> 라. 금융위원회는 조사를 방해한 관계자에 대한 문책 요구권을 갖지 않는다(문책 요구권을 갖지 않는다 ×,
> 문책 등을 요구할 수 있다 ○).   **답** 가, 나

09 | 실전대비문제(보험계리사 · 손해사정사)

01 보험업법상 금융위원회에 둘 수 있는 보험조사협의회의 구성원이 될 수 있는 자에 해당하지 않는 것은?

(2016년)

① 검찰총장이 지정하는 소속 공무원 1명
② 금융감독원장이 추천하는 사람 1명
③ 금융위원회가 지정하는 소속 공무원 1명
④ 보험요율 산출기관의 장이 추천하는 사람 1명

[해설] ① 검찰총장(×)

보험조사협의회 위원 구성

• 금융위원회가 지정하는 소속 공무원 1명
• 보건복지부 장관이 지정하는 소속 공무원 1명
• 경찰청장이 지정하는 소속 공무원 1명
• 해양경찰청장이 지정하는 소속 공무원 1명
• 금융감독원장이 추천하는 사람 1명
• 생명보험협회의 장, 손해보험협회의 장, 보험요율 산출기관의 장이 추천하는 사람 각 1명
• 보험사고의 조사를 위하여 필요하다고 금융위원회가 지정하는 보험 관련 기관 및 단체의 장이 추천하는 사람
• 그 밖에 보험계약자 · 피보험자 · 이해관계인의 권익 보호 또는 보험사고의 조사 등 보험에 관한 학식과 경험이 있는 사람

답 ①

02 보험업법상 보험조사협의회 위원으로 명시된 자로 옳지 않은 것은?

(2017년)

① 보건복지부 장관이 지정하는 소속 공무원 1명
② 국민안전처 장관이 지정하는 소속 공무원 1명
③ 경찰청장이 지정하는 소속 공무원 1명
④ 소비자보호원장이 추천하는 사람 1명

[해설] ④ 소비자보호원장(×)

 답 ④

03 보험업법상 보험조사협의회가 보험조사와 관련하여 심의할 수 있는 사항으로 옳지 않은 것은?

(2020년)

① 보험조사업무의 효율적 수행을 위한 공동 대책의 수립 및 시행에 관한 사항
② 금융위원회가 보험조사협의회의 회의에 부친 사항
③ 보험조사와 관련하여 조사한 정보의 교환에 관한 사항
④ 보험조사와 관련하여 조사 지원에 관한 사항

해설 ② 금융위원회(×), 협의회장(○)
협의회 심의기능
• 조사업무의 효율적 수행을 위한 공동 대책의 수립 및 시행에 관한 사항
• 조사한 정보의 교환에 관한 사항
• 공동조사의 실시 등 관련 기관 간 협조에 관한 사항
• 조사 지원에 관한 사항
• 그 밖에 협의회장이 협의회의 회의에 부친 사항

답 ②

04 보험업법상 보험조사협의회에 관한 설명으로 옳은 것은 모두 몇 개인가?

(2021년)

> 가. 금융위원회는 보험관계자에 대한 조사실적, 처리결과 등을 공표할 수 있다.
> 나. 금융위원회는 해양경찰청장이 지정하는 소속 공무원 1명을 조사위원으로 위촉할 수 있다.
> 다. 보험조사협의회 위원의 임기는 2년으로 한다.
> 라. 금융위원회는 조사를 방해한 관계자에 대한 문책 요구권을 갖지 않는다.

① 1개　　　　　　　　　　② 2개
③ 3개　　　　　　　　　　④ 4개

해설 ② 2개(가, 나)
다. 2년(×), 3년(○)
라. 문책 요구권을 갖지 않는다(×). 문책 등을 요구할 수 있다(○).

답 ②

10 | 손해보험계약의 제3자 보호

1. 제3자의 보험금 지급보장(법 제165~제166조)

(1) 제3자에 대한 손해 보장

손해보험회사는 손해보험계약의 제3자가 보험사고로 입은 손해에 대한 보험금의 지급을 이 장에서 정하는 바에 따라 보장하여야 한다.

> 🍯 **기출 포인트 !**
>
> 손해보험회사는 화재로 인한 재해보상과 보험가입에 관한 법률 제5조에 따른 신체손해배상특약부화재보험계약의 제3자가 보험사고로 입은 손해에 대한 보험금의 지급을 보장할 의무를 지지 아니한다(보험금의 지급을 보장할 의무를 지지 아니한다 ✕, 보장하여야 한다 〇).
>
> ✓ 2018

(2) 적용 범위

법령에 따라 가입이 강제되는 손해보험계약(자동차보험계약 중 임의보험 포함)으로서 대통령령으로 정하는 손해보험계약에만 적용한다. 다만, 퇴직보험 외에 법인을 계약자로 하는 손해보험계약에는 적용하지 아니한다.

> 🍯 **기출 포인트 !**
>
> 보험업법에 따라 보험금의 지급이 보장되는 보험을 모두 고르시오.
> ✓ 2017
> 가. 자동차손해배상 보장법 제5조에 따른 책임보험계약(〇)
> 나. 자동차손해배상 보장법에 따라 가입이 강제되지 아니한 자동차보험계약(〇)
> 다. 청소년활동 진흥법 제25조에 따라 가입이 강제되는 손해보험계약(〇)
> 라. 유류오염손해배상 보장법 제14조에 따라 가입이 강제되는 유류오염손해배상보장계약(〇)
>
> **답** 가, 나, 다, 라

더 알아보기 자동차보험 의무보험 · 임의보험

의무보험	임의보험
대인배상Ⅰ, 대물배상	대인배상Ⅱ, 자기신체사고, 무보험차상해, 자기차량손해 등

2. 손해보험협회(법 제167~제174조)

(1) 손해보험협회장 보고

① 보험금 지급불능 : 손해보험회사는 손해보험계약의 제3자에게 보험금을 지급하지 못하게 된 경우에는 즉시 그 사실을 보험협회 중 손해보험협회의 장에게 보고하여야 한다.

> **기출 포인트 !**
>
> 손해보험회사가 파산선고 등 예금자보호법 제2조 제8호의 사유로 손해보험계약의 제3자에게 보험금을 지급하지 못하게 된 경우에는 즉시 그 사실을 금융위원회에 보고하여야 한다(금융위원회 ×, 손해보험협회 ○).
> ✓ 2018

② 보험업 허가취소 : 손해보험회사는 보험업 허가취소 등이 있었던 날부터 3개월 이내에 제3자에게 보험금을 지급하여야 할 사유가 발생하면 즉시 그 사실을 손해보험협회의 장에게 보고하여야 한다.

(2) 손해보험협회 출연

① 손해보험회사의 출연 : 손해보험회사는 손해보험계약의 제3자에 대한 보험금의 지급을 보장하기 위하여 수입보험료 및 책임준비금을 고려하여 대통령령으로 정하는 비율을 곱한 금액을 손해보험협회에 출연하여야 한다.

② 손해보험회사는 지급불능 보고를 한 후 출연을 할 수 있다.

③ 출연금의 납부 방법 및 절차에 관하여 필요한 사항은 대통령령으로 정한다.

(3) 손해보험협회의 보험금 지급

손해보험협회의 장은 지급불능의 보고를 받으면 금융위원회(금융감독원 ×)의 확인을 거쳐 손해보험계약의 제3자에게 대통령령으로 정하는 보험금을 지급하여야 한다.

> **기출 포인트 !**
>
> 손해보험협회의 장은 금융감독원의 확인을 거쳐 손해보험계약의 제3자에게 대통령령으로 정하는 보험금을 지급하여야 한다(금융감독원 ×, 금융위원회 ○).
> ✓ 2018

(4) 손해보험회사에 대한 자료 제출 요구

손해보험협회의 장은 출연금을 산정하고 보험금을 지급하는 데 필요한 범위에서 손해보험회사의 업무 및 자산 상황에 관한 자료 제출을 요구할 수 있다.

(5) 손해보험협회 자금의 차입

① 자금차입에 대한 금융위원회 승인 : 손해보험협회는 보험금의 지급을 위하여 필요한 경우에는 정부, 예금보험공사, 그 밖에 대통령령으로 정하는 금융기관으로부터 금융위원회의 승인을 받아 자금을 차입할 수 있다.

② 손해보험회사의 차입 보증 : 손해보험회사는 그 손해보험회사가 출연하여야 하는 금액의 범위에서 손해보험협회의 차입에 대하여 보증할 수 있다.

(6) 출연금 등의 구분 회계처리

출연금 및 차입금은 손해보험협회의 일반예산과 구분하여 회계처리를 하여야 한다.

(7) 손해보험회사에 대한 구상권

손해보험협회는 보험금을 지급한 경우에는 해당 손해보험회사에 대하여 구상권을 가진다.

(8) 손해보험협회 정산

손해보험협회는 손해보험회사로부터 출연받은 금액으로 보험금을 지급하고 남거나 부족한 금액이 있는 경우 또는 구상권의 행사로 수입한 금액이 있는 경우에는 정산하여야 한다.

10 실전대비문제(보험계리사 · 손해사정사)

01 손해보험계약의 제3자 보호에 관한 설명 중 옳지 않은 것은? (2014년)

① 보험업법에 따라 손해보험계약의 제3자가 보험사고로 입은 손해에 대한 보험금의 지급을 보장하는 것은 법령에 의하여 가입이 강제되는 손해보험계약만을 대상으로 한다.

② 손해보험회사는 예금자보호법 제2조 제7호의 사유로 손해보험계약의 제3자에게 보험금을 지급하지 못하게 된 경우에는 즉시 그 사실을 손해보험협회의 장에게 보고하여야 한다.

③ 손해보험회사는 손해보험계약의 제3자에 대한 보험금의 지급을 보장하기 위하여 수입보험료 및 책임준비금을 고려하여 대통령령으로 정하는 비율을 곱한 금액을 손해보험협회에 출연하여야 한다.

④ 손해보험협회는 규정에 의하여 보험금을 지급한 때에는 해당 손해보험회사에 대하여 구상권을 가진다.

[해설] 법인을 계약자로 하는 손해보험계약의 예외 : 법령에 따라 가입이 강제되는 손해보험계약(자동차보험계약의 경우에는 법령에 따라 가입이 강제되지 아니하는 보험계약을 포함한다)으로서 대통령령으로 정하는 손해보험계약에만 적용한다. 다만, 대통령령으로 정하는 법인을 계약자로 하는 손해보험계약에는 적용하지 아니한다.

답 ①

02 보험업법에 따라 보험금의 지급이 보장되는 보험을 모두 고른 것은? (2017년)

> 가. 자동차손해배상 보장법 제5조에 따른 책임보험계약
> 나. 자동차손해배상 보장법에 따라 가입이 강제되지 아니한 자동차보험계약
> 다. 청소년활동 진흥법 제25조에 따라 가입이 강제되는 손해보험계약
> 라. 유류오염손해배상 보장법 제14조에 따라 가입이 강제되는 유류오염손해배상보장계약

① 가, 다 　　　　　　　　　② 가, 나, 다
③ 가, 다, 라 　　　　　　　 ④ 가, 나, 다, 라

[해설] 1. 자동차손해배상 보장법에 따른 책임보험계약
2. 화재로 인한 재해보상과 보험가입에 관한 법률에 따른 신체손해배상특약부화재보험계약
3. 도시가스사업법 및 액화석유가스의 안전관리 및 사업법에 따라 가입이 강제되는 손해보험계약
4. 선원법에 따라 가입이 강제되는 손해보험계약
5. 체육시설의 설치 · 이용에 관한 법률에 따라 가입이 강제되는 손해보험계약
6. 유선 및 도선사업법에 따라 가입이 강제되는 손해보험계약
7. 승강기 안전관리법에 따라 가입이 강제되는 손해보험계약
8. 수상레저안전법에 따라 가입이 강제되는 손해보험계약
9. 청소년활동 진흥법에 따라 가입이 강제되는 손해보험계약

10. 유류오염손해배상 보장법에 따라 가입이 강제되는 유류오염 손해배상 보장계약
11. 항공사업법 제70조에 따라 가입이 강제되는 항공보험계약
12. 낚시 관리 및 육성법에 따라 가입이 강제되는 손해보험계약
13. 도로교통법 시행령에 따라 가입이 강제되는 손해보험계약
14. 국가를 당사자로 하는 계약에 관한 법률 시행령에 따라 가입이 강제되는 손해보험계약
15. 야생생물 보호 및 관리에 관한 법률에 따라 가입이 강제되는 손해보험계약
16. 자동차손해배상 보장법에 따라 가입이 강제되지 아니한 자동차보험계약
17. 제1부터 제15까지 외에 법령에 따라 가입이 강제되는 손해보험으로 총리령으로 정하는 보험계약

답 ④

---

03 보험업법상 손해보험계약의 제3자 보호에 관한 설명 중 옳은 것은? (2018년)

① 손해보험회사는 화재로 인한 재해보상과 보험가입에 관한 법률 제5조에 따른 신체손해배상특약부화재보험계약의 제3자가 보험사고로 입은 손해에 대한 보험금의 지급을 보장할 의무를 지지 아니한다.

② 손해보험회사가 파산선고 등 예금자보호법 제2조 제8호의 사유로 손해보험계약의 제3자에게 보험금을 지급하지 못하게 된 경우에는 즉시 그 사실을 금융위원회에 보고하여야 한다.

③ 손해보험회사는 손해보험계약의 제3자에 대한 보험금의 지급을 보장하기 위하여 수입보험료 및 책임준비금을 고려하여 대통령령으로 정하는 비율을 곱한 금액을 손해보험협회에 출연(出捐)할 의무가 있다.

④ 손해보험협회의 장은 금융감독원의 확인을 거쳐 손해보험계약의 제3자에게 대통령령으로 정하는 보험금을 지급하여야 한다.

[해설] ① 보험금의 지급을 보장할 의무를 지지 아니한다(×). 보장하여야 한다(○).
　　　② 금융위원회에 보고(×), 손해보험협회 보고(○)
　　　④ 금융감독원 확인(×), 금융위원회 확인(○)

답 ③

---

04 손해보험계약의 제3자 보호에 관한 설명으로 옳지 않은 것은? (2019년)

① 제3자 보호제도는 대통령령으로 정하는 법인을 계약자로 하는 손해보험계약에는 적용하지 아니한다.

② 책임보험 중에서 '제3자에 대한 신체사고를 보상'하는 책임보험에만 제3자 보호제도가 적용된다.

③ 자동차보험의 대인배상Ⅱ는 임의보험이므로 제3자 보호가 이루어지지 않는다.

④ 재보험과 보증보험을 전업으로 하는 손해보험회사는 보험금 지급보장을 위한 금액을 출연할 의무가 없다.

[해설] ③ 대인배상Ⅱ는 임의보험이므로 제3자 보호가 이루어지지 않는다(×).
　　• 의무보험 : 대인배상Ⅰ, 대물배상
　　• 임의보험 : 대인배상Ⅱ, 자기신체사고, 무보험차상해, 자기차량손해 등

답 ③

05 보험업법상 제3자에 대한 보험금 지급보장 절차 등에 관한 설명으로 옳지 않은 것은? (2020년)

① 손해보험회사는 손해보험계약의 제3자에 대한 보험금 지급을 보장하기 위하여 수입보험료 및 책임준비금을 고려하여 대통령령으로 정하는 비율을 곱한 금액을 손해보험협회에 출연하여야 한다.

② 보증보험을 전업으로 하는 손해보험회사도 제3자에 대한 보험금 지급을 보장하기 위하여 수입보험료 및 책임준비금을 고려하여 대통령령으로 정하는 비율을 곱한 금액을 손해보험협회에 출연하여야 한다.

③ 손해보험협회의 장은 지급불능을 보고받은 때에는 금융위원회의 확인을 거쳐 손해보험계약의 제3자에게 대통령령이 정하는 보험금을 지급하여야 한다.

④ 손해보험협회의 장은 출연금을 산정하고 보험금을 지급하기 위하여 필요한 범위에서 손해보험회사의 업무 및 자산 상황에 관한 자료 제출을 요구할 수 있다.

[해설] ② 보증보험을 전업으로 하는 손해보험회사도(×), 재보험과 보증보험을 전업으로 하는 손해보험회사는 출연 제외(○)
출연 비율 등
개별 손해보험회사(재보험과 보증보험을 전업으로 하는 손해보험회사는 제외한다)는 손해보험계약의 제3자에게 손해보험협회가 지급하여야 하는 금액에 수입보험료 및 책임준비금을 고려한 비율을 곱한 금액을 손해보험협회에 출연하여야 한다.

답 ②

11 | 보험관계 단체 등

제1절   보험협회 등

---

1. 보험협회(법 제175조)

(1) 보험회사가 보험협회 설립

보험회사는 상호 간의 업무 질서를 유지하고 보험업의 발전에 기여하기 위하여 보험협회를 설립할 수 있다.

(2) 보험협회는 법인으로 한다(생명보험협회, 손해보험협회)

(3) 보험협회 업무

보험협회는 정관으로 정하는 바에 따라 다음의 업무를 한다.
① 보험회사 간의 건전한 업무 질서의 유지
② 보험회사 등이 지켜야 할 규약의 제정·개정
③ 보험상품의 비교·공시 업무
④ 정부로부터 위탁받은 업무
⑤ 부수 업무

2. 보험요율 산출기관(법 제176~제177조)

(1) 보험회사가 금융위원회로부터 인가받아 설립(보험협회 인가 ×)

보험회사는 보험금의 지급에 충당되는 순보험료를 결정하기 위한 순보험요율을 공정하고 합리적으로 산출하고 보험과 관련된 정보를 효율적으로 관리·이용하기 위하여 금융위원회의 인가를 받아 보험요율 산출기관을 설립할 수 있다.

(2) 보험요율 산출기관은 법인으로 한다(보험개발원).

(3) 보험요율 산출기관의 업무

① 순보험요율의 산출·검증 및 제공
② 보험 관련 정보의 수집·제공 및 통계의 작성
③ 보험에 대한 조사·연구

④ 설립 목적의 범위에서 정부 기관, 보험회사, 그 밖의 보험관계 단체로부터 위탁받은 업무

⑤ ①~③의 부수 업무

⑥ 그 밖에 대통령령으로 정하는 업무

 ㉠ 보유정보의 활용을 통한 자동차 사고 이력, 자동차 기준가액 및 자동차 주행거리의 정보 제공업무

 ㉡ 자동차 제작사, 보험회사 등으로부터 수집한 사고기록정보(자동차관리법 제2조 제10호에 따른 사고 기록장치에 저장된 정보를 말한다), 운행정보, 자동차의 차대번호·부품 및 사양 정보의 관리

 ㉢ 보험회사 등으로부터 제공받은 보험정보 관리를 위한 전산망 운영업무

 ㉣ 보험수리에 관한 업무

 ㉤ 책임준비금의 적정성 검증

 ㉥ 상호협정에 따라 보험회사가 공동으로 인수하는 보험계약(국내 경험통계 등의 부족으로 담보위험에 대한 보험요율을 산출할 수 없는 보험계약은 제외한다)에 대한 보험요율의 산출

 ㉦ 자동차보험 관련 차량 수리비에 관한 연구

 ㉧ 법 제194조 제4항에 따라 위탁받은 업무

 ㉨ 퇴직연금사업자로부터 위탁받은 업무

 ㉩ 다른 법령에서 보험요율 산출기관이 할 수 있도록 정하고 있는 업무

> **기출 포인트 !**
>
> 보험요율 산출기관은 보유정보를 활용하여 주행거리 정보를 제외한 자동차 사고 이력 및 자동차 기준가액 정보를 제공할 수 있다(주행거리 제외 ×, 주행거리 포함 ○). ✓ 2020
>
> 보험요율 산출기관은 보험회사가 적용할 수 있는 순보험요율을 산출하며 보험상품의 비교·공시 업무를 담당한다(보험상품의 비교·공시 업무 ×, 비교·공시 업무는 보험협회 ○). ✓ 2018

(4) 순보험요율 산출 금융위원회 신고

보험요율 산출기관은 보험회사가 적용할 수 있는 순보험요율을 산출하여 금융위원회에 신고할 수 있다. 이 경우 신고를 받은 금융위원회는 그 내용을 검토하여 이 법에 적합하면 신고를 수리하여야 한다.

(5) 보험회사에 대한 자료 제출 요청

보험요율 산출기관은 순보험요율 산출 등 이 법에서 정하는 업무 수행을 위하여 보험 관련 통계를 체계적으로 통합·집적하여야 하며 필요한 경우 보험회사에 자료의 제출을 요청할 수 있다. 이 경우 보험회사는 이에 따라야 한다.

(6) 보험요율 산출기관 순보험요율 적용 인정

보험회사가 보험요율 산출기관이 신고한 순보험요율을 적용할 때는 순보험료에 대하여 신고 또는 제출한 것으로 본다.

(7) 기초서류 확인

보험회사는 이 법에 따라 금융위원회에 제출하는 기초서류를 보험요율 산출기관이 확인하게 할 수 있다.

(8) 수수료 수입

보험요율 산출기관은 그 업무와 관련하여 정관으로 정하는 바에 따라 보험회사로부터 수수료를 받을 수 있다.

(9) 자료 공표

보험요율 산출기관은 보험계약자의 권익을 보호하는 데 필요하다고 인정될 때는 다음에 해당하는 자료를 공표할 수 있다.
① 순보험요율 산출에 관한 자료
② 보험 관련 각종 조사·연구 및 통계자료

(10) 교통법규 위반 및 운전면허 효력 등 정보제공

보험요율 산출기관은 순보험요율을 산출하는 데 필요한 경우 또는 보험회사의 보험금 지급업무에 필요한 경우에는 음주운전 등 교통법규 위반 또는 운전면허(건설기계조종사면허 포함)의 효력에 관한 개인정보를 보유하고 있는 기관의 장으로부터 그 정보를 제공받아 보험회사가 보험계약자에게 적용할 순보험료의 산출 또는 보험금 지급업무에 이용하게 할 수 있다.

> 🔆 **기출 포인트 !**
>
> 국토교통부가 관리하는 건설기계조종사면허의 효력에 관한 개인정보는 제공받을 수 없다(제공받을 수 없다 ×, 있다 ○).
> ✓ 2016

(11) 질병통계 제공 및 이용

보험요율 산출기관은 순보험요율을 산출하는 데 필요하면 질병에 관한 통계를 보유하고 있는 기관의 장으로부터 그 질병에 관한 통계를 받아 보험회사가 보험계약자에게 적용할 순보험료의 산출에 이용하게 할 수 있다(개인정보보호를 위하여 이용할 수 없다 ×).

(12) 개인정보 제공 금지

보험요율 산출기관은 이 법 또는 다른 법률에 따라 제공받아 보유하는 개인정보를 다음에 해당하는 경우 외에는 타인에게 제공할 수 없다.
① 보험회사의 순보험료 산출에 필요한 경우
② 정보를 제공받은 목적대로 보험회사가 이용하게 하기 위하여 필요한 경우
③ 신용정보의 이용 및 보호에 관한 법률에서 정하는 사유에 따른 경우
④ 정부로부터 위탁받은 업무를 하기 위하여 필요한 경우
⑤ 이 법에서 정하고 있는 보험요율 산출기관의 업무를 하기 위하여 필요한 경우로서 대통령령으로 정하는 경우

(13) 개인정보 이용자의 부당한 목적 사용 금지

① **개인정보 이용자** : 제공받은 교통법규 위반 또는 운전면허의 효력에 관한 개인정보와 그 밖에 보험계약과 관련하여 보험계약자 등으로부터 제공받은 질병에 관한 개인정보를 이용하여 순보험료의 산출·적용 업무 또는 보험금 지급업무에 종사하거나 종사하였던 자

② **개인정보 누설 및 부당한 목적 사용 금지** : 업무상 알게 된 개인정보를 누설하거나 타인에게 이용하도록 제공하는 등 부당한 목적을 위하여 사용하여서는 아니 된다.

3. 그 밖의 보험관계 단체(법 제178~제180조)

(1) 단체의 설립

보험설계사, 보험대리점, 보험중개사, 보험계리사, 손해사정사, 그 밖에 보험관계 업무에 종사하는 자는 공익 이나 보험계약자 및 피보험자 등을 보호하고 모집 질서를 유지하기 위하여 각각 단체를 설립할 수 있다.

(2) 보험관계 단체는 법인으로 한다.

(3) 보험관계 단체 업무

보험관계 단체는 정관으로 정하는 바에 따라 다음의 업무를 한다.
① 회원 간의 건전한 업무질서 유지
② 회원에 대한 연수·교육 업무
③ 정부·금융감독원 또는 보험협회로부터 위탁받은 업무
④ 부수 업무

(4) 사단법인에 관한 민법 준용

보험협회, 보험요율 산출기관 및 보험관계 단체에 관하여서는 이 법 또는 이 법에 따른 명령에 특별한 규정이 없으면 민법 중 사단법인에 관한 규정을 준용한다.

더 알아보기 허가 · 인가 · 승인

허가	인가	승인
• 보험업 허가 • 재평가적립금의 계약자배당 • 보험계약 이전 시 필요한 자산처분	• 상호협정 인가 • 해산의 결의 · 합병 • 보험계약 이전 • 영업양도 · 양수의 인가 • 보험요율 산출기관 설립 인가	• 보험업 허가 이후 물적 시설 유지 • 실질적 자본감소 • 재무건전성 기준 충족 • 기업의 구조조정 지원 • 보험계약자 이익 보호 • 다른 회사 출자 제한에 대한 자회사 주식 예외 • 자회사의 소유 • 배당보험계약 이외의 보험계약에 대한 회계처리 • 손해보험협회의 자금 차입

1. 보험계리(법 제181~제183조)

(1) 보험계리 업무 위탁

보험회사는 보험계리에 관한 기초서류의 내용 및 배당금 계산 등의 정당성 여부를 확인하는 업무는 보험계리사를 고용하여 담당하게 하거나, 보험계리업자에게 위탁하여야 한다.

> **기출 포인트 !**
>
> 보험회사는 보험계리사를 고용하여 보험계리에 관한 업무를 담당하게 하여야 하며 보험계리를 업으로 하는 자에게 위탁할 수 없다(위탁할 수 없다 ×, 위탁하여야 한다 ○).　　✓ 2018

(2) 선임계리사 선임

보험회사는 보험계리에 관한 업무 전반을 관리하고 이를 검증 및 확인하는 등 보험계리 관련 업무를 총괄하는 선임계리사를 선임하여야 한다.

(3) 보험계리사 · 선임계리사 · 보험계리업자 업무 범위

① 기초서류의 작성에 관한 사항
② 책임준비금, 비상위험준비금 등 준비금의 적립과 준비금에 해당하는 자산의 적정성에 관한 사항
③ 잉여금의 배분·처리 및 보험계약자 배당금의 배분에 관한 사항
④ 지급여력비율 계산 중 보험료 및 책임준비금과 관련된 사항
⑤ 상품 공시자료 중 기초서류와 관련된 사항

> **기출 포인트 !**
>
> 보험업법상 보험계리사의 업무 대상에 해당하지 않는 것은?　　✓ 2022
> ① 책임준비금, 비상위험준비금 등 준비금의 적립과 준비금에 해당하는 자산의 적정성에 관한 사항
> ② 잉여금의 배분·처리 및 보험계약자 배당금의 배분에 관한 사항
> ③ 지급여력비율 계산 중 보험료 및 책임준비금과 관련된 사항
> ④ 상품 공시자료 중 기초서류와 관련이 없는 사항(기초서류와 관련이 없는 사항 ×, 관련된 사항 ○)　답 ④

(4) 금융위원회 등록

보험계리사가 되려는 자는 금융감독원장이 하는 시험에 합격하고 일정 기간의 실무 수습을 마친 후 금융위원회에 등록하여야 한다.

> **기출 포인트 !**
>
> 보험계리업자가 되려는 자는 총리령으로 정하는 수수료를 내고 금융감독원에 등록하여야 한다(금융감독원 ×, 금융위원회 ○).　　✓ 2021

(5) 보험계리업

① 보험계리를 업으로 하려는 자는 금융위원회에 등록하여야 한다.

② 보험계리를 업으로 하려는 법인은 2명(1명 ✕) 이상의 상근 보험계리사를 두어야 한다.

③ 등록을 하려는 자는 총리령으로 정하는 수수료를 내야 한다.

2. 선임계리사(법 제181조의2~제184조의3)

(1) 선임계리사의 임면

① 선임 및 해임의 이사회 의결 : 보험회사가 선임계리사를 선임하려는 경우에는 이사회의 의결을 거쳐 선임계리사의 선임 후에 금융위원회에 보고하여야 하고, 선임계리사를 해임하려는 경우에는 선임계리사의 해임 전에 이사회의 의결을 거쳐 금융위원회에 신고하여야 한다.

더 알아보기 선임 · 해임 절차

선임	해임
이사회 의결 → 선임 → 금융위원회 보고	이사회 의결 → 해임 → 금융위원회 신고

② 외국보험회사 국내 지점 예외 : 다만, 외국보험회사의 국내 지점의 경우에는 이사회의 의결을 거치지 아니할 수 있다.

기출 포인트 !

외국보험회사의 국내 지점이 선임계리사를 선임하거나 해임하려는 경우에는 이사회의 의결을 거쳐 금융위원회에 보고하거나 신고하여야 한다(외국보험회사 ✕, 외국보험회사 예외 ○).　　✓ 2022

(2) 선임계리사 겸직 제한

보험회사는 다른 보험회사의 선임계리사를 해당 보험회사의 선임계리사로 선임할 수 없다.

(3) 선임계리사의 해임 사유 및 의견 청취

보험회사는 선임계리사의 해임 신고를 할 때 그 해임 사유를 제출하여야 하며, 금융위원회는 해임 사유에 대하여 해당 선임계리사의 의견을 들을 수 있다.

(4) 업무정지 기간에 대행자 보고

보험회사는 선임계리사가 업무정지 명령을 받으면 업무정지 기간 중 그 업무를 대행할 사람을 선임하여 금융위원회에 보고하여야 한다.

(5) 선임계리사의 의무 등

① **기초서류 등 검증 및 확인** : 선임계리사는 기초서류의 내용 및 보험계약에 따른 배당금의 계산 등이 정당한지를 검증하고 확인하여야 한다.

② **기초서류 관리기준 위반 이사회 보고** : 선임계리사는 보험회사가 기초서류 관리기준을 지키는지를 점검하고 이를 위반할 때는 조사하여 그 결과를 이사회(금융위원회 ×)에 보고하여야 한다.

> 💡 **기출 포인트 !**
>
> 선임계리사는 보험회사가 기초서류 관리기준을 지키는지를 점검하고 이를 위반할 때는 조사하여 그 결과를 금융위원회에 보고하여야 한다(금융위원회 ×, 이사회 ○).　　　　　　✓ 2020

③ **기초서류 법령 위반 금융위원회 보고** : 기초서류에 법령을 위반한 내용이 있다고 판단할 때는 금융위원회에 보고하여야 한다.

④ **선임계리사 · 보험계리사 · 보험계리업자 금지업무**

　㉠ 고의로 진실을 숨기거나 거짓으로 보험계리를 하는 행위

　㉡ 업무상 알게 된 비밀을 누설하는 행위

　㉢ 타인으로 하여금 자기의 명의로 보험계리업무를 하게 하는 행위

　㉣ 그 밖에 공정한 보험계리업무의 수행을 해치는 행위로서 대통령령으로 정하는 행위

(6) 선임계리사 3년 해임 제한

보험회사가 선임계리사를 선임하면 그 선임일이 속한 사업연도의 다음 사업연도부터 연속하는 3개 사업연도가 끝나는 날까지 그 선임계리사를 해임할 수 없다.

(7) 선임계리사 해임 제한 예외

　㉠ 선임계리사가 회사의 기밀을 누설한 경우

　㉡ 선임계리사가 그 업무를 게을리하여 회사에 손해를 발생하게 한 경우

　㉢ 선임계리사가 계리업무와 관련하여 부당한 요구를 하거나 압력을 행사한 경우

　㉣ 금융위원회의 해임 요구가 있는 경우

(8) 선임계리사 담당 금지 직무

① 보험상품 개발 업무(기초서류 등을 검증 및 확인하는 업무는 제외)를 직접 수행하는 직무

② 보험회사의 대표이사, 보험회사의 최고경영자 또는 최고 재무관리 책임자의 직무

③ 그 밖에 이해가 상충할 우려가 있거나 선임계리사 업무에 전념하기 어려운 경우로서 대통령령으로 정하는 직무

(9) 선임계리사의 자격 요건

① 선임계리사가 되려는 사람은 다음의 요건을 모두 갖추어야 한다.

　㉠ 등록된 보험계리사일 것

ⓛ 보험계리업무에 10년(5년 ×) 이상 종사한 경력이 있을 것. 이 경우 손해보험회사의 선임계리사가
되려는 사람은 대통령령으로 정하는 보험계리업무에 3년 이상 종사한 경력을 포함하여 보험계리업무
에 10년 이상 종사한 경력이 있어야 한다.

ⓒ 최근 5년(10년 ×) 이내에 제134조 제1항(경고·문책만 해당한다) 및 제3호, 제190조 또는 제192조
제1항에 따른 조치를 받은 사실이 없을 것

10년	5년
보험계리업무 경력	등록 취소 및 6개월 업무정지

② 보험회사는 선임계리사로 선임된 사람이 선임 당시 자격 요건을 갖추지 못하였던 것으로 판명되었을
때는 해임하여야 한다.

> 🌱 **기출 포인트 !**
>
> 선임계리사가 되려는 사람은 보험계리업무에 5년 이상 종사한 경력이 있어야 한다(5년 ×, 10년 ○).
>
> ✓2015

(10) 선임계리사의 권한 및 독립성 보장 등

① 업무 수행 정보·자료 제공 요청 : 선임계리사는 보험회사에 대하여 업무 수행에 필요한 정보나 자료의
제공을 요청할 수 있으며, 보험회사는 정당한 사유 없이 그 요청을 거부해서는 아니 된다.

② 이사회 참석 : 선임계리사는 그 업무 수행과 관련하여 이사회에 참석할 수 있다.

③ 업무 관련 검증의견서 이사회 제출 : 선임계리사는 업무와 관련된 사항을 검증·확인하였을 때는 선임계리
사 검증의견서를 이사회 등에 제출하여야 한다.

④ 기초서류 관련 검증의견서 대표이사 제출 : 다만, 기초서류 등 대통령령으로 정하는 사항에 대한 선임계리사
검증의견서는 대표이사에게 제출함으로써 이사회 등에 제출을 갈음할 수 있다.

⑤ 이사회의 필요한 조치 이행 : 보고받은 이사회 등은 선임계리사 검증의견서에 따라 필요한 조치를 하여야
한다. 다만, 선임계리사의 의견이 부적절하다고 판단될 때는 그러하지 아니하다.

⑥ 선임계리사 업무 지원 : 보험회사는 선임계리사가 그 업무를 원활하게 수행할 수 있도록 선임계리사를
보조하는 인력 및 전산 시설 등의 시설을 지원하여야 하며, 그 구체적인 기준은 대통령령으로 정한다.

⑦ 선임계리사 불이익 금지 : 보험회사는 선임계리사에 대하여 직무 수행과 관련한 사유로 부당한 인사상의
불이익을 주어서는 아니 된다.

3. 손해사정(법 제185~제189조)

(1) 손해사정사 고용 및 업무 위탁

보험회사는 손해사정사를 고용하여 보험사고에 따른 손해액 및 보험금의 손해사정에 관한 업무를 담당하게
하거나 손해사정사 또는 손해사정업자를 선임하여 그 업무를 위탁하여야 한다.

(2) 외국 보험사고 등 예외

다만, 보험사고가 외국에서 발생하거나 보험계약자 등이 금융위원회가 정하는 기준에 따라 손해사정사를 따로 선임하면 그러하지 아니하다.

(3) 손해사정사

① **금융감독원장 시험 주관** : 손해사정사가 되려는 자는 금융감독원장이 실시하는 시험에 합격하여야 한다.
② **금융위원회 등록** : 일정 기간의 실무 수습을 마친 후 금융위원회에 등록하여야 한다.
③ 손해사정사는 금융위원회가 정하는 바에 따라 업무와 관련된 보조인을 둘 수 있다.

(4) 손해사정업

① 손해사정을 업으로 하려는 자는 금융위원회에 등록하여야 한다.
② 손해사정을 업으로 하려는 법인은 2명 이상의 상근 손해사정사를 두어야 하며, 손해사정사의 구분에 따라 수행할 업무의 종류별로 1명 이상의 상근 손해사정사를 두어야 한다.
③ 등록을 하려는 자는 총리령으로 정하는 수수료를 내야 한다.
④ 그 밖에 손해사정업의 등록 및 영업기준 등에 관하여 필요한 사항은 대통령령으로 정한다.

> 💡 **기출 포인트 !**
>
> • 손해사정을 업으로 하려는 법인은 (2)명 이상의 상근 손해사정사를 두어야 한다.
> • 금융위원회는 손해사정사 또는 손해사정업자가 그 직무를 게을리하거나 직무를 수행하면서 부적절한 행위를 하였다고 인정되는 경우에는 (6)개월 이내의 기간을 정하여 업무의 정지를 명하거나 해임하게 할 수 있다.
> • 손해사정업자는 등록일부터 (1)개월 내에 업무를 시작하여야 한다. 다만, 불가피한 사유가 있다고 금융위원회가 인정하는 경우에는 그 기간을 연장할 수 있다. ✓ 2021

(5) 손해사정사 · 손해사정업자 업무

① 손해 발생 사실의 확인
② 보험약관 및 관계 법규 적용의 적정성 판단
③ 손해액 및 보험금의 사정
④ 업무와 관련된 서류의 작성 · 제출의 대행
⑤ 업무 수행과 관련된 보험회사에 대한 의견의 진술

(6) 손해사정사의 손해사정서 교부 및 설명의무

① **보험회사 선임 손해사정사** : 보험회사로부터 손해사정업무를 위탁받은 손해사정사 또는 손해사정업자는 손해사정업무를 수행한 후 손해사정서를 작성한 경우에 지체 없이 대통령령으로 정하는 방법에 따라 보험회사, 보험계약자, 피보험자 및 보험금 청구권자에게 손해사정서를 내어 주고, 그 중요한 내용을 알려 주어야 한다.
② **보험계약자 선임 손해사정사** : 보험계약자 등이 선임한 손해사정사 또는 손해사정업자는 손해사정업무를 수행한 후 지체 없이 보험회사 및 보험계약자 등에 대하여 손해사정서를 내어 주고, 그 중요한 내용을 알려 주어야 한다.

③ 손해사정사 등의 금지행위 : 손해사정사 또는 손해사정업자는 손해사정업무를 수행할 때 보험계약자, 그 밖의 이해관계자들의 이익을 부당하게 침해하여서는 아니 되며, 다음의 행위를 하여서는 아니 된다.

㉠ 고의로 진실을 숨기거나 거짓으로 손해사정을 하는 행위

㉡ 업무상 알게 된 보험계약자 등에 관한 개인정보를 누설하는 행위

㉢ 타인으로 하여금 자기의 명의로 손해사정업무를 하게 하는 행위

㉣ 정당한 사유 없이 손해사정업무를 지연하거나 충분한 조사를 하지 아니하고 손해액 또는 보험금을 산정하는 행위

㉤ 보험회사 및 보험계약자 등에 대하여 이미 제출받은 서류와 중복되는 서류나 손해사정과 관련이 없는 서류 또는 정보를 요청함으로써 손해사정을 지연하는 행위

㉥ 보험금 지급을 요건으로 합의서를 작성하거나 합의를 요구하는 행위

4. 등록 취소·감독 등(법 제190~제192조)

(1) 보험설계사 등록 취소의 준용

보험계리사·선임계리사·보험계리업자·손해사정사 및 손해사정업자에 관하여서는 보험설계사의 등록 취소를 준용한다.

(2) 손해배상의 보장을 위한 조치

금융위원회는 보험계리업자 또는 손해사정업자가 그 업무를 할 때 고의 또는 과실로 타인에게 손해를 발생하게 한 경우 그 손해의 배상을 보장하기 위하여 보험계리업자 또는 손해사정업자에게 금융위원회가 지정하는 기관에의 자산 예탁, 보험가입, 그 밖에 필요한 조치를 하게 할 수 있다.

(3) 부적절한 직무 수행 시 6개월 업무정지 등

금융위원회는 보험계리사·선임계리사·보험계리업자·손해사정사 또는 손해사정업자가 그 직무를 게을리하거나 직무를 수행하면서 부적절한 행위를 하였다고 인정될 때는 6개월(1년 ×) 이내의 기간을 정하여 업무의 정지를 명하거나 해임하게 할 수 있다.

> 🏆 기출 포인트 !
>
> 금융위원회는 보험계리사 등이 그 직무를 게을리하거나 직무를 수행하면서 부적절한 행위를 하였다고 인정되는 경우에는 1년 이내의 기간을 정하여 업무의 정지를 명하거나 해임하게 할 수 있다(1년 ×, 6개월 ○).
>
> ✓ 2018

11 | 실전대비문제(보험계리사 · 손해사정사)

01 보험설계사에 대한 보험회사의 불공정한 모집위탁행위를 막기 위하여 보험회사가 지켜야 할 규약을 정할 수 있는 곳은?

(2014년)

① 공정거래위원회의 권고를 받은 금융위원회

② 금융위원회의 위임을 받은 금융감독원

③ 보험회사들이 설립한 보험협회

④ 보험 관련 정보를 수집 · 제공하는 보험개발원

해설 보험협회 업무
- 보험회사 간의 건전한 업무 질서의 유지
- 보험회사 등이 지켜야 할 규약의 제정 · 개정
- 보험상품의 비교 · 공시 업무
- 정부로부터 위탁받은 업무
- 부수 업무

답 ③

02 보험계리사에 관한 설명으로 옳지 않은 것은?

(2014년)

① 보험회사는 선임계리사를 선임하여야 한다.

② 보험계리업을 하려는 법인은 2명 이상의 상근 보험계리사를 두어야 한다.

③ 선임계리사는 보험회사의 기초서류에 법령을 위반하는 내용이 있다고 판단하는 경우에는 그 조사결과를 감사 또는 감사위원회에 보고하여야 한다.

④ 선임계리사는 그 업무 수행과 관련하여 보험회사 이사회에 참석할 권한이 있다.

해설 ③ 감사 또는 감사위원회(×), 이사회(○)
선임계리사는 보험회사가 기초서류 관리기준을 지키는지를 점검하고 이를 위반할 때는 조사하여 그 결과를 이사회(금융위원회 ×)에 보고하여야 한다.

답 ③

03 손해사정사에 관한 설명으로 옳은 것은? (2014년)

① 1년의 실무수습기간을 거쳐야 한다.
② 제3보험상품을 판매하는 보험회사도 고용(선임)의무를 진다.
③ 보험사고가 외국에서 발생한 경우에도 고용(선임)의무를 진다.
④ 본인과 생계를 같이 하는 친족의 보험사고에 대한 손해사정행위도 할 수 있다.

[해설] ② 손해사정사 고용의무
　　　　• 손해보험상품(보증보험계약은 제외한다)을 판매하는 보험회사
　　　　• 제3보험상품을 판매하는 보험회사
　　　① 1년(×), 6개월(○)
　　　③ 외국(×), 보험사고가 외국에서 발생하거나 보험계약자 등이 금융위원회가 정하는 기준에 따라 손해사정사를 따로 선임한 경우에는 업무를 위탁하지 아니한다.
　　　④ 본인과 생계를 같이 하는 친족(×)
　　손해사정 금지행위
　　• 고의로 진실을 숨기거나 거짓으로 손해사정을 하는 행위
　　• 업무상 알게 된 보험계약자 등에 관한 개인정보를 누설하는 행위
　　• 타인으로 하여금 자기의 명의로 손해사정업무를 하게 하는 행위
　　• 정당한 사유 없이 손해사정업무를 지연하거나 충분한 조사를 하지 아니하고 손해액 또는 보험금을 산정하는 행위
　　• 보험회사 및 보험계약자 등에 대하여 이미 제출받은 서류와 중복되는 서류나 손해사정과 관련이 없는 서류 또는 정보를 요청함으로써 손해사정을 지연하는 행위
　　• 보험금 지급을 요건으로 합의서를 작성하거나 합의를 요구하는 행위
　　• 등록된 업무 범위 외의 손해사정을 하는 행위
　　• 자기 또는 자기와 총리령으로 정하는 이해관계를 가진 자의 보험사고에 대하여 손해사정을 하는 행위
　　• 자기와 총리령으로 정하는 이해관계를 가진 자가 모집한 보험계약에 관한 보험사고에 대하여 손해사정을 하는 행위(보험회사 또는 보험회사가 출자한 손해사정법인에 소속된 손해사정사가 그 소속 보험회사 또는 출자한 보험회사가 체결한 보험계약에 관한 보험사고에 대하여 손해사정을 하는 행위는 제외한다)

답 ②

04 선임계리사에 관한 설명 중 옳지 않은 것은? (2015년)

① 선임계리사는 기초서류의 내용 및 보험계약에 따른 배당금의 계산 등이 정당한지 여부를 검증하고 확인하여야 한다.
② 선임계리사는 보험회사가 기초서류 관리기준을 지키는지를 점검하고 이를 위반하는 경우에는 조사하여 그 결과를 이사회에 보고하여야 하며, 기초서류에 법령을 위반한 내용이 있다고 판단하는 경우에는 금융위원회에 보고하여야 한다.
③ 선임계리사는 업무상 알게 된 비밀을 누설하는 행위를 하여서는 아니 된다.
④ 선임계리사가 되려는 사람은 보험계리업무에 5년 이상 종사한 경력이 있어야 한다.

[해설] ④ 5년 이상(×), 10년 이상(○)

10년	5년
보험계리업무 경력	등록 취소 및 6개월 업무정지

답 ④

05 손해사정업에 관한 설명 중 옳지 않은 것은? (2015년)

① 금융위원회는 손해사정사가 그 직무를 수행하면서 부적절한 행위를 하였다고 인정되는 경우 6개월 이내의 업무의 정지를 명할 수 있다.

② 손해사정을 업으로 하려는 법인은 3명 이상의 상근 손해사정사를 두어야 한다.

③ 손해사정을 업으로 하려는 법인이 지점 또는 사무소를 설치하려는 경우에는 각 지점 또는 사무소별로 총리령으로 정하는 손해사정사의 구분에 따라 수행할 업무의 종류별로 1명 이상의 손해사정사를 두어야 한다.

④ 손해사정사가 되려는 자는 금융감독원장이 실시하는 시험에 합격하고 일정 기간의 실무수습을 마친 후 금융위원회에 등록하여야 한다.

해설 ② 법인은 3명 이상(×), 2명 이상(○)

손해사정업
• 손해사정을 업으로 하려는 자는 금융위원회에 등록하여야 한다.
• 손해사정을 업으로 하려는 법인은 2명 이상의 상근 손해사정사를 두어야 하며, 손해사정사의 구분에 따라 수행할 업무의 종류별로 1명 이상의 상근 손해사정사를 두어야 한다.
• 등록을 하려는 자는 총리령으로 정하는 수수료를 내야 한다.
• 그 밖에 손해사정업의 등록 및 영업기준 등에 관하여 필요한 사항은 대통령령으로 정한다.

답 ②

06 손해사정사가 직무를 게을리하거나 직무를 수행하면서 부적절한 행위를 하였다고 인정되는 경우, 금융위원회가 업무정지를 명할 수 있는 최대기간은? (2016년)

① 1년   ② 6개월

③ 3개월   ④ 1개월

해설 금융위원회는 보험계리사 · 선임계리사 · 보험계리업자 · 손해사정사 또는 손해사정업자가 그 직무를 게을리하거나 직무를 수행하면서 부적절한 행위를 하였다고 인정될 때는 6개월(1년 ×) 이내의 기간을 정하여 업무의 정지를 명하거나 해임하게 할 수 있다.

답 ②

07 보험요율 산출기관에 관한 설명으로 옳지 않은 것은? (2016년)

① 법인으로 한다.

② 보험회사가 금융위원회의 인가를 받아 설립할 수 있다.

③ 정관으로 정하는 바에 따라 업무와 관련하여 보험회사로부터 수수료를 받을 수 있다.

④ 국토교통부가 관리하는 건설기계조종사면허의 효력에 관한 개인정보는 제공받을 수 없다.

해설 ④ 건설기계조종사면허의 효력에 관한 개인정보는 제공받을 수 없다(×). 받을 수 있다(○).
보험요율 산출기관은 순보험요율을 산출하는 데 필요한 경우 또는 보험회사의 보험금 지급업무에 필요한 경우에는 음주운전 등 교통법규 위반 또는 운전면허(건설기계조종사면허 포함)의 효력에 관한 개인정보를 보유하고 있는 기관의 장으로부터 그 정보를 제공받아 보험회사가 보험계약자에게 적용할 순보험료의 산출 또는 보험금 지급업무에 이용하게 할 수 있다.

답 ④

08 보험업법상 손해사정사의 업무로 옳지 않은 것은? (2017년)

① 손해 발생 사실의 확인
② 보험약관 및 관계 법규 적용의 적정성 판단
③ 손해액 및 보험금의 사정
④ 당해 손해에 관한 당사자 간 합의의 중재

[해설] ④ 당사자 간 합의의 중재(×)

답 ④

09 보험업법상 보험요율 산출기관에 관한 설명 중 옳지 않은 것은? (2018년)

① 보험회사는 금융위원회의 인가를 받아 보험요율 산출기관을 설립할 수 있다.
② 보험요율 산출기관은 보험회사가 적용할 수 있는 순보험요율을 산출하며 보험상품의 비교·공시 업무를 담당한다.
③ 보험요율 산출기관은 보험업법에서 정하는 업무 수행을 위하여 보험 관련 통계를 체계적으로 통합·집적(集積)하여야 하며 필요한 경우 보험회사에 자료의 제출을 요청할 수 있다.
④ 보험요율 산출기관은 순보험요율을 산출하기 위하여 필요하면 질병에 관한 통계를 보유하고 있는 기관의 장으로부터 그 질병에 관한 통계를 제공받아 보험회사로 하여금 보험계약자에게 적용할 순보험료의 산출에 이용하게 할 수 있다.

[해설] ② 보험상품의 비교·공시 업무를 담당한다(×). 비교·공시 업무는 보험협회(○)

답 ②

10 보험업법상 손해사정사 또는 손해사정업자에 관한 설명 중 옳지 않은 것은? (2018년)

① 손해사정사 또는 손해사정업자의 업무에 손해액 및 보험금의 사정이 포함되나 보험약관 및 관계 법규 적용의 적정성 판단 업무는 포함되지 아니한다.

② 손해사정사 또는 손해사정업자는 자기와 이해관계를 가진 자의 보험사고에 대하여 손해사정을 할 수 없다.

③ 보험계약자 등이 선임한 손해사정사 또는 손해사정업자는 손해사정업무를 수행한 후 지체 없이 보험회사 및 보험계약자 등에 대하여 손해사정서를 내어 주고, 그 중요한 내용을 알려 주어야 한다.

④ 손해사정사 또는 손해사정업자는 보험회사 및 보험계약자 등에 대하여 이미 제출받은 서류와 중복되는 서류나 손해사정과 관련이 없는 서류를 요청함으로써 손해사정을 지연하는 행위를 할 수 없다.

해설 ① 보험약관 및 관계 법규 적용의 적정성 판단 업무는 포함되지 아니한다(×). 포함(○)
  손해사정사·손해사정업자 업무
  • 손해 발생 사실의 확인
  • 보험약관 및 관계 법규 적용의 적정성 판단
  • 손해액 및 보험금의 사정
  • 업무와 관련된 서류의 작성·제출의 대행
  • 업무 수행과 관련된 보험회사에 대한 의견의 진술

답 ①

11 보험업법상 보험계리에 관한 설명 중 옳지 않은 것은? (2018년)

① 보험계리업자는 상호 중에 "보험계리"라는 글자를 사용하여야 하며 장부 폐쇄일은 보험회사의 장부 폐쇄일을 따라야 한다.

② 보험계리를 업으로 하려는 법인은 2명 이상의 상근 보험계리사를 두어야 한다.

③ 보험회사는 보험계리사를 고용하여 보험계리에 관한 업무를 담당하게 하여야 하며 보험계리를 업으로 하는 자에게 위탁할 수 없다.

④ 개인으로서 보험계리를 업으로 하려는 사람은 보험계리사의 자격이 있어야 한다.

해설 ③ 보험계리를 업으로 하는 자에게 위탁할 수 없다(×). 위탁하여야 한다(○).
  보험회사는 보험계리에 관한 기초서류의 내용 및 배당금 계산 등의 정당성 여부를 확인하는 업무는 보험계리사를 고용하여 담당하게 하거나, 보험계리업자에게 위탁하여야 한다.

답 ③

12 보험업법상 보험요율 산출원칙에 관한 설명 중 옳은 것은? (2019년)

① 보험요율이 보험금과 그 밖의 급부에 비하여 지나치게 낮지 아니하여야 한다.

② 보험요율이 보험회사의 주주에 대한 최근 3년간의 평균배당률을 크게 낮출 정도로 낮지 아니하여야 한다.

③ 자동차보험의 보험요율 산출원칙을 따로 규정하지는 않는다.

④ 보험요율이 보험업법의 산출원칙에 위반한 경우에도 위반사실만으로 곧바로 과태료 또는 과징금을 부과할 수 없다.

해설 ① 지나치게 낮지(×), 높지(○)
② 주주에 대한(×), 재무건전성(○)
③ 자동차보험 따로 규정하지 않는다(×). 규정한다(○).
보험요율 산출 시 준수사항
• 보험요율이 보험금과 그 밖의 급부에 비하여 지나치게 높지 아니할 것
• 보험요율이 보험회사의 재무건전성을 크게 해칠 정도로 낮지 아니할 것
• 보험요율이 보험계약자 간에 부당하게 차별적이지 아니할 것
• 자동차보험의 보험요율인 경우 보험금과 그 밖의 급부와 비교할 때 공정하고 합리적인 수준일 것

답 ④

13 보험업법상 보험요율 산출기관에 관한 설명으로 옳지 않은 것은? (2020년)

① 보험회사는 금융위원회의 인가를 받아 보험요율 산출기관을 설립할 수 있다.

② 보험요율 산출기관은 정관으로 정하는 바에 따라 업무와 관련하여 보험회사로부터 수수료를 받을 수 있다.

③ 보험요율 산출기관은 보유정보를 활용하여 주행거리 정보를 제외한 자동차 사고 이력 및 자동차 기준가액 정보를 제공할 수 있다.

④ 보험회사 등으로부터 제공받은 보험정보 관리를 위한 전산망 운영업무를 할 수 있다.

해설 ③ 주행거리 제외(×), 주행거리 포함(○)

답 ③

14 보험업법상 보험요율 산출기관의 업무에 해당하지 않는 것은? (2021년)

① 보유정보의 활용을 통한 자동차 사고 이력, 자동차 주행거리의 정보 제공업무

② 자동차 제작사, 보험회사 등으로부터 수집한 운행정보, 자동차의 차대번호 정보의 관리업무

③ 순보험요율 산출에 의한 보험상품의 비교·공시 업무

④ 근로자퇴직급여보장법 제28조 제2항에 따라 퇴직연금사업자로부터 위탁받은 업무

해설 ③ 보험상품의 비교·공시 업무는 보험협회 업무이다.

답 ③

15 보험업법상 보험계리업자의 등록 및 업무에 관한 설명으로 옳지 않은 것은? (2021년)

① 보험계리업자는 책임준비금, 비상위험준비금 등 준비금의 적립과 준비금에 해당하는 자산의 적정성에 관한 업무를 수행할 수 있다.

② 보험계리업자는 잉여금의 배분·처리 및 보험계약자 배당금의 배분에 관한 업무를 수행할 수 있다.

③ 보험계리업자는 지급여력비율 계산 중 보험료 및 책임준비금과 관련된 업무를 처리할 수 있다.

④ 보험계리업자가 되려는 자는 총리령으로 정하는 수수료를 내고 금융감독원에 등록하여야 한다.

[해설] ④ 금융감독원(×), 금융위원회(○)
보험계리사가 되려는 자는 금융감독원장이 하는 시험에 합격하고 일정 기간의 실무 수습을 마친 후 금융위원회에 등록하여야 한다.

답 ④

16 손해사정에 관한 설명으로 ( ) 안에 들어갈 내용이 순서대로 연결된 것은? (2021년)

> 가. 손해사정을 업으로 하려는 법인은 ( )명 이상의 상근 손해사정사를 두어야 한다.
> 나. 금융위원회는 손해사정사 또는 손해사정업자가 그 직무를 게을리하거나 직무를 수행하면서 부적절한 행위를 하였다고 인정되는 경우에는 ( )개월 이내의 기간을 정하여 업무의 정지를 명하거나 해임하게 할 수 있다.
> 다. 손해사정업자는 등록일부터 ( )개월 내에 업무를 시작하여야 한다. 다만, 불가피한 사유가 있다고 금융위원회가 인정하는 경우에는 그 기간을 연장할 수 있다.

① 2 - 6 - 1

② 2 - 3 - 2

③ 5 - 6 - 2

④ 5 - 3 - 1

[해설] 2명 - 6개월 - 1개월

답 ①

17 보험업법상 보험요율 산출기관에 관한 내용으로 옳지 않은 것은? (2022년)

① 정관으로 정하는 바에 따라 순보험요율의 산출·검증 및 제공, 보험 관련 정보의 수집·제공 및 통계의 작성 등의 업무를 한다.

② 보험회사가 적용할 수 있는 순보험요율을 산출하여 금융위원회에 신고하는 경우, 신고를 받은 금융위원회는 이 법에 적합하면 신고를 수리하여야 한다.

③ 정관으로 정함이 있더라도, 보험에 대한 조사업무는 할 수 있으나 보험에 대한 연구업무는 할 수 없다.

④ 정관으로 정하는 바에 따라 근로자퇴직급여보장법상 퇴직연금사업자로부터 위탁받은 업무를 할 수 있다.

해설 ③ 보험에 대한 연구업무는 할 수 없다(×). 할 수 있다(○).

보험요율 산출기관의 업무
- 순보험요율의 산출·검증 및 제공
- 보험 관련 정보의 수집·제공 및 통계의 작성
- 보험에 대한 조사·연구
- 설립 목적의 범위에서 정부 기관, 보험회사, 그 밖의 보험관계 단체로부터 위탁받은 업무
- 부수 업무
- 그 밖에 대통령령으로 정하는 업무

답 ③

18 보험업법상 선임계리사에 관한 내용으로 옳지 않은 것은? (2022년)

① 외국보험회사의 국내 지점이 선임계리사를 선임하거나 해임하려는 경우에는 이사회의 의결을 거쳐 금융위원회에 보고하거나 신고하여야 한다.

② 보험회사는 다른 보험회사의 선임계리사를 해당 보험회사의 선임계리사로 선임할 수 없다.

③ 금융위원회는 선임계리사에게 그 업무 범위에 속하는 사항에 관하여 의견을 제출하게 할 수 있다.

④ 보험회사는 선임계리사의 해임 신고를 할 때 그 해임 사유를 제출하여야 하며, 금융위원회는 해임 사유에 대하여 해당 선임계리사의 의견을 들을 수 있다.

해설 ① 외국보험회사 이사회 의결(×), 외국보험회사는 예외(○)

외국보험회사의 국내 지점의 경우에는 이사회의 의결을 거치지 아니할 수 있다.

답 ①

19 보험업법상 보험요율 산출기관에 관한 설명으로 옳지 않은 것은?

(2023년)

① 보험요율 산출기관이 보험회사가 적용할 수 있는 순보험요율을 산출하여 금융위원회에 신고한 경우, 금융위원회는 그 내용을 검토하여 이 법에 적합하면 신고를 수리하여야 한다.

② 보험요율 산출기관은 정관으로 정함이 있더라도 그 업무와 관련하여 보험회사로부터 수수료를 받을 수 없다.

③ 보험요율 산출기관은 순보험요율 산출을 위하여 보험 관련 통계를 체계적으로 통합·집적하여야 하며, 보험회사에 자료의 제출을 요청하는 경우 보험회사는 이에 따라야 한다.

④ 보험요율 산출기관은 음주운전 등 교통법규 위반의 효력에 관한 개인정보를 보유하고 있는 기관의 장으로부터 그 정보를 제공받아 보험회사가 보험금 지급업무에 이용하게 할 수 있다.

해설 ② 보험회사로부터 수수료를 받을 수 없다(×). 받을 수 있다(○).
보험요율 산출기관은 그 업무와 관련하여 정관으로 정하는 바에 따라 보험회사로부터 수수료를 받을 수 있다.

답 ②

20 보험업법상 선임계리사의 금지행위에 해당하지 않는 것은?

(2023년)

① 중대한 과실로 진실을 숨기거나 거짓으로 보험계리를 하는 행위

② 타인으로 하여금 자기의 명의로 보험계리업무를 하게 하는 행위

③ 충분한 조사나 검증을 하지 아니하고 보험계리업무를 수행하는 행위

④ 업무상 제공받은 자료를 무단으로 보험계리업무와 관련이 없는 자에게 제공하는 행위

해설 ① 중대한 과실(×), 고의(○)
선임계리사·보험계리사·보험계리업자 금지업무
• 고의로 진실을 숨기거나 거짓으로 보험계리를 하는 행위
• 업무상 알게 된 비밀을 누설하는 행위
• 타인으로 하여금 자기의 명의로 보험계리업무를 하게 하는 행위
• 그 밖에 공정한 보험계리업무의 수행을 해치는 행위로서 대통령령으로 정하는 행위

답 ①

12 | 보칙

1. 공제업에 대한 협의(법 제193조)

(1) 공제업에 대한 협의 요구

금융위원회는 법률에 따라 운영되는 공제업과 보험업법에 따른 보험업 간의 균형 있는 발전을 위하여 필요하다고 인정할 때는 그 공제업을 운영하는 자에게 기초서류에 해당하는 사항에 관한 협의를 요구하거나 그 공제업 관련 중앙행정기관의 장에게 재무건전성에 관한 사항에 관한 협의(감독 ×)를 요구할 수 있다.

(2) 금융위원회 공동 검사 요구

중앙행정기관의 장은 공제업의 재무건전성 유지를 위하여 필요하다고 인정할 때는 공제업을 운영하는 자에 대한 공동 검사에 관한 협의를 금융위원회에 요구할 수 있다.

2. 금융위원회 업무의 위탁(법 제194조)

(1) 보험협회 위탁업무

① 보험설계사의 등록업무
② 보험대리점의 등록업무

(2) 금융감독원장 위탁업무

① 보험중개사의 등록업무
② 보험계리사의 등록업무
③ 보험계리를 업으로 하려는 자의 등록업무
④ 손해사정사의 등록업무
⑤ 손해사정을 업으로 하려는 자의 등록업무

3. 보험회사 허가 등의 일반인에 대한 공고(법 제195조)

(1) 금융위원회 허가 및 취소 공고

금융위원회는 허가하거나 허가를 취소한 경우에는 지체 없이 그 내용을 관보에 공고하고 인터넷 홈페이지 등을 이용하여 일반인에게 알려야 한다.

(2) 금융위원회 공고

① 허가받은 보험회사

② 국내사무소

③ 인가된 상호협정

(3) 금융감독원장 공고

① 등록된 보험중개사

② 등록된 보험계리사 및 보험계리업자

③ 등록된 손해사정사 및 손해사정업자

(4) 보험협회 공고

등록된 보험대리점

4. 금융위원회 과징금(법 제196조)

(1) 특별이익을 제공하거나 제공하기로 약속하는 경우

특별이익의 제공 대상이 된 해당 보험계약의 연간 수입보험료 이하

(2) 모집을 할 수 있는 자 이외의 자에게 모집을 위탁한 경우

해당 보험계약의 수입보험료의 100분의 50 이하

(3) 과징금의 부과 및 징수 절차 등에 관하여서는 은행법(국세징수법 ×)의 규정을 준용한다.

 기출 포인트!

> 과징금의 부과 및 징수 절차 등에 관하여서는 국세징수법의 규정을 준용하며, 과징금 부과 전에 미리 당사자 또는 이해관계인 등에게 의견을 제출할 기회를 주어야 한다(국세징수법 ×, 은행법 ○).　　✓ 2019

교육은 우리 자신의 무지를 점차 발견해 가는 과정이다.

- 윌 듀란트 -

제3편

근로자퇴직급여보장법

CHAPTER 01 총칙

CHAPTER 02 퇴직급여제도의 설정

CHAPTER 03 확정급여형퇴직연금제도(DB)

CHAPTER 04 확정기여형퇴직연금제도(DC)

CHAPTER 05 개인형퇴직연금제도(IRP)

CHAPTER 06 퇴직연금사업자 및 업무의 수행

CHAPTER 07 책무 및 감독

CHAPTER 08 보칙 · 벌칙

보험계리사 1차

www.sdedu.co.kr

01 | 총칙

1. 목적 및 적용 범위(법 제1조, 제3조)

(1) 노후생활 보장 목적

이 법은 근로자 퇴직급여제도의 설정 및 운영에 필요한 사항을 정함으로써 근로자의 안정적인 노후생활 보장에 이바지함을 목적으로 한다.

(2) 적용 범위

① 근로자 사용 모든 사업장 적용 : 이 법은 근로자를 사용하는 모든 사업 또는 사업장에 적용한다.

② 동거 친족 사업장 적용 제외 : 다만, 동거하는 친족만을 사용하는 사업 및 가구 내 고용활동에는 적용하지 아니한다.

> 🔎 **기출 포인트 !**
>
> A는 자동차 정비소를 운영하고 있는데 직원은 배우자 B와 동거하는 아들 C, D뿐이다. 이 경우 퇴직급여제도를 설정하여야 한다(퇴직급여제도 설정 ×, 동거 친족 사업장 적용 제외 ○). ✓ 2022

01 │ 실전대비문제 (보험계리사 · 공인노무사 · 직업상담사)

01 근로자퇴직급여보장법에 관한 설명으로 옳지 않은 것은? (2014년, 공인노무사)

① 퇴직금제도를 설정하려는 사용자는 계속근로기간 1년에 대하여 30일분 이상의 평균임금을 퇴직금으로 퇴직근로자에게 지급할 수 있는 제도를 설정하여야 한다.

② 확정급여형퇴직연금제도란 근로자가 받을 급여의 수준이 사전에 결정되어 있는 퇴직연금제도를 말한다.

③ 이 법은 상시 5명 미만의 근로자를 사용하는 사업 또는 사업장에는 적용하지 아니한다.

④ 확정기여형퇴직연금제도에 가입한 근로자는 주택구입 등 대통령령으로 정하는 사유가 발생하면 적립금을 중도인출할 수 있다.

⑤ 퇴직금을 받을 권리는 3년간 행사하지 아니하면 시효로 인하여 소멸한다.

[해설] ③ 5인 미만 사업장 제외(×), 모든 사업장 적용(○)
※ 종합 문제이나 기본적인 적용 범위만 알면 쉽게 정답을 찾을 수 있어 이곳에 싣습니다.
적용 범위
• 근로자 사용 모든 사업장 적용 : 이 법은 근로자를 사용하는 모든 사업 또는 사업장에 적용한다.
• 동거 친족 사업장 적용 제외 : 다만, 동거하는 친족만을 사용하는 사업 및 가구 내 고용활동에는 적용하지 아니한다.

답 ③

02 근로자퇴직급여보장법에 규정된 내용으로 옳은 것은? (2016년, 공인노무사)

① 근로자퇴직급여보장법에 따른 퇴직금을 받을 권리는 1년간 행사하지 아니하면 시효로 인하여 소멸한다.

② 근로자퇴직급여보장법은 동거하는 친족만을 사용하는 사업 및 가구 내 고용활동에는 적용하지 아니한다.

③ 사용자는 계속근로기간이 1년 미만인 근로자에 대하여 퇴직급여제도 중 하나 이상의 제도를 설정하여야 한다.

④ 퇴직연금사업자는 매년 2회 이상 적립금액 및 운용수익률 등 운용현황의 구체적인 내용을 고용노동부령으로 정하는 바에 따라 가입자에게 알려야 한다.

⑤ 확정기여형퇴직연금제도란 근로자가 받을 급여의 수준이 사전에 결정되어 있는 퇴직연금제도를 말한다.

[해설] ② 동거 친족 사업장 적용 제외(○)

답 ②

03 근로자퇴직급여보장법에 관한 설명으로 틀린 것은? (2018년, 직업상담사)

① 이 법은 상시 5명 미만의 근로자를 사용하는 사업 또는 사업장에는 적용하지 아니한다.

② 퇴직금제도를 설정하려는 사용자는 계속근로기간 1년에 대하여 30일분 이상의 평균임금을 퇴직금으로 퇴직근로자에게 지급할 수 있는 제도를 설정하여야 한다.

③ 퇴직금을 받을 권리는 3년간 행사하지 아니하면 시효로 인하여 소멸한다.

④ 확정급여형퇴직연금제도란 근로자가 받을 급여의 수준이 사전에 결정되어 있는 퇴직연금제도를 말한다.

[해설] ① 5인 미만 사업장 제외(×), 모든 사업장 적용(○)

답 ①

04 근로자퇴직급여보장법령의 내용으로 옳지 않은 것은? (2020년, 직업상담사)

① 상시 4명 이하의 근로자를 사용하는 사업 또는 사업장에는 퇴직급여제도를 설정하지 않아도 된다.

② 퇴직연금제도란 확정급여형퇴직연금제도, 확정기여형퇴직연금제도 및 개인형퇴직연금제도를 말한다.

③ 4주간을 평균하여 1주간의 소정근로시간이 15시간 미만인 근로자는 퇴직급여제도를 설정하지 않아도 된다.

④ 퇴직급여제도를 설정하는 경우에 하나의 사업에서 급여 및 부담금 산정방법의 적용 등에 관하여 차등을 두어서는 아니 된다.

[해설] ① 4인 이하 사업장(×), 모든 사업장 적용(○)

답 ①

05 다음 보기 중 근로자퇴직급여보장법상 퇴직급여제도에 관한 설명으로 옳은 것은? (2022년)

> 가. A는 자동차 정비소를 운영하고 있는데 직원은 배우자 B와 동거하는 아들 C, D뿐이다. 이 경우 퇴직급여제도를 설정하여야 한다.
>
> 나. 편의점을 운영하는 甲은 乙을 직원으로 고용하여 일을 시키고 있는데, 乙은 4주간을 평균하여 1주간의 소정근로시간이 16시간이다. 甲은 乙에 관하여 퇴직급여제도 중 하나 이상의 제도를 설정하여야 한다.
>
> 다. K는 브레이크 패드 제조라는 하나의 사업을 운영하고 있으면서 확정기여형퇴직연금제도를 설정하였는데 이 경우 사무직과 생산직 간에 부담금 산정방법의 적용을 서로 다르게 해도 된다.
>
> 라. 사업체를 운영하는 丙은 확정급여형퇴직연금제도를 확정기여형퇴직연금제도로 변경하려고 하는데, 만일 이 사업체에 노동조합이 결성되어 있지 않은 경우 丙은 전체 근로자들에게 사전 공지하고 변경하면 된다.
>
> 마. 1980년에 성립된 S상사는 퇴직금제도를 설정해 두고 있었는데, 2022년 3월 15일 S상사가 T상사와 U상사로 분할되었다. 이 경우 T상사와 U상사는 확정급여형퇴직연금제도나 확정기여형퇴직연금제도를 설정하지 않아도 된다.
>
> 바. 비데를 제조하는 C기업은 확정급여형퇴직연금제도를 설정하고 있었는데 경기가 좋지 않아서 사용자 부담금을 조금이라도 줄여보고자 가입자의 급여 수준을 낮추고자 한다. 이 경우 근로자대표의 동의를 받아야 한다.

① 가, 나
② 나, 마, 바
③ 다, 라
④ 라, 마

해설 가. 동거 친족 사업장 제외
다. 사무직과 생산직 간에 부담금 산정방법의 적용을 서로 다르게 해도 된다(×). 차등을 두어서는 아니 된다(○).
적용 범위
• 근로자 사용 모든 사업장 적용 : 이 법은 근로자를 사용하는 모든 사업 또는 사업장에 적용한다.
• 동거 친족 사업장 적용 제외 : 다만, 동거하는 친족만을 사용하는 사업 및 가구 내 고용활동에는 적용하지 아니한다.

답 ②

02 | 퇴직급여제도의 설정

[퇴직금 및 퇴직연금제도 비교]

구분	퇴직금	퇴직연금제도		
		확정급여형(DB)	확정기여형(DC)	개인형(IRP)
퇴직급여 형태	일시금	연금 또는 일시금		
급여 수준	근속연수 1년당 30일분의 평균임금	일시금 기준으로 퇴직금과 동일	근로자의 운용실적에 따라 변동	가입자의 운용실적에 따라 변동
적립금의 운용		사용자	근로자	가입자
중도인출 (중간정산)	가능 (특정한 사유)	불가	가능 (특정한 사유)	
규약신고	취업규칙	퇴직연금규약		불필요
연금 수령요건	–	55세 이상으로서 가입기간 10년 이상		55세 이상
수수료 부담	–	운용·자산관리 : 사용자 근로자 추가납입 : 근로자		가입자
사외적립 부담 수준	사용자 재량	퇴직금 추계액의 90% 이상	연간 임금총액의 12분의 1 이상	가입자 재량
부담금 납부	사용자			가입자

출처 : 고용노동부

1. 퇴직급여제도의 설정(법 제4조)

(1) 용어의 정의

① **임금을 목적으로 근로를 제공하는 근로자** : 사업의 종류와 관계없이 임금을 목적으로 사업이나 사업장에 근로를 제공하는 사람을 말한다.

② **사업주 또는 사업주를 위하여 행위하는 사용자** : 사업주 또는 사업 경영 담당자, 그 밖에 근로자에 관한 사항에 대하여 사업주를 위하여 행위하는 자를 말한다.

③ **근로의 대가 임금** : 사용자가 근로의 대가로 근로자에게 임금, 봉급, 그 밖에 어떠한 명칭으로든지 지급하는 모든 금품을 말한다.

④ **3개월 총액을 총일수로 나눈 평균임금** : 이를 산정하여야 할 사유가 발생한 날 이전 3개월 동안에 그 근로자에게 지급된 임금의 총액을 그 기간의 총일수로 나눈 금액을 말한다. 근로자가 취업한 후 3개월 미만인 경우도 이에 준한다.

⑤ **근로자에게 지급되는 연금 또는 일시금인 급여** : 퇴직급여제도나 10명 미만을 사용하는 사업에 대한 개인형 퇴직연금제도에 의하여 근로자에게 지급되는 연금 또는 일시금을 말한다.

⑥ 퇴직급여제도 : 확정급여형퇴직연금제도, 확정기여형퇴직연금제도, 중소기업퇴직연금기금제도 및 퇴직금제도를 말한다.

(2) 퇴직급여제도의 설정 원칙

사용자는 퇴직하는 근로자에게 급여를 지급하기 위하여 퇴직급여제도 중 하나 이상의(하나만 ✕) 제도를 설정하여야 한다.

> 🏆 **기출 포인트 !**
>
> 사용자가 가입자에 대하여 확정급여형퇴직연금제도 및 확정기여형퇴직연금제도를 함께 설정하는 것도 가능하다(O).   ✓ 2023
>
> 사용자는 하나의 사업장에 확정급여형퇴직연금제도와 확정기여형퇴직연금제도 중 하나만 설정할 수 있다(하나만 ✕, 하나 이상 O).   ✓ 2020

(3) 1년, 1주 15시간 미만 근로자 예외

다만, 계속근로기간이 1년 미만인 근로자, 4주간을 평균하여 1주간의 소정근로시간이 15시간 미만인 근로자에 대하여는 그러하지 아니하다.

> 🏆 **기출 포인트 !**
>
> '4주간을 평균하여 1주간의 소정근로시간이 15시간 미만인 근로자'에게 퇴직급여제도를 적용하지 않는 것은 헌법상 '근로조건 법정주의'(헌법 제32조 제3항) 및 평등원칙에 위반되지 않는다(O).   ✓ 2023
>
> 계속근로기간이 1년 미만인 근로자에 대해서는 퇴직급여제도를 설정하지 않아도 되지만, 4주간을 평균하여 1주간의 소정근로시간이 15시간 미만인 근로자에 대하여는 계속근로기간이 1년 이상인 경우 퇴직급여제도를 설정하여야 한다(퇴직급여제도를 설정하여야 한다 ✕, 설정 예외 O).   ✓ 2017

(4) 하나의 사업에서 차등 금지

퇴직급여제도를 설정하는 경우에 하나의 사업에서 급여 및 부담금 산정방법의 적용 등에 관하여 차등을 두어서는 아니 된다.

> 🏆 **기출 포인트 !**
>
> K는 브레이크 패드 제조라는 하나의 사업을 운영하고 있으면서 확정기여형퇴직연금제도를 설정하였는데 이 경우 사무직과 생산직 간에 부담금 산정방법의 적용을 서로 다르게 해도 된다(사무직과 생산직 다르게 ✕, 하나의 사업에서 차등 금지 O).   ✓ 2022
>
> 둘 이상의 사업을 영위하는 사용자가 퇴직급여제도를 설정하는 경우, 급여 및 부담금 산정방법의 적용 등에 관하여 두 사업 사이에 차등을 두어서는 아니 된다(두 사업 사이에 차등 ✕, 하나의 사업에서 차등 금지 O). ✓ 2019

(5) 퇴직급여제도 설정 및 변경 시 근로자대표 동의

① 근로자의 과반수가 가입한 노동조합이 있는 경우 : 노동조합의 동의
② 근로자의 과반수가 가입한 노동조합이 없는 경우 : 근로자 과반수의 동의

(6) 설정된 퇴직급여제도 내용 변경 시

① 일반적인 내용 변경은 의견 청취 : 사용자가 근로자대표의 동의에 따라 설정되거나 변경된 퇴직급여제도의 내용을 변경하려는 경우에는 근로자대표의 의견을 들어야 한다.

② 불리한 내용 변경은 동의 : 다만, 근로자에게 불리하게 변경하려는 경우에는 근로자대표의 동의를 받아야 한다.

> 🔦 **기출 포인트 !**
>
> 사용자가 이미 설정되어 있는 확정급여형퇴직연금제도에서 가입자가 받게 되는 급여 수준을 높이고자 하는 경우 근로자대표의 동의를 받아야 한다(근로자대표의 동의 ✕, 의견 청취 ○).　　　　　　　✓ 2016

2. 새로 성립된 사업의 퇴직급여제도(법 제5조)

(1) 용어의 정의

① 퇴직연금제도 : 확정급여형퇴직연금제도, 확정기여형퇴직연금제도 및 개인형퇴직연금제도를 말한다.

② 근로자 급여가 사전 결정된 확정급여형퇴직연금제도 : 근로자가 받을 급여의 수준이 사전에 결정되어 있는 퇴직연금제도를 말한다.

③ 사용자 부담금이 사전 결정된 확정기여형퇴직연금제도 : 급여의 지급을 위하여 사용자가 부담하여야 할 부담금의 수준이 사전에 결정되어 있는 퇴직연금제도를 말한다.

④ 급여나 부담금이 미확정된 개인형퇴직연금제도 : 가입자의 선택에 따라 가입자가 납입한 일시금이나 사용자 또는 가입자가 납입한 부담금을 적립·운용하기 위하여 설정한 퇴직연금제도로서 급여의 수준이나 부담금의 수준이 확정되지 아니한 퇴직연금제도를 말한다.

⑤ 퇴직연금 등에 가입한 가입자 : 퇴직연금제도 또는 중소기업퇴직연금기금제도에 가입한 사람을 말한다.

⑥ 가입자 납입자금의 적립금 : 가입자의 퇴직 등 지급사유가 발생할 때에 급여를 지급하기 위하여 사용자 또는 가입자가 납입한 부담금으로 적립된 자금을 말한다.

⑦ 등록 퇴직연금사업자 : 퇴직연금제도의 운용관리업무 및 자산관리업무를 수행하기 위하여 등록한 자를 말한다.

(2) 새로 성립된 사업의 기준

근로자퇴직급여보장법 전부개정법률의 시행일인 2012년 7월 26일 이후 새로 성립(합병·분할 제외)된 사업의 사용자를 말한다.

(3) 의견 청취와 1년 이내 퇴직급여제도 설정

근로자대표의 의견(동의 ✕)을 들어 사업의 성립 후 1년 이내에 확정급여형퇴직연금제도나 확정기여형퇴직연금제도(퇴직금제도 ✕)를 설정하여야 한다.

동의	의견 청취
• 퇴직급여제도 설정 · 종류 변경 • 기존 내용이 불리하게 변경	• 2012. 7. 26. 이후 새로 성립된 사업의 경우 1년 이내에 퇴직급여제도 설정 • 기존 내용의 변경

기출 포인트 !

2019. 1. 1. 사업을 새로 성립한 사용자는 근로자대표의 동의를 받아 사업 성립 후 1년 이내에 확정급여형퇴직연금제도나 확정기여형퇴직연금제도를 설정하여야 한다(근로자대표 동의 ×, 의견 청취 ○).   ✓ 2019

2018년에 새로 성립된 사업의 사용자는 근로자대표의 의견을 들어 사업의 성립 후 1년 이내에 확정급여형퇴직연금제도, 확정기여형퇴직연금제도, 퇴직금제도 중 하나를 설정하여야 한다(퇴직금제도 ×, 확정급여형퇴직연금제도나 확정기여형퇴직연금제도 ○).   ✓ 2018

3. 가입자에 대한 둘 이상의 퇴직연금제도 설정(법 제6조)

(1) 급여 및 부담금 수준

사용자가 가입자에 대하여 확정급여형퇴직연금제도 및 확정기여형퇴직연금제도를 함께 설정하는 경우 확정급여형퇴직연금제도의 급여 및 확정기여형퇴직연금제도의 부담금 수준은 다음에 따른다.

① 확정급여형퇴직연금제도의 급여 : 제15조에 따른 급여 수준에 확정급여형퇴직연금규약으로 정하는 설정 비율을 곱한 금액

※ 제15조 : 가입자의 퇴직일을 기준으로 산정한 일시금이 계속근로기간 1년에 대하여 30일분 이상의 평균임금이 되도록 하여야 한다.

② 확정기여형퇴직연금제도의 부담금 : 제20조 제1항의 부담금의 부담 수준에 확정기여형퇴직연금규약으로 정하는 설정 비율을 곱한 금액

※ 제20조 제1항 : 사용자는 가입자의 연간 임금총액의 12분의 1 이상에 해당하는 부담금을 현금으로 가입자의 확정기여형퇴직연금제도 계정에 납입하여야 한다.

(2) 퇴직연금규약 비율의 합 1 이상 설정

사용자는 위 (1)의 ①과 ②에 따른 각각의 설정 비율의 합이 1 이상이 되도록 퇴직연금규약을 정하여 퇴직연금제도를 설정하여야 한다.

4. 수급권의 보호(법 제7조)

(1) 수급권의 양도 · 압류, 담보 제공 금지

퇴직연금제도(중소기업퇴직연금기금제도 포함)의 급여를 받을 권리는 양도 또는 압류하거나 담보로 제공할 수 없다.

｜ 판례

수급권 보호가 근로자 아닌 대표이사에게도 적용되는지 여부

｜ 판결요지

근로자가 아닌 대표이사 A의 퇴직연금은 근로기준법상의 근로자에 해당하지 않는 이사 등의 퇴직연금 채권에 대해서는 '퇴직연금제도의 급여를 받을 권리'의 양도 금지를 규정한 근로자퇴직급여보장법은 적용되지 않는다(대법원 2015다51968 판결).

(2) 담보대출(= 담보제공) 사유 및 한도

가입자는 주택구입 등 대통령령으로 정하는 사유와 요건을 갖춘 경우에는 대통령령으로 정하는 한도에서 퇴직연금제도의 급여를 받을 권리를 담보로 제공할 수 있다. 이 경우 퇴직연금사업자는 제공된 급여를 담보로 한 대출이 이루어지도록 협조하여야 한다.

① 무주택자인 가입자가 본인 명의로 주택을 구입하는 경우(배우자 명의 ×)

② 무주택자인 가입자가 주거를 목적으로 민법에 따른 전세금 또는 주택임대차보호법에 따른 보증금을 부담하는 경우. 이 경우 가입자가 하나의 사업에 근로하는 동안 1회로 한정한다.

③ 가입자가 6개월 이상 요양을 필요로 하는 다음 어느 하나에 해당하는 사람의 질병이나 부상에 대한 의료비를 부담하는 경우

　㉠ 가입자 본인

　㉡ 가입자의 배우자

　㉢ 가입자 또는 그 배우자의 부양가족

④ 담보를 제공하는 날부터 거꾸로 계산하여 5년 이내에 가입자가 채무자 회생 및 파산에 관한 법률에 따라 파산선고를 받은 경우

⑤ 담보를 제공하는 날부터 거꾸로 계산하여 5년 이내에 가입자가 채무자 회생 및 파산에 관한 법률에 따라 개인회생절차개시 결정을 받은 경우

⑥ 다음 어느 하나에 해당하는 사람의 대학등록금, 혼례비 또는 장례비를 가입자가 부담하는 경우

　㉠ 가입자 본인

　㉡ 가입자의 배우자

　㉢ 가입자 또는 그 배우자의 부양가족

⑦ 사업주 휴업 실시로 근로자의 임금이 감소

⑧ 재난으로 피해를 입은 경우

사유	담보대출 한도
1. 무주택자의 본인 명의 **주택구입**(배우자 명의 ×)	가입자별 적립금의 100분의 50
2. 무주택자의 **전**세금, 임차**보**증금 부담(1사업장 1회)	
3. **재난** 피해	
4. **의료비**(본인, 배우자, 부양가족 6개월 이상 요양)	
5. 신청일 기준 **5년** 내 **파산**선고	
6. 신청일 기준 **5년** 내 개인**회생**절차개시 결정	
※ 대학**등록금**, 혼례비, 장례비(본인, 배우자, 부양가족)	
※ 사업주 **휴업** 실시로 근로자 임금감소	고용노동부장관 지정·고시

> **tip** 담보대출 : 영끌한 **주·전·보**가 (**등록금** 대출 갚아야 하는데 회사 **휴업**에) **재난**까지 겹쳐 **의료비**가 많이 나가 **5년** 안에 **파산**하고 **회생**했다.

5. 퇴직금제도의 설정 등(법 제8조)

(1) 일시금으로 지급하는 퇴직금

근로자가 상당한 기간을 근속하고 퇴직할 경우에 일시금으로 퇴직하는 근로자에게 지급하는 것을 말한다.

(2) 퇴직금제도의 설정

퇴직금제도를 설정하려는 사용자는 계속근로기간 1년에 대하여 30일분 이상의 평균임금을 퇴직금으로 퇴직 근로자에게 지급할 수 있는 제도를 설정하여야 한다.

(3) 퇴직금의 중간정산 사유

사용자는 주택구입 등 대통령령으로 정하는 사유로 근로자가 요구하는 경우에는 근로자가 퇴직하기 전에 해당 근로자의 계속근로기간에 대한 퇴직금을 미리 정산하여 지급할 수 있다(하여야 한다 ×).

> 🔦 **기출 포인트 !**
>
> 근로자가 퇴직금의 중간정산을 요구하는 경우 사용자는 정산하여 지급하여야 한다(하여야 한다 ×, 할 수 있다 ○).
> ✓ 2016

① 무주택자인 근로자가 본인 명의로 주택을 구입하는 경우(배우자 명의 ×)
② 무주택자인 근로자가 주거를 목적으로 민법에 따른 전세금 또는 주택임대차보호법에 따른 보증금을 부담하는 경우. 이 경우 근로자가 하나의 사업에 근로하는 동안 1회로 한정한다.

③ 근로자가 6개월 이상 요양을 필요로 하는 다음 어느 하나에 해당하는 사람의 질병이나 부상에 대한 의료비를 해당 근로자가 본인 연간 임금총액의 1,000분의 125를 초과하여 부담하는 경우

㉠ 근로자 본인

㉡ 근로자의 배우자

㉢ 근로자 또는 그 배우자의 부양가족

④ 퇴직금 중간정산을 신청하는 날부터 거꾸로 계산하여 5년 이내에 근로자가 채무자 회생 및 파산에 관한 법률에 따라 파산선고를 받은 경우

⑤ 퇴직금 중간정산을 신청하는 날부터 거꾸로 계산하여 5년 이내에 근로자가 채무자 회생 및 파산에 관한 법률에 따라 개인회생절차개시 결정을 받은 경우

⑥ 사용자가 기존의 정년을 연장하거나 보장하는 조건으로 단체협약 및 취업규칙 등을 통하여 일정 나이, 근속시점 또는 임금액을 기준으로 임금을 줄이는 제도를 시행하는 경우

⑦ 사용자가 근로자와의 합의에 따라 소정근로시간을 1일 1시간 또는 1주 5시간 이상 단축함으로써 단축된 소정근로시간에 따라 근로자가 3개월 이상 계속 근로하기로 한 경우

⑧ 근로기준법 일부개정법률의 시행에 따른 근로시간의 단축으로 근로자의 퇴직금이 감소되는 경우

⑨ 재난으로 피해를 입은 경우로서 고용노동부장관이 정하여 고시하는 사유에 해당하는 경우

[퇴직금 중간정산]

사유	담보대출	퇴직금
1. 무주택자의 본인 명의 **주택구입**(배우자 명의 ×)	○	○
2. 무주택자의 **전**세금, 임차**보**증금 부담(1사업장 1회)	○	○
3. **재난** 피해	○	○
4. **의료비**(본인, 배우자, 부양가족 6개월 이상 요양, 1,000분의 125 초과)	○	○
5. 신청일 기준 **5년** 내 **파산**선고	○	○
6. 신청일 기준 **5년** 내 개인**회생**절차개시 결정	○	○
※ 대학**등록금**, 혼례비, 장례비(본인, 배우자, 부양가족)	○	×
※ 사업주 **휴업** 실시로 근로자 임금감소	○	×
정년 연장·보장 조건으로 임금을 줄이는 제도(임금피크제)	×	○
단축된 소정근로시간으로 3개월 이상 계속 근로	×	○
근로시간 단축으로 퇴직금 감소	×	○

tip
- 담보대출 : 영끌한 **주·전·보**가 (**등록금** 대출 갚아야 하는데 회사 **휴업**에) **재난**까지 겹쳐 **의료비**가 많이 나가 **5년** 안에 **파산**하고 **회생**했다.
- 퇴직금 중간정산 : 영끌한 **주·전·보**가 (**임금피크제**에 **3개월** 단축근무로 **퇴직금**도 줄었는데) **재난**까지 겹쳐 **의료비**가 많이 나가 **5년** 안에 **파산**하고 **회생**했다.

- 무주택자인 근로자가 주거를 목적으로 민법 제303조에 따른 전세금 또는 주택임대차보호법 제3조의2에 따른 보증금을 부담하는 경우. 이 경우 근로자가 하나의 사업에 근로하는 동안 (1)회로 한정한다.
- 근로자가 (6)개월 이상 요양을 필요로 하는 다음의 어느 하나에 해당하는 사람의 질병이나 부상에 대한 의료비를 해당 근로자가 본인 연간 임금총액의 1,000분의 (125)를 초과하여 부담하는 경우
  가. 근로자 본인
  나. 근로자의 배우자
  다. 근로자 또는 그 배우자의 부양가족
- 퇴직금 중간정산을 신청하는 날부터 거꾸로 계산하여 (5)년 이내에 근로자가 채무자 회생 및 파산에 관한 법률에 따라 파산선고를 받은 경우 ✓ 2022

근로자퇴직급여보장법상 퇴직금의 중간정산 사유에 해당하는 것으로 바르게 고른 것은? ✓ 2021
가. 무주택자인 근로자가 배우자 명의로 주택을 구입하는 경우(배우자 명의 ×, 본인 명의 ○)
나. 사용자가 근로자의 임금체계를 호봉제에서 직무급제로 변경하는 경우(×)
다. 사용자가 기존의 정년을 연장하거나 보장하는 조건으로 단체협약 및 취업규칙 등을 통하여 일정 나이, 근속시점 또는 임금액을 기준으로 임금을 줄이는 제도를 시행하는 경우(○)
라. 재난으로 피해를 입은 경우로서 고용노동부장관이 정하여 고시하는 사유에 해당하는 경우(○)
답 다, 라

가입자와 그의 배우자가 무주택자인 경우 가입자 본인 또는 그의 배우자 명의로 주택을 구입하는 경우(배우자 명의 ×, 본인 명의 ○) ✓ 2019

사용자가 근로자의 임금체계를 호봉제에서 연봉제로 개편하는 경우 퇴직금의 중간정산 사유에 해당한다(×). ✓ 2017

퇴직금의 중간정산 사유가 전혀 될 수 없는 것은? ✓ 2016
① 무주택자인 근로자의 본인 명의의 주택구입
② 무주택자인 근로자가 주거목적으로 민법 제303조에 따른 전세금 부담
③ 중간정산 신청일부터 역산하여 5년 이내의 근로자의 파산선고
④ 연봉제 도입에 따른 임금체계 간소화에 대한 회사의 필요(×)
답 ④

6. 퇴직금의 지급 등(법 제9조~제10조)

(1) 퇴직금 14일 이내 지급

사용자는 근로자가 퇴직한 경우에는 그 지급사유가 발생한 날부터 14일 이내에 퇴직금을 지급하여야 한다. 다만, 특별한 사정이 있는 경우에는 당사자 간의 합의에 따라 지급기일을 연장할 수 있다.

(2) 지급 방법

① 근로자 지정 계정 이전 : 퇴직금은 근로자가 지정한 개인형퇴직연금제도의 계정 또는 중소기업퇴직연금기금제도 가입자부담금 계정의 설정 등에 따른 계정으로 이전하는 방법으로 지급하여야 한다.
② 55세 퇴직급여 수령 등의 예외 : 다만, 근로자가 55세 이후에 퇴직하여 급여를 받는 경우 등 대통령령으로 정하는 사유가 있는 경우에는 그러하지 아니하다.
  ㉠ 근로자가 55세 이후에 퇴직하여 급여를 받는 경우
  ㉡ 급여가 고용노동부장관이 정하여 고시하는 금액 이하인 경우

ⓒ 근로자가 사망한 경우

ⓔ 출입국관리법 시행령에 따라 취업활동을 할 수 있는 체류자격으로 국내에서 근로를 제공하고 퇴직한 근로자가 퇴직 후 국외로 출국한 경우

ⓜ 다른 법령에서 급여의 전부 또는 일부를 공제하도록 한 경우

(3) 계정 미지정 시 근로자 명의 계정 이전

근로자가 개인형퇴직연금제도의 계정 등을 지정하지 아니한 경우에는 근로자 명의의 개인형퇴직연금제도의 계정으로 이전한다.

(4) 퇴직금 3년 시효

퇴직금을 받을 권리는 3년간 행사하지 아니하면 시효로 인하여 소멸한다.

7. 퇴직급여제도(법 제11조~제12조)

(1) 퇴직급여제도의 미설정 시 퇴직금제도 설정 간주

사용자가 퇴직급여제도나 개인형퇴직연금제도를 설정하지 아니한 경우에는 퇴직금제도를 설정한 것으로 본다(추정한다 ×).

(2) 퇴직급여 등의 우선변제

① 임금채권의 우선변제 : 사용자에게 지급의무가 있는 퇴직금, 확정급여형퇴직연금제도의 급여, 확정기여형 퇴직연금제도의 부담금 중 미납입 부담금 및 미납입 부담금에 대한 지연이자, 중소기업퇴직연금기금제도 의 부담금 중 미납입 부담금 및 미납입 부담금에 대한 지연이자, 10명 미만을 사용하는 사업에 대한 특례에 따른 개인형퇴직연금제도의 부담금 중 미납입 부담금 및 미납입 부담금에 대한 지연이자는, 사용자의 총재산에 대하여 질권 또는 저당권에 의하여 담보된 채권을 제외하고는 조세·공과금 및 다른 채권에 우선하여 변제되어야 한다. 다만, 질권 또는 저당권에 우선하는 조세·공과금에 대하여는 그러하지 아니하다.

② 임금채권의 우선변제 순위 정리

ⓐ 1순위 : 최종 3개월분의 임금, 재해보상금, 최종 3년간의 퇴직급여 등

ⓑ 2순위 : 질권·저당권 등 담보권에 우선하는 조세·공과금

ⓒ 3순위 : 질권·저당권 등 담보권에 따라 담보된 채권

ⓓ 4순위 : 위의 1순위를 제외한 임금, 재해보상금, 그 밖에 근로 관계로 인한 채권

ⓔ 5순위 : 조세·공과금, 일반채권

(3) 1년 30일분 평균임금 계산

　　퇴직급여 등에서 퇴직금, 확정급여형퇴직연금제도의 급여는 계속근로기간 1년에 대하여 30일분의 평균임금
　　으로 계산한 금액으로 한다.

(4) 가입자의 임금총액 12분의 1 부담금 계산

　　퇴직급여 등에서 확정기여형퇴직연금제도의 부담금, 중소기업퇴직연금기금제도의 부담금 및 개인형퇴직연
　　금제도의 부담금은 가입자의 연간 임금총액의 12분의 1(12분의 1 이상 ×)에 해당하는 금액으로 계산한
　　금액으로 한다.

02 | 실전대비문제(보험계리사 · 공인노무사)

01 근로자퇴직급여보장법에 관한 설명으로 옳지 않은 것은?(다툼이 있는 경우에는 판례에 의함)

(2011년, 공인노무사)

① 매월 지급하는 월급과 함께 퇴직금으로 일정한 금원을 미리 지급하기로 한 약정은 유효한 퇴직금 중간정산으로 인정되는 경우가 아닌 한 무효이다.

② 퇴직금 중간정산 후의 퇴직금 산정을 위한 계속근로기간은 정산 시점부터 새로이 기산한다.

③ 사용자는 퇴직급여제도를 설정할 때 하나의 사업 안에 차등을 두어서는 아니 된다.

④ 사용자는 4주간을 평균하여 1주간의 소정근로시간이 15시간 미만인 근로자에 대하여도 퇴직급여제도를 설정하여야 한다.

⑤ 사용자는 근로자가 퇴직한 경우에는 그 지급사유가 발생한 날부터 14일 이내에 퇴직금을 지급하여야 하지만, 특별한 사정이 있는 경우에는 당사자 간의 합의에 의하여 지급기일을 연장할 수 있다.

[해설] ④ 퇴직급여제도를 설정하여야 한다(×). 설정 예외에 해당한다.
퇴직급여제도의 설정 예외 : 계속근로기간이 1년 미만인 근로자, 4주간을 평균하여 1주간의 소정근로시간이 15시간 미만인 근로자에 대하여는 그러하지 아니하다.

답 ④

02 근로자퇴직급여보장법령상 퇴직금의 중간정산 사유에 해당하지 않는 것은?　(2013년, 공인노무사)

① 무주택자인 근로자가 본인 명의로 주택을 구입하는 경우

② 재난으로 피해를 입은 경우로서 고용노동부장관이 정하여 고시하는 사유에 해당하는 경우

③ 근로자가 6개월 이상 요양을 필요로 하는 의료비를 해당 근로자가 본인 연간 임금총액의 1,000분의 125를 초과하여 부담하는 경우

④ 퇴직금 중간정산을 신청하는 날부터 거꾸로 계산하여 5년 이내에 근로자가 채무자 회생 및 파산에 관한 법률에 따라 개인회생절차개시 결정을 받은 경우

⑤ 경영 악화를 방지하기 위한 사업의 합병을 유도하기 위하여 근로자의 과반수의 동의를 얻은 경우

[해설] ⑤ 퇴직금은 근로자의 노후를 보장하기 위해 대통령령으로 정하는 사유 외에는 퇴직금 보호 차원에서 중간정산을 제한한다.

[tip] • 퇴직금 중간정산 : 영끌한 **주** · **전** · **보**가 (**임금피크제**에 **3개월 단축근무**로 **퇴직금**도 줄었는데) **재난**까지 겹쳐 **의료비**가 많이 나가 **5년** 안에 **파산**하고 **회생**했다.

답 ⑤

03 퇴직급여제도의 종류에 해당하지 않는 것은? (2014년)

① 확정급여형퇴직연금제도 ② 확정기여형퇴직연금제도

③ 퇴직금제도 ④ 퇴직보험제도

해설 ④ 퇴직보험제도(×)

퇴직급여제도 : 확정급여형퇴직연금제도, 확정기여형퇴직연금제도, 중소기업퇴직연금기금제도 및 퇴직금제도를 말한다.

답 ④

04 퇴직금의 중간정산 사유가 전혀 될 수 없는 것은? (2014년)

① 무주택자인 근로자의 본인 명의의 주택구입

② 무주택자인 근로자가 주거목적으로 민법 제303조에 따른 전세금 부담

③ 중간정산 신청일부터 역산하여 5년 이내의 근로자의 파산선고

④ 연봉제 도입에 따른 임금체계 간소화에 대한 회사의 필요

해설 ④ 연봉제 도입에 따른 임금체계 간소화에 대한 회사의 필요(×)

답 ④

05 근로자퇴직급여보장법에 관한 설명으로 옳은 것은? (2015년, 공인노무사)

① 퇴직급여제도의 일시금을 수령한 사람은 개인형퇴직연금제도를 설정할 수 없다.

② 사용자는 계속근로기간이 1년 미만인 근로자, 4주간을 평균하여 1주간의 소정근로시간이 15시간 미만인 근로자에 대하여는 퇴직급여제도를 설정하지 않아도 된다.

③ 확정급여형퇴직연금제도, 확정기여형퇴직연금제도 또는 중소기업퇴직연금기금제도의 가입자는 개인형퇴직연금제도를 추가로 설정할 수 없다.

④ 퇴직연금제도를 설정한 사용자는 자산관리업무의 수행을 내용으로 하는 계약을 개별근로자와 체결하여야 한다.

⑤ 상시 10명 미만의 근로자를 사용하는 사업의 경우에는 개별근로자의 동의나 요구와 관계없이 개인형퇴직연금제도를 설정할 수 있으며 이 경우 해당 근로자에 대하여 퇴직급여제도를 설정한 것으로 본다.

해설 퇴직급여제도의 설정 예외 : 계속근로기간이 1년 미만인 근로자, 4주간을 평균하여 1주간의 소정근로시간이 15시간 미만인 근로자에 대하여는 그러하지 아니하다.

답 ②

06 근로자대표의 동의가 필요하지 않은 경우는? (2015년)

① 사용자가 2015년에 사업체를 설립하고 그 사업체의 퇴직급여제도로 확정기여형퇴직연금제도를 설정하는 경우

② 사용자가 2015년에 설정된 확정급여형퇴직연금제도를 확정기여형퇴직연금제도로 바꾸는 경우

③ 사용자가 2015년에 설정된 확정기여형퇴직연금제도를 확정급여형퇴직연금제도로 바꾸는 경우

④ 사용자가 2015년에 설정된 확정급여형퇴직연금제도에서 가입자가 받게 되는 급여의 수준을 낮추는 경우

[해설] ① 2015년에 사업체를 설립 동의(×), 의견(○)
　　　　2012. 7. 26. 이후 새로 성립된 사업의 사용자는 근로자대표의 의견을 들어 사업의 성립 후 1년 이내에 퇴직연금제도를 설정하여야 한다.

답 ①

07 근로자퇴직급여보장법상 퇴직급여제도의 설정과 관련하여 옳지 않은 것은? (2016년)

① 사용자가 이미 설정되어 있는 확정급여형퇴직연금제도에서 가입자가 받게 되는 급여 수준을 높이고자 하는 경우 근로자대표의 동의를 받아야 한다.

② 사용자가 이미 설정되어 있는 확정급여형퇴직연금제도를 확정기여형퇴직연금제도로 변경하고자 하는 경우 근로자대표의 동의를 받아야 한다.

③ 사용자가 2016년에 사업체를 설립하고 그 사업체의 퇴직급여제도로 확정기여형퇴직연금제도를 설정하는 경우 근로자대표의 동의를 받을 필요는 없다.

④ 사용자가 퇴직급여제도를 설정하는 경우 하나의 사업에서 급여 및 부담금 산정방법의 적용 등에 관하여 차등을 두어서는 아니 된다.

[해설] ① 급여 수준을 높이고자 하는 경우 근로자대표의 동의(×)
　　　• 유리하게 변경 : 근로자 의견 청취
　　　• 불리하게 변경 : 근로자대표 동의

답 ①

08 근로자퇴직급여보장법상 퇴직금에 대한 설명으로 옳지 않은 것은? (2016년)

① 대법원은 퇴직금의 법적 성격에 대하여 후불(後拂)임금으로 보고 있다.

② 퇴직금으로 계속근로기간 1년에 대하여 30일분 이상의 평균임금을 퇴직근로자에게 지급할 수 있는 제도를 설정하여야 한다.

③ 근로자가 퇴직금의 중간정산을 요구하는 경우 사용자는 정산하여 지급하여야 한다.

④ 퇴직금을 받을 권리는 3년간 행사하지 않으면 시효로 인하여 소멸한다.

[해설] ③ 사용자는 정산하여 지급하여야 한다(×).
　　　• (~하여야 한다는 의무사항) 사용자는 정산하여 지급할 수 있다(○).
　　　• 퇴직 후 노후자금용도인 퇴직금의 중간정산을 무조건 허용하면 퇴직금의 용도에 부족할 수 있어 주택구입 등으로 제한하고 있다.

답 ③

09 근로자퇴직급여보장법상 퇴직급여제도에 관한 설명으로 옳지 않은 것은? (2017년)

① 계속근로기간이 1년 미만인 근로자에 대해서는 퇴직급여제도를 설정하지 않아도 되지만, 4주간을 평균하여 1주간의 소정근로시간이 15시간 미만인 근로자에 대하여는 계속근로기간이 1년 이상인 경우 퇴직급여제도를 설정하여야 한다.

② 사용자는 근로자가 퇴직한 경우에는 그 지급사유가 발생한 날로부터 14일 이내에 퇴직금을 지급하여야 하지만, 특별한 사정이 있는 경우에는 당사자 간의 합의에 따라 지급기일을 연장할 수 있다.

③ 최종 3년간의 퇴직급여 등은 사용자의 총재산에 대하여 질권 또는 저당권에 의하여 담보된 채권, 조세·공과금 및 다른 채권에 우선하여 변제되어야 한다.

④ 퇴직연금을 받을 권리는 그 전액에 관하여 압류가 금지된다는 것이 대법원 판례의 입장이다.

[해설] ① 1년 이상인 경우 퇴직급여제도를 설정하여야 한다(×).
　　　 계속근로기간이 1년 미만인 근로자, 4주간을 평균하여 1주간의 소정근로시간이 15시간 미만인 근로자에 대하여는 적용대상에서 제외된다.

답 ①

10 근로자퇴직급여보장법상 퇴직금의 중간정산 사유에 관한 설명으로 옳지 않은 것은? (2017년)

① 무주택자인 근로자가 주거를 목적으로 주택임대차보호법 제3조의2에 따른 보증금을 부담하는 경우 퇴직금의 중간정산 사유에 해당하지만 근로자가 하나의 사업에 근로하는 동안 1회로 한정한다.

② 사용자가 근로자의 임금체계를 호봉제에서 연봉제로 개편하는 경우 퇴직금의 중간정산 사유에 해당한다.

③ 6개월 이상 요양을 필요로 하는 근로자의 배우자의 질병이나 부상에 대한 요양 비용을 근로자가 부담하는 경우 퇴직금의 중간정산 사유에 해당한다.

④ 퇴직금 중간정산을 신청하는 날부터 역산하여 5년 이내에 근로자가 채무자 회생 및 파산에 관한 법률에 따라 개인회생절차개시 결정을 받은 경우 퇴직금의 중간정산 사유에 해당한다.

[해설] ② 호봉제에서 연봉제로 개편(×)

답 ②

11 근로자퇴직급여보장법상 퇴직급여제도에 관한 설명 중 옳은 것은 몇 개인가?(다툼이 있으면 판례에 따름)

(2019년)

가. 둘 이상의 사업을 영위하는 사용자가 퇴직급여제도를 설정하는 경우, 급여 및 부담금 산정방법의 적용 등에 관하여 두 사업 사이에 차등을 두어서는 아니 된다.

나. 2019. 1. 1. 사업을 새로 성립한 사용자는 근로자대표의 동의를 받아 사업 성립 후 1년 이내에 확정급여형 퇴직연금제도나 확정기여형퇴직연금제도를 설정하여야 한다.

다. 주식회사의 대표이사로서 근로기준법상 근로자가 아닌 A가 그 회사의 사업에 설정된 확정기여형퇴직 연금에 가입한 경우, A가 이 퇴직연금제도에 의한 급여를 받을 권리는 양도하거나 담보로 제공할 수 없다.

라. 퇴직금제도를 설정하려는 사용자는, 계속근로기간 1년에 대하여 45일분의 평균임금을 퇴직금으로 퇴직근로자에게 지급할 수 있는 제도를 설정할 수 있다.

마. 사용자에게 지급의무가 있는 확정급여형퇴직연금제도의 급여 중 최종 3년간의 급여는 사용자의 총재산에 대하여 질권 또는 저당권에 의하여 담보된 채권보다 우선변제되어야 한다.

① 1개 ② 2개
③ 3개 ④ 4개

[해설] ② 2개(라, 마)

가. 두 사업 사이에 차등(×), 하나의 사업에서 급여 및 부담금 산정방법의 적용 등에 관하여 차등을 두어서는 아니 된다(○).

나. 근로자대표의 동의(×), 의견을 들어(○)

다. 근로자가 아닌 A의 퇴직연금제도에 의한 급여를 받을 권리는 양도하거나 담보로 제공할 수 없다(×). 양도하거나 담보로 제공할 수 있다(○).

❚ **판례**

수급권 보호가 근로자 아닌 대표이사에게도 적용되지는 여부

❚ **판결요지**

근로자가 아닌 대표이사 A의 퇴직연금은 근로기준법상의 근로자에 해당하지 않는 이사 등의 퇴직연금 채권에 대해서는 '퇴직연금제도의 급여를 받을 권리'의 양도 금지를 규정한 근로자퇴직급여보장법은 적용되지 않는다(대법원 2015다51968 판결).

답 ②

03 | 확정급여형퇴직연금제도 (DB ; Defined Benefit)

[퇴직금 및 퇴직연금제도 비교]

구분	퇴직금	퇴직연금제도		
		확정급여형(DB)	확정기여형(DC)	개인형(IRP)
퇴직급여 형태	일시금	연금 또는 일시금		
급여 수준	근속연수 1년당 30일분의 평균임금	일시금 기준으로 퇴직금과 동일	근로자의 운용실적에 따라 변동	가입자의 운용실적에 따라 변동
적립금의 운용		사용자	근로자	가입자
중도인출 (중간정산)	가능 (특정한 사유)	불가	가능 (특정한 사유)	
규약신고	취업규칙	퇴직연금규약		불필요
연금 수령요건	–	55세 이상으로서 가입기간 10년 이상		55세 이상
수수료 부담	–	운용·자산관리 : 사용자 근로자 추가납입 : 근로자		가입자
사외적립 부담 수준	사용자 재량	퇴직금 추계액의 90% 이상	연간 임금총액의 12분의 1 이상	가입자 재량
부담금 납부	사용자			가입자

출처 : 고용노동부

1. 확정급여형퇴직연금제도의 설정(법 제13조)

(1) 연금규약 고용노동부장관 신고

확정급여형퇴직연금제도를 설정하려는 사용자는 근로자대표의 동의를 얻거나 의견을 들어 다음을 포함한 확정급여형퇴직연금규약을 작성하여 고용노동부장관(금융위원회 ×)에게 신고하여야 한다.

 기출 포인트 !

> 확정기여형퇴직연금제도를 설정하려는 사용자는 퇴직연금규약을 작성하여 금융위원회에 신고하여야 한다(금융위
> 원회 ×, 고용노동부장관 ○).   ✓ 2020

(2) 확정급여형퇴직연금규약 작성

① 퇴직연금사업자 선정에 관한 사항
② 가입자에 관한 사항
③ 가입기간에 관한 사항
④ 급여 수준에 관한 사항
⑤ 급여 지급능력 확보에 관한 사항
⑥ 급여의 종류 및 수급요건 등에 관한 사항
⑦ 운용관리업무 및 자산관리업무의 수행을 내용으로 하는 계약의 체결 및 해지와 해지에 따른 계약의 이전에 관한 사항
⑧ 운용현황의 통지에 관한 사항
⑨ 가입자의 퇴직 등 급여 지급사유 발생과 급여의 지급절차에 관한 사항
⑩ 퇴직연금제도의 폐지·중단 사유 및 절차 등에 관한 사항
⑪ 부담금의 산정 및 납입에 관한 사항
⑫ 그 밖에 확정급여형퇴직연금제도의 운영을 위하여 대통령령으로 정하는 사항

 기출 포인트 !

> 확정급여형퇴직연금규약에는 부담금의 산정 및 납입에 관한 사항이 포함될 필요는 없다(포함될 필요는 없다 ×, 포함 ○).
>
> ✓ 2021

2. 퇴직연금제도의 설정과 가입기간(법 제14조)

(1) 근로 제공기간

확정급여형퇴직연금제도의 설정에 따른 가입기간은 퇴직연금제도의 설정 이후 해당 사업에서 근로를 제공하는 기간으로 한다.

(2) 퇴직연금제도 설정 전 근로 제공기간 인정

해당 퇴직연금제도의 설정 전에 해당 사업에서 제공한 근로기간에 대하여도 가입기간으로 할 수 있다.

(3) 퇴직금 정산기간 제외

이 경우 퇴직금을 미리 정산한 기간은 제외한다.

3. 급여 수준 및 지급능력 확보(법 제15조~제16조)

(1) 1년 30일분 평균임금 이상 급여 수준

확정급여형퇴직연금제도의 설정의 급여 수준은 가입자의 퇴직일을 기준으로 산정한 일시금이 계속근로기간 1년에 대하여 30일분 이상의 평균임금이 되도록 하여야 한다.

(2) 급여 지급능력 확보 등

① 100분의 60 비율 최소적립금 산출 : 확정급여형퇴직연금제도를 설정한 사용자는 급여 지급능력을 확보하기 위하여 매 사업연도 말 다음 ⊙과 ⓒ의 금액 중 더 큰 금액에 100분의 60 이상으로 대통령령으로 정하는 비율을 곱하여 산출한 금액 이상을 적립금으로 적립하여야 한다. 다만, 퇴직연금제도 설정 이전에 해당 사업에서 근로한 기간을 가입기간에 포함시키는 경우 대통령령으로 정하는 비율에 따른다.

⊙ 현재 기준 퇴직예상 비용 − 장래 근무기간분의 부담금 수입예상액 : 매 사업연도 말일 현재를 기준으로 산정한 가입자의 예상 퇴직시점까지의 가입기간에 대한 급여에 드는 비용 예상액의 현재가치에서 장래 근무기간분에 대하여 발생하는 부담금 수입 예상액의 현재가치를 뺀 금액으로서 고용노동부령으로 정하는 방법에 따라 산정한 금액

ⓒ 가입기간 ~ 해당 연도 말일 비용예상액 : 가입자와 가입자였던 사람의 해당 사업연도 말일까지의 가입기간에 대한 급여에 드는 비용 예상액을 고용노동부령으로 하는 방법에 따라 산정한 금액

② 6개월 이내 최소적립금 확인 및 통지 : 확정급여형퇴직연금제도의 운용관리업무를 수행하는 퇴직연금사업자는 매 사업연도 종료 후 6개월 이내에 고용노동부령으로 정하는 바에 따라 산정된 적립금이 최소적립금을 넘고 있는지 여부를 확인하여 그 결과를 대통령령으로 정하는 바에 따라 사용자에게 알려야 한다. 다만, 최소적립금보다 적은 경우에는 그 확인 결과를 근로자대표에게도 알려야 한다.

③ 적립금 100분의 95 미달 시 부족분 해소 : 사용자는 적립금이 최소적립금의 100분의 95 수준에 미치지 못하는 경우에는 대통령령으로 정하는 바에 따라 적립금 부족을 해소하여야 한다.

④ 100분의 150 초과분 반환 : 매 사업연도 말 적립금이 기준책임준비금을 초과한 경우 사용자는 그 초과분을 향후 납입할 부담금에서 상계할 수 있으며, 매 사업연도 말 적립금이 기준책임준비금의 100분의 150을 초과하고 사용자가 반환을 요구하는 경우 퇴직연금사업자는 그 초과분을 사용자에게 반환할 수 있다.

더 알아보기 급여 지급능력 확보

최소적립	통지	부족분 해소	초과분 반환
100분의 60 비율	6개월	100분의 95	100분의 150

4. 급여 종류 및 수급요건 등(법 제17조)

(1) 급여 종류 및 수급요건

확정급여형퇴직연금제도의 급여 종류는 연금 또는 일시금으로 하되, 수급요건은 다음과 같다.

① 연금 : 55세 이상으로서 가입기간이 10년 이상인 가입자에게 지급할 것. 이 경우 연금의 지급기간은
5년 이상이어야 한다.

② 일시금 : 연금수급 요건을 갖추지 못하거나 일시금 수급을 원하는 가입자에게 지급할 것

더 알아보기 | 연금 · 일시금 수급

연금	일시금
55세, 10년, 5년	그 외 희망자

(2) 지급기한

① 지급사유 발생 14일 이내 지급 : 사용자는 가입자의 퇴직 등 급여를 지급할 사유가 발생한 날부터 14일
이내에 퇴직연금사업자로 하여금 적립금의 범위에서 지급의무가 있는 급여 전액을 지급하도록 하여야
한다.

② 당사자 간 합의 연장 : 다만, 퇴직연금제도 적립금으로 투자된 운용자산 매각이 단기간에 이루어지지
아니하는 등 특별한 사정이 있는 경우에는 사용자, 가입자 및 퇴직연금사업자 간의 합의에 따라 지급기일
을 연장할 수 있다.

(3) 급여 수준 미달

① **급여 수준 미달 시 부족금액 14일 이내 지급** : 사용자는 퇴직연금사업자가 지급한 급여 수준이 가입자의 퇴직일을 기준으로 산정한 일시금에 미치지 못할 때에는 급여를 지급할 사유가 발생한 날부터 14일 이내에 그 부족한 금액을 해당 근로자에게 지급하여야 한다.

② **당사자 간 합의 연장** : 이 경우 특별한 사정이 있는 경우에는 당사자 간의 합의에 따라 지급기일을 연장할 수 있다.

(4) 급여 이전

① **근로자 지정 계정 이전** : 급여의 지급은 가입자가 지정한 개인형퇴직연금제도의 계정 등으로 이전하는 방법으로 한다.

② **55세 퇴직급여 수령 등의 예외** : 다만, 가입자가 55세 이후에 퇴직하여 급여를 받는 경우 등 대통령령으로 정하는 사유가 있는 경우에는 그러하지 아니하다.

    ㉠ 가입자가 55세 이후에 퇴직하여 급여를 받는 경우

    ㉡ 가입자가 수급권의 보호에 따라 급여를 담보로 대출받은 금액 등을 상환하기 위한 경우. 이 경우 가입자가 지정한 개인형퇴직연금계정 등으로 이전하지 않은 금액은 담보대출 채무상환 금액을 초과할 수 없다.

    ㉢ 급여가 고용노동부장관이 정하는 금액 이하인 경우

    ㉣ 근로자가 사망한 경우

    ㉤ 출입국관리법 시행령에 따라 취업활동을 할 수 있는 체류자격으로 국내에서 근로를 제공하고 퇴직한 근로자가 퇴직 후 국외로 출국한 경우

    ㉥ 다른 법령에서 급여의 전부 또는 일부를 공제하도록 한 경우

> **기출 포인트 !**
>
> 확정급여형퇴직연금제도에 따른 급여의 지급방법은 가입자가 지정한 개인형퇴직연금제도의 계정 등으로 이전하는 방법으로 하는데, 이 경우 가입자가 급여를 담보로 하여 대출받은 금액을 상환하기 위한 경우는 그 예외 사유에 해당하지만, 가입자의 퇴직 연령에 대해서는 예외 사유가 존재하지 않는다(가입자의 퇴직 연령에 대해서는 예외 사유가 존재하지 않는다 ×, 존재한다 ○).
> ✓ 2018

(5) 계정 미지정 시 가입자 명의계정 이전

가입자가 개인형퇴직연금제도의 계정 등을 지정하지 아니하는 경우에는 가입자 명의의 개인형퇴직연금제도의 계정으로 이전한다. 이 경우 가입자가 해당 퇴직연금사업자에게 개인형퇴직연금제도를 설정한 것으로 본다.

5. 적립금운용위원회 구성 등(제18조의2)

(1) 300명 이상 사업장의 적립금운용위원회 구성

상시 300명 이상의 근로자를 사용하는 사업의 사용자는 퇴직연금제도 적립금의 합리적인 운용을 위하여 대통령령으로 정하는 바에 따라 적립금운용위원회를 구성하여야 한다.

(2) 적립금운용계획서 매년 1회 작성

사용자는 적립금운용위원회의 심의를 거친 적립금운용계획서에 따라 적립금을 운용하여야 한다. 이 경우 적립금운용계획서는 다음을 포함하여 매년 1회 이상 작성하여야 한다.

① 적립금 운용 목적 및 목표수익률

② 적립금 운용 방법(자산배분정책, 투자가능상품 등 포함)

③ 적립금 운용성과에 대한 평가

④ 적립금 운용 담당자의 의무 등 적립금 운용관리에 관한 사항

03 | 실전대비문제(보험계리사 · 공인노무사)

01 근로자퇴직급여보장법상 확정급여형퇴직연금제도의 매 사업연도 말 적립금이 기준책임준비금의 일정 비율을 초과하고 사용자가 반환을 요구하는 경우 퇴직연금사업자는 그 초과분을 사용자에게 반환할 수 있다. 여기에서 말한 일정 비율에 해당하는 것은? (2014년)

① 100분의 70

② 100분의 90

③ 100분의 120

④ 100분의 150

[해설] 매 사업연도 말 적립금이 기준책임준비금의 100분의 150을 초과하고 사용자가 반환을 요구하는 경우 퇴직연금사업자는 그 초과분을 사용자에게 반환할 수 있다.

답 ④

02 근로자퇴직급여보장법상 확정급여형퇴직연금제도의 매 사업연도 말 적립금이 기준책임준비금의 일정 비율을 초과하고 사용자가 반환을 요구하는 경우 퇴직연금사업자는 그 초과분을 사용자에게 반환할 수 있다. 여기에서 말한 일정 비율에 해당하는 것은? (2015년)

① 100분의 70

② 100분의 90

③ 100분의 120

④ 100분의 150

[해설] 매 사업연도 말 적립금이 기준책임준비금의 100분의 150을 초과하고 사용자가 반환을 요구하는 경우 퇴직연금사업자는 그 초과분을 사용자에게 반환할 수 있다.

답 ④

03 확정급여형퇴직연금제도에서는 가입자인 근로자가 퇴직하는 경우 퇴직연금제도의 급여를 개인형퇴직연금제도의 계정으로 이전하는 방법으로 지급받도록 규정하고 있다. 이러한 규정의 예외에 해당하는 경우가 아닌 것은? (2015년)

① 55세 이후에 퇴직하여 급여를 받은 경우
② 급여를 담보로 대출받은 금액 등을 상환하기 위한 경우
③ 퇴직급여액이 고용노동부장관이 정하는 금액 이하인 경우
④ 가입자의 가입기간이 2년 미만인 경우

[해설] ④ 가입자의 가입기간이 2년 미만인 경우(×)
예외 사유
• 근로자가 55세 이후에 퇴직하여 급여를 받는 경우
• 급여가 고용노동부장관이 정하여 고시하는 금액 이하인 경우
• 근로자가 사망한 경우
• 취업활동을 할 수 있는 체류자격으로 국내에서 근로를 제공하고 퇴직한 근로자가 퇴직 후 국외로 출국한 경우
• 다른 법령에서 급여의 전부 또는 일부를 공제하도록 한 경우(법 제17조)

답 ④

04 근로자퇴직급여보장법상 확정급여형퇴직연금제도에서 매 사업연도 말 적립금이 기준책임준비금의 어느 정도 비율을 초과하면 사용자가 퇴직연금사업자에게 그 초과분의 반환을 요구할 수 있는가? (2016년)

① 100분의 100
② 100분의 150
③ 100분의 170
④ 100분의 200

[해설] 매 사업연도 말 적립금이 기준책임준비금의 100분의 150을 초과하고 사용자가 반환을 요구하는 경우 퇴직연금사업자는 그 초과분을 사용자에게 반환할 수 있다.

답 ②

05 근로자퇴직급여보장법상 확정급여형퇴직연금제도에 관한 설명으로 옳지 않은 것은? (2021년)

① 2021년 4월에 성립된 사업의 사용자가 사업 성립 후 1년 내에 확정급여형퇴직연금제도를 설정하려고 하면 근로자대표의 의견을 들어서 하면 된다.

② 확정급여형퇴직연금제도의 가입기간은 해당 퇴직연금제도의 설정 전에 해당 사업에서 제공한 근로기간에 대하여도 가입기간으로 할 수 있지만, 주택구입 등 대통령령이 정하는 사유로 해당 근로자가 계속근로기간에 대해 퇴직금을 미리 정산한 기간은 제외한다.

③ 확정급여형퇴직연금규약에는 부담금의 산정 및 납입에 관한 사항이 포함될 필요는 없다.

④ 확정급여형퇴직연금제도를 운영하는 퇴직연금사업자는 매년 1회 이상 적립금액 및 운용수익률 등을 고용노동부령이 정하는 바에 따라 가입자에게 알려야 한다.

[해설] ③ 포함될 필요는 없다(×). 포함되어야 한다(○).

답 ③

04 | 확정기여형퇴직연금제도 (DC ; Defined Contribution)

[퇴직금 및 퇴직연금제도 비교]

구분	퇴직금	퇴직연금제도		
		확정급여형(DB)	확정기여형(DC)	개인형(IRP)
퇴직급여 형태	일시금	연금 또는 일시금		
급여 수준	근속연수 1년당 30일분의 평균임금	일시금 기준으로 퇴직금과 동일	근로자의 운용실적에 따라 변동	가입자의 운용실적에 따라 변동
적립금의 운용		사용자	근로자	가입자
중도인출 (중간정산)	가능 (특정한 사유)	불가	가능 (특정한 사유)	
규약신고	취업규칙	퇴직연금규약		불필요
연금 수령요건	–	55세 이상으로서 가입기간 10년 이상		55세 이상
수수료 부담	–	운용·자산관리 : 사용자 근로자 추가납입 : 근로자		가입자
사외적립 부담 수준	사용자 재량	퇴직금 추계액의 90% 이상	연간 임금총액의 12분의 1 이상	가입자 재량
부담금 납부	사용자			가입자

출처 : 고용노동부

1. 확정기여형퇴직연금제도의 설정(법 제19조)

(1) 용어의 정의

① 가입자 미선정 경우 사전지정운용제도 : 가입자가 적립금의 운용방법을 스스로 선정하지 아니한 경우 사전에 지정한 운용방법으로 적립금을 운용하는 제도를 말한다.

② 적립금 운용 승인받은 사전지정운용방법 : 사전지정운용제도에 따라 적립금을 운용하기 위하여 승인을 받은 운용방법을 말한다.

(2) 고용노동부장관 신고

확정기여형퇴직연금제도를 설정하려는 사용자는 근로자대표의 동의를 얻거나 의견을 들어 다음을 포함한 확정기여형퇴직연금규약을 작성하여 고용노동부장관에게 신고하여야 한다.

(3) 확정기여형퇴직연금규약 기재사항

① 부담금의 부담에 관한 사항

② 부담금의 산정 및 납입에 관한 사항

③ 적립금의 운용에 관한 사항

④ 적립금의 운용방법 및 정보의 제공 등에 관한 사항

⑤ 사전지정운용제도에 관한 사항

⑥ 적립금의 중도인출에 관한 사항

⑦ 확정급여형퇴직연금제도의 설정 사항

　　㉠ 퇴직연금사업자 선정에 관한 사항

　　㉡ 가입자에 관한 사항

　　㉢ 가입기간에 관한 사항

　　㉣ 급여의 종류 및 수급요건 등에 관한 사항

　　㉤ 운용관리업무 및 자산관리업무의 수행을 내용으로 하는 계약의 체결 및 해지와 해지에 따른 계약의 이전에 관한 사항

　　㉥ 운용현황의 통지에 관한 사항

　　㉦ 가입자의 퇴직 등 급여 지급사유 발생과 급여의 지급절차에 관한 사항

　　㉧ 퇴직연금제도의 폐지·중단 사유 및 절차 등에 관한 사항

더 알아보기 퇴직연금규약 기재상항 - 공통사항 제외

확정급여형	확정기여형
• 급여 수준에 관한 사항 • 급여 지급능력 확보에 관한 사항	• 적립금의 운용에 관한 사항 • 적립금의 운용방법 및 정보의 제공 등에 관한 사항 • 사전지정운용제도에 관한 사항 • 적립금의 중도인출에 관한 사항

🔆 기출 포인트 !

근로자퇴직급여보장법상 확정기여형퇴직연금규약에 포함되어야 하는 사항으로 옳은 것은 몇 개인가? ✓ 2022
가. 퇴직연금사업자 선정에 관한 사항(O)
나. 가입자에 관한 사항(O)
다. 가입기간에 관한 사항(O)
라. 급여의 종류 및 수급요건 등에 관한 사항(O)
마. 급여 지급능력 확보에 관한 사항(×)
바. 운용관리업무 및 자산관리업무의 수행에 대한 수수료의 부담에 관한 사항(O)
사. 가입자에 대한 교육의 방법 및 절차 등에 관한 사항(O)   🔲 6개(가, 나, 다, 라, 바, 사)

근로자퇴직급여보장법상 확정기여형퇴직연금제도규약에 반드시 포함하여야 하는 사항이 아닌 것은? ✓ 2019
① 퇴직연금사업자 선정에 관한 사항
② 적립금의 운용에 관한 사항
③ 급여 수준에 관한 사항(×)
④ 부담금의 산정 및 납입에 관한 사항   🔲 ③

(4) 확정급여형퇴직연금제도 준용

확정기여형퇴직연금제도를 설정하는 경우 가입기간, 급여의 종류, 수급요건과 급여 지급의 절차·방법, 운용현황의 통지는 확정급여형퇴직연금제도를 준용한다. 다만, 급여 수준에 관한 사항과 급여 지급능력 확보에 관한 사항은 준용하지 아니한다.

2. 부담금의 부담수준 및 납입 등(법 제20조)

(1) 임금총액 12분의 1 이상 부담금의 납입

확정기여형퇴직연금제도를 설정한 사용자는 가입자의 연간 임금총액의 12분의 1 이상(12분의 1 ×)에 해당하는 부담금을 현금으로 가입자의 확정기여형퇴직연금제도 계정에 납입하여야 한다.

🔆 기출 포인트 !

확정기여형퇴직연금제도를 설정한 사용자는 가입자의 연간 임금총액의 12분의 1 이상에 해당하는 부담금을 현금으로 가입자의 확정기여형퇴직연금제도 계정에 납입하여야 한다(O). ✓ 2023

확정기여형퇴직연금제도를 설정한 사용자는 가입자의 연간 임금총액의 12분의 1에 해당하는 부담금을 현금으로 가입자의 확정기여형퇴직연금제도 계정에 납입하여야 한다(12분의 1 ×, 12분의 1 이상 O). ✓ 2020

(2) 가입자 추가부담금 납입

가입자는 사용자가 부담하는 부담금 외에 스스로 부담하는 추가부담금을 가입자의 확정기여형퇴직연금 계정에 납입할 수 있다.

(3) 부담금 미납 시 은행법에 따른 지연이자 납입

① **임금총액의 12분의 1 이상의 부담금 납입** : 사용자는 매년 1회 이상 정기적으로 가입자의 연간 임금총액의 12분의 1 이상의 부담금을 가입자의 확정기여형퇴직연금제도 계정에 납입하여야 한다.

② **사용자의 부담금 지체 시 연 100분의 40 지연이자 납입** : 사용자가 정하여진 기일까지 부담금을 납입하지 아니한 경우 그다음 날부터 부담금을 납입한 날까지 지연 일수에 대하여 연 100분의 40 이내의 범위에서 은행법에 따른 은행이 적용하는 연체금리, 경제적 여건 등을 고려하여 대통령령으로 정하는 이율에 따른 지연이자를 납입하여야 한다.

(4) 천재지변 등 지연이자 납입 예외

사용자가 천재지변, 근로기준법 시행령에서 정하는 사유에 따라 부담금 납입을 지연하는 경우 그 사유가 존속하는 기간에 대하여는 적용하지 아니한다.

(5) 지급사유 14일 이내 지급

사용자는 확정기여형퇴직연금제도 가입자의 퇴직 등 대통령령으로 정하는 사유가 발생한 때에 그 가입자에 대한 부담금을 미납한 경우에는 그 사유가 발생한 날부터 14일 이내에 부담금 및 지연이자를 해당 가입자의 확정기여형퇴직연금제도 계정에 납입하여야 한다. 다만, 특별한 사정이 있는 경우에는 당사자 간의 합의에 따라 납입 기일을 연장할 수 있다.

(6) 가입자 개인형퇴직연금 계정으로 자산 이전 요청

가입자는 퇴직할 때에 받을 급여를 갈음하여 그 운용 중인 자산을 가입자가 설정한 개인형퇴직연금제도의 계정으로 이전해 줄 것을 해당 퇴직연금사업자에게 요청할 수 있다. 가입자의 요청이 있는 경우 퇴직연금사업자는 그 운용 중인 자산을 가입자의 개인형퇴직연금제도 계정으로 이전하여야 한다. 이 경우 확정기여형퇴직연금제도 운영에 따른 가입자에 대한 급여는 지급된 것으로 본다.

3. 적립금 운용방법 및 정보제공(법 제21조)

(1) 운용방법

확정기여형퇴직연금제도의 가입자는 적립금의 운용방법을 스스로 선정할 수 있고, 반기마다 1회 이상 적립금의 운용방법을 변경할 수 있다.

> **더 알아보기** 적립금 운용방법 선정자
>
> | 확정기여형(개인형퇴직연금) | 확정급여형 |
> | --- | --- |
> | 근로자(가입자) | 사용자 |
>
> **tip** 퇴직 후에 잘 살겠다고 적립만 하다 **기·근**에 시달려 **급·사**했다.

사전지정운용방법으로 적립금을 운용하는 가입자의 경우 적립금의 운용방법을 스스로 선정할 수 없다(스스로 선정할 수 없다 ×, **기·근 급·사** ○).
✓ 2023

확정기여형퇴직연금제도와 달리 확정급여형퇴직연금제도는 근로자가 적립금의 운용방법을 스스로 결정할 수 있다(근로자 운용방법 결정 ×, **기·근 급·사** ○).
✓ 2020

양자 모두 적립금의 운용방법을 가입자 스스로 선정할 수 있고 변경할 수 있다(양자 ×, **기·근 급·사** ○).
✓ 2017

양자는 적립금 운용방법을 선정할 수 있는 자가 사용자에 한정된다는 점에서 동일하다(양자 ×, **기·근 급·사** ○).
✓ 2016

(2) 운용방법 제시

퇴직연금사업자는 반기마다 1회 이상 위험과 수익구조가 서로 다른 세 가지 이상의 적립금 운용방법을 제시하여야 한다.

🔦 기출 포인트 !

퇴직연금사업자는 반기마다 1회 이상 위험과 수익구조가 서로 다른 세 가지 이상의 적립금 운용방법을 제시하여야 한다(○).
✓ 2023

(3) 가입자 선정에 필요한 정보제공

퇴직연금사업자는 운용방법별 이익 및 손실의 가능성에 관한 정보 등 가입자가 적립금의 운용방법을 선정하는 데 필요한 정보를 제공하여야 한다.

4. 퇴직연금사업자의 사전지정운용제도의 설정(법 제21조의2)

(1) 사전지정운용방법의 고용노동부장관 승인

운용관리업무를 수행하는 퇴직연금사업자는 사전지정운용방법에 대하여 고용노동부장관의 승인을 받아야 한다.

(2) 사전지정운용방법의 운용유형

① 적립금의 원리금이 보장되는 운용유형
② 자본시장과 금융투자업에 관한 법률에 따른 집합투자기구의 집합투자증권으로서 투자설명서상 다음에 해당하는 운용내용이 운용계획에 명시되는 등 사전지정운용방법의 승인 요건을 충족하는 운용유형
　㉠ 투자위험이 낮은 자산의 비중 증가 : 투자목표시점이 사전에 결정되고 운용기간이 경과함에 따라 투자위험이 낮은 자산의 비중을 증가시키는 방향으로 자산배분을 변경하거나 위험 수준을 조절하는 운용내용

ⓛ 다양한 자산에 분산투자 및 장기 가치상승 : 투자위험이 상이한 다양한 자산에 분산투자하고 금융시장 상황 및 각 집합투자재산의 가치변동 등을 고려하여 주기적으로 자산배분을 조정함으로써 집합투자재산의 위험을 관리하고 장기 가치상승을 추구하는 운용내용
ⓒ 단기상품 투자 : 단기금융상품 등에 투자하여 집합투자재산의 손실가능성을 최소화하고 단기 안정적인 수익을 추구하는 운용내용
ⓔ 공공 투자 : 사회기반시설에 대한 민간투자법 등 관련 법령에 따라 국가 및 지방자치단체가 추진하는 공공투자계획, 관련 사업 및 정책에 따른 사회기반시설사업 등에 투자하는 등 고용노동부령으로 정하는 요건을 충족하는 운용내용

(3) 사전지정운용방법의 승인 요건

① 투자설명서상 집합투자기구의 집합투자증권에 따른 운용유형에 해당하는 운용내용이 주요 운용내용으로 운용계획에 명시되어 있을 것
② 자산배분이 적절하고 투자전략이 단순하며 이해하기 쉬울 것
③ 물가, 금리 또는 환율의 변동 등 경제의 중·장기 변동에 따른 손실가능성이 가입자 집단의 속성에 비추어 허용되는 범위일 것
④ 예상수익이 금리·환율 등 금융시장의 상황에 비추어 합리적 수준으로 확보될 것
⑤ 손실가능성과 예상수익이 중·장기적으로 합리적 균형을 이룰 것
⑥ 수수료 등의 비용이 예상되는 수익에 비해 과다하지 않을 것
⑦ 상시 가입이 가능하고 특별한 사정이 없다면 환매를 신청한 날부터 14일 이내에 환매가 가능할 것

(4) 사전지정운용방법 사전 심의

퇴직연금사업자가 고용노동부장관의 승인을 받고자 하는 경우 퇴직연금 관련 전문가로서 퇴직연금 및 자산운용에 관한 학식과 경험이 풍부하다고 인정되는 사람을 포함하는 등 고용노동부령으로 정하는 요건에 따라 구성된 고용노동부장관 소속 심의위원회의 사전심의를 받아야 한다.

(5) 사용자에게 사전지정운용방법 제시 및 합리성

운용관리업무를 수행하는 퇴직연금사업자는 사전지정운용방법을 사용자에게 고용노동부령으로 정하는 방법에 따라 제시하여야 한다. 운용유형은 손실가능성과 예상수익이 중·장기적으로 합리적 균형을 이루고 수수료 등의 비용이 예상되는 수익에 비해 과다하여서는 아니 된다.

(6) 확정기여형퇴직연금규약에 반영

사전지정운용방법을 제시받은 사용자는 사업 또는 사업장 단위로 사전지정운용방법을 설정하여 근로자대표의 동의를 받아 확정기여형퇴직연금규약에 반영하여야 한다.

5. 사전지정운용제도의 운영(법 제21조의3)

(1) 정보의 제공 사항

운용관리업무를 수행하는 퇴직연금사업자는 사전지정운용제도를 설정한 사업의 가입자에게 다음 정보를 대통령령으로 정하는 바에 따라 제공하여야 한다.

① 해당 사전지정운용방법의 자산배분 현황 및 위험·수익구조

② 사전지정운용방법 선정

③ 사전지정운용방법의 적립금 운용 통지

④ 사전지정운용방법의 운용

⑤ 사전지정운용방법 변경

⑥ 그 밖에 사전지정운용제도의 운영에 관한 사항으로서 대통령령으로 정하는 다음 사항

   ⑦ 사전지정운용방법에 관한 다음의 사항

      ⓐ 사전지정운용방법의 위험등급, 손실가능성 및 과거 수익률

      ⓑ 수수료 등 가입자가 부담하는 비용에 관한 사항

      ⓒ 예금자 보호 한도 등 가입자의 보호에 관한 사항

      ⓓ 사전지정운용방법의 적용에 따른 퇴직연금자산의 위험도 변경 가능성

      ⓔ 사전지정운용방법의 승인일자 등 승인에 관한 사항

   ⓛ 사전지정운용방법이 변경될 수 있다는 사실과 그 절차

(2) 가입자의 사전지정운용방법 선정

가입자는 정보를 제공받은 사전지정운용방법 중 하나를 본인이 적용받을 사전지정운용방법으로 선정하여야 한다. 다만, 운용유형만 사전지정운용방법으로 선정하는 경우에는 운용내용이 포함되어야 한다.

① **투자위험 낮은 자산의 비중 증가** : 투자목표시점이 사전에 결정되고 운용기간이 경과함에 따라 투자위험이 낮은 자산의 비중을 증가시키는 방향으로 자산배분을 변경하거나 위험수준을 조절하는 운용내용

② **다양한 자산 분산투자 및 장기 가치상승** : 투자위험이 상이한 다양한 자산에 분산투자하고 금융시장 상황 및 각 집합투자재산의 가치변동 등을 고려하여 주기적으로 자산배분을 조정함으로써 집합투자재산의 위험을 관리하고 장기 가치상승을 추구하는 운용내용

(3) 사전지정운용방법의 적립금 운용 통지

운용관리업무를 수행하는 퇴직연금사업자는 가입자가 다음에 해당하는 때에 운용방법을 스스로 선정하지 아니하는 경우 가입자에게 사전지정운용방법에 따라 적립금이 운용됨을 통지하여야 한다.

① 가입자가 확정기여형퇴직연금제도에 가입하였을 때

② 가입자가 스스로 선정한 적립금 운용방법의 기간 만료일부터 4주가 지났을 때

(4) 가입자의 2주 이내 선정 시 선정 간주

가입자가 통지를 받은 후 2주 이내에 운용방법을 스스로 선정하지 아니할 경우 운용관리업무를 수행하는 퇴직연금사업자는 해당 가입자의 적립금을 사전지정운용방법으로 운용한다. 이 경우 가입자가 스스로 운용 방법을 사전지정운용방법으로 선정한 것으로 본다. 다만, 사전지정운용방법으로 적립금을 운용하는 가입자 는 언제든지 적립금의 운용방법을 스스로 선정할 수 있다.

(5) 사전지정운용방법 가입자 선정

사전지정운용방법으로 적립금을 운용하는 가입자는 언제든지 적립금의 운용방법을 스스로 선정할 수 있다.

(6) 사전지정운용방법의 고용노동부장관 승인 변경

운용관리업무를 수행하는 퇴직연금사업자는 고용노동부장관의 승인을 받아 사전지정운용방법을 변경할 수 있다. 이 경우 해당 사전지정운용방법에 따라 운용되는 가입자의 적립금은 가입자에 대한 통지 등 대통령 령으로 정하는 절차를 거쳐 변경된 사전지정운용방법에 따라 운용할 수 있다.

(7) 사전지정운용방법의 분기별 1회 이상 공시

고용노동부장관은 사전지정운용방법에 관한 다음 사항을 분기별 1회 이상 고용노동부의 인터넷 홈페이지 등에 공시해야 한다.
① 적립금액 및 운용현황
② 수익률

(8) 사전지정운용방법의 승인 취소 등

고용노동부장관은 다음의 경우에는 심의위원회의 사전심의를 거쳐 사전지정운용방법의 승인을 취소할 수 있다. 다만, ①에 해당하는 경우에는 승인을 취소해야 한다.
① 거짓이나 그 밖의 부정한 방법으로 사전지정운용방법의 승인을 받은 경우(승인 취소)
② 사전지정운용방법의 승인 요건을 갖추지 못하게 된 경우
③ 사전지정운용방법으로 인하여 가입자의 적립금에 현저한 손해가 발생하였거나 발생할 우려가 있다고 명백히 인정되는 경우

6. 가입자의 사전지정운용방법 선정(법 제21조의4)

(1) 사전지정 미운용 가입자의 선정

사전지정운용방법으로 적립금을 운용하고 있지 아니하는 확정기여형퇴직연금제도의 가입자는 운용관리업 무를 수행하는 퇴직연금사업자의 사전지정운용방법 중 어느 하나의 운용유형을 사전지정운용방법으로 선정 할 수 있다. 다만, 집합투자기구의 집합투자증권으로서의 운용유형만 사전지정운용방법으로 선정하는 경우 에는 운용내용이 포함되어야 한다.

① 투자위험이 낮은 자산의 비중 증가 : 투자목표시점이 사전에 결정되고 운용기간이 경과함에 따라 투자위험이 낮은 자산의 비중을 증가시키는 방향으로 자산배분을 변경하거나 위험수준을 조절하는 운용내용

② 다양한 자산 분산투자 및 장기 가치상승 : 투자위험이 상이한 다양한 자산에 분산투자하고 금융시장 상황 및 각 집합투자재산의 가치변동 등을 고려하여 주기적으로 자산배분을 조정함으로써 집합투자재산의 위험을 관리하고 장기 가치상승을 추구하는 운용내용

(2) 사전지정운용방법 변경 시 가입자 통지 후 운용

가입자가 선정한 사전지정운용방법이 변경될 경우 운용관리업무를 수행하는 퇴직연금사업자는 가입자에 대한 통지 등 대통령령으로 정하는 절차를 거쳐 가입자의 적립금을 변경된 사전지정운용방법에 따라 운용할 수 있다.

7. 확정기여형퇴직연금제도 적립금의 중도인출(법 제22조)

확정기여형퇴직연금제도에 가입한 근로자는 주택구입 등 대통령령으로 정하는 사유가 발생하면 적립금을 중도인출할 수 있다.

(1) 무주택자인 가입자가 본인 명의로 주택을 구입하는 경우

(2) 무주택자인 가입자가 주거를 목적으로 민법에 따른 전세금 또는 주택임대차보호법에 따른 보증금을 부담하는 경우

※ 이 경우 가입자가 하나의 사업 또는 사업장에 근로하는 동안 1회로 한정한다.

(3) 재난 및 안전관리 기본법의 재난으로 다음의 피해를 입은 경우

① 재난이 발생한 지역의 주거시설이 유실·전파 또는 반파된 피해

② 재난으로 가입자의 배우자, 가입자(배우자를 포함한다)와 생계를 같이하는 부양가족이 실종된 경우

③ 재난으로 가입자가 15일 이상의 입원 치료가 필요한 피해를 입은 경우

(4) 가입자가 6개월 이상 요양을 필요로 하는 다음의 어느 하나에 해당하는 사람의 질병이나 부상에 대한 의료비를 해당 가입자가 본인 연간 임금총액의 1,000분의 125를 초과하여 부담하는 경우

① 가입자 본인

② 가입자의 배우자

③ 가입자 또는 그 배우자의 부양가족

(5) 중도인출을 신청한 날부터 거꾸로 계산하여 5년 이내에 가입자가 채무자 회생 및 파산에 관한 법률에 따라 파산선고를 받은 경우

(6) 중도인출을 신청한 날부터 거꾸로 계산하여 5년 이내에 가입자가 채무자 회생 및 파산에 관한 법률에 따라 개인회생절차개시 결정을 받은 경우

(7) 퇴직연금제도의 급여를 받을 권리를 담보로 제공하고 대출을 받은 가입자가 그 대출 원리금을 상환하기 위한 경우로서 사업주의 휴업 실시로 근로자의 임금이 감소하거나 재난으로 피해를 입은 경우로서 퇴직연금제도의 수급권을 담보로 대출을 받은 가입자가 대출 원리금을 상환하지 않아 3개월 이상 연체가 발생한 경우

※ 위 사유로 적립금을 중도인출하는 경우 그 중도인출 금액은 대출 원리금의 상환에 필요한 금액 이하로 한다.

[확정기여형 중도인출]

사유	담보대출	퇴직금	확정기여형
1. 무주택자의 본인 명의 **주택구입**(배우자 명의 ×)	○	○	○
2. 무주택자의 **전**세금, 임차**보**증금 부담(1사업장 1회한)	○	○	○
3. **재난** 피해	○	○	○
4. **의료비**(본인, 배우자, 부양가족 6개월 이상 요양, 1,000분의 125 초과)	○	○	○
5. 신청일 기준 **5년** 내 **파산**선고	○	○	○
6. 신청일 기준 **5년** 내 개인**회생**절차개시 결정	○	○	○
※ 대학**등록금**, 혼례비, 장례비(본인, 배우자, 부양가족)	○	×	×
※ 사업주 **휴업** 실시로 근로자 임금감소	○	×	×
정년 연장·보장 조건으로 임금을 줄이는 제도(임금피크제)	×	○	×
단축된 소정근로시간으로 3개월 이상 계속 근로	×	○	×
근로시간 단축으로 퇴직금 감소	×	○	×
퇴직연금 담보대출 원리금 상환	×	×	○

tip • 담보대출 : 영끌한 **주·전·보**가 (**등록금** 대출 갚아야 하는데 회사 **휴업**에) **재난**까지 겹쳐 **의료비**가 많이 나가 **5년** 안에 **파산**하고 **회생**했다.
• 퇴직금 중간정산 : 영끌한 **주·전·보**가 (**임금피크제**에 **3개월 단축근무**로 퇴직금도 줄었는데) **재난**까지 겹쳐 **의료비**가 많이 나가 **5년** 안에 **파산**하고 **회생**했다.
• 확정기여형(개인형퇴직연금 IRP) 중도인출 : 영끌한 **주·전·보**가 (**담보대출 상환**하다) **재난**까지 겹쳐 **의료비**가 많이 나가 **5년** 안에 **파산**하고 **회생**했다.

근로자퇴직급여보장법상 확정기여형퇴직연금제도의 중도인출 사유에 속하지 않는 것은? ✓ 2021

① 무주택자인 가입자가 본인 명의로 주택을 구입하는 경우
② 무주택자인 가입자가 주거를 목적으로 민법 제303조에 따른 전세금 또는 주택임대차보호법 제3조의2에 따른 보증금을 부담하는 경우(이 경우 가입자가 하나의 사업 또는 사업장에 근로하는 동안 1회로 한정)
③ 중도인출을 신청한 날로부터 거꾸로 계산하여 5년 이내에 가입자가 채무자 회생 및 파산에 관한 법률에 따라 파산선고를 받은 경우
④ 사업주의 휴업 실시로 근로자의 임금이 감소한 경우로서 고용노동부장관이 정하여 고시하는 사유와 요건에 해당하는 경우

해설 ④ 사업주의 **휴업** 실시로 근로자의 임금이 감소한 경우로서 고용노동부장관이 정하여 고시하는 사유와 요건에 해당하는 경우(휴업 ×, 휴업은 담보대출 사유 O) 답 ④

근로자퇴직급여보장법상 확정기여형퇴직연금제도에 가입한 근로자가 적립금을 중도인출할 수 있는 사유로 옳지 않은 것은? ✓ 2016

① 무주택자인 가입자가 본인 명의로 주택을 구입하는 경우
② 무주택자인 가입자가 주거를 목적으로 주택임대차보호법 제3조의2에 따른 보증금을 부담하는 경우
③ 중도인출 신청일로부터 역산하여 5년 이내에 가입자가 채무자 회생 및 파산에 관한 법률에 따라 파산선고를 받은 경우
④ 가입자가 가입자 본인 또는 가입자의 부양가족의 대학등록금, 혼례비 또는 장례비를 부담하는 경우

해설 ④ 대학등록금, 혼례비 또는 장례비는 담보대출 사유(O) 답 ④

8. 둘 이상의 사용자가 참여하는 확정기여형퇴직연금제도 설정(법 제23조)

(1) 다수 사용자 대상 고용노동부장관 승인

퇴직연금사업자가 둘 이상의 사용자를 대상으로 하나의 확정기여형퇴직연금제도 설정을 제안하려는 경우에는 다음 각 사항에 대하여 고용노동부장관의 승인을 받아야 한다.

(2) 확정기여형퇴직연금제도의 표준규약

① 확정기여형퇴직연금규약의 사항
② 표준규약으로 설정되는 확정기여형퇴직연금제도의 특성과 이를 반영한 명칭
③ 가입 대상 사업의 범위 또는 특성에 관한 사항
④ 적립금 운용방법 및 그 선정기준. 이 경우 가입자가 운용지시를 하지 않는 경우의 운용방법 및 그 선정기준을 포함한다.
⑤ 탈퇴할 수 있는 사유 및 절차 등에 관한 사항
⑥ 수수료에 관한 사항

(3) 운용관리업무 및 자산관리업무에 관한 표준계약서

① 표준규약의 이행에 관한 사항

② 둘 이상의 사용자가 참여하는 확정기여형퇴직연금제도의 운영과 관련한 비용 산출 및 부담에 관한 사항

③ 운용관리업무와 자산관리업무의 계약 해지·변경의 사유 및 절차 등에 관한 사항

9. 중소기업퇴직연금기금제도의 운영(법 제23조의2)

(1) 상시 30명 이하 중소기업

상시 30명 이하의 근로자를 사용하는 중소기업 근로자의 안정적인 노후생활 보장을 지원하기 위하여 둘 이상의 중소기업 사용자 및 근로자가 납입한 부담금 등으로 공동의 기금을 조성·운영하여 근로자에게 급여를 지급하는 제도를 말한다.

 기출 포인트 !

- 중소기업퇴직연금기금제도의 대상이 되는 중소기업은 상시 50명 이하의 근로자를 사용하는 사업에 한정된다(50명 ×, 30명 ○).
- 중소기업 사용자만 부담금을 납입한다(사용자만 ×, 사용자 및 근로자가 ○).   ✓ 2023

(2) 근로복지공단 운영

중소기업퇴직연금기금제도는 근로복지공단에서 운영한다.

기출 포인트 !

중소기업퇴직연금기금제도는 근로복지공단에서 운영한다(○).   ✓ 2023

(3) 운영위원회 설치

중소기업퇴직연금기금제도 운영과 관련한 주요 사항을 심의·의결하기 위하여 공단에 운영위원회를 둔다.

(4) 근로복지공단 이사장

운영위원회의 위원장은 공단 이사장으로 한다.

(5) 운영위원회 구성

운영위원회는 위원장, 퇴직연금 관계 업무를 담당하는 고용노동부의 고위공무원단에 속하는 일반직공무원 및 위원장이 위촉하는 위원으로 구성한다. 이 경우 위원장을 포함한 위원의 수는 10명 이상 15명 이내로 구성하되, 근로자대표와 사용자대표에 해당하는 위원의 수는 같아야 한다.

① 근로복지공단의 상임이사

② 근로자를 대표하는 사람

③ 사용자를 대표하는 사람
④ 퇴직연금 관련 전문가로서 퇴직연금 및 자산운용에 관한 학식과 경험이 풍부한 사람

(6) 운영위원회 3년 임기

근로자대표, 사용자대표, 퇴직연금 전문가에 해당하는 사람으로서 위원장이 위촉한 위원의 임기는 3년으로 하되, 연임할 수 있다. 다만, 위원의 사임 등으로 새로 위촉된 위원의 임기는 전임 위원 임기의 남은 기간으로 한다.

(7) 운영위원회 심의 · 의결

① 중소기업퇴직연금기금 운용계획 및 지침에 관한 사항
② 중소기업퇴직연금기금 표준계약서의 작성 및 변경에 관한 사항
③ 수수료 수준에 관한 사항

(8) 자문위원회 구성

위원장은 중소기업퇴직연금기금 운용 등과 관련하여 운영위원회를 지원하기 위한 자문위원회를 구성할 수 있다.

(9) 운영위원회 위원의 해촉

운영위원회의 위원장은 위원이 다음 어느 하나에 해당하는 경우에는 해당 위원을 해촉할 수 있다.
① 심신장애로 직무를 수행할 수 없게 된 경우
② 직무와 관련된 비위 사실이 있는 경우
③ 직무태만, 품위손상이나 그 밖의 사유로 위원으로 적합하지 않다고 인정되는 경우
④ 위원 스스로 직무를 수행하기 어렵다는 의사를 밝히는 경우

10. 중소기업퇴직연금기금의 관리 및 운용(법 제23조의3)

(1) 기금의 안정적 운용 및 수익성 증대

근로복지공단은 중소기업퇴직연금기금의 안정적 운용 및 수익성 증대를 위하여 대통령령으로 정하는 방법에 따라 중소기업퇴직연금기금을 관리 · 운용하여야 한다.

(2) 기금 운용방법

① 다음 금융기관에 대한 예입 또는 신탁
  ㉠ 보험업법에 따른 보험회사
  ㉡ 우체국예금 · 보험에 관한 법률에 따른 체신관서
  ㉢ 은행, 한국산업은행, 중소기업은행, 농협은행 및 수협은행

      ② 자본시장과 금융투자업에 관한 법률에 따른 투자매매업자·투자중개업자·신탁업자·집합투자업자
         및 종합금융회사
  ② 공공사업을 위한 공공부문에 대한 국채 매입을 통한 투자
  ③ 자본시장과 금융투자업에 관한 법률에 따른 증권의 매매 및 대여
  ④ 자본시장과 금융투자업에 관한 법률에서 규정하는 지수 중 금융투자상품지수에 관한 파생상품시장에서
    의 거래
  ⑤ 자본시장과 금융투자업에 관한 법률에 따른 장내파생상품과 장외파생상품의 거래
  ⑥ 자본시장과 금융투자업에 관한 법률에 따른 집합투자기구에 대한 투융자
  ⑦ 산업발전법에 따른 기업구조개선 기관전용 사모집합투자기구에 대한 출자
  ⑧ 외국환거래법에 따른 자본거래
  ⑨ 사회기반시설에 대한 민간투자법에 따른 사회기반시설사업에 대한 투융자
  ⑩ 부동산의 개발·취득·관리 등을 목적으로 하는 사업에 대한 투융자
  ⑪ 에너지 및 자원의 개발사업에 대한 투융자
  ⑫ 항공기 및 선박의 취득, 기업의 인수 등을 목적으로 하는 회사 또는 사업에 대한 투융자
  ⑬ 외국의 관계 법령에 따라 적법하게 설치되거나 시행되고 있는 위 ⑤부터 ⑫까지의 규정에 해당하는
    투융자

(3) 구분 회계

공단은 중소기업퇴직연금기금을 공단의 다른 회계와 구분하여야 한다.

11. 자료의 활용 및 표준계약서(법 제23조의4~5)

(1) 자료 활용

근로복지공단은 다음의 사무를 원활히 수행하기 위하여 대통령령으로 정하는 범위에서 고용보험법, 고용보험 및 산업재해보상보험의 보험료징수 등에 관한 법률 및 근로복지기본법에 따라 수집된 자료를 활용할 수 있다.
  ① 중소기업퇴직연금기금제도 가입 대상 사업장에 대한 가입 안내 업무
  ② 사용자 및 근로자의 편의를 도모하기 위하여 대통령령으로 정하는 업무

(2) 자료 제공

고용노동부장관은 공단이 업무수행을 위하여 확정급여형퇴직연금제도의 설정 및 확정기여형퇴직연금제도의 설정에 따른 퇴직연금규약 신고, 퇴직연금제도의 폐지·중단 시의 처리에 따른 퇴직연금규약 폐지 신고 여부에 대한 자료를 요청하는 경우 해당 자료를 제공할 수 있다.

(3) 표준계약서의 기재사항 등

① **표준계약서 기재사항** : 공단은 다음의 사항을 기재한 중소기업퇴직연금기금 표준계약서를 작성하여 고용노동부장관의 승인을 받아야 한다.
　　㉠ 가입자에 관한 사항
　　㉡ 가입기간에 관한 사항
　　㉢ 급여의 종류 및 수급요건 등에 관한 사항
　　㉣ 운용현황의 통지에 관한 사항
　　㉤ 가입자의 퇴직 등 급여 지급사유 발생과 급여의 지급절차에 관한 사항
　　㉥ 퇴직연금제도의 폐지·중단 사유 및 절차 등에 관한 사항
　　㉦ 부담금의 부담에 관한 사항
　　㉧ 부담금의 산정 및 납입에 관한 사항
　　㉨ 적립금의 운용에 관한 사항
　　㉩ 적립금의 중도인출에 관한 사항
　　㉪ 중소기업퇴직연금기금의 관리·운용 업무에 관한 사항
　　㉫ 적립금 운용현황의 기록·보관·통지 업무에 관한 사항
　　㉬ 계좌의 설정 및 관리, 부담금의 수령, 적립금의 보관 및 관리, 급여의 지급 업무에 관한 사항
　　㉭ 그 밖에 중소기업퇴직연금기금제도의 운영을 위하여 대통령령으로 정하는 다음 사항
　　　ⓐ 근로복지공단이 사용자 및 가입자에게 부과하는 수수료에 관한 사항
　　　ⓑ 사용자부담금 및 중소기업퇴직연금기금제도 운영에 따른 비용에 대한 국가의 지원에 관한 사항
　　　ⓒ 근로복지공단이 실시하는 교육 방법에 관한 사항
② **표준계약서 변경의 고용노동부장관 승인·신고** : 공단은 승인받은 표준계약서를 변경하는 경우에는 고용노동부장관의 승인을 받아야 한다. 다만, 변경하는 내용이 사용자 및 가입자에게 불리하지 아니한 경우에는 고용노동부장관에게 신고함으로써 표준계약서를 변경할 수 있다.

12. 중소기업퇴직연금기금제도의 설정(법 제23조의6~9)

(1) 제도 설정

중소기업의 사용자는 중소기업퇴직연금기금 표준계약서에서 정하고 있는 사항에 관하여 근로자대표의 동의를 얻거나 의견을 들어 공단과 계약을 체결함으로써 중소기업퇴직연금기금제도를 설정할 수 있다.

(2) 사용자와 가입자에 대한 수수료 부과

공단은 업무수행에 따른 수수료를 사용자 및 가입자에게 부과할 수 있다.

(3) 부담금의 부담수준 및 납입 등

① 임금총액 12분의 1 이상 부담금 납입 : 중소기업퇴직연금기금제도를 설정한 사용자는 매년 1회 이상 정기적으로 가입자의 연간 임금총액의 12분의 1 이상에 해당하는 사용자부담금을 현금으로 가입자의 중소기업퇴직연금기금제도의 기금제도사용자부담금 계정에 납입하여야 한다.

② 미납 시 지연이자 납입 : 이 경우 사용자가 정하여진 기일까지 부담금을 납입하지 아니한 경우에는 그다음 날부터 부담금을 납입한 날까지 지연 일수에 대하여 대통령령으로 정하는 이율에 따른 지연이자를 납입하여야 한다.

(4) 사용자부담금 미납 시 14일 납입기한

사용자는 중소기업퇴직연금기금제도 가입자의 퇴직 등 대통령령으로 정하는 사유가 발생한 때에 그 가입자에 대한 부담금을 미납한 경우에는 그 사유가 발생한 날부터 14일 이내에 부담금과 지연이자를 해당 가입자의 기금제도사용자부담금 계정에 납입하여야 한다. 다만, 특별한 사정이 있는 경우에는 당사자 간의 합의에 따라 납입 기일을 연장할 수 있다.

(5) 가입자부담금 계정의 설정 등

① 가입자 명의 계정 설정 : 중소기업퇴직연금기금제도의 가입자 중 다음에 해당하는 사람은 가입자 명의의 기금제도가입자부담금 계정을 설정할 수 있다.
  ㉠ 중소기업퇴직연금기금제도의 급여를 일시금으로 수령하려는 사람
  ㉡ 사용자부담금 외에 자기의 부담으로 추가 가입자부담금을 납입하려는 사람

② 구분 관리 : 이 경우 공단은 가입자의 기금제도사용자부담금 계정과 구분하여 관리하여야 한다.

(6) 가입기간

① 중소기업퇴직연금기금제도 설정의 경우 : 중소기업퇴직연금기금제도를 설정하는 경우 가입기간은 퇴직연금제도의 설정 이후 해당 사업에서 근로를 제공하는 기간으로 한다.

② 가입자부담금 계정의 경우 : 다만, 기금제도가입자부담금 계정은 해당 계정이 설정된 날부터 급여가 전액 지급된 날까지로 한다.

기금제도 설정 후	가입자부담금 계정
근로 제공기간	설정된 날~급여 지급 날

13. 운용정보 제공 및 통지(법 제23의10~11)

(1) 기금 운용정보 제공

공단은 중소기업퇴직연금기금 운용에 따라 발생하는 이익 및 손실 가능성 등의 정보를 대통령령으로 정하는 방법에 따라 중소기업퇴직연금기금제도 가입자에게 제공하여야 한다.

(2) 운용현황의 통지 준용

중소기업퇴직연금기금제도의 가입자별 운용현황의 통지에 관하여는 운용현황의 통지를 준용한다. 이 경우 "퇴직연금사업자"는 "공단"으로 본다.

14. 급여의 종류 및 수급요건 등(법 제23조의12)

(1) 중소기업퇴직연금기금제도의 급여 종류 및 수급요건

① 기금제도사용자부담금 계정
- ㉠ 연금 : 55세 이상으로서 가입기간이 10년 이상인 가입자에게 지급할 것. 이 경우 연금의 지급기간은 5년 이상이어야 한다.
- ㉡ 일시금 : 연금수급 요건을 갖추지 못하거나 일시금 수급을 원하는 가입자에게 지급할 것

② 기금제도가입자부담금 계정
- ㉠ 연금 : 55세 이상인 가입자에게 지급. 이 경우 연금 지급기간은 5년 이상이어야 한다.
- ㉡ 일시금 : 55세 이상으로서 일시금 수급을 원하는 가입자에게 지급

> **더 알아보기** 사용자와 가입자부담금 계정 비교
>
> | 구분 | 사용자부담금 계정 | 가입자부담금 계정 |
> | --- | --- | --- |
> | 연금 | 55세 이상, 가입기간 10년 이상
(연금 지급기간 5년 이상) | 55세 이상
(연금 지급기간 5년 이상) |
> | 일시금 | 연금수급 요건 미충족,
일시금 수급 희망 가입자 | 55세 이상,
일시금 수급 희망 가입자 |

(2) 가입자 계정 이전으로 지급

기금제도사용자부담금 계정에서 가입자에 대한 급여의 지급은 가입자가 지정한 개인형퇴직연금제도의 계정 등으로 이전하는 방법으로 한다. 다만, 가입자가 개인형퇴직연금제도의 계정 등을 지정하지 아니하는 경우에는 가입자 명의의 개인형퇴직연금제도의 계정으로 이전한다.

15. 적립금 중도인출(법 제23조의13)

중소기업퇴직연금기금제도의 적립금 중도인출에 관한 사항은 다음에 따른다.

(1) 기금제도사용자부담금 계정에 관하여는 확정기여형퇴직연금제도의 중도인출을 준용한다. 이 경우 "확정기여형퇴직연금제도"는 "중소기업퇴직연금기금제도"로 본다.

(2) 기금제도가입자부담금 계정에 관하여는 개인형퇴직연금제도의 급여 종류별 수급요건 및 중도인출을 준용한다. 이 경우 "개인형퇴직연금제도"는 "중소기업퇴직연금기금제도"로 본다.

16. 국가의 지원(법 제23조의14)

(1) 국가 비용 지원

국가는 중소기업퇴직연금기금제도에 가입하는 사업의 재정적 부담을 경감하고, 근로자의 중소기업퇴직연금 가입을 촉진하기 위하여 고용노동부장관이 정하는 요건에 해당하는 경우 사용자부담금, 가입자부담금 또는 중소기업퇴직연금기금제도 운영에 따른 비용의 일부 등을 예산의 범위에서 지원할 수 있다.

(2) 운영 비용 지원

사용자부담금 및 중소기업퇴직연금기금제도 운영에 따른 비용으로 한다.

(3) 고용노동부장관 제출

사용자가 지원을 받으려는 경우에는 지원금 신청서를 작성하여 고용노동부장관에게 제출해야 한다.

(4) 사용자 계좌 입금

고용노동부장관은 사용자가 지원 요건을 갖춘 경우에는 사용자의 계좌로 지원금을 입금해야 한다.

(5) 지원금 환수

고용노동부장관은 국가의 지원을 받은 자가 다음에 해당하는 경우에는 지원금의 전부 또는 일부를 대통령령으로 정하는 바에 따라 환수할 수 있다. 다만, 환수할 지원금이 대통령령으로 정하는 금액인 3,000원 미만인 경우에는 환수하지 아니할 수 있다.
① 거짓이나 그 밖의 부정한 방법으로 지원금을 받은 경우
② 지원금이 잘못 지급된 경우
③ 사용자가 도산 등 다음의 정당한 사유 없이 중소기업퇴직연금기금제도를 폐지한 경우
    ㉠ 사업주의 도산
    ㉡ 사업주의 파산 또는 회생절차개시
    ㉢ 다른 퇴직급여제도로의 변경

더 알아보기 | 환수 사유에 따른 지원금액 기준

지원받은 금액 전부	잘못 지급된 금액 전부

• 거짓이나 부정한 방법으로 지원금을 받은 경우
• 사용자가 다음의 사유 없이 중소기업퇴직연금기금제도를 폐지한 경우
  – 도산
  – 파산 또는 회생절차개시
  – 다른 퇴직급여제도로의 변경
  – 그 밖에 폐업 등 중소기업퇴직연금기금제도를 폐지할 수 있는 정당한
    사유로서 고용노동부령으로 정하는 사유
	지원금이 잘못 지급된 경우

(6) 환수금 징수

공단은 환수금을 국세강제징수의 예에 따라 징수할 수 있다.

(7) 환수금 징수를 위한 자료 요청

공단은 환수금 징수를 위하여 지방세법에 따른 재산세 과세자료 등 대통령령으로 정하는 자료의 제공 또는 관련 전산망의 이용을 관계 기관의 장에게 요청할 수 있다. 이 경우 관계 기관의 장은 정당한 사유가 없으면 그 요청에 따라야 한다.

(8) 수수료 등 면제

공단에 제공되는 자료에 대해서는 수수료 또는 사용료 등을 면제한다.

17. 공단의 책무(법 제23조의15~16)

(1) 매년 1회 이상 교육

공단은 중소기업퇴직연금기금제도 가입자에 대하여 중소기업퇴직연금기금제도 운영상황 등 대통령령으로 정하는 사항에 대하여 매년 1회 이상 교육을 실시하여야 한다.

(2) 취급실적 등 공시

공단은 매년 중소기업퇴직연금기금제도의 취급실적, 운용현황 및 수익률 등을 대통령령으로 정하는 바에 따라 공시하여야 한다.

(3) 표준계약서 변경 사항 통보

공단은 중소기업퇴직연금기금 표준계약서 내용이 변경된 때에는 고용노동부장관이 정하는 바에 따라 사용자 및 가입자에게 그 변경 사항을 통보하여야 한다.

(4) 고용노동부장관 지시 · 감독

고용노동부장관은 중소기업퇴직연금기금제도의 원활한 운영을 위하여 공단이 다음의 사항을 보고하게 하거나 소속 공무원으로 하여금 그 장부 · 서류 또는 그 밖의 물건을 검사하게 할 수 있으며, 필요하다고 인정하는 경우에는 대통령령으로 정하는 바에 따라 그 운영 등에 시정을 명할 수 있다.
① 공단의 중소기업퇴직연금기금제도 관리 및 운영 실태에 관한 사항
② 중소기업퇴직연금기금의 관리 및 운용에 관한 사항

04 실전대비문제(보험계리사 · 공인노무사)

01 확정기여형퇴직연금제도와 확정급여형퇴직연금제도를 비교한 것으로 옳지 않은 것은? (2014년)

① 양자는 적립금 운용방법을 선정할 수 있는 자가 사용자에 한정된다는 점에서 동일하다.

② 양자는 급여 종류가 연금 또는 일시금이라는 점에서 동일하다.

③ 양자는 최소연금수급연령이 55세라는 점에서 동일하다.

④ 양자는 급여를 연금으로 지급할 때 최소연금지급기간이 5년이라는 점에서 동일하다.

[해설] ① 적립금 운용방법 선정자로 사용자 한정(×)
적립금 운용방법 선정자
• 확정기여형(개인형퇴직연금) : 근로자(가입자)
• 확정급여형 : 사용자

tip 퇴직 후에 잘 살겠다고 적립만 하다 **기 · 근**에 시달려 **급 · 사**했다.

답 ①

02 적립금의 운용방법 및 운영에 관한 정보제공과 관련하여 성격이 유사한 것으로 묶인 것은? (2015년)

① 확정급여형퇴직연금과 확정기여형퇴직연금

② 확정기여형퇴직연금과 개인형퇴직연금

③ 확정급여형퇴직연금과 개인형퇴직연금

④ 유사한 것이 없다.

[해설] ② 확정기여형퇴직연금과 개인형퇴직연금
※ 문제 1번 적립금 운용방법 선정자 해설 참조

답 ②

03 근로자퇴직급여보장법상 확정기여형퇴직연금제도에 가입한 근로자가 적립금을 중도인출할 수 있는 사유로 옳지 않은 것은?

(2016년)

① 무주택자인 가입자가 본인 명의로 주택을 구입하는 경우

② 무주택자인 가입자가 주거를 목적으로 주택임대차보호법 제3조의2에 따른 보증금을 부담하는 경우

③ 중도인출 신청일로부터 역산하여 5년 이내에 가입자가 채무자 회생 및 파산에 관한 법률에 따라 파산선고를 받은 경우

④ 가입자가 가입자 본인 또는 가입자의 부양가족의 대학등록금, 혼례비 또는 장례비를 부담하는 경우

[해설] ④ 대학등록금, 혼례비 또는 장례비는 담보대출 사유

> **tip** • 담보대출 : 영끌한 **주·전·보**가 (**등록금** 대출 갚아야 하는데 회사 **휴업**에) **재난**까지 겹쳐 **의료비**가 많이 나가 **5년** 안에 **파산**하고 **회생**했다.
> • 퇴직금 중간정산 : 영끌한 **주·전·보**가 (**임금피크제**에 **3개월 단축근무**로 **퇴직금**도 줄었는데) **재난**까지 겹쳐 **의료비**가 많이 나가 **5년** 안에 **파산**하고 **회생**했다.
> • 확정기여형(개인형퇴직연금 IRP) 중도인출 : 영끌한 **주·전·보**가 (**담보대출 상환**하다) **재난**까지 겹쳐 **의료비**가 많이 나가 **5년** 안에 **파산**하고 **회생**했다.

답 ④

04 근로자퇴직급여보장법상 확정급여형퇴직연금제도와 확정기여형퇴직연금제도의 비교에 관한 설명으로 옳지 않은 것은?

(2017년)

① 양자 모두 급여를 연금으로 지급할 때 수급연령은 55세이고 가입기간은 10년 이상이다.

② 양자 모두 급여의 종류는 연금 또는 일시금이다.

③ 양자 모두 급여를 연금으로 지급할 때 연금의 지급기간은 5년 이상이다.

④ 양자 모두 적립금의 운용방법을 가입자 스스로 선정할 수 있고 변경할 수 있다.

[해설] ④ 양자 모두 적립금의 운용방법을 가입자 스스로 선정할 수 있고(×)
문제 1번 적립금 운용방법 선정자 해설 참조

답 ④

05 근로자퇴직급여보장법상 퇴직연금제도에 관한 설명으로 옳지 않은 것은? (2018년)

① 확정급여형퇴직연금제도에 따른 급여의 지급방법은 가입자가 지정한 개인형퇴직연금제도의 계정으로 이전하는 방법으로 하는데, 이 경우 가입자가 급여를 담보로 하여 대출받은 금액을 상환하기 위한 경우는 그 예외 사유에 해당하지만, 가입자의 퇴직 연령에 대해서는 예외 사유가 존재하지 않는다.

② 확정급여형퇴직연금제도의 급여 수준은 가입자의 퇴직일을 기준으로 산정한 일시금이 계속근로기간 1년에 대하여 30일분의 평균임금에 상당하는 금액 이상이 되도록 하여야 한다.

③ 개인형퇴직연금제도를 설정한 자가 자기부담으로 부담금을 납입하는 경우에 그 액수는 이전 사업에서 받은 퇴직급여제도의 일시금 등을 제외한 금액으로 연간 1,800만원(개인형퇴직연금제도의 계정이 여러 개인 경우에는 부담금의 합계액)을 초과하여 납입할 수 없다.

④ 사용자가 가입자에 대하여 확정급여형퇴직연금제도 및 확정기여형퇴직연금제도를 함께 설정하는 경우 확정급여형퇴직연금제도의 급여 및 확정기여형퇴직연금제도의 부담금에 따른 각각의 설정 비율의 합이 1 이상이 되도록 퇴직연금규약을 정하여 퇴직연금제도를 설정하여야 한다.

[해설] ① 가입자의 퇴직 연령에 대해서는 예외 사유가 존재하지 않는다(×).
가입자가 55세 이후에 퇴직하여 급여를 받는 경우는 예외 인정한다.

답 ①

06 근로자퇴직급여보장법상 확정기여형퇴직연금제도규약에 반드시 포함하여야 하는 사항이 아닌 것은? (2018년)

① 퇴직연금사업자 선정에 관한 사항
② 적립금의 운용에 관한 사항
③ 급여 수준에 관한 사항
④ 부담금의 납입에 관한 사항

[해설] ③ 급여 수준에 관한 사항은 확정급여형퇴직연금규약이다.

답 ③

07 근로자퇴직급여보장법상 중소기업퇴직연금기금제도에 관한 설명 중 옳은 내용으로 짝지어진 것은?

(2023년)

가. 중소기업퇴직연금기금제도의 대상이 되는 중소기업은 상시 50명 이하의 근로자를 사용하는 사업에 한정된다.
나. 중소기업 사용자만 부담금을 납입한다.
다. 중소기업퇴직연금기금제도는 근로복지공단에서 운영한다.
라. 중소기업퇴직연금기금제도의 급여를 받을 권리는 양도 또는 압류는 불가능하지만 담보로 제공할 수는 있다.
마. 중소기업퇴직연금기금 표준계약서에는 적립금 운용현황의 기록·보관·통지 업무에 관한 사항이 기재되어야 한다.

① 가, 마
② 나, 다, 라
③ 다, 마
④ 다, 라, 마

해설 가. 상시 50명 이하(×), 상시 30명 이하(○)
　　　 나. 중소기업 사용자만 납입(×), 중소기업 사용자 및 근로자가 납입한 부담금(○)

답 ③, ④

05 | 개인형퇴직연금제도 (IRP ; Individual Retirement Pension)

[퇴직금 및 퇴직연금제도 비교]

구분	퇴직금	퇴직연금제도		
		확정급여형(DB)	확정기여형(DC)	개인형(IRP)
퇴직급여 형태	일시금	연금 또는 일시금		
급여 수준	근속연수 1년당 30일분의 평균임금	일시금 기준으로 퇴직금과 동일	근로자의 운용실적에 따라 변동	가입자의 운용실적에 따라 변동
적립금의 운용		사용자	근로자	가입자
중도인출 (중간정산)	가능 (특정한 사유)	불가	가능 (특정한 사유)	
규약신고	취업규칙	퇴직연금규약		불필요
연금 수령요건	–	55세 이상으로서 가입기간 10년 이상		55세 이상
수수료 부담	–	운용·자산관리 : 사용자 근로자 추가납입 : 근로자		가입자
사외적립 부담 수준	사용자 재량	퇴직금 추계액의 90% 이상	연간 임금총액의 12분의 1 이상	가입자 재량
부담금 납부	사용자			가입자

출처 : 고용노동부

1. 개인형퇴직연금제도의 설정 및 운영 등(법 제24조)

(1) 개인형퇴직연금제도 운영

퇴직연금사업자는 개인형퇴직연금제도를 운영할 수 있다.

(2) 해당하는 자

다음에 해당하는 사람은 개인형퇴직연금제도를 설정할 수 있다.
① 퇴직급여제도의 일시금을 수령한 사람
② 확정급여형퇴직연금제도, 확정기여형퇴직연금제도 또는 중소기업퇴직연금기금제도의 가입자로서 자기의 부담으로 개인형퇴직연금제도를 추가로 설정하려는 사람
③ 자영업자
④ 퇴직급여제도가 설정되어 있지 아니한 다음에 해당하는 근로자
　㉠ 계속근로기간이 1년 미만인 근로자
　㉡ 4주간을 평균하여 1주간의 소정근로시간이 15시간 미만인 근로자

⑤ 퇴직금제도를 적용받고 있는 근로자
⑥ 공무원연금법의 적용을 받는 공무원
⑦ 군인연금법의 적용을 받는 군인
⑧ 사립학교교직원 연금법의 적용을 받는 교직원
⑨ 별정우체국법의 적용을 받는 별정우체국 직원

💡 기출 포인트 !

근로자퇴직급여보장법상 개인형퇴직연금제도를 설정할 수 있는 사람으로 옳은 것은? ✓ 2022
가. 퇴직급여제도의 일시금을 수령한 사람(○)
나. 자영업자(○)
다. 퇴직급여제도가 설정되어 있지 아니한 경우로서 계속근로기간이 1년 미만인 근로자(○)
라. 공무원연금법의 적용을 받는 공무원(○)
마. 군인연금법의 적용을 받는 군인(○)   답 모두 해당

공무원연금법의 적용을 받는 공무원, 군인연금법의 적용을 받는 군인, 사립학교교직원 연금법의 적용을 받는 교직원은 개인형퇴직연금제도를 설정할 수 없다(설정할 수 없다 ×, 있다 ○).   ✓ 2018

퇴직급여제도의 일시금을 수령한 사람은 개인형퇴직연금제도를 설정할 수 있다(○).   ✓ 2017

확정급여형퇴직연금제도 또는 확정기여형퇴직연금제도의 가입자가 자기부담으로 개인형퇴직연금제도를 추가로 설정할 수는 없다(추가로 설정할 수는 없다 ×, 있다 ○).   ✓ 2017

---

(3) 자기부담 및 납입 한도

개인형퇴직연금제도를 설정한 사람은 자기의 부담으로 개인형퇴직연금제도의 부담금을 납입한다. 다만, 연간 1,800만원 한도를 초과하여 부담금을 납입할 수 없다.

(4) 확정기여형퇴직연금제도 준용

개인형퇴직연금제도 적립금의 운용방법 및 운용에 관한 정보제공에 관하여는 확정기여형퇴직연금제도 및 사전지정운용제도의 내용을 준용한다. 이 경우 "확정기여형퇴직연금제도"는 "개인형퇴직연금제도"로 본다.

💡 기출 포인트 !

개인형퇴직연금제도 적립금의 운용방법 및 운용에 관한 정보제공에 있어서는 확정급여형퇴직연금제도를 준용한다(확정급여형 ×, 확정기여형 ○).   ✓ 2018

(5) 개인형퇴직연금제도의 급여 종류별 수급요건

① **연금** : 55세 이상인 가입자에게 지급. 이 경우 연금 지급기간은 5년 이상이어야 한다.
② **일시금** : 55세 이상으로서 일시금 수급을 원하는 가입자에게 지급

연금	일시금
55세, 5년	55세, 일시금 희망자

(6) 개인형퇴직연금제도 적립금 중도인출

① 무주택자인 가입자가 본인 명의로 주택을 구입하는 경우

② 무주택자인 가입자가 주거를 목적으로 민법 제303조에 따른 전세 또는 주택임대차보호법 제3조의2에 따른 보증금을 부담하는 경우. 다만, 10인 미만 개인형퇴직연금제도 가입자의 경우에는 하나의 사업에 근로하는 동안 중도인출 횟수를 1회로 한정한다.

③ 가입자가 6개월 이상 요양을 필요로 하는 다음의 어느 하나에 해당하는 사람의 질병이나 부상에 대한 의료비를 부담하는 경우. 다만, 10인 미만 개인형퇴직연금제도 가입자의 경우에는 가입자가 본인 연간 임금총액의 1,000분의 125를 초과하여 의료비를 부담하는 경우

　㉠ 가입자 본인

　㉡ 가입자의 배우자

　㉢ 가입자 또는 그 배우자의 부양가족

④ 중도인출을 신청한 날부터 거꾸로 계산하여 5년 이내에 가입자가 채무자 회생 및 파산에 관한 법률에 따라 파산선고를 받은 경우

⑤ 중도인출을 신청한 날부터 거꾸로 계산하여 5년 이내에 가입자가 채무자 회생 및 파산에 관한 법률에 따라 개인회생절차개시 결정을 받은 경우

⑥ 퇴직연금제도의 급여를 받을 권리를 담보로 제공하고 대출을 받은 가입자가 그 대출 원리금을 상환하기 위한 경우로서 고용노동부장관이 정하여 고시하는 사유에 해당하는 경우. 적립금을 중도인출하는 경우 그 중도인출 금액은 대출 원리금의 상환에 필요한 금액 이하로 한다.

⑦ 재난으로 피해를 입은 경우로서 고용노동부장관이 정하여 고시하는 사유와 요건에 해당하는 경우(휴업 실시로 근로자의 임금이 감소하는 경우는 제외)

[확정기여형·개인형 중도인출]

사유	담보대출	퇴직금	DC, IRP
1. 무주택자의 본인 명의 **주택**구입(배우자 명의 ×)	○	○	○
2. 무주택자의 **전**세금, 임차보증금 부담(1사업장 1회)	○	○	○
3. **재난** 피해	○	○	○
4. **의료비**(본인, 배우자, 부양가족 6개월 이상 요양, 1,000분의 125 초과)	○	○	○
5. 신청일 기준 **5년** 내 **파산**선고	○	○	○
6. 신청일 기준 **5년** 내 개인**회생**절차개시 결정	○	○	○
※ 대학**등록금**, 혼례비, 장례비(본인, 배우자, 부양가족)	○	×	×
※ 사업주 **휴업** 실시로 근로자 임금감소	○	×	×
정년 연장·보장 조건으로 임금을 줄이는 제도(임금피크제)	×	○	×
단축된 소정근로시간으로 3개월 이상 계속 근로	×	○	×
근로시간 단축으로 퇴직금 감소	×	○	×
퇴직연금 담보대출 원리금 상환	×	×	○

- 담보대출 : 영끌한 **주·전·보**가 (**등록금** 대출 갚아야 하는데 회사 **휴업**에) **재난**까지 겹쳐 **의료비**가 많이 나가 **5년** 안에 **파산**하고 **회생**했다.
- 퇴직금 중간정산 : 영끌한 **주·전·보**가 (**임금피크제**에 **3개월 단축근무**로 **퇴직금**도 줄었는데) **재난**까지 겹쳐 **의료비**가 많이 나가 **5년** 안에 **파산**하고 **회생**했다.
- 확정기여형(개인형퇴직연금 IRP) 중도인출 : 영끌한 **주·전·보**가 (**담보대출 상환**하다) **재난**까지 겹쳐 **의료비**가 많이 나가 **5년** 안에 **파산**하고 **회생**했다.

🔅 기출 포인트 !

근로자퇴직급여보장법상 개인형퇴직연금제도의 가입자가 가입한 적립금을 중도인출할 수 있는 사유로 옳지 않은 것은?

✓ 2019

① 중도인출 신청일로부터 역산하여 5년 이내에 가입자가 채무자 회생 및 파산에 관한 법률에 따라 개인회생절차개시 결정을 받은 경우
② 6개월 이상 요양을 필요로 하는 가입자 배우자의 질병에 대한 요양 비용을 가입자가 부담하는 경우
③ 가입자와 그의 배우자가 무주택자인 경우 가입자 본인 또는 그의 배우자 명의로 주택을 구입하는 경우
④ 무주택자인 가입자가 주거를 목적으로 민법 제303조에 따른 전세금을 부담하는 경우

해설 ③ 본인(○), 배우자 (×)

답 ③

2. 10명 미만을 사용하는 사업에 대한 특례(법 제25조)

(1) 상시 10명 미만 근로자 사업

상시 10명 미만의 근로자를 사용하는 사업의 경우 퇴직급여제도 중 하나 이상의 제도를 설정하여야 한다는 규정에도 불구하고 사용자가 개별 근로자의 동의를 받거나 근로자의 요구(협의 ✕)에 따라 개인형퇴직연금제도를 설정하는 경우에는 해당 근로자에 대하여 퇴직급여제도를 설정한 것으로 본다.

> 🏷️ 기출 포인트 !
>
> 상시 5명의 근로자를 사용하는 사업의 사용자가 근로자대표와 협의하여 개인형퇴직연금제도를 설정한 경우 해당 사업에 퇴직급여제도를 설정한 것으로 본다(근로자대표와 협의 ✕, 동의나 요구 ○).　　　　✓ 2019

(2) 2012. 7. 26. 이후 사업장

다만, 2012. 7. 26. 이후 새로 성립된 사업의 사용자는 사업의 성립 후 1년 이내에 확정급여형퇴직연금제도나 확정기여형퇴직연금제도(퇴직금제도 ✕)를 설정하여야 한다.

(3) 사용자 준수사항

① 사용자가 퇴직연금사업자를 선정하는 경우에 개별 근로자의 동의를 받을 것. 다만, 근로자가 요구하는 경우에는 스스로 퇴직연금사업자를 선정할 수 있다.
② 사용자는 가입자별로 연간 임금총액의 12분의 1 이상에 해당하는 부담금을 현금으로 가입자의 개인형퇴직연금제도 계정에 납입할 것
③ 사용자가 부담하는 부담금 외에 가입자의 부담으로 추가부담금을 납입할 수 있을 것
④ 사용자는 매년 1회 이상 정기적으로 부담금을 가입자의 개인형퇴직연금제도 계정에 납입할 것. 이 경우 납입이 지연된 부담금에 대한 지연이자의 납입에 관하여는 확정기여형퇴직연금제도의 미납부담금에 대한 지연이자의 납입에 관한 규정을 준용한다.

(4) 퇴직자에 대한 미납부담급 납입

사용자는 개인형퇴직연금제도 가입자의 퇴직 등 대통령령으로 정하는 사유가 발생한 때에 해당 가입자에 대한 부담금을 납입하지 아니한 경우에는 그 사유가 발생한 날부터 14일 이내에 그 부담금과 지연이자를 해당 가입자의 개인형퇴직연금제도의 계정에 납입하여야 한다. 다만, 특별한 사정이 있는 경우에는 당사자 간의 합의에 따라 납입 기일을 연장할 수 있다.

05 | 실전대비문제(보험계리사 · 공인노무사)

01 대통령령이 정하는 사유가 발생하면 중도인출이 가능한 퇴직연금제도만으로 묶인 것은? (2015년)

① 확정급여형퇴직연금제도

② 확정기여형퇴직연금제도, 개인형퇴직연금제도

③ 확정급여형퇴직연금제도, 개인형퇴직연금제도

④ 확정급여형퇴직연금제도, 확정기여형퇴직연금제도, 개인형퇴직연금제도

[해설] ② 확정기여형퇴직연금제도, 개인형퇴직연금제도(○)

중도인출 가능	중도인출 불가능
퇴직금, 확정기여형(DC), 개인형(IRP)	확정급여형(DB)형 (DC형으로 전환 후 중도인출 가능)

답 ②

02 근로자퇴직급여보장법상 개인형퇴직연금제도의 설정 및 운영에 관한 설명으로 옳지 않은 것은?

(2016년)

① 퇴직연금사업자는 개인형퇴직연금제도를 운영할 수 있다.

② 퇴직급여제도의 일시금을 수령한 사람은 개인형퇴직연금제도를 설정할 수 있다.

③ 확정급여형퇴직연금제도 또는 확정기여형퇴직연금제도의 가입자가 자기부담으로 개인형퇴직연금제도를 추가로 설정할 수는 없다.

④ 개인형퇴직연금제도에서는 대통령령으로 정한 사유가 있는 경우 적립금의 중도인출이 가능하다.

[해설] ③ 자기부담으로 개인형퇴직연금제도를 추가로 설정할 수는 없다(×). 있다(○).

답 ③

03 근로자퇴직급여보장법상 개인형퇴직연금제도에 관한 설명으로 옳지 않은 것은? (2017년)

① 퇴직급여제도의 일시금을 수령한 사람은 개인형퇴직연금제도를 설정할 수 있다.

② 개인형퇴직연금제도를 설정한 자가 자기부담으로 부담금을 납입할 때, 그 액수는 이전 사업에서 받은 퇴직급여제도의 일시금 등을 제외한 금액으로 연간 1,800만원을 초과하여 납입할 수 없다.

③ 개인형퇴직연금제도 적립금의 운용방법 및 운용에 관한 정보제공에 있어서는 확정급여형퇴직연금제도를 준용한다.

④ 상시 10인 미만의 근로자를 사용하는 사업의 사용자는 개별 근로자의 동의를 받거나 근로자의 요구에 따라 개인형퇴직연금제도를 설정하는 것이 가능하다.

[해설] ③ 확정급여형퇴직연금제도를 준용한다(×). 확정기여형퇴직연금제도를 준용한다(○).

[적립금 운용방법 선정자]

확정기여형(개인형퇴직연금)	확정급여형
근로자(가입자)	사용자

tip 퇴직 후에 잘 살겠다고 적립만 하다 **기·근**에 시달려 **급·사**했다.

답 ③

04 근로자퇴직급여보장법상 개인형퇴직연금제도에 관한 설명으로 옳지 않은 것은? (2018년)

① 퇴직연금사업자는 개인형퇴직연금제도를 운영할 수 있다.

② 개인형퇴직연금제도 적립금의 운용방법 및 운용에 관한 정보제공에 있어서는 확정기여형퇴직연금제도를 준용한다.

③ 공무원연금법의 적용을 받는 공무원, 군인연금법의 적용을 받는 군인, 사립학교교직원 연금법의 적용을 받는 교직원은 개인형퇴직연금제도를 설정할 수 없다.

④ 개인형퇴직연금제도의 가입자에게는 적립금을 중도인출할 수 있는 경우가 있다.

[해설] ③ 개인형퇴직연금제도를 설정할 수 없다(×). 있다(○).

답 ③

05 근로자퇴직급여보장법상 개인형퇴직연금제도에 대한 설명으로 옳지 않은 것은? (2019년)

① 상시 5명의 근로자를 사용하는 사업의 사용자가 근로자대표와 협의하여 개인형퇴직연금제도를 설정한 경우 해당 사업에 퇴직급여제도를 설정한 것으로 본다.

② 확정기여형퇴직연금제도의 가입자는 자기의 부담으로 개인형퇴직연금제도를 추가로 설정할 수 있다.

③ 상시 10명 미만을 사용하는 사업에 대한 특례로 설정된 경우가 아니라면, 개인형퇴직연금제도의 급여는 연금과 일시금을 불문하고 55세 이상의 가입자에게만 지급된다.

④ 계속근로기간이 1년 미만인 근로자도 개인형퇴직연금제도를 설정할 수 있다.

[해설] ① 근로자대표와 협의하여(×), 동의나 요구(○)
　　　개별 근로자의 동의를 받거나 근로자의 요구에 따라 설정한다.

답 ①

06 | 퇴직연금사업자 및 업무의 수행

1. 퇴직연금사업자의 등록(법 제26조)

(1) 퇴직연금사업자 고용노동부장관 등록

퇴직연금사업자가 되려는 자는 재무건전성 및 인적·물적 요건 등 대통령령으로 정하는 요건을 갖추어 고용노동부장관에게 등록하여야 한다.

(2) 퇴직연금사업자

① 자본시장과 금융투자업에 관한 법률에 따른 투자매매업자, 투자중개업자 또는 집합투자업자
② 보험업법에 따른 보험회사
③ 은행법에 따른 은행
④ 신용협동조합법에 따른 신용협동조합중앙회
⑤ 새마을금고법에 따른 새마을금고중앙회
⑥ 근로복지공단(퇴직연금사업 대상은 상시 30명 이하의 근로자를 사용하는 사업에 한정)
⑦ 자본시장과 금융투자업에 관한 법률에 따라 신탁업의 인가를 받은 자

(3) 퇴직연금사업자 재무건전성 요건

① 투자매매업자·투자중개업자·집합투자업자 또는 대통령령으로 정한 요건을 갖춘 자 : 금융산업의 구조개선에 관한 법률에 따른 자기자본비율이 금융위원회가 정하여 고시하는 기준 이상일 것
② 신용협동조합중앙회, 새마을금고중앙회 : 자기자본비율이 위 ①에 해당하는 자 중 업무 또는 재무구조 등이 가장 유사한 자에게 적용되는 기준 이상일 것
③ 근로복지공단 : 법률에 따라 설치된 기금으로부터 출연받을 수 있는 법적 근거를 갖출 것

(4) 금융위원회 고시 요건

① 전문 인력 및 위탁 가능 : 운용관리업무 또는 자산관리업무에 관한 전문성이 있는 인력과 업무수행에 필요한 전산요원 등 필요한 인력을 갖출 것. 다만, 운용관리업무 중 일부 업무를 다른 자에게 위탁하는 경우에는 해당 업무에 관한 인력을 갖춘 것으로 본다.
② 전산설비 및 비상시 보완설비 등 : 운용관리업무 또는 자산관리업무의 수행에 필요한 전산설비와 사무실을 갖출 것. 이 경우 그 전산설비는 정전·화재 등의 사고가 발생할 경우 업무의 연속성을 유지할 수 있도록 보완설비를 갖추고, 제도 내용의 변경 등으로 인하여 가입자에게 피해가 발생하지 않도록 전산시스템을 미리 구축하여야 한다.

(5) 연금 회계처리 전문인력 확보 의무

운용관리업무 중 일부 업무를 다른 자에게 위탁하는 경우 연금제도 설계 및 연금 회계처리의 업무를 수행하려는 퇴직 연금사업자는 금융위원회가 정하여 고시하는 바에 따라 다음의 요건을 모두 갖춘 연금 회계처리 전문인력을 반드시 갖추어야 한다.

① 보험업법에 따라 등록된 보험계리사일 것
② 퇴직연금, 퇴직일시금 신탁 또는 퇴직보험 업무에 1년 이상 종사한 경력이 있을 것
③ 금융위원회가 정하는 연금제도의 설계 및 연금 회계처리에 관한 업무교육을 이수할 것

2. 퇴직연금사업자에 대한 등록취소 및 이전명령(법 제27조)

(1) 시정명령 및 등록취소

고용노동부장관은 퇴직연금사업자가 다음에 해당되는 경우에는 고용노동부령으로 정하는 바에 따라 시정을 명하거나 등록을 취소할 수 있다. 다만, 해산한 경우 및 거짓이나 그 밖의 부정한 방법으로 퇴직연금사업자의 등록을 한 경우에는 등록을 취소하여야 한다.

① 해산한 경우(등록취소)
② 거짓이나 그 밖의 부정한 방법으로 퇴직연금사업자의 등록을 한 경우(등록취소)
③ 퇴직연금사업자의 등록요건을 갖추지 못하게 된 경우
④ 퇴직연금사업자에 대한 감독에 따른 고용노동부장관 또는 금융위원회의 명령에 따르지 아니한 경우

(2) 등록취소 후 3년간 등록 제한

등록이 취소된 퇴직연금사업자는 등록이 취소된 날부터 3년간 퇴직연금사업자 등록을 할 수 없다.

(3) 등록말소 후 2년간 등록 제한

① 업무중단에 따른 등록말소 신청 : 퇴직연금제도 관련 업무를 중단하려는 퇴직연금사업자는 고용노동부장관에게 등록의 말소를 신청하여야 한다.
② 말소 후 2년간 등록 제한 : 이 경우 등록이 말소된 퇴직연금사업자는 말소된 날부터 2년간 퇴직연금사업자 등록을 할 수 없다.

(4) 가입자 보호조치

등록취소 처분을 받거나 등록말소를 신청한 퇴직연금사업자는 설정된 퇴직연금제도의 이전에 필요한 조치 등 대통령령으로 정하는 가입자 보호조치를 하여야 한다.

① 사용자와 가입자에 대한 등록취소 또는 등록말소 사실과 가입자 보호조치 내용의 통지
② 운용관리업무 또는 자산관리업무에 관한 계약의 해지·변경에 따른 사용자 및 가입자의 금전적 손실의 보상
③ 업무의 이전을 받는 다른 퇴직연금사업자에게 적립금을 이전하고, 해당 사업과 가입자의 퇴직연금제도를 계속 운영하는 데 필요한 자료 등의 제공

④ 그 밖에 사용자 또는 가입자에게 끼칠 수 있는 불합리한 피해를 예방하기 위하여 필요한 조치로서 고용노동부장관이 정하는 조치

(5) 퇴직연금사업자에 대한 업무 이전명령

① 근로자 보호를 위한 업무 이전 : 고용노동부장관은 등록을 취소하거나 말소하는 경우에 근로자의 퇴직급여 등 수급권 보호를 위하여 필요하다고 인정하면 등록이 취소되거나 말소되는 퇴직연금사업자에게 그 업무의 전부 또는 일부를 다른 퇴직연금사업자에게 이전할 것을 명할 수 있다.

② 양수 퇴직연금사업자 동의 : 고용노동부장관은 그 업무의 전부 또는 일부를 이전받는 퇴직연금사업자의 동의를 받아야 한다.

3. 운용관리업무 계약의 체결 및 업무 위탁(법 제28조)

(1) 운용관리업무에 관한 계약의 체결

퇴직연금제도를 설정하려는 사용자 또는 가입자는 퇴직연금사업자와 운용관리업무를 하는 것을 내용으로 하는 계약을 체결하여야 한다. 다만, 사전지정운용제도의 설정 및 운영에 관한 업무는 확정기여형퇴직연금제도를 설정할 때에만 해당하고, 연금제도 설계 및 연금 회계처리 업무는 확정급여형퇴직연금제도를 설정할 때에만 해당한다.

① 사용자 또는 가입자에 대한 적립금 운용방법 및 운용방법별 정보의 제공

② **사**전지정운용제도의 설정 및 운영에 관한 업무(확정**기**여형퇴직연금제도)

> `tip` 사·기 (연·급)

③ **연**금제도 설계 및 연금 회계처리(확정**급**여형퇴직연금제도)

> `tip` (사·기) 연·급

④ 적립금 운용현황의 기록·보관·통지

⑤ 사용자 또는 가입자가 선정한 운용방법을 자산관리업무를 수행하는 퇴직연금사업자에게 전달하는 업무

⑥ 그 밖에 운용관리업무의 적절한 수행을 위하여 대통령령으로 정하는 다음 업무

    ㉠ 개인형퇴직연금제도의 설정 및 운영

    ㉡ 사용자가 위탁한 퇴직연금제도 운영상황 교육의 실시

    ㉢ 퇴직연금사업자가 간사기관인 경우에는 다음의 업무

        ⓐ 확정급여형퇴직연금제도를 설정한 사용자의 급여 지급능력 확보 여부의 확인 및 그 결과의 통보

        ⓑ 확정급여형퇴직연금제도에 따른 부담금의 산정

        ⓒ 퇴직 등 사유가 발생한 경우 급여를 지급하는 퇴직연금사업자의 선정에 관한 사용자의 지시를 그 퇴직연금사업자에게 전달하는 업무

        ⓓ 그 밖에 신규 가입자의 등재, 적립금액 및 운용현황 통지 등 복수의 퇴직연금사업자와 확정급여형 퇴직연금제도의 운용관리업무에 관한 계약을 체결한 경우 제도의 안정적·통일적 운용을 위하여 필요한 사항

퇴직연금제도를 설정하려는 사용자 또는 가입자가 퇴직연금사업자와 운용관리업무를 하는 것을 내용으로 하는 계약을 체결할 때 퇴직연금제도의 종류를 불문하고 '연금제도 설계 및 연금 회계처리'에 관한 내용을 포함하여야 한다(퇴직연금제도의 종류를 불문하고 ×, 확정급여형 ○).

tip 사·기, 연·급   ✓ 2023

확정기여형퇴직연금제도를 설정하려는 사용자 또는 가입자는 퇴직연금사업자와 연금제도의 설계 및 연금 계리(計理) 업무에 관한 사항이 포함된 운용관리업무 계약을 체결하여야 한다(확정기여형 ×, 확정급여형 ○).

tip 사·기, 연·급   ✓ 2020

퇴직연금제도를 설정하려는 사용자 또는 가입자가 퇴직연금사업자와 운용관리업무 계약을 체결할 때 퇴직 연금제도의 종류를 불문하고 '연금제도 설계 및 연금계리'에 관한 내용을 포함하여야 한다(퇴직연금제도 종류 불문 ×, 확정급여형 ○).

tip 사·기, 연·급   ✓ 2018

(2) 운용관리업무의 일부 위탁

운용관리업무를 수행하는 퇴직연금사업자는 대통령령으로 정하는 일부 업무를 인적·물적 요건 등 대통령령으로 정하는 요건을 갖춘 자에게 처리하게 할 수 있다.
① 연금제도 설계 및 연금 회계처리
② 적립금 운용현황의 기록·보관·통지
③ 사용자 또는 가입자가 선정한 운용방법을 자산관리업무를 수행하는 퇴직연금사업자에게 전달하는 업무
④ 사용자가 위탁한 퇴직연금제도 운영상황 교육의 실시

4. 운용관리업무의 수행(법 제30조)

(1) 선관주의의무

퇴직연금사업자는 선량한 관리자로서의 주의의무를 다하여야 한다.

(2) 운용방법 제시

퇴직연금사업자는 적립금의 운용방법을 제시하는 경우에 다음의 요건을 갖춘 운용방법을 제시하여야 한다.
① 운용방법에 관한 정보의 취득과 이해가 쉬울 것
② 운용방법 간의 변경이 쉬울 것
③ 적립금 운용결과의 평가 방법과 절차가 투명할 것
④ 확정기여형퇴직연금제도와 개인형퇴직연금제도의 경우에는 대통령령으로 정하는 다음의 원리금보장 운용방법이 하나 이상 포함될 것
    ㉠ 신용등급 등에 관하여 금융위원회가 정하여 고시하는 기준 이상의 금융기관이 제공하는 다음의 운용 방법
        ⓐ 은행법에 따른 은행이 취급하는 예금·적금

ⓑ 보험업법에 따른 보험회사가 취급하는 보험계약으로서 적립금의 최저 이자율을 보증하는 등의 형태로 원리금 지급을 보장하는 보험계약

ⓒ 자본시장과 금융투자업에 관한 법률에 따른 금융투자업자가 원리금 지급을 보장하는 계약으로서 환매조건부매수 계약

ⓓ 자본시장과 금융투자업에 관한 법률에 따른 증권금융회사가 취급하는 예탁금

ⓛ 우체국예금·보험에 관한 법률에 따라 체신관서가 취급하는 예금

ⓒ 한국은행법에 따른 한국은행통화안정증권, 국채증권 및 정부가 원리금 상환을 보증한 채권

ⓔ 자산유동화에 관한 법률에 따른 유동화전문회사가 발행한 유동화증권 중 사회기반시설에 대한 민간투자법에 따른 산업기반신용보증기금이 원리금 상환을 보증하는 사회기반시설채권

ⓜ 그 밖에 원리금 상환이 보장되는 운용방법으로서 금융위원회가 정하여 고시하는 운용방법

⑤ 적립금의 중장기 안정적 운용을 위하여 분산투자 등 대통령령으로 정하는 다음의 운용방법 및 기준 등에 따를 것

   ㉠ 운용방법

      ⓐ 은행법에 따른 은행이 취급하는 예금·적금

      ⓑ 보험업법에 따른 보험회사가 취급하는 보험계약 중 적립금이 반환되는 것으로서 금융위원회가 고시하는 보험계약

      ⓒ 자본시장과 금융투자업에 관한 법률에 따른 증권으로서 금융위원회가 고시하는 증권. 이 경우 증권(자본시장과 금융투자업에 관한 법률에 따른 집합투자증권은 제외)은 사용자 또는 금융위원회가 정하여 고시하는 이해관계인이 발행한 것이 아니어야 한다.

      ⓓ 우체국예금·보험에 관한 법률에 따라 체신관서가 취급하는 예금

      ⓔ 자본시장과 금융투자업에 관한 법률에 따른 증권금융회사 중 신용등급 등이 금융위원회가 정하여 고시하는 기준 이상인 증권금융회사가 취급하는 예탁금

      ⓕ 자산유동화에 관한 법률에 따른 유동화전문회사가 발행한 유동화증권 중 사회기반시설에 대한 민간투자법에 따른 산업기반신용보증기금이 원리금 상환을 보증하는 사회기반시설채권

      ⓖ 그 밖에 적립금의 안정적인 중장기 운용을 위하여 필요한 운용방법으로서 금융위원회가 정하여 고시하는 운용방법

   ㉡ 운용 기준

      ⓐ 분산투자 등 위험을 낮춘 방법 : 위 운용방법 중 원리금보장 운용방법과 증권에 대한 분산투자 등으로 투자위험을 낮춘 운용방법으로서 금융위원회가 고시하는 운용방법을 제외한 운용방법에 대해서는 고용노동부령으로 정하는 총투자한도 내에서 운용할 것. 이 경우 금융위원회는 고용노동부령으로 정하는 총투자한도 내에서 퇴직연금제도별로 세부적인 투자한도를 달리 정하여 고시할 수 있다.

      ⓑ 투자위험이 높은 경우 집합투자 방법으로 제한 : 확정기여형퇴직연금제도와 개인형퇴직연금제도의 경우 고용노동부령으로 투자위험이 큰 것으로 정한 자산은 자본시장과 금융투자업에 관한 법률에 따른 집합투자의 방법으로만 투자할 것

5. 자산관리업무에 관한 계약의 체결 및 수수료(법 제29조)

(1) 계약의 내용

퇴직연금제도를 설정한 사용자 또는 가입자는 다음의 자산관리업무 수행을 내용으로 하는 계약을 퇴직연금사업자와 체결하여야 한다.

① 계좌의 설정 및 관리
② 부담금의 수령
③ 적립금의 보관 및 관리
④ 운용관리업무를 수행하는 퇴직연금사업자가 전달하는 적립금 운용지시의 이행
⑤ 급여의 지급

(2) 자산관리업무에 관한 계약의 체결

① 계약 방법 : 사용자 또는 가입자가 (1)에 따른 계약을 체결하려는 경우에는 근로자 또는 가입자를 피보험자 또는 수익자로 하여 대통령령으로 정하는 보험계약 또는 신탁계약의 방법으로 하여야 한다.
② 계약 요건
　㉠ 적립금이 기준책임준비금의 100분의 150을 초과하고 사용자가 반환을 요구하는 경우 퇴직연금사업자는 사용자에게 그 초과분을 반환할 것
　㉡ 급여는 가입자가 퇴직하는 경우에 지급하는 것일 것
　㉢ 가입자가 퇴직연금사업자에 대하여 직접 급여를 청구할 수 있을 것. 다만, 계속근로기간이 1년 미만인 가입자는 급여를 청구할 수 없으며, 그 적립금은 사용자에게 귀속되는 것이어야 한다.
　㉣ 계약이 해지되는 경우 적립금은 가입자에게 지급되는 것일 것. 다만, 계속근로기간이 1년 미만인 가입자에 대한 적립금은 사용자에게 귀속되는 것이어야 한다.

(3) 수수료(법 제29조의2)

① 합리적인 수수료 산정 : 퇴직연금사업자가 운용관리업무, 자산관리업무 및 그 밖에 대통령령으로 정하는 업무의 수행에 따라 사용자 및 가입자로부터 받는 수수료는 해당 업무의 수행에 따라 발생되는 비용과 적립금의 운용 손익 등을 고려하여 합리적으로 정하여야 한다.
② 부과기준 준수 : 사용자 및 가입자로부터 받는 수수료는 대통령령으로 정하는 부과기준 등을 준수하여야 한다.
③ 자료제출 요구 : 고용노동부장관은 가입자의 수급권 보호를 위하여 퇴직연금사업자에게 수수료 부과기준 등 대통령령으로 정하는 자료의 제출을 요구할 수 있다.

6. 퇴직연금제도 모집업무의 위탁(법 제31조)

(1) 위탁범위

① 퇴직연금제도를 설정하거나 가입한 자(설정하거나 가입하려는 자를 포함)에게 퇴직연금제도 및 운영에 관한 사항을 설명하는 업무

② 사용자 또는 가입 예정자를 퇴직연금사업자에게 소개하거나 중개하는 업무

③ 사용자 또는 가입자(가입 예정자를 포함)에 대한 적립금 운용방법의 설명 또는 관련 정보의 전달 업무, 사용자 또는 가입자의 적립금 운용방법에 대한 지시를 전달하는 업무

④ 사용자 또는 가입자의 질의사항, 퇴직연금사업자 등의 답변을 전달하는 업무

(2) 모집인 요건

① 퇴직연금제도 모집업무를 위탁받아 고용노동부장관에게 등록된 자가 아닐 것

② 퇴직연금사업자의 임직원이 아닌 자로서 퇴직연금사업자와 서면 계약으로 모집업무를 위탁받은 자일 것

③ 다음에 해당하는 자로서 고용노동부장관이 정하는 교육과정을 이수할 것

　㉠ 보험업법에 따라 금융위원회에 등록된 보험설계사와 개인인 보험대리점으로서 해당 분야에서 1년 이상의 경력이 있는 자

　㉡ 자본시장과 금융투자업에 관한 법률에 따라 한국금융투자협회에 등록한 투자권유대행인으로서 해당 분야에서 1년 이상의 경력이 있는 자

　㉢ 퇴직연금사업자에서 5년 이상 재직한 후 퇴직한 자로서 퇴직연금 상품설계·판매·운영 등의 퇴직연금제도 해당 분야에서 1년 이상의 경력이 있는 자

④ 등록이 취소된 경우 그 등록이 취소된 날부터 3년이 지났을 것

(3) 모집인 등록

① **고용노동부장관 등록** : 퇴직연금사업자는 퇴직연금제도 모집업무를 위탁한 경우에는 위탁받은 자를 고용노동부장관에게 등록하여야 한다.

② **금융위원회 지정기관 위탁** : 고용노동부장관은 그 등록업무를 고용노동부장관이 정하는 절차에 따라 금융위원회가 지정한 기관에 위탁할 수 있다.

③ **위탁 기간 3년 제한** : 모집인 등록업무의 위탁 기간은 3년을 넘지 아니하는 범위에서 고용노동부장관이 정할 수 있다.

(4) 미등록 모집인 업무수행 제한

퇴직연금제도 모집업무를 위탁받은 자는 등록을 하지 아니하고는 퇴직연금제도 모집업무를 수행하여서는 아니 된다.

(5) 미등록 모집인 업무위탁 제한

퇴직연금사업자는 등록한 퇴직연금제도 모집인 이외의 자에게 모집업무를 위탁하여서는 아니 된다.

(6) 모집인 등록취소 및 6개월 업무정지

고용노동부장관은 다음에 해당하는 경우 퇴직연금제도 모집인에 대한 등록을 취소하거나 6개월(1년 ×) 이내에서 모집업무를 정지할 수 있다.
① 모집인의 요건을 갖추지 못한 경우
② 모집업무를 위탁받은 자가 준수사항을 위반한 경우

(7) 모집인 금지사항

① 퇴직연금제도 모집인 외의 명칭을 사용하거나 다른 퇴직연금제도 모집인의 명의를 이용하여 모집업무를 수행하는 행위
② 허위 사실에 근거하여 모집업무를 수행하거나 그 내용을 사실과 다르게 알리거나 중요한 사항을 알리지 않는 행위
③ 모집업무의 위탁범위를 벗어나서 업무를 수행하는 행위
④ 둘 이상의 퇴직연금사업자와 모집업무 위탁계약을 체결하는 행위
⑤ 모집업무를 수행하면서 알게 된 정보 등을 자기 또는 제3자의 이익을 위하여 이용하는 행위
⑥ 모집업무를 위탁한 퇴직연금사업자 또는 가입 예정인 사용자 등을 대리하여 계약을 체결하는 행위
⑦ 퇴직연금제도를 설정하였거나 설정하려는 사용자 또는 가입자로부터 금전·증권, 그 밖에 재산상의 가치가 있는 것을 받는 행위
⑧ 퇴직연금제도를 설정하였거나 설정하려는 사용자, 가입자 또는 이들의 이해관계인에게 특별한 이익을 제공하거나 제공할 것을 약속하는 행위
⑨ 사용자 또는 가입자의 적립금 운용방법에 대한 지시를 대리하는 행위

(8) 모집업무 위탁 취소

퇴직연금사업자는 모집업무를 위탁받은 자가 모집인의 준수사항을 지키지 아니한 경우에는 모집업무의 위탁을 취소하여야 한다.

(9) 모집업무 수행기준 설정

퇴직연금사업자는 퇴직연금제도 모집인이 퇴직연금제도 모집업무를 수행할 때 법령을 준수하고 건전한 거래질서를 해하는 일이 없도록 성실히 관리하여야 하며, 이를 위한 퇴직연금제도 모집업무 수행기준을 정하여야 한다.

(10) 민법의 사용자 배상책임 준용

퇴직연금제도 모집인이 모집업무를 수행하면서 사용자 또는 가입자에게 손해를 끼친 경우에 민법 사용자의 배상책임을 준용한다. 따라서 퇴직연금제도사업자 및 그 사무를 감독하는 자도 책임이 있다.

- 타인을 사용하여 어느 사무에 종사하게 한 자는 피용자가 그 사무집행에 관하여 제삼자에게 가한 손해를 배상할 책임이 있다. 그러나 사용자가 피용자의 선임 및 그 사무감독에 상당한 주의를 한 때 또는 상당한 주의를 하여도 손해가 있을 경우에는 그러하지 아니하다.
- 사용자에 갈음하여 그 사무를 감독하는 자도 책임이 있다.
- 사용자 또는 감독자는 피용자에 대하여 구상권을 행사할 수 있다.

 기출 포인트 !

퇴직연금제도 모집인이 모집업무를 수행하면서 사용자 또는 가입자에게 손해를 끼친 경우 퇴직연금사업자는 민법 제756조에 따라 배상책임을 지게 된다(○). ✓ 2023

06 | 실전대비문제(보험계리사 · 공인노무사)

01 근로자퇴직급여보장법상 퇴직연금사업자의 자격 및 업무 등에 관한 설명으로 옳지 않은 것은?

(2017년)

① 보험업법 제2조 제6호에 따른 보험회사가 퇴직연금사업자가 되려면 재무건전성 및 인적·물적 요건 등 대통령령으로 정하는 요건을 갖추어 고용노동부장관에게 등록하여야 한다.

② 근로복지공단은 퇴직연금사업자가 될 수 있으나 퇴직연금사업 대상은 상시 30명 이하의 근로자를 사용하는 사업에 한한다.

③ 퇴직연금제도를 설정하려는 사용자 또는 가입자가 퇴직연금사업자와 운용관리업무 계약을 체결할 때 퇴직연금제도의 종류를 불문하고 '연금제도 설계 및 연금계리(計理)'에 관한 내용을 포함하여야 한다.

④ 퇴직연금사업자가 퇴직연금제도 모집인에게 모집업무를 위탁한 경우, 퇴직연금제도 모집인이 모집업무를 수행함에 있어서 사용자 또는 가입자에게 손해를 끼친 경우 퇴직연금사업자가 민법 제756조에 따라 그 손해에 대한 배상책임을 지게 될 수도 있다.

> 해설 ③ 퇴직연금제도의 종류를 불문하고(×), 확정급여형퇴직연금제도 설정에만 해당(○)
> • **사**전지정운용제도의 설정 및 운영에 관한 업무 : 확정**기**여형퇴직연금제도 설정에만 해당
> • **연**금제도 설계 및 연금 회계처리 : 확정**급**여형퇴직연금제도 설정에만 해당
>
> **tip** 사·기, 연·급

답 ③

02 근로자퇴직급여보장법상 사용자의 준수사항에 관한 설명으로 옳지 않은 것은?   (2018년)

① 계속근로기간이 1년 이상이더라도 4주간을 평균하여 1주간의 소정근로시간이 15시간 미만인 근로자에 대하여는 사용자가 퇴직급여제도를 설정하지 아니하여도 된다.

② 2018년에 새로 성립된 사업의 사용자는 근로자대표의 의견을 들어 사업의 성립 후 1년 이내에 확정급여형퇴직연금제도, 확정기여형퇴직연금제도, 퇴직금제도 중 하나를 설정하여야 한다.

③ 사용자가 확정급여형퇴직연금제도를 확정기여형퇴직연금제도로 변경하려는 경우에 근로자대표의 동의를 받아야 한다.

④ 퇴직연금제도(개인형퇴직연금제도 제외)를 설정한 사용자는 매년 1회 이상 가입자에게 퇴직연금제도의 운영상황 등에 관한 교육을 하여야 하는데 이 경우 퇴직연금사업자에게 그 교육의 실시를 위탁할 수 있다.

> 해설 ② 퇴직금제도(×), 확정급여형퇴직연금제도나 확정기여형퇴직연금제도를 설정하여야 한다(○).

답 ②

03 근로자퇴직급여보장법상 확정기여형퇴직연금제도에 대한 설명으로 옳은 것은? (2020년)

① 확정기여형퇴직연금제도를 설정하려는 사용자는 퇴직연금규약을 작성하여 금융위원회에 신고하여야 한다.

② 확정기여형퇴직연금제도의 퇴직연금사업자는 반기마다 1회 이상 위험과 수익구조가 서로 다른 세 가지 이상의 적립금 운용방법을 제시하여야 한다.

③ 확정기여형퇴직연금제도를 설정한 사용자는 가입자의 연간 임금총액의 12분의 1에 해당하는 부담금을 현금으로 가입자의 확정기여형퇴직연금제도 계정에 납입하여야 한다.

④ 확정기여형퇴직연금제도를 설정하려는 사용자 또는 가입자는 퇴직연금사업자와 연금제도의 설계 및 연금계리(計理) 업무에 관한 사항이 포함된 운용관리업무 계약을 체결하여야 한다.

[해설] ① 금융위원회(×), 노동부장관(○)
　　　　보험업법은 금융위원회, 근로자퇴직급여보장법은 노동부장관
　　　③ 12분의 1에 해당(×), 12분의 1 이상에 해당(○)
　　　④ 확정기여형퇴직연금제도를 설정(×), 확정급여형퇴직연금제도를 설정(○)

답 ②

04 근로자퇴직급여보장법령에 관한 설명으로 옳지 않은 것은? (2022년, 공인노무사)

① 사용자가 퇴직급여제도를 설정하려는 경우에 근로자 과반수가 가입한 노동조합이 있는 경우에는 그 노동조합의 동의를 받아야 한다.

② 무주택자인 근로자는 본인 명의로 주택을 구입하는 경우에 퇴직금 중간정산을 요구할 수 있다.

③ 퇴직금을 받을 권리는 3년간 행사하지 아니하면 시효로 인하여 소멸한다.

④ 중소기업퇴직연금기금제도의 급여를 받을 권리는 양도 또는 압류할 수 없다.

⑤ 퇴직연금사업자는 매 분기당 1회 이상 적립금액 및 운용수익률 등 운용현황의 구체적인 내용을 고용노동부령으로 정하는 바에 따라 가입자에게 알려야 한다.

[해설] ⑤ 매 분기당 1회 이상(×), 매년 1회 이상(○)
　　　　운용현황의 통지 : 퇴직연금사업자는 매년 1회 이상 적립금액 및 운용수익률 등을 고용노동부령으로 정하는 바에 따라 가입자에게 알려야 한다.

답 ⑤

05 근로자퇴직급여보장법상 퇴직연금사업자에 대한 설명으로 옳지 않은 것은? (2023년)

① 자본시장과 금융투자업에 관한 법률에 따른 투자매매업자, 투자중개업자 또는 집합투자업자는 재무건전성 및 인적·물적 요건 등 대통령령으로 정하는 요건을 갖추어 고용노동부장관에게 등록하는 경우 퇴직연금사업자가 될 수 있다.

② 퇴직연금사업자가 해산한 경우 및 거짓이나 그 밖의 부정한 방법으로 퇴직연금사업자의 등록을 한 경우 고용노동부장관은 그 등록을 취소하여야 한다.

③ 퇴직연금제도를 설정하려는 사용자 또는 가입자가 퇴직연금사업자와 운용관리업무를 하는 것을 내용으로 하는 계약을 체결할 때 퇴직연금제도의 종류를 불문하고 '연금제도 설계 및 연금 회계처리'에 관한 내용을 포함하여야 한다.

④ 퇴직연금제도 모집인이 모집업무를 수행하면서 사용자 또는 가입자에게 손해를 끼친 경우 퇴직연금사업자는 민법 제756조에 따라 배상책임을 지게 된다.

[해설] ③ 퇴직연금제도의 종류를 불문하고 '연금제도 설계 및 연금 회계처리'에 관한 내용을 포함(×), **연금제도** 설계 및 연금 회계처리업무는 확정**급**여형퇴직연금제도를 설정할 때에만 해당한다(○).
- **사**전지정운용제도의 설정 및 운영에 관한 업무(확정**기**여형퇴직연금제도) tip 사·기 (연·급)
- **연금제도** 설계 및 연금 회계처리(확정**급**여형퇴직연금제도) tip (사·기) 연·급

답 ③

07 | 책무 및 감독

1. 사용자의 책무(법 제32조)

(1) 사용자 의무이행

사용자는 법령, 퇴직연금규약 또는 중소기업퇴직연금기금 표준계약서를 준수하고 가입자 등을 위하여 대통령령으로 정하는 사항에 관하여 성실하게 이 법에 따른 의무를 이행하여야 한다.

① **퇴직연금사업자 선정** : 운용관리업무와 자산관리업무의 수행, 관련 서비스 제공 등 퇴직연금제도 전반에 대한 능력과 전문성을 종합적으로 판단하여 퇴직연금사업자를 선정할 것. 이 경우 상시 300명 이상의 근로자를 사용하는 사업의 사용자는 퇴직연금규약을 신고하거나 퇴직연금사업자를 선정·변경하는 경우 고용노동부장관에게 퇴직연금사업자 선정·변경사유서를 제출하여야 한다.

② **급여명세서 등 확인 자료 제공** : 단체협약, 취업규칙, 근로계약서, 급여명세서 등 부담금 산정 및 급여 지급능력 확보 여부 등을 확인하는 데 필요한 자료를 근로복지공단 또는 퇴직연금사업자(복수의 퇴직연금사업자와 운용관리업무에 관한 계약을 체결한 경우에는 간사기관을 말한다)에게 제공할 것. 이 경우 급여 지급능력 확보 여부 등을 확인하는 데 필요한 자료는 매 사업연도 종료 후 3개월 이내에 제공해야 한다.

> 🌱 **기출 포인트 !**
>
> 사용자는 퇴직연금사업자에게 부담금 산정에 필요한 취업규칙 등의 자료를 제공하여야 하지만, 가입자의 개인정보 보호를 위해 가입자의 근로계약서나 급여명세서를 제공하여서는 아니 된다(가입자의 근로계약서나 급여명세서를 제공하여서는 아니 된다 ×, 제공 ○).　　　　　　　✓ 2019

③ **집합교육 협조** : 퇴직연금사업자 또는 전문기관에게 가입자에 대한 교육의 실시를 위탁한 경우 집합교육을 실시할 수 있도록 하는 등 협조할 것

④ **간사기관의 선정 또는 변경시 통지** : 간사기관의 선정 또는 변경 시 그 사실을 그 선정일 또는 변경일부터 7일 이내에 운용관리업무를 수행하는 퇴직연금사업자에게 알릴 것

(2) 사용자 금지행위

① 자기 또는 제3자의 이익을 도모할 목적으로 운용관리업무 및 자산관리업무의 수행계약을 체결하는 행위

② 운용관리업무 또는 자산관리업무를 수행하는 데 필요한 다음의 자료를 고의로 누락(자료를 제공하지 않는 경우를 포함)하거나 거짓으로 작성하여 퇴직연금사업자에게 제공하는 행위

> 🌱 **기출 포인트 !**
>
> 운용관리업무 또는 자산관리업무를 수행하는 데 필요한 단체협약, 근로계약서 등의 자료를 과실로 누락하여 퇴직연금사업자에게 제공하는 행위(과실로 누락하여 ×, 고의로 누락하여 ○).　　　　　　　✓ 2020

ⓐ 단체협약, 취업규칙, 근로계약서, 급여명세서 등 부담금 산정 및 급여 지급능력 확보 여부 등을 확인하는 데 필요한 자료
ⓑ 그 밖에 급여지급 등 운용관리업무 및 자산관리업무의 수행에 필요한 자료
③ 퇴직연금사업자에게 약관 등에서 정해진 부가서비스 외의 경제적 가치가 있는 서비스의 제공을 요구하거나 제공받는 행위
④ 퇴직연금사업자에게 계약 체결을 이유로 물품 등의 구매를 요구하거나 판매하는 행위
⑤ 퇴직연금사업자에게 확정되지 않은 운용방법의 수익을 확정적으로 제시할 것을 요구하거나 제공받는 행위
⑥ 재정안정화계획서를 작성하지 않거나 통보하지 않는 행위

(3) 퇴직급여 감소 예방을 위한 근로자 통지 및 필요 조치

① **사전 통지 및 협의** : 확정급여형퇴직연금제도 또는 퇴직금제도를 설정한 사용자는 다음에 해당하는 사유가 있는 경우 근로자에게 퇴직급여가 감소할 수 있음을 미리 알리고 근로자대표와 협의를 한다.
　ⓐ 사용자가 단체협약 및 취업규칙 등을 통하여 일정한 연령, 근속시점 또는 임금액을 기준으로 근로자의 임금을 조정하고 근로자의 정년을 연장하거나 보장하는 제도를 시행하려는 경우
　ⓑ 사용자가 근로자와 합의하여 소정근로시간을 1일 1시간 이상 또는 1주 5시간 이상 단축함으로써 단축된 소정근로시간에 따라 근로자가 3개월 이상 계속 근로하기로 한 경우
　ⓒ 근로기준법 일부개정법률 시행에 따라 근로시간이 단축되어 근로자의 임금이 감소하는 경우
② **퇴직급여 감소 예방 조치** : 확정기여형퇴직연금제도나 중소기업퇴직연금기금제도로의 변경, 퇴직급여 산정기준의 개선 등 근로자의 퇴직급여 감소를 예방하기 위하여 필요한 조치를 하여야 한다.

2. 가입자 교육(법 제32조 제2항~제3항)

(1) 연금제도 가입자 매년 1회 이상 교육

확정급여형퇴직연금제도 또는 확정기여형퇴직연금제도를 설정한 사용자는 매년(반기 ✕) 1회 이상 가입자에게 해당 사업의 퇴직연금제도 운영상황 등 대통령령으로 정하는 사항에 관한 교육을 하여야 한다.

> 🔔 **기출 포인트!**
>
> 개인형퇴직연금제도를 운영하는 퇴직연금사업자는 해당 사업의 퇴직연금제도 운영상황 등에 대하여 반기마다 1회 이상 가입자에게 교육을 하여야 한다(반기마다 1회 이상 ✕, 매년 1회 이상 ○).　　✓ 2020

(2) 전문기관 교육 위탁

이 경우 사용자는 퇴직연금사업자 또는 대통령령으로 정하는 요건을 갖춘 전문기관에 그 교육의 실시를 위탁할 수 있다.

(3) 퇴직연금제도 가입자에 대한 교육 사항

① 제도 일반에 관한 내용

    ㉠ 급여 종류에 관한 사항, 수급요건, 급여액 등 제도별 특징 및 차이점

    ㉡ 담보대출, 중도인출, 지연이자 등 해당 사업의 퇴직연금제도 운영에 관한 사항

    ㉢ 급여 또는 부담금 산정의 기준이 되는 임금 등에 관한 사항

    ㉣ 퇴직 시 급여 지급절차 및 개인형퇴직연금 계정 등으로의 적립금 이전에 관한 사항

    ㉤ 연금소득세, 퇴직소득세 등 과세 체계에 관한 사항

    ㉥ 해당 사업의 퇴직연금제도를 중단하거나 폐지하는 경우 그 처리방법

    ㉦ 가입자의 소득, 자산, 부채, 나이 및 근속연수 등을 고려한 자산·부채관리의 일반적 원칙과 노후 설계의 중요성에 관한 사항

② 확정급여형퇴직연금제도를 설정하는 경우

    ㉠ 최근 3년간의 부담금 납입 현황

    ㉡ 급여 종류별 표준적인 급여액 수준

    ㉢ 직전 사업연도 말 기준 최소적립금 대비 적립금 현황

    ㉣ 재정안정화계획서를 작성하는 경우 그 계획서 및 이행 상황

    ㉤ 그 밖에 적립금 운용현황, 운용목표 등에 관한 사항

③ 확정기여형퇴직연금제도를 설정하는 경우

    ㉠ 사용자의 부담금 수준, 납입시기 및 납입 현황

    ㉡ 둘 이상의 사용자가 참여하는 확정기여형퇴직연금제도의 경우 표준규약 및 표준계약서에 관한 사항

    ㉢ 분산투자 등 적립금의 안정적 운용을 위하여 행하는 투자원칙에 관한 사항

    ㉣ 퇴직연금사업자가 제시하는 집합투자증권 등 적립금 운용방법별 수익구조, 매도기준가, 투자위험 및 수수료 등에 관한 사항

(4) 사용자 교육 협조

사용자는 위탁받은 전문기관을 포함하여 퇴직연금사업자와 협조하여 실시해야 한다.

 기출 포인트 !

퇴직연금제도를 설정한 사용자에게 금지되는 행위가 아닌 것은? ✓ 2014

① 자기 또는 제3자의 이익을 도모할 목적으로 운용관리업무 및 자산관리업무의 수행계약을 체결하는 행위

② 퇴직연금사업자에게 가입자에 대한 교육의 실시를 위탁한 경우 집합교육 실시에 협조하는 행위

③ 퇴직연금사업자에게 계약체결을 이유로 물품 등의 구매를 요구하거나 판매하는 행위

④ 퇴직연금사업자에게 확정되지 않은 운용방법의 수익을 확정적으로 제시할 것을 요구하거나 제공받는 행위

답 ②

3. 퇴직연금사업자의 책무(법 제33조)

(1) 가입자를 위한 성실 업무

퇴직연금사업자는 근로자퇴직급여보장법을 준수하고 가입자(사용자 ×)를 위하여 성실하게 그 업무를 하여야 한다.

> 🔫 기출 포인트 !
>
> 퇴직연금사업자는 근로자퇴직급여보장법을 준수하고 사용자를 위하여 성실하게 그 업무를 하여야 한다(사용자를 위하여 ×, 가입자를 위하여 ○).　　✓ 2020

(2) 퇴직연금사업자 준수사항

① 운용관리업무에 관한 계약의 체결
② 자산관리업무에 관한 계약의 체결

(3) 퇴직연금사업자 금지사항

퇴직연금사업자는 정당한 사유 없이 다음에 해당하는 행위를 하여서는 아니 된다.
① 운용관리업무의 수행계약 체결을 거부하는 행위
② 자산관리업무의 수행계약 체결을 거부하는 행위
③ 특정 퇴직연금사업자와 계약을 체결할 것을 강요하는 행위
④ 사용자 또는 가입자의 운용지시 등 업무수행과 관련하여 알게 된 정보를 자기 또는 제3자의 이익을 위하여 이용하는 행위
⑤ 기존 대출을 연장하거나 신규 대출을 제공하는 등 사용자, 가입자 또는 이들의 이해관계인에게 금융거래상의 혜택을 주는 조건으로 퇴직연금계약의 체결을 요구하는 행위
⑥ 사용자 또는 가입자에게 특정한 운용방법의 선택을 강요하는 행위

> 🔫 기출 포인트 !
>
> 퇴직연금사업자는 정당한 사유 없이 사용자 또는 가입자에게 특정한 운용방법의 선택을 권유하는 행위를 하여서는 아니 된다(권유하는 행위 ×, 강요 ○).　　✓ 2020

⑦ 사용자 또는 가입자에게 특정한 운용방법의 가치상승 또는 하락에 대한 단정적이거나 합리적 근거가 없는 판단을 제공하는 행위
⑧ 적립금 운용방법 등에 있어 통상적인 조건을 벗어나 현저히 유리한 조건을 제시하는 행위

> 🔫 기출 포인트 !
>
> 적립금 운용방법 등에 있어 통상적인 조건에서 조금이라도 유리한 조건을 제시하는 행위는 금지된다(조금이라도 ×, 현저히 ○).　　✓ 2018

⑨ 원리금 지급을 보장하는 운용방법의 금리 등을 사용자 또는 가입자에 따라 합리적 이유 없이 차등 적용하는 행위

⑩ 사용자 또는 가입자에게 확정되지 않은 운용방법의 수익을 확정적으로 제시하는 행위

⑪ 사전지정운용방법에 의한 적립금 운용과 관련된 다음의 행위

 ㉠ 거짓이나 그 밖의 부정한 방법으로 사전지정운용방법의 승인을 받아 운용하는 행위

 ㉡ 특정 가입자를 우대하여 수익률 차이가 크게 나도록 하는 등 가입자를 차별하는 행위

 ㉢ 거짓이나 그 밖의 부정한 방법으로 정보를 제공하거나 통지하는 행위

(4) 운용관리업무 수행 퇴직연금사업자 금지행위

① 계약체결 시 가입자 또는 사용자의 손실의 전부 또는 일부를 부담하거나 부담할 것을 약속하는 행위

② 가입자 또는 사용자에게 경제적 가치가 있는 과도한 부가적 서비스를 제공하거나 가입자 또는 사용자가 부담하여야 할 경비를 퇴직연금사업자가 부담하는 등 대통령령으로 정하는 특별한 이익을 제공하거나 제공할 것을 약속하는 행위

③ 가입자의 성명·주소 등 개인정보를 퇴직연금제도의 운용과 관련된 업무수행에 필요한 범위를 벗어나서 사용하는 행위

④ 자기 또는 제3자의 이익을 도모할 목적으로 특정 운용방법을 가입자 또는 사용자에게 제시하는 행위

(5) 취급실적을 고용노동부장관 및 금융감독원장에게 제출

퇴직연금사업자는 고용노동부령으로 정하는 바에 따라 퇴직연금제도의 취급실적을 사용자(개인형퇴직연금 제도의 취급실적은 제외), 고용노동부장관 및 금융감독원장에게 제출하여야 한다.

(6) 약관 제정 및 변경 시 금융감독원장에게 보고

① **사전 보고** : 퇴직연금사업자는 운용관리업무 및 자산관리업무 계약체결과 관련된 약관 또는 표준계약서를 제정하거나 변경하려는 경우에는 미리 금융감독원장에게 보고하여야 한다.

② **사후 보고** : 근로자 또는 사용자의 권익이나 의무에 불리한 영향을 주지 아니하는 경우로서 금융위원회가 정하는 경우에는 약관 등의 제정 또는 변경 후 10일 이내에 금융감독원장에게 보고할 수 있다.

(7) 적립금 운용수익률 및 수수료 공시

퇴직연금사업자는 매년 말 적립금 운용수익률 및 수수료 등을 금융위원회가 정하는 바에 따라 공시하여야 한다.

4. 정부의 책무 등(법 제34조)

(1) 활성화 지원방안 마련

정부는 퇴직연금제도가 활성화될 수 있도록 지원방안을 마련하여야 한다.

(2) 퇴직연금제도 정착 및 발전을 위한 조치

① 노사단체, 퇴직연금업무 유관기관·단체와의 공동 연구사업 및 행정적·재정적 지원

② 퇴직연금제도 운영과 관련한 퇴직연금사업자 평가

③ 건전하고 효율적인 퇴직연금제도 운영을 위한 전문 강사 육성 및 교재의 지원

(3) 근로자 급여 수급권 보호 방안 강구

정부는 퇴직연금제도의 급여 지급 보장을 위한 장치 마련 등 근로자의 급여 수급권 보호를 위한 방안을 강구하도록 노력하여야 한다.

5. 감독(법 제35조~제36조)

(1) 사용자에 대한 감독

① **위반행위에 대한 시정명령** : 고용노동부장관은 사용자가 퇴직연금제도의 설정 또는 그 운영 등에 관하여 이 법 또는 퇴직연금규약 및 중소기업퇴직연금기금 표준계약서에 위반되는 행위를 한 경우에는 기간을 정하여 그 위반의 시정을 명할 수 있다.

② **시정명령 미이행 시 퇴직연금제도 운영의 중단** : 고용노동부장관은 사용자가 시정명령에 따르지 아니하는 경우에는 퇴직연금제도 운영의 중단을 명할 수 있다.

(2) 퇴직연금사업자에 대한 감독

① **고용노동부장관 시정명령** : 고용노동부장관은 퇴직연금사업자가 이 법을 위반하는 행위를 한 경우에는 기간을 정하여 그 위반의 시정을 명할 수 있다.

② **고용노동부장관 이전명령** : 고용노동부장관은 퇴직연금사업자가 ①에 따른 시정명령에 따르지 아니하는 경우에는 이 법에 따라 수행하는 업무를 다른 퇴직연금사업자에게 이전할 것을 명할 수 있다.

③ **금융위원회 감독 및 조치** : 금융위원회는 퇴직연금제도의 안정적 운영과 근로자의 수급권 보호를 위하여 운용관리업무와 자산관리업무에 관하여 퇴직연금사업자를 감독하고, 퇴직연금사업자가 책무를 위반하는 경우 다음의 조치를 할 수 있다.

    ㉠ 퇴직연금사업자에 대한 주의, 그 임원에 대한 주의 또는 그 직원에 대한 주의·견책·감봉·정직·면직의 요구

    ㉡ 해당 위반행위에 대한 시정명령

    ㉢ 임원의 해임권고 또는 직무정지요구

    ㉣ 6개월 이내의 영업의 일부정지

④ **금융감독원장 검사 및 보완명령**

금융감독원장은 퇴직연금사업자의 업무 및 재산상황 등을 검사할 수 있고, 퇴직연금사업자가 보고한 약관 등이 이 법에 위배될 경우에는 변경·보완을 명할 수 있다.

고용노동부 장관	금융위원회	금융감독원장
• 위반 시정 • 업무 이전	• 퇴직연금사업자 및 임원 : 주의 • 직원 : 주의·견책·감봉·정직·면직의 요구 • 시정명령 • 임원 해임 및 직무정지 • 6개월 영업 일부정지	• 업무 및 재산상황 검사 • 변경·보완

기출 포인트 !

근로자퇴직급여보장법상 퇴직연금사업자가 그 책무를 위반하는 경우 금융위원회의 조치로서 옳은 것은 몇 개인가?
✓ 2022

가. 고용노동부장관으로 하여금 퇴직연금사업을 다른 사업자에게 이전할 것을 명하도록 요청할 수 있다(요청할 수 있다 ×, 고용노동부장관이 이전을 명할 수 있다 ○).

나. 퇴직연금사업자로 하여금 그 소속 임원에 대해 감봉을 하도록 요구할 수 있다(임원에 대해 감봉 ×, 감봉은 직원 ○).

다. 해당 위반행위에 대한 시정명령을 할 수 있다(○).

라. 국세청장으로 하여금 퇴직연금사업자에 대해 세무조사를 하도록 요청할 수 있다(×).

마. 6개월 이내의 영업의 일부정지를 할 수 있다(○).

답 2개(다, 마)

6. 금융거래정보의 제공 요청 등(법 제37조)

(1) 고용노동부장관 요청

고용노동부장관은 사용자가 급여 지급능력을 확보하였는지 등 퇴직연금제도 운영을 감독하기 위하여 필요한 경우 금융실명거래 및 비밀보장에 관한 법률 및 신용정보의 이용 및 보호에 관한 법률에도 불구하고 자산관리업무 및 운용관리업무 계약을 체결한 사업에 관한 다음의 금융거래정보 제공을 퇴직연금사업자에게 요청할 수 있다.

① 가입자 현황

② 급여 지급 현황

③ 부담금 납입 현황

④ 적립금 운용현황에 관한 정보

(2) 요청서 기재사항

고용노동부장관이 금융거래정보를 요청할 때에는 다음의 사항을 적은 문서로 요청하여야 한다.

① 요청대상 거래기간

② 요청의 법적 근거

③ 사용 목적

④ 요청하는 금융거래정보의 내용

(3) 금융거래정보 요청 최소화

금융거래정보의 요청은 퇴직연금제도 운영의 건전성 감독을 위하여 필요한 최소한도에(요청하는 대로 ×) 그쳐야 한다.

(4) 금융거래정보 제공 사실 10일 이내 서면 통지

퇴직연금사업자가 고용노동부장관에게 금융거래정보를 제공하는 경우에는 그 퇴직연금사업자는 금융거래 정보를 제공한 날부터 10일 이내에 제공한 금융거래정보의 주요 내용, 사용 목적, 제공받은 자 및 제공일자 등을 해당 사용자 또는 가입자에게 서면으로 알려야 한다.

(5) 제공 요구자 통지비용 부담

통지에 드는 비용에 관하여는 거래정보 등의 제공을 요구하는 자가 부담한다.

(6) 금융거래정보 요구사실 5년 보관

고용노동부장관은 퇴직연금사업자에게 금융거래정보를 요구하는 경우에는 그 사실을 기록하여야 하며, 금융거래정보를 요구한 날부터 5년간 그 기록을 보관하여야 한다.

(7) 금융거래정보 업무목적 외 누설 금지

금융거래정보를 제공받아 알게 된 자는 그 알게 된 금융거래정보를 타인에게 제공 또는 누설하거나 그 목적 외의 용도로 이용하여서는 아니 된다.

07 | 실전대비문제(보험계리사·공인노무사)

01 근로자퇴직급여보장법에 관한 설명으로 옳지 않은 것은? (2012년, 공인노무사)

① 근로자를 사용하는 모든 사업 또는 사업장에 적용하지만, 동거의 친족만을 사용하는 사업 및 가사 사용인에 대하여는 적용하지 아니한다.

② 사용자는 퇴직하는 근로자에게 급여를 지급하기 위하여 퇴직급여제도 중 하나 이상의 제도를 설정하여야 하지만, 계속근로기간이 1년 미만인 근로자, 4주간을 평균하여 1주간의 소정근로시간이 15시간 미만인 근로자에 대하여는 그러하지 아니하다.

③ 퇴직연금의 급여를 받을 권리는 양도 또는 압류하거나 담보로 제공할 수 없지만, 주택구입 등 대통령령이 정하는 사유와 요건을 갖춘 경우에는 고용노동부령이 정하는 한도 안에서 담보로 제공할 수 있다.

④ 확정급여형퇴직연금이라 함은 근로자가 지급받을 급여의 수준이 사전에 결정되어 있는 퇴직연금을 말한다.

⑤ 퇴직연금제도를 설정한 사용자는 매년 1회 이상 가입자에게 당해 사업의 퇴직연금제도 운영상황 등 대통령령이 정하는 사항에 관한 교육을 실시하여야 하지만, 자기 또는 제3자의 이익을 도모할 목적으로 운용관리업무 및 자산관리업무의 수행계약을 체결한 경우에는 당해 교육을 실시하지 아니할 수 있다.

[해설] ⑤ 자기 또는 제3자의 이익을 도모할 목적으로 계약을 체결하는 전제가 사용자 금지행위에 해당한다.
사용자 금지행위
- 자기 또는 제3자의 이익을 도모할 목적으로 운용관리업무 및 자산관리업무의 수행계약을 체결하는 행위
- 운용관리업무 또는 자산관리업무를 수행하는 데 필요한 다음의 자료를 고의로 누락(자료를 제공하지 않는 경우를 포함)하거나 거짓으로 작성하여 퇴직연금사업자에게 제공하는 행위

답 ⑤

02 근로자퇴직급여보장법상 퇴직연금사업자의 책무에 관한 설명으로 옳지 않은 것은? (2018년)

① 퇴직연금사업자는 퇴직연금제도를 설정한 사용자 또는 가입자와의 사이에서 체결된 운용관리업무 수행계약 및 자산관리업무 수행계약의 내용을 준수하여야 한다.

② 적립금 운용방법 등에 있어 통상적인 조건에서 조금이라도 유리한 조건을 제시하는 행위는 금지된다.

③ 운용관리업무 계약체결 시 가입자 또는 사용자의 손실의 전부 또는 일부를 부담하거나 부담할 것을 약속하는 행위는 금지된다.

④ 개인형퇴직연금제도를 운영하는 퇴직연금사업자는 해당 사업의 퇴직연금제도 운영상황 등에 대하여 매년 1회 이상 가입자에게 교육을 하여야 한다.

[해설] ② 조금이라도 유리한 조건(×), 현저히 유리한 조건(○)
적립금 운용방법 등에 있어 통상적인 조건을 벗어나 현저히 유리한 조건을 제시하는 행위를 금지한다.

답 ②

03 근로자퇴직급여보장법상 퇴직급여제도를 설정한 사용자의 책무에 대한 설명으로 옳지 않은 것은?

(2019년)

① 퇴직연금제도(개인형퇴직연금제도는 제외)를 설정한 사용자는 매년 1회 이상 가입자에게 해당 사업의 퇴직연금제도 운영상황 등에 관한 교육을 하여야 한다.

② 확정급여형퇴직연금제도를 설정한 사용자는 임금피크제의 실시, 임금 삭감 등으로 근로자의 급여액에 영향을 미칠 수 있는 경우 가입자에게 퇴직급여 수령액이 감소됨을 알려야 한다.

③ 사용자는 퇴직연금사업자에게 부담금 산정에 필요한 취업규칙 등의 자료를 제공하여야 하지만, 가입자의 개인정보 보호를 위해 가입자의 근로계약서나 급여명세서를 제공하여서는 아니 된다.

④ 사용자는 퇴직연금제도의 적절한 운영을 방해하는 행위로서 퇴직연금사업자로부터 약관 등에서 정해진 부가서비스 외의 경제적 가치가 있는 서비스를 제공받아서는 아니 된다.

해설 ③ 가입자의 근로계약서나 급여명세서를 제공하여서는 아니 된다(×). 제공하여야 한다(○).

답 ③

04 근로자퇴직급여보장법상 퇴직연금제도를 설정한 사용자에게 금지되는 행위가 아닌 것은? (2020년)

① 운용관리업무 또는 자산관리업무를 수행하는 데 필요한 단체협약, 근로계약서 등의 자료를 과실로 누락하여 퇴직연금사업자에게 제공하는 행위

② 퇴직연금사업자에게 확정되지 않은 운용방법의 수익을 확정적으로 제시할 것을 요구하거나 제공받는 행위

③ 자기 또는 제3자의 이익을 도모할 목적으로 운용관리업무 및 자산관리업무의 수행계약을 체결하는 행위

④ 퇴직연금사업자에게 약관 등에서 정해진 부가서비스 외의 경제적 가치가 있는 서비스의 제공을 요구하거나 제공받는 행위

해설 ① 과실로 누락하여(×), 고의로 누락하여(○)

답 ①

05 근로자퇴직급여보장법상 퇴직연금사업자의 책무에 대한 설명 중 옳은 것은? (2020년)

① 퇴직연금사업자는 근로자퇴직급여보장법을 준수하고 사용자를 위하여 성실하게 그 업무를 하여야 한다.

② 퇴직연금사업자는 정당한 사유 없이 사용자 또는 가입자에게 특정한 운용방법의 선택을 권유하는 행위를 하여서는 아니 된다.

③ 개인형퇴직연금제도를 운영하는 퇴직연금사업자는 해당 사업의 퇴직연금제도의 운영상황 등에 대하여 반기마다 1회 이상 가입자에게 교육을 하여야 한다.

④ 퇴직연금사업자는 정당한 사유 없이 퇴직연금제도의 운용관리업무 및 자산관리업무의 수행계약 체결을 거부하여서는 아니 된다.

[해설] ① 사용자를 위하여(×), 가입자를 위하여(○)
　　　② 권유하는 행위(×), 강요(○)
　　　③ 반기마다 1회 이상(×), 매년 1회 이상(○)

답 ④

---

06 근로자퇴직급여보장법상 퇴직연금사업자가 그 책무를 위반하는 경우 금융위원회의 조치로서 옳은 것은 몇 개인가? (2022년)

> 가. 고용노동부장관으로 하여금 퇴직연금사업을 다른 사업자에게 이전할 것을 명하도록 요청할 수 있다.
> 나. 퇴직연금사업자로 하여금 그 소속 임원에 대해 감봉을 하도록 요구할 수 있다.
> 다. 해당 위반행위에 대한 시정명령을 할 수 있다.
> 라. 국세청장으로 하여금 퇴직연금사업자에 대해 세무조사를 하도록 요청할 수 있다.
> 마. 6개월 이내의 영업의 일부정지를 할 수 있다.

① 0개　　　　　　　　　　② 1개
③ 2개　　　　　　　　　　④ 4개

[해설] ③ 2개(다, 마)
　　　가. 명하도록 요청할 수 있다(×), 명할 수 있다(○).
　　　나. 임원에 대해 감봉(×), 임원은 주의, 직원은 감봉 등(○)
　　　라. 해당 내용 없음

답 ③

08 | 보칙 · 벌칙

1. 퇴직연금제도의 폐지 · 중단 시의 처리(법 제38조)

(1) 퇴직연금제도 폐지

① **폐지 사유** : 사용자는 폐업 · 도산 등의 사유로 더 이상 퇴직연금제도를 운영하지 못하는 경우 근로자대표의 동의를 얻어 퇴직연금제도를 폐지할 수 있다.

② **사용자 조치사항** : 사용자는 퇴직연금제도가 폐지된 경우 지체 없이 적립금으로 급여를 지급하는 데에 필요한 아래의 조치를 하여야 한다.

  ㉠ 폐지신고서 제출

    ⓐ 퇴직연금제도 폐지에 대한 근로자대표 동의

    ⓑ 퇴직연금제도 폐지 사유 및 폐지일

    ⓒ 퇴직연금제도 폐지일을 기준으로 산정된 해당 사업의 적립금 및 미납부담금

    ⓓ 미납부담금의 납입 예정일 등 해소 방안(DC제도에 한정)

  ㉡ 가입자 통지 사항

    ⓐ 퇴직연금제도 폐지일을 기준으로 산정된 해당 사업의 적립금 및 미납부담금

    ⓑ 급여 명세 및 지급절차

    ⓒ 중간정산 대상기간

    ⓓ 미납부담금의 납입 예정일 등 해소 방안(DC제도에 한정)

③ **적립금 운용 기본업무 유지** : 사용자와 퇴직연금사업자는 퇴직연금제도가 중단된 경우에 적립금 운용에 필요한 업무 등 대통령령으로 정하는 기본적인 업무를 유지하여야 한다.

  ㉠ 사용자 업무 유지

    ⓐ 가입 근로자에게 제도 중단 사유 및 중단일, 재개 시 일정, 미납부담금이 있는 경우 그 납입 계획 등 제도 중단기간의 처리방안 등의 공지 개시

    ⓑ 퇴직연금제도 운영상황 등에 대한 가입자 교육의 실시

    ⓒ 퇴직연금제도 중단 시에도 급여지급의 요청, 적립금의 운용 등과 관련하여 법령 등에 규정된 업무의 이행을 위해 필요한 조치

  ㉡ 퇴직연금사업자 업무

    ⓐ 가입자 퇴직 등에 따른 급여의 지급

    ⓑ 퇴직연금제도 운영상황 등에 대한 위탁받은 가입자 교육의 실시

    ⓒ 급여의 지급, 적립금의 운용, 운용현황의 통지 등과 관련하여 법령 및 운용관리업무와 자산관리업무의 계약에서 정해진 업무

④ 가입자 지정 계정 이전 등 : 사용자와 퇴직연금사업자는 퇴직연금제도가 폐지되어 가입자에게 급여를 지급하는 경우에 가입자가 지정한 개인형퇴직연금제도의 계정으로 이전하는 방법으로 지급하여야 한다. 다만, 가입자가 개인형퇴직연금제도의 계정을 지정하지 아니한 경우에는 해당 퇴직연금사업자가 운영하는 계정으로 이전한다. 이 경우 가입자가 해당 퇴직연금사업자에게 개인형퇴직연금제도를 설정한 것으로 본다.

⑤ 퇴직연금제도 폐지에 따른 급여

　㉠ 급여 수령 중간정산 의제 : 가입자가 급여를 받은 경우에는 중간정산되어 받은 것으로 본다.

　㉡ 중간정산 대상기간

　　ⓐ 확정급여형퇴직연금제도의 경우 : 중간정산금은 사업별로 적립된 금액을 가입자별 근속기간·평균임금과 급여 수준을 고려하여 안분·산정하고, 중간정산 대상기간은 중간정산금을 기준으로 환산

　　ⓑ 확정기여형퇴직연금제도와 10명 미만 개인형퇴직연금제도의 경우 : 중간정산 대상기간은 가입자별로 퇴직연금에 가입한 날부터 사용자가 납입한 부담금에 대응하는 기간의 마지막 날까지로 환산

(2) 퇴직연금제도 중단

① 중단 사유

　㉠ 퇴직연금제도 운영의 중단이란 일정기간 동안 잠정적으로 제도가 중단되는 것으로서, 제도 운영의 핵심사항인 사용자의 부담금 납입 및 급여 지급능력 확보 등이 이루어지지 않는다는 것을 의미한다.

　㉡ 퇴직연금규약에 명시된 제도 운영의 중단 사유에 해당하거나, 법 또는 퇴직연금규약의 위반에 대한 고용노동부 장관의 시정명령을 사용자가 이행하지 않은 경우에 제도 운영이 중단될 수 있다.

　　※ 제도 운영의 안정성 확보 및 근로자의 수급권 보호를 위하여 합리적인 사유에 한해 구체적으로 중단 사유를 퇴직연금규약에 명시하여야 한다.

　㉢ 제도 운영이 중단되면 중단된 기간에 대하여는 퇴직금제도가 적용됨

② 중단 시 조치사항

　㉠ 사용자 조치사항

　　ⓐ 가입자에게 제도 중단 사유 및 중단일, 재개 시 일정, 미납부담금이 있는 경우 그 납입 계획 등 제도 중단기간의 처리방안 등의 공지 게시

　　ⓑ 가입자 교육의 실시, 퇴직급여 지급에 대한 요청, 적립금의 운용 등과 관련하여 법령 등에 규정된 업무의 이행을 위해 필요한 조치

　㉡ 퇴직연금사업자 조치사항

　　ⓐ 가입자 퇴직 등에 따른 급여의 지급

　　ⓑ 위탁받은 가입자 교육의 실시

　　ⓒ 급여의 지급, 적립금의 운용, 운용현황의 통지 등과 관련하여 법령 및 운용관리업무와 자산관리업무의 계약에서 정해진 업무

③ 퇴직금제도 적용 등 중단 효과

　㉠ 퇴직연금제도가 중단될 경우 사용자의 부담금 납입 및 급여 지급능력 확보 등의 업무는 이행되지 않음

　㉡ 퇴직연금제도 운영이 중단된다고 해서 운용관리·자산관리업무 계약이 자동적으로 해지되는 것은 아니며, 적립금 운용 및 급여 지급 등의 업무는 계속 수행하게 됨

　㉢ 중단된 기간은 퇴직금제도가 적용되며 중단 사유가 소멸된 경우 퇴직연금제도가 다시 적용됨

2. 업무 협조 및 청문 등(법 제39조~제41조)

(1) 업무 협조

고용노동부장관은 금융위원회 등 관련 기관에 자료의 제출을 요청할 수 있다. 이 경우 자료의 제출을 요청받은 기관은 정당한 사유가 없으면 이를 거부하여서는 아니 된다.

(2) 보고 및 조사

① 고용노동부장관은 필요한 범위에서 사용자 및 퇴직연금사업자에게 퇴직연금제도의 실시 상황 등에 관한 보고, 관계 서류의 제출 또는 관계인의 출석을 요구할 수 있다.

② 고용노동부장관은 필요하다고 인정하는 경우에는 소속 직원으로 하여금 퇴직연금제도를 실시하는 사업장 및 해당 퇴직연금사업자의 사업장에 출입하여 사용자 및 퇴직연금사업자 등 관계인에 대하여 질문하거나 장부 등 서류를 조사하게 할 수 있다.

③ 사업장 및 해당 퇴직연금사업자의 사업장에 출입하여 관계인에 대하여 질문하거나 장부 등 서류를 조사하려는 직원은 그 권한을 나타내는 증표를 지니고 이를 관계인에게 내보여야 한다.

(3) 청문

고용노동부장관은 등록취소 또는 이전명령을 하려는 경우에는 청문을 하여야 한다.

3. 권한의 위임(법 제42조)

(1) 근로복지공단 위임

고용노동부장관은 중소기업퇴직연금기금제도에 따른 국가의 지원 업무를 근로복지공단에 위임한다.

(2) 금융위원회 등 위임

금융위원회	금융감독원	지방고용노동관서의 장
• 퇴직연금사업자의 등록 • 퇴직연금사업자에 대한 등록취소 및 업무 이전명령 • 퇴직연금제도 모집인에 대한 등록취소 및 업무정지 • 시정명령, 업무 이전명령(보고, 서류 제출 요구) • 청문 • 과태료의 부과 · 징수(퇴직연금사업자에 대한 과태료의 부과 · 징수로 한정한다)	• 표준계약서의 승인 • 퇴직연금제도 모집인이 지켜야 할 준수사항의 위반 확인	• 퇴직연금규약의 접수 • 시정명령 및 퇴직연금의 운영 중단명령 • 보고 · 서류 제출 또는 출석 요구, 질문 · 조사 • 과태료의 부과 · 징수(사용자에 대한 과태료의 부과 · 징수로 한정) • 퇴직연금사업자 선정 · 변경사유서의 접수 • 퇴직연금제도 폐지의 신고 접수

4. 징역 또는 벌금형(법 제43조~제46조)

5년 · 5,000만원 이하	3년 · 3,000만원 이하	2년 · 2,000만원 이하	500만원 이하
금융거래정보누설 및 부당이용	• 퇴직금 미지급자 • 퇴직 시 급여 미지급, 부담금 · 지연이자 미납자 • 퇴직연금사업자 위반행위 　- 가입자 보호조치 미이행 　- 운용관리업무 수행계약 체결 거부 　- 자산관리업무 수행계약 체결 거부 　- 특정 퇴직연금사업자와 계약 체결 강요	• 퇴직급여제도를 차등 설정한 자 • 퇴직연금제도 무등록 모집업자 • 무자격 모집인에게 모집업무를 위탁한 퇴직연금사업자 • 자기 또는 제3자의 이익을 도모할 목적으로 운용 및 자산관리업무의 수행계약을 체결한 사용자	• 근로자대표 또는 개별 근로자의 동의나 의견을 듣지 아니한 사용자 • 거짓 등 부정한 방법으로 지원금을 받은 자 • 위탁한 업무를 재위탁한 자 • 허위 정보에 의한 모집행위를 한 모집인 • 근로자에게 퇴직급여 감소 미통지, 퇴직급여 감소 예방 미조치 사용자

5. 양벌규정(법 제47조)

(1) 업무 관련 위반행위 시 양벌 적용

법인의 대표자나 법인 또는 개인의 대리인, 사용인, 그 밖의 종업원이 그 법인 또는 개인의 업무에 관하여 위반행위를 하면 그 행위자를 벌하는 외에 그 법인 또는 개인에게도 해당 조문의 벌금형을 과한다.

(2) 상당한 주의 · 감독 시 양벌 적용 제외

다만, 법인 또는 개인이 그 위반행위를 방지하기 위하여 해당 업무에 관하여 상당한 주의와 감독을 게을리하지 아니한 경우에는 그러하지 아니하다.

6. 과태료(법 제48조)

(1) 과태료는 대통령령으로 정하는 바에 따라 고용노동부장관이 부과·징수한다.

(2) 과태료

1,000만원 이하	500만원 이하
• 적립금이 최소적립금을 넘고 있는지 확인하여 그 결과를 사용자에게 알리지 아니하거나, 적립금이 최소적립금보다 적은 경우 그 확인 결과를 근로자대표에게 알리지 아니한 퇴직연금사업자 • 적립금 부족을 해소하지 아니한 사용자 • 매년 1회 이상 교육을 하지 아니한 사용자 • 매년 1회 이상 교육을 하지 아니한 퇴직연금사업자	• 확정급여형퇴직연금규약 또는 확정기여형퇴직연금규약을 신고하지 아니한 사용자 • 적립금운용위원회를 구성하지 아니한 사용자 • 적립금운용계획서를 작성하지 아니한 사용자 • 자료의 제출 요구에 따르지 아니한 퇴직연금사업자 • 책무를 위반한 사용자 • 책무를 위반한 퇴직연금사업자 • 퇴직연금제도 취급실적을 제출하지 아니하거나 거짓으로 작성하여 제출한 퇴직연금사업자 • 시정명령을 이행하지 아니한 사용자

우리는 삶의 모든 측면에서 항상
'내가 가치있는 사람일까?' '내가 무슨 가치가 있을까?'라는
질문을 끊임없이 던지곤 합니다.
하지만 저는 우리가 날 때부터 가치있다 생각합니다.

– 오프라 윈프리 –

작은 기회로부터 종종 위대한 업적이 시작된다.

– 데모스테네스 –